炼油技术经济指标解释

主　编　李　鹏
副主编　郭锦文

中国石化出版社

内 容 提 要

本书对炼油厂全部56类生产装置的技术经济指标进行了梳理，规范确定了统计指标名称，对指标含义进行了释义，明确了计算公式及统计应用目的。并新设计了六项炼化一体化指标，可用于炼化一体化企业绩效评价，开展对标工作。

本书主要面向炼油工艺技术管理人员，科研、设计人员，也可做为统计、技术管理人员的培训教材。

图书在版编目(CIP)数据

炼油技术经济指标解释/李鹏主编:郭锦文编.
—北京:中国石化出版社,2014.1
ISBN 978-7-5114-2475-4

Ⅰ.①炼… Ⅱ.①李… ②郭… Ⅲ.①石油炼制-技术经济指标-解释 Ⅳ.①TE62

中国版本图书馆CIP数据核字(2013)第274276号

未经本社书面授权,本书任何部分不得被复制、抄袭,或者以任何形式或任何方式传播。版权所有,侵权必究。

中国石化出版社出版发行

地址:北京市东城区安定门外大街58号
邮编:100011 电话:(010)84271850
读者服务部电话:(010)84289974
http://www.sinopec-press.com
E-mail:press@sinopec.com
北京柏力行彩印有限公司印刷
全国各地新华书店经销

*

787×1092毫米 16开本 24.5印张 652千字
2014年1月第1版 2014年1月第1次印刷
定价:150.00元

前　言

技术经济指标是评价炼油厂生产运行水平高低的标尺，以技术经济指标体系为基础的达标工作已在中国石化开展多年。目前在用的炼油技术经济指标体系建立时间较早，炼油一些新技术、新装置的投用，没有统一、规范的指标来进行统计与分析。另外，现行的指标体系规范性不强，统计口径没有明确界定，同一个指标在不同企业有不一致的理解与解释，造成指标不可比。其次，现行统计指标体系缺乏炼油装置的指标设置与说明，无法适应精细化管理的要求。

本书以建立一个统一、完善的炼油厂技术经济指标体系为目标，标准化、规范化进行指标定义和解释，同时明确指标的用途与数据来源，严格界定指标的统计范围。对炼油现行专业指标做出权威的、标准化和规范化解释，填补了指标标准方面的空白。同时，针对油化一体化企业不断增加的现状，借鉴国外公司做法，新设计了评价炼化一体化企业的指标。并对炼油全部56类生产装置进行了指标梳理、定义与解释，填补了国内空白。

本书按炼油专业指标、炼化一体化指标、炼油装置指标分为三篇。炼油专业指标分为炼油专业、润滑油专业两部分，分别对炼油专业指标、润滑油专业指标进行标准化和规范化解释。炼化一体化指标对油化一体化企业的综合性指标进行指标定义、规定了指标计算方法。炼油装置指标对中国石化炼油板块的56类生产装置的原料指标、产品指标、运行指标、综合指标等指标进行定义、规定了指标计算方法，明确了统计范围与口径。

本书在编写过程中，得到了中国石化茂名分公司领导与同志的大力支持，镇海炼化分公司、九江分公司有关同志也对本书的编写提供了素材，在此一并表示感谢。对本书存在的缺点和疏漏，诚请广大读者批评指正。

目　录

第一篇　炼油专业指标解释

第1章　炼油板块专业指标

1　石油加工简介

石油加工又称为炼油工业或石油炼制。石油炼制以原油为基本原料，通过一系列炼制工艺或加工过程，如常减压、催化裂化、催化重整、延迟焦化、加氢裂化、加氢精制、炼厂气加工及产品精制等加工过程，把原油加工成汽油、煤油、柴油、化工基本原料、润滑油等石油产品，如各种牌号的汽油、煤油、柴油、润滑油、溶剂油、蜡油、沥青、石油焦、各种石油化工基本原料等。

2　炼油专业指标统计范围

指原油及外购原料在炼油板块内经进厂、加工、调和、转储、出厂等全过程。专业指标体系中包含炼油板块内的动力锅炉，动力锅炉消耗的燃料油、燃料气计入综合自用，但由炼油板块提供的供板块以外的动力锅炉消耗的燃料油、燃料气则计入炼油产品产量，不计入综合自用。板块内以煤等燃料、原料为主的煤制氢、CFB 锅炉装置，以甲醇为原料的甲醇制氢装置，不计入炼油专业指标体系统计范畴，煤制氢、CFB 锅炉、甲醇制氢装置消耗板块内燃料油、燃料气、石油焦等物料计入炼油板块的产品产量，煤制氢和甲醇制氢装置产出的氢气、酸性气等物料则计入专业指标体系的外购原料。

3　炼油原料加工量

3.1　原油加工量

[指标定义]：指报告期内原油通过蒸馏等装置(常减压装置或二次加工装置)加工处理和倒入半成品罐区的调合原油数量之和。

[计算公式]：见指标定义。

[计算说明]：计算原油加工量必须具有一定的计量手段，可用原油罐检罐计量或常减压装置及二次加工装置的原油进料计量仪表计量。加工的凝析油量计入原油加工量中。若有外购蜡油、渣油等组分与原油混合，则必须严格做好原始记录，账面切割清楚。不允许根据原油进厂和期末期初库存差倒算，也不允许用产品交库量倒算原油加工量。

[单　　位]：t。

[指标用途]：炼油专业指标、统计指标。

[数据来源]：MES。

3.2　外购原料加工量

[指标定义]：指报告期内从炼油板块界区外购入的，参与炼油板块加工、生产、调合的物料，作为非原油的原料进料总和。

[计算公式]：见指标定义。

[计算说明]：外购原料加工量——报告期内从板块外购入参与板块内加工、生产、调和的物料总量，如 MTBE 消耗的甲醇、参与汽油调和的外购 MTBE、做制氢原料的天然气、氢气、干气、液化气组分等。但不包括用于生产需要所消耗的各种添加剂、催化剂等物料。

板块内自产自用的原料也不能计入外购原料。若板块外购入天燃气、燃料油、含烃的燃料气等只作燃料用的燃料，则不计入外购原料加工量。板块内煤制氢装置、甲醇制氢装置产出的氢气、酸性气等物料组分，计入外购原料加工量。

［单　　位］：t。

［指标用途］：炼油专业指标、统计指标。

［数据来源］：MES。

3.3 原油及外购原料加工量

［指标定义］：指报告期内用于板块生产石油产品的原料及构成产品实体的其它材料的实际投入量。

［计算公式］：

原油及外购原料加工量 = 原油加工量 + 外购原料加工量

［计算说明］：原油加工量、外购原料加工量——见指标定义。

［单　　位］：t。

［指标用途］：炼油专业指标、统计指标。

4 产品产量指标

4.1 炼油产品产量

［指标定义］：指报告期内板块内生产可以向社会提供的产品产量的总和，其中包括已经销售和准备销售的成品，已经销售的半成品数量，供本企业核算范围内非工业生产部门（如经营管理部门、基建部门及生活福利部门等）使用的产品数量。

［计算公式］：

炼油产品产量 = 燃料气产量 + 汽煤柴产量 + 溶剂油产量 + 原料油产量 + 石蜡产量 + 沥青产量 + 燃料油产量 + 石油焦产量 + 化工产品产量 + 其它产品产量

［计算说明］：产品产量包括已经销售和准备销售的石油制品；已经供本企业非炼油板块和准备供本企业非炼油板块的石油产品；已经销售和准备销售的其它炼油制品，如丙烯、丁烯、硫黄等；已作价出售的下脚料；供本企业基建、生活等非工业生产部门的石油产品。考虑炼油行业生产的特点，在计算报告期产品产量时，必须注意以下几点：

（1）在本企业炼油装置不再进一步加工而向化工、化纤板块生产装置提供的石油产品，应统计在石油产品产量中，如供聚丙烯装置的丙烯、氢气、燃料气应计入炼油产品产量。

（2）供本企业化工化纤生产装置用的石油产品，若有返回炼油生产装置的，其返回部分不需再加工，则应用返回量冲减供出量，按净产量计产量。如返回部分尚需再加工，则视同外购原料油，不冲减产品产量。

（3）分公司内炼油板块向化工、化纤板块或炼油装置向化工、化纤板块装置互供原料、产品，以分公司为一个企业，参照（1）、（2）条原则处理。

（4）为了提高石油产品质量而加入石油产品中的各种添加剂（如汽油抗氧剂、润滑油添加剂）是石油产品不可分割的组成部分，应计入产品产量内。

（5）产品出厂后发现质量不合格的产品，责任在生产厂时，应在发现的当月的产品产量中扣除相关的数量。

（6）某些产品报告期内已报产量，又调合其它产品或改变品种时，应把调合前的产品产量扣除，另报调合后的产品产量。如某些产品上一报告期内已报过产量，调合成其它产品，本报告期内又不生产该产品时，另报调合后的产品产量，上一报告期内的报表数字不变，本报告期内该产品产量报负数。

(7)石油产品一律按调合为合格及验收入库为准计算产品产量，不得根据销售量倒算。

(8)供板块内煤制氢、CFB锅炉、甲醇制氢装置消耗的石油焦、重油、柴油、燃料气、氢气等石油产品，应计入产品产量内。

(9)供板块内基建项目消耗的燃料气、燃料油等石油产品，这些产品结算到基建项目费用去，则计入产品产量内。若这些产品不结算到基建项目费用去，则不计入产品产量内，而计入综合自用燃料中去。

(10)计入产品产量的产品必须是由原油及外购原料加工而得的产品，而空分等辅助生产装置生产的氮气、氧气等产品不能计入炼油产品产量。

[单　　位]：t。

[指标用途]：炼油专业指标、统计指标。

4.2　燃料气产量

[指标定义]：指报告期内由炼油装置生产，常温常压下为气态并供炼油板块外作原料、燃料或外销的干气、液化气等燃料产量的总和。按价值组分可分为商品干气、液化气和乙烯乙烷气。

[计算公式]：

燃料气产量 = 干气产量 + 液化气产量 + 乙烯乙烷气产量

[计算说明]：干气产量——报告期内由炼油装置生产，气态形式供炼油板块外作原料、燃料或外销的干气燃料产量的总和。供炼油板块外作原料、燃料的干气、乙烯乙烷气均应计入商品干气产量。按去向分：商品干气（包括做原料商品干气、做燃料商品干气）、自用干气（包括做原料自用干气、做燃料自用干气）。

液化气产量——报告期内由炼油装置生产，常温常压下为气态，带压液态形式供炼油板块外作原料、燃料或外销的液化气燃料产量的总和。炼油气体分离装置产出的丙烷、污水汽提产出的液氨供炼油板块外作原料、燃料或外销时，不计入液化气产量，作为化工产品产量。液化气产量有如下分组：

(1)按去向分：商品液化气（包括作为原料商品液化气、作为燃料商品液化气）、自用液化气（包括作为原料自用液化气、作为燃料自用液化气）；

(2)按用途分：普通液化气、车用液化气。且每一个分组相加都要等于"液化气"量。

乙烯乙烷气产量——报告期内由干气（催化、焦化干气）提浓装置生产，富含乙烯、乙烷的气态烃供板块外作化工原料的产量总和。

板块内加工过程中消耗自用燃料气、自用液化气计入燃料气产量，但不计入炼油板块燃料气商品量。

[单　　位]：t。

[指标用途]：炼油专业指标。

4.3　汽油、煤油、柴油产量

[指标定义]：报告期内原油及外购原料经生产装置加工生产出符合产品质量标准，检验合格入库的汽油、煤油、柴油产量总和。

[计算公式]：

汽油、煤油、柴油产量 = 各牌号汽油产量 + 各牌号煤油产量 + 各牌号柴油产量

[**计算说明**]：各牌号汽油产量——报告期内由直馏汽油与二次加工装置产出的汽油组分（如催化裂化汽油、加氢裂化汽油、催化重整汽油、加氢精制的焦化汽油等）加入适量添加剂，按不同比例调合而成的，符合各牌号汽油产品质量标准，检验合格入库的汽油产量的总和。

各牌号煤油产量——报告期内由直馏煤油或经加氢裂化、加氢精制生产的煤油组分，单独或复合加入必要的、有利于改进与提高喷气燃料质量的各种添加剂调合而成的，符合各牌号煤油产品质量标准，检验合格入库的煤油产量的总和。

各牌号柴油产量——报告期内由直馏柴油与经过二次加工的精制柴油组分（如催化裂化柴油、加氢裂化柴油、加氢精制的焦化柴油组分等），加入适量的添加剂，按不同比例调合而成的，符合各牌号柴油产品质量标准，检验合格入库的柴油产量的总和。

[**单　　位**]：t。

[**指标用途**]：炼油专业指标，统计指标。

4.4　溶剂油产量

[**指标定义**]：报告期内由直馏汽油馏分或催化重整的抽余油为原料，经精制、分馏制成，符合各牌号溶剂油产品质量标准，检验合格入库的溶剂油产量的总和。

[**计算公式**]：见指标定义。

[**计算说明**]：本产品按馏分不同分为不同的牌号。70 号溶剂油用于香花香料及油脂工业作为抽提溶剂，别名香花溶剂油；90 号溶剂油用于化学试剂、医药溶剂，别名 90 号石油醚；120 号溶剂油用于橡胶工业作为溶剂，别名橡胶溶剂油；190 号溶剂油用于机械零件洗涤和工农业生产作为溶剂；200 号溶剂油用作油漆工业溶剂和稀释剂；260 号溶剂油为煤油型特种溶剂；6 号抽提溶剂油用于植物油萃取工艺中作为抽提溶剂，也可作为合成橡胶工艺中的溶剂，还可作为化学试剂、医药溶剂等；300 号彩色油墨溶剂油，用于制造高档油墨；航空洗涤汽油主要用于航空机件等精密机件的洗涤，亦用作航空涡轮发动机点火燃料。

[**单　　位**]：t。

[**指标用途**]：炼油专业指标，统计指标。

4.5　原料油产量

[**指标定义**]：报告期内由炼油装置生产，符合协议规定的产品质量标准并供炼油板块外作加工原料用的产品产量。

[**计算公式**]：

原料油产量 = 化工轻油产量 + 商品原料油产量 + 润滑油基础油产量

[**计算说明**]：化工轻油产量——报告期内由原油经常减压蒸馏后所得的馏分油及二次加工装置产出的馏分油，并供给本企业化工装置作原料或外售给化工企业作原料的轻质油品的产品产量总和。包括石脑油（出口石脑油）、宽馏分油、烷基苯料及其它化工轻油。

商品原料油产量——报告期内由常减压蒸馏装置产出的馏分油及二次加工装置产出的馏分油，外售给其他企业作为生产原料的产品产量总和。包括商品轻质原料油和商品重质原料油。商品轻质原料油产量是指相当于汽油组分、煤油组分、柴油组分的商品原料油产量的总和。商品重质原料油产量是指相当于蜡油组分、重油组分的商品原料油产量的总和，注意该类产品均不计入轻质油产量、高附加值产品产量、高价值产品产量。

润滑油基础油产量——报告期内由常减压蒸馏装置生产的适合作润滑油原料的馏分油，

经溶剂脱蜡或传统的压榨脱蜡、及白土或加氢精制而成，外售给其它企业作为生产润滑油的原料油的产品产量总和。也可用于调配黏温性能较高润滑油，如高档内燃机油、中重负荷车辆齿轮油、中重负荷工业齿轮油及优质液压油等高级润滑油。

[单　　位]：t。

[指标用途]：炼油专业指标，统计指标。

4.6　石蜡产量

[指标定义]：报告期内以常减压蒸馏和溶剂脱沥青装置产出的馏分油为原料，经溶剂脱蜡脱油或传统的压榨脱蜡、发汗脱蜡等工艺，再经白土或加氢精制而成，符合各牌号石蜡产品质量标准，检验合格入库的石蜡产量的总和。

[计算公式]：

石蜡产量 = 硬蜡产量 + 皂蜡产量 + 微晶蜡产量

[计算说明]：硬蜡产量——报告期内熔点在50℃以上的石蜡(包括板蜡、粒蜡和成型前的液体石蜡)。包括半精炼蜡(白石蜡)、全精炼蜡(精石蜡)、食品用石蜡、粗石蜡(黄石蜡)。生产氧化石蜡或作为蜡裂解原料的自产石蜡，均应统计石蜡产量。

皂蜡产量——报告期内以常减压蒸馏装置产出的常三线、减一线、减二线轻蜡油、加氢裂化尾油及轻白油为原料，经溶剂脱蜡脱油或传统的压榨脱蜡、发汗脱蜡制成石蜡产品产量总和。主要用作化工及合成脂肪酸的原料。

微晶蜡产量——报告期内以常减压蒸馏装置产出的常减压渣油为原料，经溶剂脱沥青、溶剂脱蜡脱油、白土补充精制或加氢精制等深度加工而成的蜡的产品产量总和。用于钝感、铸模、绝缘、防潮及制造润滑脂，日用化工行业用作鞋油、化妆品、油墨、打字蜡纸等产品的工业原料。

[单　　位]：t。

[指标用途]：炼油专业指标，统计指标。

4.7　沥青产量

[指标定义]：报告期内以常减压蒸馏装置产出的渣油与其它二次加工装置产出的重油组分、其它原料直接调合，也可用减压渣油为原料经氧化沥青装置氧化而成，溶剂脱沥青的沥青再经适度氧化或调合而成的沥青产品产量的总和。

[计算公式]：

沥青产量 = 普通沥青产量 + 道路沥青产量 + 建筑沥青产量 + 专用沥青产量 + 其它沥青产量

[计算说明]：普通沥青产量——报告期内作为普通用途的沥青的产量。

道路沥青产量——报告期内作为道路用途的沥青的产量。

建筑沥青产量——报告期内作为建筑用途的沥青的产量。

专用沥青产量——报告期内作为专业用途的沥青的产量

其它沥青产量——报告期内作为其它用途的沥青的产量。

[单　　位]：t。

[指标用途]：炼油专业指标，统计指标。

4.8　燃料油产量

[指标定义]：燃料油产量包括船用燃料油、重油和其它燃料油产量等；燃料油产量应包括外销燃料油商品量及供板块外作原料、燃料的产量；调入燃料油的污油、柴油及其它油品组分，计入燃料油产量。

[计算公式]:

$$燃料油产量=轻质燃料油产量+重质燃料油产量$$
$$=商品燃料油产量+自用燃料油产量$$
$$=船用燃料油产量+重油产量+其它燃料油产量$$

[计算说明]:轻质燃料油产量——包括船用燃料油、工业燃料油、陶瓷燃料油、民用燃料油、4#燃料油、5#燃料油、其它轻质燃料油等轻质燃料油。

重质燃料油产量——包括减压渣油、常压渣油、油浆、甩油、250#重油、180#重油、380#重油等。

船用燃料油产量——由原油经常减压蒸馏后的减压重油与调入适量的二次加工装置产出的柴油、蜡油、重油组分,按不同比例调合而成。主要用于大型低速远洋船舶柴油机作燃料,包括:舰用燃料油、1000 秒船用燃料油、1500 秒船用燃料油及 0 号、5 号、6 号、23 号、其它船用燃料油等。

商品燃料油产量——作为商品外卖的燃料油的产量。

自用燃料油产量——作为炼油板块内加热炉自用的燃料油的产量。

重油产量——由原油经常减压蒸馏后的减压重油,或经减黏装置与其它馏分油、二次加工重油组分,按不同比例调合而成。主要用于各种锅炉或冶金工业及其它工业炉用燃料,亦可用作重油制氢或生产炭黑的原料。包括:1 号、20 号、60 号、100 号、200 号、250 号、380 号及其它重油等。

其它燃料油产量——不属于以上两类的燃料油。

炼油板块加工过程中消耗自用燃料油、重柴油等重柴油、蜡油、重油组分计入燃料油产量,但不计入炼油板块燃料油商品量。

[单　　位]:t。

[指标用途]:炼油专业指标,统计指标。

4.9　石油焦产量

[指标定义]:报告期内以常减压蒸馏装置产出的重油或其它重油为原料,经延迟焦化装置加工生产出各种牌号的石油焦产品产量的总和。

[计算公式]:见指标定义。

[计算说明]:产品按用途分为三个牌号,每个牌号按质量分为 A、B 两种,牌号有 1 号 A、1 号 B、2 号 A、2 号 B、3 号 A、3 号 B、4 号 A、4 号 B、5 号、6 号石油焦等。主要用于制造石墨电极、炭素、碳化硅、碳化钙等产品,也可直接用于冶炼、铸煅工艺作燃料。

[单　　位]:t。

[指标用途]:炼油专业指标,统计指标。

4.10　化工产品产量

[指标定义]:报告期内由炼油装置生产的,符合相关产品质量标准的无机化学品和有机化学品的总和。

[计算公式]:

$$化工产品产量=苯类产品产量+醚类产品产量+烷烃产品产量+$$
$$烯烃产品产量+硫黄产品产量+商品氢气产品产量+其它化工产品产量$$

[计算说明]:苯类产品产量——报告期内由催化重整及芳烃抽提装置生产的含苯环的产品产量总和,包括纯苯、甲苯、二甲苯、重芳烃等。

醚类产品产量——报告期内由 MTBE 等装置生产的 MTBE 等醚类产品产量总和。这些醚类产品是指直接外供非炼油板块或对外销售的生产量总和。

烷烃产品产量——报告期内由分离装置生产的丙烷、丁烷等烷烃的产品产量。

烯烃产品产量——报告期内由分离装置生产的丙烯、丁烯等烯烃的产品产量。注意聚丙烯若返回粗丙烯时，则从丙烯中等量扣除。

硫黄产品产量——报告期内由硫黄回收装置生产出来的符合产品质量标准，检验合格入库的产品产量的总和。

商品氢气产品产量——报告期内由制氢或催化重整等装置生产出来的外销的氢气产量总和。

其它化工产品产量——报告期内不属于以上各类的化工产品产量。注意该类产品均不计入轻质油产量。

[单　　位]：t。

[指标用途]：炼油专业指标，统计指标。

4.11　其它产品产量

[指标定义]：报告期内不属于燃料气产量、汽煤柴产量、溶剂油产量、原料油产量、石蜡产量、沥青产量、燃料油产量、石油焦产量、化工产品产量的产品产量均归入其它产品产量。

[计算公式]：见指标定义。

[计算说明]：其它产品产量主要包括环烷酸、石油酸等其它产品。该类产品均不计入轻质油产量、高附加值产品产量、高价值产品产量。

[单　　位]：t。

[指标用途]：炼油专业指标，统计指标。

5　库存指标

5.1　库存总量

[指标定义]：报告期内某一时点上已检验入库但尚未投入使用的原料及所有权归属炼油板块尚存在半成品库中暂未出售的半成品、尚存在成品库中暂未出售的成品的总和。

[计算公式]：

$$库存总量 = 原料库存 + 半成品库存 + 成品库存$$

[计算说明]：原料库存、半成品库存、成品库存——见指标定义。

[单　　位]：t。

[指标用途]：炼油专业指标，统计指标。

5.2　原料库存

[指标定义]：报告期内某一时点上，所有权归属板块内尚存在原油库和外购原料库中暂未加工的原料实物数量总和。

[计算公式]：

$$原料库存 = 原油库存 + 外购原料库存$$

[计算说明]：原油库存——报告期内某一时点上所有权归属板块内而尚存在原油库中暂未加工的原油实物数量总和，含油田、炼化企业管道，港口油库，一程船、二程船、三程船在途量(已结算未入库)。若原油库存中部分原油归属其它企业或商储部分的原油，则从

原油库存中等量扣除。若原油库存中已入库未结算的原油，则从原油库存中等量扣除。反映运营资产的运用效率与保证原料供应的平衡程度。

外购原料库存——报告期内某一时点上所有权归属板块内而尚存在外购原料库中暂未加工的外购原料实物数量，含在途量(已结算未入库)。若外购原料库存中部分外购原料归属其它企业或其它板块，则从外购原料库存中等量扣除。若外购原料库存中已入库未结算的外购原料，则从外购原料库存中等量扣除。

[单　　位]：t。

[指标用途]：炼油专业指标，统计指标。

5.3　半成品库存

[指标定义]：报告期内某一时点上，所有权归属板块内尚存在半成品库中暂未出售的半成品实物数量。半成品包括液化气半成品库存、汽油半成品、煤油半成品、柴油半成品、化工轻油半成品、溶剂油半成品、苯类半成品、蜡油半成品、重油半成品、润滑油组分、石蜡半成品、其它半成品等。

[计算公式]：

半成品库存＝汽油半成品库存＋煤油半成品库存＋柴油半成品库存＋化工轻油半成品库存＋溶剂油半成品库存＋苯类半成品库存＋蜡油半成品库存＋重油半成品库存＋润滑油组分库存＋石蜡半成品库存＋其它半成品库存

[计算说明]：汽油半成品库存——报告期内某一时点上，板块内催化裂化、催化重整、MTBE 等装置生产的汽油组分尚存在半成品库中暂未出售的半成品实物数量。包含催化、重整、MTBE 等汽油组分半成品库存。

煤油半成品库存——报告期内某一时点上，板块内常减压、加氢裂化、煤油加氢等装置生产的煤油组分尚存在半成品库中暂未出售的半成品实物数量。包含常减压煤油、加氢煤油、加氢裂化煤油等煤油组分半成品库存。

柴油半成品库存——报告期内某一时点上，板块内常减压、加氢裂化、延迟焦化、渣油加氢、柴油加氢等装置生产或投入的柴油组分尚存在半成品库中暂未出售的半成品实物数量。包含常减压柴油、焦化柴油、加氢柴油、加裂柴油等柴油组分半成品库存。

化工轻油半成品库存——报告期内某一时点上，板块内常减压、加氢裂化、延迟焦化、渣油加氢、柴油加氢等装置生产的石脑油、加氢裂化尾油尚存在半成品库中暂未出售的半成品实物数量。包含各装置石脑油、加氢裂化尾油半成品库存。若加裂尾油半成品作为化工板块原料，则计入化工轻油半成品库存中，否则计入蜡油半成品库存中。

溶剂油半成品库存——报告期内某一时点上，板块内芳烃抽提、加氢裂化等装置生产的溶剂油组分尚存在半成品库中暂未出售的半成品实物数量。包括各牌号溶剂油半成品。

苯类半成品库存——报告期内某一时点上，板块内芳烃抽提、PX 等装置生产的苯类组分尚存在半成品库中暂未出售的半成品实物数量。包含苯、甲苯、二甲苯等苯类半成品。

蜡油半成品库存——报告期内某一时点上，板块内常减压、延迟焦化、蜡油加氢等装置生产或投入的蜡油组分尚存在半成品库中暂未出售的半成品实物数量。包含催化蜡油、加氢裂化蜡油、糠醛蜡油原料及抽出油、加氢精制蜡油、溶剂脱沥青油、酮苯脱蜡油、重污油催化料等蜡油组分半成品库存。若加氢裂化尾油半成品作为化工板块原料，则计入化工轻油半成品库存中，否则计入蜡油半成品库存中。

重油半成品库存——报告期内某一时点上，板块内常减压、溶剂脱沥青、渣油加氢等装置生产或投入的重油组分尚存在半成品库中暂未出售的半成品实物数量。包含常减压渣油、渣油加氢常渣、溶剂脱沥青的沥青、污油渣油料等重油组分半成品库存。

润滑油组分库存——报告期内某一时点上，板块内溶剂精制、溶剂脱蜡、白土精制、润滑油精制等装置生产或投入的润滑油中间组分尚存在半成品库中暂未出售的半成品实物数量。包含糠醛精制油、酮苯脱蜡油、白土精制油、润滑油加氢精制油等润滑油中间组分半成品库存。

石蜡半成品库存——报告期内某一时点上，板块内溶剂脱蜡、白土精制、石蜡发汗、石蜡加氢、石蜡成型等装置生产或投入的石蜡组分尚存在半成品库中暂未出售的半成品实物数量。包含酮苯脱油蜡、白土精制蜡、加氢精制蜡等石蜡组分半成品库存。

其它半成品库存——报告期内某一时点上，板块内除液化气半成品库存、汽油半成品、煤油半成品、柴油半成品、化工轻油半成品、溶剂油半成品、苯类半成品、蜡油半成品、重油半成品、润滑油组分、石蜡半成品外的其它半成品尚存在半成品库中暂未出售的半成品实物数量。含液硫半成品、液氨半成品等其它半成品库存。

[**单　　位**]：t。

[**指标用途**]：炼油专业指标，统计指标。

5.4　成品库存

[**指标定义**]：报告期内某一时点上，板块内装置产出的已检验合格的成品尚存在成品库中暂未售出的成品实物数量。成品库存必须是已计入产品产量的检验合格的产品。

[**计算公式**]：见指标定义。

[**计算说明**]：

(1)产品库存量分为：期初库存量和期末库存量。

①期初库存量是指报告期内在开始这一时间点上，产品的库存实物数量，与上期期末库存数量一致。

②期末库存量是指报告期内在结束这一时间点上，产品的库存实物数量，与下一期期初库存数量一致。

(2)在核算产品库存量时应遵循以下原则：

①产品库存必须是处于“实际库存”状态的产品。有的产品虽已结束了生产过程，但还没有验收合格，还没有办理入库手续，不能作为产品库存统计。有的产品虽已经售出，但按提货制要求还没有办妥货款结算手续的或按送货制要求未办理承运手续的，仍应作为本企业的产品库存量统计，而不能作为产品销售量统计。

②必须是企业拥有所有权的产品才能统计产品库存量。对于已经销售并已办妥各项手续，但尚未提货的产品，本企业无权支配，这种产品虽然仍存在本企业仓库中，但不应统计为库存量。凡企业拥有所有权的产品，不论存放在什么地方，均应统计。

③产品库存量不能出现负数。如果产品还没有入库就已售出，应将售出的这部分产品补填入库和出库凭证，并计入产品产量中。

(3)产品库存量包括的内容：

①油田集输系统经净化处理符合规定的质量标准的(或合同规定的技术条件)所有油罐的库存量。

②炼化企业生产的，经检验合格，达到质量标准办理入库的产品。

③库存产品虽有销售对象，但尚未发货的，包括厂内库和异地库库存数量。

④库存产品已确定本企业自用，但还未消耗的，包括厂内库和异地库库存数量。

⑤非工业企业和境外订货者来料加工产品尚未拨出的。

⑥盘点中的账外产品。

⑦产品入库后发现有质量问题，但未办理退库手续的产品。

(4)产品库存量不应包括的内容：

①油田企业含水油罐的原油和不符合质量规定标准的原油。

②属于提货制销售的产品，已办理货款结算和开出提货单，但用户尚未提走的产品。

③代本企业外单位保管的产品。

④已结束生产过程，但尚未办理入库手续的产品。

(5)成品库存

包括液化气成品库存、丙烯成品库存、汽煤柴成品库存、原料油成品库存、苯类成品库存、石蜡成品库存、沥青成品库存、商品燃料油成品库存、石油焦成品库存、硫黄成品库存、其它成品库存，其中汽煤柴成品库存包括汽油成品库存、煤油成品库存、柴油成品库存。原料油成品库存包括化工轻油成品库存、商品原料油成品库存、润滑油基础油成品库存。商品原料油成品库存包括轻质原料油成品库存和重质原料油成品库存。上述介质定义见产品产量指标的定义。

[单　　位]：t。

[指标用途]：炼油专业指标，统计指标。

6. 综合技术经济指标

6.1 综合商品率

[指标定义]：报告期内石油产品商品量占原油和外购原料油加工量的百分比。

[计算公式]：

$$综合商品率=\frac{石油产品商品量}{原油及外购原料加工量}\times 100$$

$$石油产品商品量=炼油产品产量-自用燃料气产量-自用燃料油产量$$

[计算说明]：综合商品率——综合商品收率越高，说明从一定量原油(包括外购原料油)中得到的石油产品商品量越多；或者说生产一定量的石油产品商品，所用原油(包括外购原料油)越少。

石油产品商品量——报告期内已检验合格入库的全部产成品，包括已销售和准备销售的全部石油制品，供本企业基建、生活等非工业生产部门的石油产品和本企业非炼油装置用的原料、燃料等。如属板块内 CFB 锅炉、煤制氢、甲醇制氢装置消耗的燃料气、柴油、石油焦等。单位：t。

原油及外购原料加工量、炼油产品产量、自用燃料气产量、自用燃料油产量——见本章相应指标定义。单位：t。

[单　　位]：%。

[指标用途]：反映石油产品商品量收率状况。

[对应指标]：石油产品综合商品收率。

6.2 可比综合商品率

[指标定义]：报告期内板块内加工过程中可比综合商品量占原油及外购原料加工量的百分比。

［计算公式］：

$$可比综合商品率=\frac{可比综合商品量}{原油及外购原料加工量}\times 100$$

可比综合商品量=石油产品商品量+外销蒸汽折合燃料－外购蒸汽折合燃料+半成品期末期初差额

［计算说明］：石油产品商品量——见“综合商品收率”计算公式定义。单位：t。

外购蒸汽折合燃料——报告期内从板块外购入的蒸汽折合燃料按热焓进行折算。单位：t。

外销蒸汽折合燃料——报告期内销售给板块外的蒸汽（非 CFB 锅炉、煤制氢装置产出并网蒸汽）折合燃料按生产蒸汽实际消耗的燃料折算。单位：t。

半成品期末期初差额——报告期内半成品期末库存总量与半成品期初库存总量差值，主要表达半成品总库存增减值。单位：t。

原油及外购原料加工量——见本章相应指标定义。单位：t。

［单　　位］：%。

［指标用途］：为了在不同类型的炼油厂之间进行对比。

［对应指标］：石油可比综合商品收率。

6.3　可比综商*

［指标定义］：报告期内实际可比综合商品量占原油及外购原料加工量的百分比。

［计算公式］：

$$可比综商^{*}=\frac{实际可比综合商品量}{原油及外购原料加工量}\times 100$$

实际可比综合商品量=石油产品商品量－发电用自用燃料－非炼油工业用燃料和原料

［计算说明］：实际可比综合商品量——报告期内扣除计入石油产品商品量的炼油板块 CFB 或煤锅炉自用石油焦、柴油、干气、其它油品消耗量和发电自用干气量。单位：t。

石油产品商品量——见本章相应指标定义。单位：t。

发电自用燃料量——报告期内自备电站用的燃料油、燃料气。单位：t。

非炼油工业用燃料和原料——报告期内板块内非炼油装置用的原料、燃料等，如属板块内 CFB 锅炉、煤制氢、甲醇制氢等装置消耗的燃料气、柴油、石油焦等。单位：t。

原油及外购原料加工量——见本章相应指标定义。单位：t。

［单　　位］：%。

［指标用途］：对统计口径综合商品率的校正，炼油板块界区内消耗的物料不算商品。

［对应指标］：可比综商*。

6.4　综商指数

［指标定义］：报告期内综合商品率、综合能耗、综合损失相结合的综合指标。

［计算公式］：

$$综商指数=\frac{可比综合商品率}{可比综合商品率+综合能耗/10+综合损失率}\times 100$$

$$=\frac{可比综合商品量}{可比综合商品量+炼油综合耗能+综合损失量}\times 100$$

［计算说明］：可比综合商品量、综合损失量——见本章相应指标定义。单位：t。

炼油综合耗能——见本章相应指标定义。单位：t 标油。

可比综合商品率、综合损失率——见本章相应指标定义。单位：%。

综合能耗——见本章相应指标定义。单位：kg(标油)/t。

[单　　位]:%。

[对应指标]：综商指数。

6.5　轻质油收率

[指标定义]：报告期内汽油、煤油、柴油、溶剂油、化工轻油、苯类产品、洗涤剂原料油、分子筛脱蜡料、95%馏出温度小于365℃的轻质燃料油占原油及外购原料加工量的百分比。

[计算公式]：

$$轻质油收率=\frac{轻质油总产量}{原油及外购原料加工量}\times 100$$

轻质油总产量=汽煤柴产量+溶剂油产量+化工轻油产量+商品轻质原料油产量+苯类产量+醚类产量

[计算说明]：轻质油总产量——报告期内包括汽油、煤油、轻柴油、溶剂油以及95%馏出温度小于365℃相同馏分的产品量(如化工轻油、苯类、洗涤剂原料、分子筛脱蜡原料等)总和。注意外销或互供化工板块的加裂尾油计入轻质油总量中。单位：t。

汽煤柴产量、溶剂油产量、化工轻油产量、商品轻质原料油产量、苯类产量、醚类产量、原油及外购原料加工量——见本章相应指标定义。单位：t。

[单　　位]:%。

[指标用途]：反映石油产品轻油收率状况。

[对应指标]：石油产品轻油收率。

6.6　可比轻收

[指标定义]：报告期内可比轻质油总量占可比原油及外购原料加工量的百分比。可比轻收是对统计口径轻质油收率的校正。

[计算公式]：

$$可比轻收=\frac{可比轻质油总量}{可比原油及外购原料加工量}\times 100$$

可比轻质油总量=轻质油总量-直接参与物理调和或分离的外购原料油-凝析油加工量

可比原油及外购原料加工量=原油及外购原料加工量-

直接参与物理调和或分离的外购原料油-凝析油加工量-计入外购原料的燃料气

[计算说明]：轻质油总量、原油及外购原料加工量——见本章相应指标定义。单位：t。

直接参与物理调和或分离的外购原料油——报告期内参与物理调合(成品油调合、沥青调合)或物理分离(如抽提、分馏)的外购原料，如外购MTBE、外购返回油品(如MTBE、芳烃抽余油等)、外购沥青调合组分、外购混合芳烃等，均从可比轻收的分子、分母中进行等量扣除。单位：t。

凝析油加工量——报告期内进入炼油一次或二次加工的凝析油量，均从可比轻收的分子、分母中进行等量扣除。单位：t。

计入外购原料的燃料气——报告期内计入外购原料的燃料气，如外购天然气、外购化工甲烷氢、外购干气等。单位：t。

[单　　位]:%。

[对应指标]：可比轻收。

6.7　高附加值产品收率

[指标定义]：报告期内高附加值产品产量占原油及外购原料油加工量的百分比。

［计算公式］：

$$高附加值产品收率 = \frac{高附加值产品总量}{原油及外购原料加工量} \times 100$$

$$高附加值产品总量 = 综合商品量 - 商品干气量 - 商品重质燃料油产量 - 石油焦量 - 沥青量$$

［计算说明］：综合商品量、原油及外购原料加工量——见本章相应指标定义。单位：t。

高附加值产品总量——报告期内炼油加工过程中升值的产品，即综合商品率子项中扣除商品干气、商品燃料油(轻质燃料油除外)、石油焦、沥青以外的其它产品总和。轻质燃料油包括船用燃料、工业燃料、陶瓷燃料油等，但目前统计在商品燃料油和商品原料油中，也算在高附加值产品中。单位：t。

［单　　位］:%。

［指标用途］：反映炼油高附加值产品收率状况。

［对应指标］：高附加值产品收率。

6.8　高价值产品收率

［指标定义］：报告期内高价值产品产量占原油及外购原料油加工量的百分比。

［计算公式］：

$$高价值产品收率 = \frac{高价值产品产量}{原油及外购原料加工量} \times 100$$

$$高价值产品产量 = 轻质油总量 + 乙烯乙烷产量 + 液化气产量 + 丙烯产量 + 石蜡产量 + 润滑油基础油产量$$

［计算说明］：高价值产品产量——报告期内所有轻质油、液化气、丙烯、石蜡和润滑油基础油等高价值产品产量，其中液化气收率包括经提纯送乙烯装置的富乙烯气、乙烷气产品。该指标与高附加值产品收率有趋同性。单位：t。

轻质油总量、乙烯乙烷产量、液化气产量、石蜡产量、润滑油基础油产量、原料及外购原料加工量——见本章相应指标定义。单位：t。

［单　　位］:%。

6.9　综合自用率

［指标定义］：报告期内板块内生产的、已作本企业产量统计的、又作为本企业生产另一种产品的原材料、燃料使用的产品数量之和占原油及外购原料加工量的百分比。

［计算公式］：

$$综合自用率 = \frac{综合自用量}{原油及外购原料加工量} \times 100$$

$$综合自用量 = 燃料油自用量 + 燃料气自用量 + 催化烧焦量 + 其它自用量$$

［计算说明］：综合自用量——报告期内炼油板块内生产的、已作本企业产量统计的、又作为本企业生产另一种产品的原材料、燃料使用的产量之和。包括炼油板块界区内用做燃料的燃料油(包括用作燃料的其它油品)、燃料气、催化裂化烧焦量；用做各种“剂”类的石油产品。不包括板块内非炼油装置用的原料、燃料等，如属板块内 CFB 锅炉、煤制氢、甲醇制氢等装置消耗的燃料气、柴油、石油焦等。单位：t。

原油及外购原料加工量——见本章相应指标定义。单位：t。

［单　　位］:%。

［指标用途］：反映装置综合自用率状况。

［对应指标］：石油产品综合自用率

6.9.1 燃料自用率

[**指标定义**]：报告期内由炼油装置产出，在炼油生产过程中又作燃料用的燃料油、燃料气自用量总和占原油及外购原料加工量的百分比。

[**计算公式**]：

$$燃料自用率 = \frac{燃料自用量}{原油及外购原料加工量} \times 100$$

[**计算说明**]：燃料自用量——报告期内由板块内装置产出，在炼油加工过程中又作燃料用的燃料油、燃料气自用量总和，包括燃料油自用量和燃料气自用量。从炼油板块外购入天燃气、燃料油或含烃燃料气等，若只作燃料用的，则不计入燃料自用量。单位：t。

原油及外购原料加工量——见本章相应指标定义。单位：t。

[**单　　位**]：%。

[**指标用途**]：反映装置燃料自用率状况。

6.9.2 燃料油自用率

[**指标定义**]：报告期内由板块内装置生产的，在炼油加工过程中又作燃料用的燃料油自用量总和占原油及外购原料加工量的百分比。

[**计算公式**]：

$$燃料油自用率 = \frac{燃料油自用量}{原油及外购原料加工量} \times 100$$

燃料油自用量 = 装置内自产自用燃料油 + 装置外自用燃料油

燃料油自用量 = 工艺锅炉燃料油自用量 + 动力锅炉燃料油自用量

[**计算说明**]：燃料油自用量——报告期内由板块内装置生产的，在炼油加工过程中又作燃料用的燃料油自用量总和。按供给属性分为装置内自产自用燃料油和装置外自用燃料油。按加热炉属性分为工艺炉燃料油自用量、动力炉燃料油自用量。若作燃料用的石脑油、柴油等组分消耗量计入本指标。若从炼油板块外购入燃料油，只作燃料用，则不计入燃料自用量。单位：t。

原油及外购原料加工量——见本章相应指标定义。单位：t。

[**单　　位**]：%。

[**指标用途**]：反映装置燃料油自用率状况。

6.9.3 燃料气自用率

[**指标定义**]：报告期内由板块内装置产出的，在炼油加工过程中又作燃料用的燃料气自用量总和占原油及外购原料加工量的百分比。

[**计算公式**]：

$$燃料气自用率 = \frac{燃料气自用量}{原油及外购原料加工量} \times 100$$

燃料气自用量 = 装置内自产自用燃料气 + 装置外自用燃料气

= 工艺炉燃料气自用量 + 动力炉燃料气自用量

[**计算说明**]：燃料气自用量——报告期内由板块内装置产出的，在炼油加工过程中又作燃料用的燃料气自用量总和。按供给属性分为装置内自产自用燃料气和装置外自用燃料气。按加热炉属性分为工艺炉燃料气自用量、动力炉燃料气自用量。作燃料用的液化气消耗量计入本指标，硫黄回收装置还原单元消耗的氢气或含氢气体计入装置自产自

用燃料气。从板块外购入天燃气、含烃的燃料气，只作燃料用，则不计入燃料气自用量。单位：t。

原油及外购原料加工量——见本章相应指标定义。单位：t。

[单　　位]:%。

[指标用途]：反映装置燃料气自用率状况。

6.9.4　动力炉燃料自用率

[指标定义]：报告期内由板块内装置产出，用于板块内动力锅炉消耗的燃料油、燃料气量总和占原油及外购原料加工量的百分比。

[计算公式]：

$$\text{动力炉燃料自用率} = \frac{\text{动力炉燃料自用量}}{\text{原油及外购原料加工量}} \times 100$$

$$\text{动力炉燃料自用量} = \text{动力炉燃料油自用量} + \text{动力炉燃料气自用量}$$

[计算说明]：动力炉燃料自用量——报告期内由板块内装置产出，用于板块内动力锅炉消耗的燃料油(包括用作燃料的其它油品)、燃料气量总和，含炼油板块内自备电站消耗的燃料油、燃料气。若从炼油板块外购入天燃气、含烃的燃料油或气，只作燃料用，则不计入动力炉燃料自用量。单位：t。

原油及外购原料加工量——见本章相应指标定义。单位：t。

[单　　位]:%。

[指标用途]：反映动力炉燃料自用率状况。

6.9.5　工艺炉燃料自用率

[指标定义]：报告期内由板块内装置产出，用于板块内各装置工艺炉消耗的燃料油、燃料油气量总和占原油及外购原料加工量的百分比。

[计算公式]：

$$\text{工艺炉燃料自用率} = \frac{\text{工艺炉燃料自用量}}{\text{原油及外购原料加工量}} \times 100$$

$$\text{工艺炉燃料自用量} = \text{工艺炉燃料油自用量} + \text{工艺炉燃料气自用量}$$

[计算说明]：工艺炉燃料自用量——报告期内由板块内装置产出，用于板块内各装置工艺炉消耗的燃料油(包括用作燃料的其它油品)、燃料气的总和。从炼油板块外购入天燃气、燃料油、含烃燃料气，只作燃料用，则不计入工艺炉燃料自用量。单位：t。

原油及外购原料加工量——见本章相应指标定义。单位：t。

[单　　位]:%。

[指标用途]：反映工艺炉燃料自用率状况。

6.9.6　催化烧焦率

[指标定义]：报告期内板块内催化裂化、催化裂解装置产生的烧焦量之和占原油及外购原料加工量的百分比。

[计算公式]：

$$\text{催化烧焦率} = \frac{\text{催化烧焦总量}}{\text{原油及外购原料加工量}} \times 100$$

[计算说明]：催化烧焦总量——报告期内板块内催化裂化、催化裂解装置产生的烧焦量之和，包含本装置在开停工过程中的燃料油、燃料气消耗量，烧焦计算频次最低为一天一次。烧焦计算公式参考《催化裂化装置》一章中烧焦计算。单位：t。

原油及外购原料加工量——见本章相应指标定义。单位：t。

［单　　位］:%。

［**指标用途**］：反映催化烧焦率状况。

6.10　综合损失率

［**指标定义**］：报告期内原油及外购原料从采购提货单到运输、卸油、储存、输转、加工、产品出厂的全过程损失总量占原油及原料购入总量的比例。

［**计算公式**］：

$$综合损失率=\frac{综合损失量}{原油及外购原料购入量}\times 100$$

$$综合损失量=原油及外购原料储运损失量+原油加工损失量+石油产品损失量+石油其它损失量$$

［**计算说明**］：综合损失量——报告期内原油及外购原料从采购结算量开始，经过原油及原料的运输、接卸、储存、加工，半成品输转，产成品调和、储存、输转及产品出厂各环节的损失量。单位：t。

原油及外购原料购入量——报告期内原油及原料结算量(即提单量)总和。单位：t。

原油及外购原料储运损失量、原油加工损失量、石油产品损失量、石油其它损失量——见本章相应指标定义。单位：t。

［单　　位］:%。

［**指标用途**］：综合反映原油(包括外购原料油)的利用程度和加工技术水平，此损失越高，说明原油资源利用程度越低。

6.10.1　原油储运损失率

［**指标定义**］：报告期内原油自购入(结算量或提单量)到进入装置加工之前的损失量占原油购入总量的比例。

［**计算公式**］：

$$原油储运损失率=\frac{原油储运损失量}{原油购入量}\times 100=\frac{原油途耗损失量+原油储耗损失量}{原油购入量}\times 100$$

［**计算说明**］：原油储运损失量——报告期内原油自购入(结算量)到进入炼油一次或二次装置加工之前的损失总量，包括原油运输损失量和原油储存损失量。一般企业，以上两项损失可以单独计量统计，有的企业原油储存能力不足，常出现活罐的情况，只能合并计算储运损失量。单位：t。对原油不需要中转的企业，原油途耗的计算公式为：

$$原油途耗损失量=原油购入量-企业内第一计量点原油接收量$$

原油途耗损失量、原油储耗量、原油及外购原料购入量——见本章相应指标定义。单位：t。

［单　　位］:%。

6.10.2　原油途耗率

［**指标定义**］：报告期内原油自购入到企业内第一计量点的实际接收量之间的损失量(也称为原油运输损失)占原油购入总量的比例。它包括一程途耗率、二程途耗率和中转储耗率三部分。

［计算公式］：

$$原油途耗率=\frac{原油途耗量}{原油结算量}\times 100$$

$$=\frac{原油结算量-原油第一计量点进厂实收量}{原油结算量}\times 100$$

$$=\frac{一程途耗量+二程途耗量+中转地储耗量}{原油结算量}\times 100$$

$$=一程途耗率+二程途耗率+中转储耗率$$

［计算说明］：原油途耗损失量——报告期内原油自购入到企业内第一计量点的实际接收量之间的损失量（也称为原油运输损失）。单位：t。

当企业需要在外租赁的原油库存进行中转时，应当计算一程途耗。一程途耗为供方结算量或提单量与中转地接收量之差。单位：t。计算公式为：

一程途耗量＝原油购入量－中转地原油接收量

二程途耗量＝原油中转地拨出量－企业内第一计量点原油接收量

中转储耗量＝中转地拨出量＋期末库存量－期初库存量－中转地接收量

对中转地的合理储耗，可以计入途耗。不合理的储耗，应当查明原因方可处理。

［单　　位］：%。

6.10.3　原油储耗率

［指标定义］：报告期内原油自企业第一接收计量点到进入炼油一次或二次装置加工之前的损失（原油清罐损失）量占企业内第一接收计量点原油实收总量的比例。

［计算公式］：

$$原油储耗率=\frac{原油储耗量}{原油实收量}\times 100$$

［计算说明］：原油储耗量——报告期内原油自企业第一接收计量点到进入炼油一次或二次装置加工之前的损失量。若出现原油脱水带出污油转入半成品污油罐或中间原料污油罐时，则将该污油扣水后计入原油加工量中去。若出现常减压的污退油或蜡渣油组分倒入原油罐时，则从原油加工量进行等量实物扣除。凝析油计入原油加工量。单位：t。

原油实收量——报告期内原油罐实际原油收入量，也称为企业内第一计量点原油接收量。单位：t。

［单　　位］：%。

6.10.4　原油加工损失率

［指标定义］：报告期内板块加工原油及外购原料过程损失量之和占原油和外购原料加工量的百分比。

［计算公式］：

$$原油加工损失率=\frac{加工损失量}{原油及外购原料加工量}\times 100$$

加工损失量＝瓦斯跑损＋污水含油损失＋生产装置加工损失＋

半成品输转和调合损失＋酸碱渣和白土渣带油及其它损失

［计算说明］：加工损失量——报告期内板块装置加工原油及外购原料过程中损失的量，即各板块装置加工生产过程中的损失量之和，减去回收污油数量（按扣水纯油量计算）占原油及外购原料加工量的百分比。包括瓦斯跑损、排放污水带油、生产装置加工损失、半成品

输转和调合损失、酸碱渣和白土渣带油及其它损失。单位：t。

瓦斯跑损——报告期内气态物料在板块生产过程中的损失，主要为火炬、放空的损失等。

污水含油损失——报告期内板块生产过程中排放污水含油损失。

生产装置加工损失——报告期内板块生产过程中装置的损失量总和。

半成品输调损失——报告期内板块生产过程中半成品输转、调合、储存损失。

酸碱渣和白土渣带油及其它损失——报告期内板块生产过程中产生的酸渣、碱渣、白土带油及其它损失。

原油及外购原料加工量——见本章相应指标定义。单位：t。

［单　　位］:%。

6.10.5　石油产成品损失率

［指标定义］：报告期内石油产成品入库后到实现销售之前的全部损失量占石油产成品产量总量的百分比。

［计算公式］：

$$石油产成品损失率=\frac{石油产成品损失量}{石油产成品产量}\times 100$$

$$=\frac{\sum(各产成品损失量)}{石油产成品产量}\times 100$$

某产成品损失量=产成品销售量+产成品拨出量+期末库存量-期初库存量-产成品产量

［计算说明］：石油产品损失量——主要包括石油产成品的存储损失和输转、出厂损失，石油产成品的清罐、事故跑损量也包括在内。石油产成品损失核算分品种损失及总损失量。单位：t。

石油产品产量——也称为石油产品商品量，见“石油产品商品量定义”

［单　　位］:%。

6.10.6　石油其它损失率

［指标定义］：报告期内除正常生产经营活动过程以外的其它损失量占原油及外购原料加工量的百分比。

［计算公式］：

$$石油其它损失率=\frac{其它损失量}{原油及外购原料加工量}\times 100$$

$$=\frac{半成品在制品清罐损失量+事故损失量+自然灾害损失量+其它损失量}{原油及外购原料加工量}\times 100$$

［计算说明］：其它损失量——报告期内正常生产经营活动过程以外的其它损失量，包括半成品在制品清罐损失、事故损失、自然灾害损失等。单位：t。

原油及外购原料加工量——见本章相应指标定义。单位：t。

［单　　位］:%。

6.11　其它技术经济指标

6.11.1　汽煤柴收率

［指标定义］：报告期内板块生产的汽油、煤油、柴油三种主要石油产品产量占原油及外购原料加工量的百分比。

［计算公式］：

$$汽煤柴收率=\frac{汽油产量+煤油产量+柴油产量}{原油及外购原料加工量}\times 100$$

[计算说明]：汽油产量——报告期内板块生产的符合国家产品质量标准检验合格入库的汽油产品产量总和。单位：t。

煤油产量——报告期内板块生产的符合国家产品质量标准检验合格入库的煤油产品产量总和。单位：t。

柴油产量——报告期内板块生产的符合国家产品质量标准检验合格入库的柴油产品产量总和。单位：t。

原油及外购原料加工量——见本章相应指标定义。单位：t。

[单　　位]：%。

6.11.2　汽煤柴润总收率

[指标定义]：报告期内板块生产的汽油、煤油、柴油、润滑油四种石油产品产量之和占原油及外购原料加工量的百分比。

[计算公式]：

$$汽煤柴润总收率=\frac{汽煤柴产量+润滑油产量}{原油及外购原料加工量}\times 100$$

[计算说明]：汽煤柴产量、原料及外购原料加工量——见本章相应指标定义。单位：t。

润滑油产量——报告期内板块生产的符合各产品质量标准检验合格能供市场销售的润滑油产量，不包括润滑油加工产生供炼油系统内润滑油分公司的润滑油基础油。单位：t。

[单　　位]：%。

6.11.3　汽煤柴润及相关出厂半成品总收率

[指标定义]：报告期内板块生产汽油、煤油、柴油、润滑油产量及相当于汽、煤、柴、润组分的各类产品、液体石蜡、化工轻油等产品产量总和占原油及外购原料加工量的百分比。

[计算公式]：

$$汽煤柴润及相关出厂半成品总收率=\frac{汽煤柴润及相应出厂半成品总量}{原油及外购原料加工量}\times 100$$

[计算说明]：汽煤柴润及相关出厂半成品总量——报告期内板块生产汽油、煤油、柴油、润滑油产量及相当于汽、煤、柴、润组分的各类产品、液体石蜡、化工轻油等产品产量总和。单位：t。

原油及外购原料加工量——见本章相应指标定义。单位：t。

[单　　位]：%。

6.11.4　汽煤柴化总收率

[指标定义]：报告期内板块生产的汽油、煤油、柴油、化工轻油的产品产量占原油及外购原料加工量的百分比。

[计算公式]：

$$汽煤柴化总收率=\frac{汽煤柴产量+化工轻油产量}{原油及外购原料加工量}\times 100$$

[计算说明]：汽煤柴产量、化工轻油产量、原油及外购原料加工量——见本章相应指标定义。单位：t。

[单　　位]：%。

6.11.5　半成品及原料库存增减率

[指标定义]：报告期内板块半成品及原料总库存增减量占原油及外购原料加工量的百分比。

[计算公式]：

$$半成品及原料库存增减率 = \frac{半成品及原料库存增减量}{原油及外购原料加工量} \times 100$$

[计算说明]：半成品及原料库存增减量——报告期内板块半成品及原料期末库存量与期初库存量之差值。当期末库存量大于期初库存量时，半成品及原料油库存增减率为正数，当期末库存量小于期初库存量时，该指标为负数。单位：t。

原油及外购原料加工量——见本章相应指标定义。单位：t。

[单　　位]:%。

6.11.6　燃料油收率

[指标定义]：报告期内板块生产的燃料油产量之和占原油及外购原料加工量的百分比。

[计算公式]：

$$燃料油收率 = \frac{燃料油产量}{原油及外购原料加工量} \times 100$$

[计算说明]：燃料油产量——报告期内燃料油商品量及燃料油自用量总和，包括商品燃料油和燃料油自用量。单位：t。

原油及外购原料加工量——见本章相应指标定义。单位：t。

[单　　位]:%。

6.11.7　商品燃料油收率

[指标定义]：报告期内板块燃料油商品量占原油及外购原料加工量的百分比。

[计算公式]：

$$商品燃料油收率 = \frac{燃料油商品量}{原油及外购原料加工量} \times 100$$

[计算说明]：燃料油商品量——报告期内板块可供销售的燃料油商品量，不包括燃料油自用量。单位：t。

原油及外购原料加工量——见本章相应指标定义。单位：t。

[单　　位]:%。

6.11.8　燃料油商品收率

[指标定义]：报告期内板块燃料油商品量占燃料油产量的百分比。

[计算公式]：

$$燃料油商品收率 = \frac{燃料油商品量}{燃料油产量} \times 100$$

[计算说明]：燃料油商品量、燃料油产量——见本章相应指标定义。单位：t。

[单　　位]:%。

7　能源指标

7.1　加工1t原油耗新鲜水

[指标定义]：报告期内板块加工1t原油及外购原料加工量消耗的新鲜水量。

[计算公式]：

$$加工1t原油耗新鲜水 = \frac{新鲜水消耗量}{原油及外购原料加工量}$$

$$新鲜水消耗量 = 新鲜水资源购入量 - 新鲜水资源转供量$$

新鲜水资源购入量 = 新鲜水购入量 + 各等级蒸汽购入量 + 除盐水购入量

新鲜水资源转供量 = 新鲜水转供量 + 各等级蒸汽转供量 + 除盐水转供量

[**计算说明**]：新鲜水消耗量——报告期内板块消耗的新鲜水量。单位：t。

新鲜水资源购入量——报告期内从板块界区外购入的新鲜水资源量，包括购入新鲜水、除盐水、软化水的量。单位：t。

新鲜水资源转供量——报告期内转供给板块界区外的新鲜水资源量，包括转供新鲜水、除盐水、软化水的量。单位：t。

原油及外购原料加工量——见本章相应指标定义。单位：t。

[**单　　位**]：t 水/t 原油。

7.2　加工 1t 原油耗电

[**指标定义**]：报告期内板块加工 1t 原油及外购原料加工量消耗的电量。

[**计算公式**]：

$$加工1t原油耗电 = \frac{电消耗量}{原油及外购原料加工量} = \frac{电购入量 - 电转供量}{原油及外购原料加工量}$$

[**计算说明**]：电消耗量——报告期内板块消耗的电量。单位：kW · h。

电购入量——报告期内从板块界区外购入的电，包括电网购入电量、非炼油电站供电量。单位：kW · h。

电转供量——报告期内转供给板块界区外的电量，包括转供非炼油板块的电。单位：kW · h。

原油及外购原料加工量——见本章相应指标定义。单位：t。

[**单　　位**]：kW · h/t

7.3　加工 1t 原油耗蒸汽

7.3.1　加工 1t 原油耗高压蒸汽

[**指标定义**]：报告期内板块加工 1t 原油及外购原料加工量消耗的高压蒸汽量。

[**计算公式**]：

$$加工1t原油耗高压蒸汽 = \frac{高压蒸汽消耗量}{原油及外购原料加工量}$$

$$高压蒸汽消耗量 = 高压蒸汽购入量 - 高压蒸汽转供量$$

[计算说明]：高压蒸汽——压力大于或等于 3.0MPa，小于 4.5MPa 蒸汽。

高压蒸汽消耗量——报告期内板块消耗的高压蒸汽量。高压蒸汽消耗量不包括余热、余汽。单位：t。

高压蒸汽购入量——报告期内从板块界区外购入的高压蒸汽，包括企业外购入高压蒸汽量、非炼油板块锅炉供高压蒸汽量。单位：t。

高压蒸汽转供量——报告期内转供给板块界区外的高压蒸汽量，包括转供非炼油板块的高压蒸汽。单位：t。

原油及外购原料加工量——见本章相应指标定义。单位：t。

[**单　　位**]：t/t。

7.3.2　加工 1t 原油耗中压蒸汽

[**指标定义**]：报告期内板块加工 1t 原油及外购原料加工量消耗的中压蒸汽量。

[计算公式]：

$$加工1t原油耗中压蒸汽 = \frac{中压蒸汽消耗量}{原油及外购原料加工量}$$

$$中压蒸汽消耗量 = 中压蒸汽购入量 - 中压蒸汽转供量$$

[计算说明]：中压蒸汽——压力大于或等于0.8MPa，小于3.0MPa蒸汽。

中压蒸汽消耗量——报告期内板块消耗的中压蒸汽量。中压蒸汽消耗量不包括余热、余汽。单位：t。

中压蒸汽购入量——报告期内从板块界区外购入的中压蒸汽，包括企业外购入中压蒸汽量、非炼油板块锅炉供中压蒸汽量。单位：t。

中压蒸汽转供量——报告期内转供给板块界区外的中压蒸汽量，包括转供非炼油板块的中压蒸汽。单位：t。

原油及外购原料加工量——见本章相应指标定义。单位：t。

[单　　位]：t/t。

7.3.3　加工1t原油耗低压蒸汽

[指标定义]：报告期内板块加工1t原油及外购原料加工量消耗的低压蒸汽量。

[计算公式]：

$$加工1t原油耗低压蒸汽 = \frac{低压蒸汽消耗量}{原油及外购原料加工量}$$

$$低压蒸汽消耗量 = 低压蒸汽购入量 - 低压蒸汽转供量$$

[计算说明]：低压蒸汽——压力小于0.8MPa蒸汽。

低压蒸汽消耗量——报告期内板块消耗的低压蒸汽量。低压蒸汽消耗量不包括余热、余汽。单位：t。

低压蒸汽购入量——报告期内从板块界区外购入的低压蒸汽，包括企业外购入低压蒸汽量、非炼油板块锅炉供低压蒸汽量。单位：t。

低压蒸汽转供量——报告期内转供给板块界区外的低压蒸汽量，包括转供非炼油板块的低压蒸汽。单位：t。

原油及外购原料加工量——见本章相应指标定义。单位：t。

[单　　位]：t/t。

7.4　加工1t原油耗燃料油(气)

[指标定义]：报告期内板块加工1t原油及外购原料加工量消耗的燃料油(气)量。

[计算公式]：

$$加工1t原油耗燃料油(气) = \frac{燃料油(气)消耗量}{原油及外购原料加工量} \times 1000$$

$$燃料油(气)消耗量 = 燃料油消耗量 + 燃料气消耗量$$

[计算说明]：燃料油(气)消耗量——报告期内板块消耗的燃料油、燃料气总量，包含板块内自产自用燃料油、自产自用燃料气、作燃料用的外购燃料气(如天然气、化工干气等)、作燃料用的外购燃料油的消耗量。单位：t。

原油及外购原料加工量——见本章相应指标定义。单位：t。

[单　　位]：kg/t。

7.4.1　加工1t原油耗燃料油

[指标定义]：报告期内板块加工1t原油及外购原料加工量消耗的燃料油量。

［计算公式］：

$$加工1t原油耗燃料油=\frac{燃料油消耗量}{原油及外购原料加工量}\times1000$$

［计算说明］：燃料油消耗量——报告期内板块消耗燃料油总量，包含板块内自产自用燃料油、作燃料用的外购燃料油的消耗量。单位：t。

原油及外购原料加工量——见本章相应指标定义。单位：t。

［单　　位］：kg/t。

7.4.2　加工1t原油耗燃料气

［指标定义］：报告期内板块加工1t原油及外购原料加工量消耗的燃料气量。

［计算公式］：

$$加工1t原油耗燃料气=\frac{燃料气消耗量}{原油及外购原料加工量}\times1000$$

［计算说明］：燃料气消耗量——报告期内板块消耗燃料气总量，包含自产自用燃料气、作燃料用的外购燃料气(如天然气、化工干气等)的消耗量。单位：t。

原油及外购原料加工量——见本章相应指标定义。单位：t。

［单　　位］：kg/t。

7.5　综合能耗

［指标定义］：报告期内板块加工1t原油及外购原料在生产过程中消耗的各种能源总量，以单位原油及外购原料加工量消耗的能源数量表示。综合能源消耗量，以标准燃料(标油)计算，即用各种实物能源乘以相关的折标系数加和求得。

［计算公式］：

$$综合能耗=\frac{综合能源消耗量}{原油及外购原料加工量}\times1000$$

［计算说明］：综合能源消耗量——报告期内板块加工原油及外购原料过程中所消耗各种燃动能源能量总和。单位：t标油。

原油及外购原料加工量——见本章相应指标定义。单位：t。

［单　　位］：kg标油/t。

7.6　可比能耗

［指标定义］：报告期内板块加工1t可比能源的原油加工量所消耗各种燃动能源能量总和。

［计算公式］：

$$可比能耗=\frac{综合能源消耗量}{可比能耗的原油加工量}\times1000$$

$$可比能耗原油加工量=原油及外购原料加工量-直接参与物理调合或分离的外购原料油-凝析油加工量\times0.8$$

［计算说明］：综合能源消耗量——见综合能耗指标定义。单位：t标油。

可比能耗的原油加工量——是对统计口径炼油综合能耗分母的校正，不含外购燃料(如天然气、干气等)及只参与物理调合(成品油调合、沥青调合)或物理分离(如抽提、分馏)的外购原料(如外购MTBE、外购化工返回料、沥青调合组分等)，凝析油加工量乘以0.2后计入可比能耗的原油加工量。

［单　　位］：kg标油/t。

7.7　单因耗能

［指标定义］：报告期内板块以炼油能量因数作为校正系数计算的炼油综合能耗指标。

［计算公式］：

$$单因耗能=\frac{综合能源消耗量}{原油及外购原料加工量\times炼油能量因数}$$

［计算说明］：计算范围只包括板块的所有炼油装置能耗，不包括炼油事业部管理的聚丙烯装置或其它非炼油装置(具体计算方法详见炼油事业部相关规定)；新鲜水消耗量中不含循环水及海水的数量；蒸汽消耗量中不含余热、余汽。

综合能源消耗量——见综合能源中指标定义。单位：t标油。

［单　　位］：kg标油/t·因数。

7.8　EII(能源密度指数)

［指标定义］：报告期内板块实际能耗与炼油厂标准能耗的比值。

［计算公式］：

$$EII=\frac{\dfrac{炼油厂实际总能耗}{当年天数}}{\sum[(装置加工量\times装置的标准能耗)+显热+界区外系统耗能]}\times100$$

$$=\frac{\dfrac{炼油厂实际消耗总热能+炼油厂电能的调整}{当年天数}}{\sum[(装置加工量\times装置的标准能耗)+显热+界区外系统耗能]}\times100$$

［计算说明］：炼油厂实际消耗总热能——报告期内炼油厂实际消耗总热能。单位：GJ。

炼油厂电能的调整——报告期内炼厂电能的调整。单位：GJ。

装置加工量——报告期内装置原料加工量，各类型装置原料加工量采用附件一《炼油各类型装置原料加工量一览表》。单位：t。

装置的标准能耗——报告期内装置的标准能耗。单位：GJ/t。

显热——报告期内板块内外购原料带入的显热量。单位：GJ。

界区外系统耗能——报告期内界区外系统耗能。单位：GJ。

［单　　位］:%。

［指标用途］：衡量炼油厂能源消耗指标。用各炼油厂实际能耗的值与根据其装置组成计算的标准能耗进行比较，更具有可比性。

7.9　万元产值综合能耗

［指标定义］：报告期内板块每产生一万元的产值所消耗能源数量。它是评价企业生产经营活动在一定时期内的耗能水平指标，是计算企业节能量的基础。

［计算公式］：

$$万元产值综合能耗=\frac{炼油板块能源消费总量}{炼油板块工业总产值}$$

［计算说明］：炼油板块工业总产值——划归炼油板块装置生产的所有产品的产值及属于炼油板块的其它工业总产值。工业总产值(现价)指工业企业在报告期内生产的以货币形式表现的工业最终产品和提供工业劳务活动的总价值量。单位：万元。

(1)工业总产值计算应遵循的原则：

①工业生产的原则。即凡是企业在报告期内生产的最终产品和提供的劳务，均应包括在内。其中的最终产品，不管是否在报告期内销售，只要是指报告期内生产的，就应包括在内。凡不是工业生产的产品，均不得计入工业总产值。

②最终产品的原则。即企业生产的成品价值必须是本企业生产的，经检验合格可以直接销售不需再进行任何加工的产品。企业对外销售的半成品也应视为最终产品计入工业总产值。而在本企业内各车间转移的半成品和在制品只能计算其期末期初差额价值。

③“工厂法”原则。即以法人工业企业作为一个整体计算工业总产值，是其报告期内生产的最终产品和提供劳务的总价值量，企业内部不允许重复计算。

(2)工业总产值(现价)的内容：包括三部分：生产的成品价值、对外加工费收入、自制半成品在制品期末期初差额价值。

①成品价值：报告期内由企业生产的不需要再进行加工，经检验合格、包装入库的已经销售和准备销售的全部工业成品(包括半成品)价值合计。成品价值中包括企业生产的自制设备及提供给本企业在建工程、其它非工业部门和生活福利部门等单位使用的成品价值，但不包括用订货者来料加工的成品(半成品)价值。

按现行价格计算工业总产值的方法：成品价值按成品实物量乘以报告期不含应交增值税(销项税额)的产品实际销售平均单价计算。会计核算中按成本价格转帐的自制设备和自产自用的成品，按成本价格计算生产成品价值。

②对外加工费收入：企业在报告期内完成的对外承做的工业品加工(包括用订货者来料加工生产)的加工费收入和对外工业品修理作业所收取的加工费收入和对内非工业部门提供的加工修理、设备安装等收入。对外加工费收入按不含应交增值税(销项税额)的价格计算。

对于以对外加工生产为主，对外加工费收入所占比重较大的企业，如果对外加工费收入出现跨年度支付的情况，为保证总产值生产口径计算的准确性，则应将对外加工费收入按实际情况调整，记录本年应实际收取的对外加工费收入。

③自制半成品在制品期末期初差额价值。为了使工业总产值与工业中间投入中的物耗价值一致，以便同口径地计算工业增加值，规定本指标的计算原则：凡是企业会计产品成本核算中计算半成品、在制品成本，则工业总产值中必须包括自制半成品在制品期末期初差额价值。反之则不包括。

自制半成品在制品期末期初差额价值等于自制半成品在制品期末价值减去期初价值后的余额，如果期末价值小于期初价值，该指标为负值，企业在计算产值时，应按负值计算，不能作为零处理。

(3)工业总产值(现价)计算的几种具体规定：

①凡自备原材料生产，不论其加工繁简程度如何，一律按全价，即包括自备原材料的价值，计算工业总产值。

②凡来料加工，加工企业只收取加工费，则加工企业一律按财务上结算的加工费计算工业总产值，即不包括定货者来料的价值。

③自制半成品、在制品期末期初差额价值，原则上应计入工业总产值，但如果会计产品成本核算中不计算自制半成品、在制品成本，则不计入工业总产值；如果会计产品成本核算中计算自制半成品、在制品成本的，则计入工业总产值。

炼油板块能源消费总量——报告期内炼油板块能源消费总量总和。能源消耗单位一般为吨标准煤。标准煤只是一个概念，其实是不存在的。标准煤又叫标准燃料，是计算能源总量和折合各种能源的综合指标。由于不同的能源所含热量不同，故须用一个统一标准加以计算和比较。在各种能源折算标准煤之前，首先直接测算各种能源的实际平均热值，再折算标准煤，各种原料、燃料的折算标准煤换算系数见附件二。

[单　　位]：吨标煤/万元。

8　运行指标

8.1　加工原油 API

[**指标定义**]：报告期内板块加工原油(含凝析油)的 API 的加权平均值，一般分别计算

含凝析油的加工原油 API 和不含凝析油的加工原油 API。

［计算公式］：

$$加工原油 API=\frac{\sum(原油品种加工量\times原油品种 API)}{原油加工量}$$

［计算说明］：原油品种加工量——报告期内板块的纯油种加工量。单位：t。

原油品种 API——报告期内板块加工的纯油种的原油 API，一般参考中国石化总部每年发布的原油性质表，若加工新油种在发布原油性质表中未出现的，则采用本企业原油评价的数据或采购时提供的数据。

原油加工量——报告期内板块加工原油总量，含凝析油。单位：t。

［单　　位］：无

8.2　加工原油平均含硫

［指标定义］：报告期内板块加工原油（含凝析油）的硫含量的加权平均值，一般分别计算含凝析油的加工原油平均含硫和不含凝析油的加工原油平均含硫。

［计算公式］：

$$加工原油平均含硫=\frac{\sum(原油品种加工量\times原油品种硫含量)}{原油加工量}$$

［计算说明］：原油品种加工量——报告期内板块的纯油种加工量。单位：t。

原油品种硫含量——报告期内板块加工的纯油种的原油硫含量，一般参考总部每年发布的原油性质表，若加工新油种在发布原油性质表中未出现的，则采用本企业原油评价的数据或采购时提供的数据。

原油加工量——报告期内板块加工原油总量，含凝析油。单位：t。

［单　　位］：%。

8.3　加工原油平均含酸

［指标定义］：报告期内板块加工原油（含凝析油）的酸值的加权平均值，一般分别计算含凝析油的加工原油平均含酸和不含凝析油的加工原油平均含酸。

［计算公式］：

$$加工原油平均含酸=\frac{\sum(原油品种加工量\times原油品种酸值)}{原油加工量}$$

［计算说明］：原油品种加工量——报告期内板块的纯油种加工量。单位：t。

原油品种酸值——报告期内板块加工的纯油种的原油酸值，一般参考总部每年发布的原油性质表，若加工新油种在发布原油性质表中未出现的，则采用本企业原油评价的数据或采购时提供的数据。

原油加工量——报告期内板块加工原油总量，含凝析油。单位：t。

［单　　位］：mgKOH/L。

8.4　原油加工负荷率

［指标定义］：报告期内板块加工原油总量占本企业有效原油加工能力的百分比。

［计算公式］：

$$原油加工负荷率=\frac{原油加工量}{原油加工能力}\times100$$

$$原油加工能力=\sum(各套常减压装置报告期内的加工能力)$$

$$常减压装置报告期内的加工能力=\frac{年设计加工能力}{年设计运行时间}\times报告期内时间$$

［计算说明］：原油加工量——报告期内板块加工原油总量，含凝析油。单位：t。

原油加工能力——报告期内板块常减压装置有效加工能力总量总和。单位：t。

报告期内时间——报告期内板块实际加工生产时间，等于报告期实际天数乘以24h。单位：h。

年设计加工能力——报告期内常减压装置一年设计加工能力。单位：t/a。

年设计运行时间——报告期内常减压装置一年设计时的运行时间。单位：h。

[单　　位]:%。

8.5　全厂一次轻收

[指标定义]：报告期内板块各套常减压装置产出石脑油、煤油、柴油等轻质油产量总和占原油及外购原料加工量的百分比。

[计算公式]：

$$全厂一次轻收=\frac{\sum(常减压装置轻质油产量)}{原油及外购原料加工量}\times 100$$

常减压装置轻质油产量 = 液化气产量 + 直馏石脑油产量 + 直馏煤油产量 + 直馏柴油产量

[计算说明]：常减压装置轻质油产量——报告期内板块常减压装置产出汽油、煤油、轻柴油、溶剂油以及95%馏出温度小于365℃相同馏分的产品产量总和。单位：t。

液化气总量、直馏石脑油产量、直馏煤油产量、直馏柴油产量——见“常减压装置”中相关指标定义。单位：t。

原油及外购原料加工量　　见本章相应指标定义。单位：t。

[单　　位]:%。

8.6　全厂二次轻收

[指标定义]：报告期内板块除常减压装置外其它装置产出轻质油产量总和占原油及外购原料加工量的百分比。

[计算公式]：

$$全厂二次轻收=\frac{轻质油总产量-\sum(常减压装置轻质油产量)}{原油及外购原料加工量}\times 100$$

[计算说明]：常减压装置轻质油总产量、轻质油总产量、原油及外购原料加工量——见本章相应指标定义。单位：t。

[单　　位]:%。

8.7　重质油转化率

[指标定义]：报告期内板块将减压馏分油和渣油转化为轻质油的能力比例。通常以催化裂化、渣油加氢、延迟焦化、溶剂脱沥青三种工艺过程的处理能力总和与原油加工能力之比来表示。

[计算公式]：

$$重质油转化率=\frac{催化裂化能力+渣油加氢能力+延迟焦化能力+溶剂脱沥青能力}{原油加工能力之和}\times 100$$

[计算说明]：催化裂化能力——报告期内板块所有催化裂化和催化裂解装置有效加工能力总和。单位：t。

渣油加氢能力——报告期内板块所有渣油加氢装置有效加工能力总和。单位：t。

延迟焦化能力——报告期内板块所有延迟焦化装置有效加工能力总和。单位：t。

溶剂脱沥青能力——报告期内板块所有溶剂脱沥青装置有效加工能力总和。单位：t。

原油加工能力之和——报告期内板块所有常减压装置有效加工能力总和。单位：t。

[单　　位]:%。

8.8　非计划停工损失 EDC 比例

[指标定义]：报告期内非计划停工造成的 EDC 损失占全厂 EDC 的比例。

[计算公式]：

$$非计划停工损失的EDC比例 = \frac{全厂非计划停工造成的EDC损失}{全厂EDC} \times 100$$

[计算说明]：EDC——Equivalent Distillation Capacity 的缩写，是有效蒸馏当量的意思。

全厂非计划停工造成的 EDC 损失——报告期内非计划停工造成的 EDC 损失。

[计算公式]：

全厂非计划停工造成的 EDC 损失 = ∑(5 大类装置非计划停工造成的 EDC 损失之和)

单套装置非计划停工损失的 EDC

$$= \frac{该装置年能力}{装置年设计运行时间} \times 非计停工时间(小时) \times 装置复杂系数$$

= 该装置小时加工能力 × 非计停工时间(小时) × 装置复杂系数

式中　装置年加工能力、装置小时加工能力——见“装置公用指标”一章中的当期加工能力。

非计划停工时间——报告内装置非计划停工的时间。单位：h。

常减压装置复杂系数为：常压蒸馏 10.41、减压蒸馏 9.19，有常减压装置的复杂系数近似为 10。

催化裂化装置复杂系数为：蜡油催化裂化 48.54、重油催化裂化 68.91；

延迟焦化装置复杂系数为：34.31；

重整装置复杂系数为：催化固定床装置和连续重整装置均为 44.8；

加氢裂化装置复杂系数为：48.05。

全厂 EDC——报告期内常减压、催化、焦化、加裂、重整 5 大类装置的 EDC 之和。计算公式：

全厂 EDC = ∑(5 大类装置的 EDC 之和)

= ∑(常减压 EDC) + ∑(催化裂化 EDC) + ∑(延迟焦化 EDC) + ∑(加氢裂化 EDC) + ∑(催化重整 EDC)

单套装置的 EDC = 装置加工量 × 装置复杂系数

式中　装置加工量——报告期内装置原料加工量。若 5 类型装置原料加工量采用附件一《炼油各类型装置原料加工量一览表》中定义。单位：t。

[单　　位]：%。

9　环保指标

9.1　炼油吨油取水

[指标定义]：报告期内板块加工 1t 原油及外购原料加工量耗水量。

[计算公式]：

$$炼油吨油取水 = \frac{加工过程水消耗量}{原油及外购原料加工量}$$

加工过程水消耗量 = 水资源购入量 - 水资源转供量

水资源购入量 = 新鲜水购入量 + 各等级蒸汽购入量 + 除盐水购入量

水资源转供量 = 新鲜水转供量 + 各等级蒸汽转供量 + 除盐水转供量

[计算说明]：加工过程水消耗量——报告期内板块消耗各种水资源量，注意扣除炼油 CFB 锅炉、炼油煤制氢等装置消耗水资源量。单位：t。

水资源购入量——报告期内从板块界区外购入的水资源量，包括购入新鲜水、除盐水、软化水和各种压力等级蒸汽的量。单位：t。

水资源转供量——报告期内转供给板块界区外的水资源量，包括转供新鲜水、除盐水、软化水和各种压力等级蒸汽的量。单位：t。

原油及外购原料加工量——见本章相应指标定义。单位：t。

［单　　位］：t/t。

9.2　炼油吨油排水

［**指标定义**］：报告期内板块加工1t原油及外购原料加工量外排污水量。

［**计算公式**］：

$$炼油吨油排水 = \frac{加工过程外排污水量}{原油及外购原料加工量}$$

［**计算说明**］：加工过程外排污水量——报告期内板块直接排装置界区外的污水量，扣除板块外送炼油处理后外排污水量。单位：t。

原油及外购原料加工量——见本章相应指标定义。单位：t。

［单　　位］：t/t。

9.3　炼油吨油 CO_2 排放量

［**指标定义**］：报告期内板块加工1t原油及外购原料加工量排放的 CO_2 量。

［**计算公式**］：

$$炼油吨油CO_2排放量 = \frac{炼油CO_2排放量}{原油及外购原料加工量}$$

$$炼油CO_2排放量 = \frac{加工过程水消耗量\times 0.6}{1000} + \frac{加工过程电消耗量\times 0.86\times 10000}{1000} +$$

$$加工过程燃料油消耗量\times 10000\times 3.073 + (燃料气耗量 + 火炬放空损失)\times$$

$$10000\times 3.463 + (催化烧焦量 + CFB耗石油焦量 + CFB耗煤量\times 0.88 + 煤制氢耗$$

$$石油焦量 + 煤制氢耗煤量\times 0.88)\times 3.52 + 制氢纯氢产量\times 4.736 - 回收CO_2量$$

［**计算说明**］：炼油 CO_2 排放量包括炼油板块的CFB、煤制氢等装置排放的 CO_2 量。

［单　　位］：t。

［**指标用途**］：反映板块加工生产过程中 CO_2 量排放情况。

第2章　润滑油系统专业指标

1　润滑油系统简介

润滑油系统是以适合的常减压装置侧线窄馏分油（如常三线、减一线、减二线、减三线、减四线油）和丙烷脱沥青装置轻脱油为原料，利用卒取、深冷分离、白土和加氢精制等“老三套”生产工艺技术，通过溶剂精制、溶剂脱蜡、润滑油和石蜡白土精制及补充加氢精制等装置生产过程，生产合格的润滑油基础油和石蜡，副产精制抽出油、含油蜡、蜡下油等产品。

2　润滑油系统范围

润滑油系统是指以适合润滑油原料的窄馏分油经溶剂精制、溶剂脱蜡、润滑油和石蜡白土精制及补充加氢精制、石蜡成型、石蜡发汗等装置加工，最终生产合格的润滑油基础油和石蜡，副产精制抽出油、含油蜡、蜡下油等产品的全过程。

3 润滑油系统原料加工量

[**指标定义**]：报告期内润滑油系统加工常减压装置产出适合作润滑油原料的常减压窄馏分侧线油和丙烷脱沥青装置产出轻脱油的进料量总和。

[**计算公式**]：

润滑油系统原料加工量 = 常三线油进料量 + 减一线油进料量 + 减二线油进料量 + 减三线油进料量 + 减四线油进料量 + 轻脱油进料量 + 氢气消耗量

[**计算说明**]：润滑油系统原料加工量——报告期内润滑油系统加工常减压装置产出适合作润滑油原料的常减压窄馏分侧线油和丙烷脱沥青装置产出轻脱油的进料量总和，常减压窄馏分侧线油包括常三线油、减一线油、减二线油、减三线油、减四线油、轻脱油进料量。

常三线油进料量——报告期内润滑油系统加工常减压装置产出适合作润滑油原料的常三线的进料量。

减一线油进料量——报告期内润滑油系统加工常减压装置产出适合作润滑油原料的减一线油的进料量。

减二线油进料量——报告期内润滑油系统加工常减压装置产出适合作润滑油原料的减二线油的进料量。

减三线油进料量——报告期内润滑油系统加工常减压装置产出适合作润滑油原料的减三线油的进料量。

减四线油进料量——报告期内润滑油系统加工常减压装置产出适合作润滑油原料的减四线油的进料量。

轻脱油进料量——报告期内润滑油系统加工丙烷脱沥青装置产出轻脱油的进料量。

新鲜氢气消耗量——报告期内润滑油系统消耗新鲜氢气的总量。

[**单　　位**]：t。

[**数据来源**]：MES。

4 润滑油基础油产量

[**指标定义**]：报告期内润滑油系统内装置产出润滑油基础油产量总和，包括润滑油白土精制装置产出各组分基础油产量、润滑油加氢补充精制装置产出各组分基础油产量。

[**计算公式**]：

生产计算法：

润滑油基础油总产量 = 滑油白土或加氢补充精制装置产出各组分基础油产量

基础油出厂量倒算法：

润滑油基础油总产量 = 各牌号基础油出厂量 + 基础油成品库存增减量 + 基础油半成品油库存量

[**计算说明**]：滑油白土或加氢补充精制装置产出各组分基础油产量——报告期内润滑油白土精制装置产出各组分基础油产量、润滑油加氢补充精制装置产出各组分基础油产量的总和。

各牌号基础油出厂量——报告期内润滑油系统产出的符合各牌号基础油质量标准检验合

格出厂基础油数量。

基础油成品库存增减量——报告期内基础油成品库存的增减量，即报告期内期末库存减期初库存。

基础油半成品库存增减量——报告期内基础油半成品库存的增减量，即报告期内期末库存减期初库存。

［单　　位］：t。

［数据来源］：MES。

5　侧线指标

5.1　干气收率

［指标定义］：报告期内润滑油系统所有装置产出干气产量总和占润滑油系统原料加工量的百分比。

［计算公式］：

$$干气收率=\frac{干气总产量}{润滑油系统原料加工量}\times 100$$

［计算说明］：干气总产量——报告期内润滑油系统所有装置产出干气产量总和，包括石蜡加氢精制产出干气量、润滑油加氢补充精制装置产出干气量等。单位：t。

润滑油系统原料加工量——见本章相应指标定义。单位：t。

［单　　位］：%。

［数据来源］：MES。

5.2　基础油收率

［指标定义］：报告期内润滑油系统所有装置产出各组分基础油产量总和占润滑油系统新鲜原料加工量的百分比。

［计算公式］：

$$基础油收率=\frac{润滑油基础油产量}{润滑油系统原料加工量}\times 100$$

［计算说明］：润滑油基础油产量——见本章相应指标定义。单位：t。

［单　　位］：%。

［数据来源］：MES。

5.3　石蜡收率

［指标定义］：报告期内润滑油系统所有装置产出各组分石蜡产量总和占润滑油系统新鲜原料加工量的百分比。

［计算公式］：

$$石蜡收率=\frac{石蜡总产量}{润滑油系统原料加工量}\times 100$$

［计算说明］：石蜡总产量——报告期内润滑油系统所有装置产出各组分石蜡产量总和，石蜡产量按商品量倒算法进行计算。单位：t。计算公式如下：

$$石蜡产量=石蜡产量+石蜡半成品库存增减量$$

式中　石蜡产量——报告期内以常减压蒸馏和溶剂脱沥青装置产出的馏分油为原料，经溶剂脱蜡脱油或传统的压榨脱蜡、发汗脱油工艺，再经白土或加氢精制而成，符合各牌号石蜡产品质量标准，检验合格入库的石蜡产量的总和。

石蜡半成品库存增减量——报告期内石蜡半成品库存增减量，即报告期内期末库存减期初库存。

润滑油系统原料加工量——见本章相应指标定义。单位：t。

［单　　位］:%。

［数据来源］：MES。

5.4　蜡下油收率

［指标定义］：报告期内润滑油系统的溶剂脱蜡、石蜡发汗等装置产出并送界区外蜡下油总量占润滑油系统新鲜原料加工量的百分比。

［计算公式］：

$$蜡下油收率=\frac{蜡下油总产量}{润滑油系统原料加工量}\times 100$$

［计算说明］：蜡下油总产量——报告期内润滑油系统的溶剂脱蜡、石蜡发汗等装置产出并送界区外的蜡下油总量。单位：t。

润滑油系统原料加工量——见本章相应指标定义。单位：t。

［单　　位］:%。

［数据来源］：MES。

5.5　蜡膏收率

［指标定义］：报告期内润滑油系统溶剂脱蜡、石蜡发汗等装置产出并送界区外含油蜡总量占润滑油系统原料加工量的百分比。

［计算公式］：

$$蜡膏收率=\frac{含油蜡总产量}{润滑油系统原料加工量}\times 100$$

［计算说明］：含油蜡总产量——报告期内润滑油系统溶剂脱蜡、石蜡发汗等装置产出并送界区外含油蜡总量。单位：t。

润滑油系统原料加工量——见本章相应指标定义。单位：t。

［单　　位］:%。

［数据来源］：MES。

5.6　精制抽出油收率

［指标定义］：报告期内润滑油系统溶剂精制等装置产出并送界区外精制抽出油总量占润滑油系统原料加工量的百分比。

［计算公式］：

$$精制抽出油收率=\frac{精制抽出油总产量}{润滑油系统原料加工量}\times 100$$

［计算说明］：精制抽出油总产量——报告期内润滑油系统溶剂精制等装置产出并送界区外精制抽出油总量，包括润滑油系统所有装置加热炉自用燃料油。单位：t。

润滑油系统原料加工量——见本章相应指标定义。单位：t。

［单　　位］:%。

［数据来源］：MES。

5.7　润滑油系统中间原料库存变化率

［指标定义］：报告期内润滑油系统脱蜡油、精制油、石蜡等组分的中间半成品库存变化量总和占润滑油系统原料加工量的百分比。

[计算公式]：

$$润滑油系统中间原料库存变化率=\frac{润滑油系统中间原料库存变化量}{润滑油系统原料加工量}\times 100$$

[计算说明]：润滑油系统中间原料库存变化量——报告期内润滑油系统脱蜡油、精制油、石蜡等组分的中间半成品库存变化量(即为期末库存减以期初库存)总和，不包括精制抽出油、蜡下油、蜡膏的半成品库存。单位：t。

润滑油系统原料加工量——见本章相应指标定义。单位：t。

[单　　位]：%。

[数据来源]：MES。

5.8　损失率

[指标定义]：报告期内润滑油系统原料加工量与润滑油系统总产量差额占润滑油系统原料加工量的百分比。

[计算公式]：

$$损失率=\frac{加工损失量}{润滑油系统原料加工量}\times 100$$

$$损失量=润滑油系统原料加工量-润滑油系统总产量$$

$$润滑油系统总产量=干气总产量+润滑油基础油总产量+石蜡总产量+蜡下油总产量+含油蜡总产量$$

[计算说明]：加工损失量——报告期内润滑油系统原料加工量与润滑油系统总产量差额，包括装置内的物料在加工、输转、排放过程中的损耗。单位：t。

干气总产量、润滑油基础油总产量、石蜡总产量、蜡下油总产量、含油蜡总产量、润滑油系统原料加工量——见本章相应指标定义。单位：t。

[单　　位]：%。

[数据来源]：MES。

5.9　侧线指标逻辑关系

$$干气收率+基础油收率+石蜡收率+蜡下油收率+蜡膏收率+精制抽出油收率+润滑油系统中间原料库存变化率+损失率=100\%$$

6　能源指标

6.1　吨油电单耗

[指标定义]：报告期内润滑油系统加工1t原料消耗电量。

[计算公式]：

$$吨油电单耗=\frac{润滑油系统用电量}{润滑油系统原料加工量}$$

[计算说明]：润滑油系统用电量——报告期内润滑油系统加工过程中消耗电量。单位：kW·h。

润滑油系统原料加工量——见本章相应指标定义。单位：t。

[单　　位]：kW·h/t。

[指标用途]：反映润滑油系统加工1t原料消耗电状况。

[数据来源]：MES。

6.2 吨油蒸汽单耗

[**指标定义**]：报告期内润滑油系统加工1t原料消耗蒸汽单耗。

[**计算公式**]：

$$吨油蒸汽单耗=\frac{润滑油系统蒸汽总用量-润滑油系统蒸汽总产量}{润滑油系统原料加工量}$$

[**计算说明**]：润滑油系统蒸汽总产量——报告期内润滑油系统加工过程中产出并外送界区外各等级蒸汽量总和，包括超高压蒸汽、高压蒸汽、中压蒸汽、低压蒸汽。单位：t。

润滑油系统蒸汽总用量——报告期内润滑油系统加工过程中消耗界区外各等级蒸汽量总和，包括超高压蒸汽、高压蒸汽、中压蒸汽、低压蒸汽。单位：t。

润滑油系统原料加工量——见本章相应指标定义。单位：t。

[**单　　位**]：t/t。

[**指标用途**]：反映润滑油系统加工1t原料消耗蒸汽状况。

[**数据来源**]：MES。

6.2.1 吨油超高压蒸汽单耗

[**指标定义**]：报告期内润滑油系统加工1t原料油消耗超高压蒸汽量。

[**计算公式**]：

$$吨油超高压蒸汽单耗=\frac{润滑油系统超高压蒸汽消耗量-润滑油系统超高压蒸汽产量}{润滑油系统原料加工量}$$

[**计算说明**]：润滑油系统超高压蒸汽产量——报告期内润滑油系统加工过程中产出并外送界区超高压蒸汽($P \geqslant 4.5MPa$)。单位：t。

润滑油系统超高压蒸汽消耗量——报告期内润滑油系统加工过程中消耗界区外超高压蒸汽($P \geqslant 4.5MPa$)。单位：t。

润滑油系统原料加工量——见本章相应指标定义。单位：t。

[**单　　位**]：t/t。

[**指标用途**]：反映润滑油系统加工1t原料消耗超高压蒸汽($P \geqslant 4.5MPa$)状况。

[**数据来源**]：MES。

6.2.2 吨油高压蒸汽单耗

[**指标定义**]：报告期内润滑油系统加工1t原料油消耗高压蒸汽量。

[**计算公式**]：

$$吨油高压蒸汽单耗=\frac{润滑油系统高压蒸汽消耗量-润滑油系统高压蒸汽产量}{润滑油系统原料加工量}$$

[**计算说明**]：润滑油系统高压蒸汽产量——报告期内润滑油系统加工过程中产出送出界区外高压蒸汽($4.5MPa > P \geqslant 3MPa$)。单位：t。

润滑油系统高压蒸汽消耗量——报告期内润滑油系统加工过程中消耗界区外高压蒸汽($4.5MPa > P \geqslant 3MPa$)。单位：t。

润滑油系统原料加工量——见本章相应指标定义。单位：t。

[**单　　位**]：t/t。

[**指标用途**]：反映润滑油系统加工1t原料消耗高压蒸汽($4.5MPa > P \geqslant 3MPa$)状况。

[**数据来源**]：MES。

6.2.3 吨油中压蒸汽单耗

[**指标定义**]：报告期内润滑油系统加工1t原料油消耗中压蒸汽量。

［计算公式］：

$$吨油中压蒸汽单耗 = \frac{润滑油系统中压蒸汽消耗量 - 润滑油系统中压蒸汽产量}{润滑油系统原料加工量}$$

［计算说明］：润滑油系统中压蒸汽产量——报告期内润滑油系统加工过程中产出送出界区外中压蒸汽（$2MPa > P \geqslant 0.8MPa$）。单位：t。

润滑油系统中压蒸汽消耗量——报告期内润滑油系统加工过程中消耗界区外中压蒸汽（$2MPa > P \geqslant 0.8MPa$）。单位：t。

润滑油系统原料加工量——见本章相应指标定义。单位：t。

［单　　位］：t/t。

［指标用途］：反映润滑油系统加工1t原料消耗中压蒸汽（$2MPa > P \geqslant 0.8MPa$）状况。

［数据来源］：MES。

6.2.4　吨油低压蒸汽单耗

［指标定义］：报告期内润滑油系统加工1t原料油消耗低压蒸汽量。

［计算公式］：

$$吨油低压蒸汽单耗 = \frac{润滑油系统低压蒸汽消耗量 - 润滑油系统低压蒸汽产量}{润滑油系统原料加工量}$$

［计算说明］：润滑油系统低压蒸汽产量——报告期内润滑油系统加工过程中产出送出界区外低压蒸汽（$P < 0.8MPa$）。单位：t。

润滑油系统低压蒸汽消耗量——报告期内润滑油系统加工过程中消耗界区外低压蒸汽（$P < 0.8MPa$）。单位：t。

润滑油系统原料加工量——见本章相应指标定义。单位：t。

［单　　位］：t/t。

［指标用途］：反映润滑油系统加工1t原料消耗中压蒸汽（$P < 0.8MPa$）状况。

［数据来源］：MES。

6.3　润滑油系统燃料单耗

［指标定义］：报告期内润滑油系统加工1t原料油消耗燃料油、燃料气的量。

［计算公式］：

$$吨油燃料单耗 = \frac{润滑油系统燃料消耗量}{润滑油系统原料加工量} \times 1000$$

［计算说明］：润滑油系统燃料油消耗量——报告期内润滑油系统加工过种中消耗燃料油、燃料气的量。单位：t。

润滑油系统原料加工量——见本章相应指标定义。单位：t。

［单　　位］：kg/t。

［指标用途］：反映润滑油系统燃料消耗状况。

［数据来源］：MES。

6.3.1　润滑油系统燃料油单耗

［指标定义］：报告期内润滑油系统加工1t原料消耗燃料油量。

［计算公式］：

$$润滑油系统燃料油单耗 = \frac{燃料油消耗量}{润滑油系统原料加工量} \times 1000$$

［计算说明］：燃料油消耗量——报告期内润滑油系统燃料油消耗量。燃料油包括柴油、蜡油、重油、渣油组分，也包括润滑油系统自产自用燃料油消耗量和系统燃料油消耗量。单位：kg。

润滑油系统原料加工量——见本章相应指标定义。单位：t。

[单　　位]：kg/t。

[指标用途]：反映润滑油系统燃料油消耗状况。

[数据来源]：MES。

6.3.2　润滑油系统燃料气单耗

[指标定义]：报告期内润滑油系统加工 1t 原料油消耗燃料气量。

[计算公式]：

$$润滑油系统燃料气单耗=\frac{燃料气消耗量}{润滑油系统原料加工量}\times 1000$$

[计算说明]：燃料气消耗量——报告期内润滑油系统燃料气消耗量，包括天然气、甲烷氢、气化液化气、气化拔头油等干气组分量，也包括润滑油系统自产自用燃料气消耗量和系统燃料气消耗量。单位：kg。

润滑油系统原料加工量——见本章相应指标定义。单位：t。

[单　　位]：kg/t。

[指标用途]：反映润滑油系统燃料气消耗状况。

[数据来源]：MES。

6.4　润滑油系统综合能耗

[指标定义]：报告期内加工 1t 润滑油系统原料加工量消耗能源量。

[计算公式]：

$$润滑油系统综合能耗=\frac{润滑油系统耗能量}{润滑油系统原料加工量}\times 1000$$

[计算说明]：润滑油系统耗能量——报告期内润滑油系统及其罐区所消耗能源量的总和，包括溶剂精制、溶剂脱蜡、润滑油和石蜡白土精制及补充加氢精制、石蜡成型、石蜡发汗等润滑油系统和润滑油中间及成品罐区。单位：t 标油。

润滑油系统原料加工量——见本章相应指标定义。单位：t。

[单　　位]：kg(标油)/t。

[数据来源]：MES。

6.5　综合指标

6.5.1　润滑油系统负荷率

[指标定义]：报告期内润滑油系统原料加工量与当期设计能力的比例。

[计算公式]：

$$润滑油系统负荷率=\frac{润滑油系统原料加工量}{润滑油系统当期加工能力}\times 100$$

$$润滑油系统当期加工能力=\sum(各套溶剂精制装置报告期内的加工能力)$$

$$溶剂精制装置报告期内的加工能力=\frac{年设计加工能力}{年设计运行时间}\times 报告期内时间$$

[计算说明]：润滑油系统原料加工量——见本章相应指标定义。单位：t。

溶剂精制装置报告期内的加工能力——报告期内炼油板块溶剂精制装置有效加工能力总量总和。单位：t。

报告期内时间——炼油板块在报告期内实际生产时间，等于报告期实际生产天数乘以 24h。单位：h。

年设计加工能力——常减压装置一年设计加工能力。单位：t/a。

年设计运行时间——常减压装置一年设计时的运行时间。单位：h。

［单　　位］：%。

［指标用途］：反映润滑油系统加工能力利用状况。

［数据来源］：MES。

6.5.2　润滑油综合收率

［指标定义］：报告期内润滑油系统所有装置的润滑油基础油综合收率。

［计算公式］：

润滑油综合收率＝溶剂精制油收率×溶剂脱蜡油收率×润滑油白土或加氢精制油收率

［计算说明］：溶剂精制油收率——报告期内溶剂精制装置的精制油总产量占溶剂精制原料油加工量的百分比，计算公式如下：

$$溶剂精制油收率=\frac{精制油总产量}{溶剂精制原料油加工量}\times 100$$

式中　精制油总产量——报告期内溶剂精制装置的精制油总产量，单位：t；

溶剂精制原料油加工量——报告期内溶剂精制装置的原料油加工量，注意不含糠醛等溶剂的消耗量。单位：t。

溶剂脱蜡油收率——报告期内溶剂脱蜡装置的脱蜡油总产量占溶剂脱蜡原料油加工量的百分比，计算公式如下：

$$溶剂脱蜡油收率=\frac{脱蜡油总产量}{溶剂脱蜡原料油加工量}\times 100$$

式中　脱蜡油总产量——报告期内溶剂脱蜡装置的脱蜡油总产量，单位：t；

溶剂精制原料油加工量——报告期内溶剂脱蜡装置的原料油加工量，注意不含糠醛等溶剂的消耗量。单位：t。

润滑油白土或加氢精制油收率——报告期内润滑油白土或加氢补充精制装置的精制基础油总产量占润滑油白土或加氢补充精制原料油加工量的百分比，计算公式如下：

$$润滑油白土或加氢精制油收率=\frac{精制基础油总产量}{润滑油白土或加氢精制原料油加工量}\times 100$$

式中　精制基础油总产量——报告期内润滑油白土或加氢补充精制装置的精制基础油总产量，单位：t；

润滑油白土或加氢精制原料油加工量——报告期内润滑油白土或加氢补充精制装置的原料油加工量。单位：t。

［单　　位］：%。

［数据来源］：MES。

6.5.3　润滑油综合物耗

［指标定义］：报告期内润滑油系统产出1t润滑油基础油消耗糠醛、丙丁酮、甲苯等溶剂消耗量。

［计算公式］：

$$润滑油综合物耗=\frac{溶剂消耗总量}{润滑油基础油产量}\times 1000$$

［计算说明］：溶剂消耗总量——报告期内溶剂精制装置消耗溶剂（如糠醛）、溶剂脱蜡装置消耗酮、苯溶剂，注意不包括如精制装置脱酸剂、溶剂脱蜡装置液氨等与生产过程无关的溶剂。单位：t。

润滑油基础油产量——见本章相应指标定义。单位：t。

［单　　位］：kg/t。

［数据来源］：MES。

6.5.4　润滑油综合能耗

[**指标定义**]：报告期内润滑油系统产出1t润滑油基础油消耗的能源量。

[**计算公式**]：

$$润滑油综合能 = \frac{基础油耗能量}{润滑油基础油产量} \times 1000$$

[**计算说明**]：基础油耗能量——报告期内溶剂精制装置、溶剂脱蜡装置、润滑油白土或加氢补充精制装置所消耗能源量的总和。单位：t标油。

润滑油基础油产量——见本章相应指标定义。单位：t。

[**单　　位**]：kg(标油)/t。

[**数据来源**]：MES。

6.5.5　润滑基础油 HVI Ⅰb 及以上比例

[**指标定义**]：报告期内润滑基础油 HVI Ⅰb 及 HVI Ⅰc 产品产量占润滑基础油产量比例。

[**计算公式**]：

$$润滑基础油\ HVI\ Ⅰb\ 及以上比例 = \frac{润滑基础油\ HVI\ Ⅰb\ 产量 + 润滑基础油\ HVI\ Ⅰc\ 产量}{滑油基础油产量} \times 100$$

[**计算说明**]：润滑基础油 HVI Ⅰb 产量——报告期内润滑基础油 HVI Ⅰb 产品产量。单位：t。

润滑基础油 HVI Ⅰc——报告期内润滑基础油 HVI Ⅰc 产品产量。单位：t。

润滑油基础油产量——见本章相应指标定义。单位：t。

[**单　　位**]：%。

[**数据来源**]：MES。

6.5.6　润滑油 HVI Ⅰb 比例

[**指标定义**]：报告期内润滑基础油 HVI Ⅰb 产品产量占润滑基础油产量比例。

[**计算公式**]：

$$润滑基础油\ HVI\ Ⅰb\ 比例 = \frac{润滑基础油\ HVI\ Ⅰb\ 产量}{润滑油基础油产量} \times 100$$

[**计算说明**]：润滑基础油 HVI Ⅰb 产量——报告期内润滑基础油 HVI Ⅰb 产品产量总和。单位：t。

润滑油基础油产量——见本章相应指标定义。单位：t。

[**单　　位**]：%。

[**数据来源**]：MES。

6.5.7　润滑油 HVI Ⅰc 比例

[**指标定义**]：报告期内润滑基础油 HVI Ⅰc 产品产量总和占润滑基础油产量比例。

[**计算公式**]：

$$润滑基础油\ HVI\ Ⅰc\ 比例 = \frac{润滑基础油\ HVI\ Ⅰc\ 产量}{润滑油基础油产量} \times 100$$

[**计算说明**]：润滑基础油 HVI Ⅰc 产量——报告期内润滑基础油 HVI Ⅰc 产品产量总和。单位：t。

润滑油基础油产量——见本章相应指标定义。单位：t。

[**单　　位**]：%。

[**数据来源**]：MES。

第二篇　炼化一体化专业指标

1 炼化一体化简介

炼化一体化是指石化企业不但有炼油厂，还有生产化工产品如乙烯等的化工厂，即由炼油生产装置、生产乙烯和丙烯的化工生产装置、生产芳烃的装置等组成的石油化工联合企业。炼化一体化企业主要包括三大生产板块，即炼油板块、乙烯板块、芳烃板块，炼油板块以原油为基本原料，通过一系列炼制工艺或加工过程，如常减压、催化裂化、延迟焦化、加氢裂化、加氢精制、炼厂气加工及半成品精制等加工过程，把原油加工成汽油、煤油、柴油、化工基本原料、润滑油等石油产品，如各种牌号的汽油、煤油、柴油、润滑油、溶剂油、蜡油、沥青、石油焦、各种石油化工的基本原料等。乙烯板块以化工轻油为基本原料，通过蒸汽裂解、加氢、聚合等加工过程，把化工轻油加工转化为塑料及共聚物、合成橡胶、化纤单体、共聚物及制品、有机化学品等化工产品，如聚乙烯、聚丙烯、橡胶、乙二醇、MTBE 等。芳烃板块以石脑油、裂解汽油等高芳烃的原料油，通过催化重整、芳烃抽提、芳烃异构、芳烃精馏等加工过程，把高芳烃原料油转化为苯、甲苯、对二甲苯等芳烃产品。

目前，炼油、乙烯、芳烃等板块都有各自板块的技术经济统计指标，但在公司层面上，即把炼油、乙烯、芳烃等板块包括在一起，还没有建立一套技术经济指标评价体系，来评价不同炼化一体化企业之间生产运行水平的高低。本书借鉴国外大石油公司的指标设置做法，尝试建立一套适合中国石化行业的炼化一体化企业技术经济指标评价体系。

2 炼油化工一体化专业指标统计范围

是指原油及外购原料在炼油、乙烯、芳烃板块内经进厂、加工、调和、转储、出厂等全过程。指标体系中包含炼油板块内、乙烯板块、芳烃板块，炼油板块内、乙烯板块、芳烃板块内动力锅炉消耗的燃料油、燃料气，计入炼油化工一体化综合自用。炼油板块、乙烯板块、芳烃板块内以煤、天然气等燃料、原料为主的煤制氢、CFB 锅炉、甲醇制氢等装置，不计入专业指标体系统计范畴，煤制氢、CFB 锅炉、甲醇制氢等装置消耗的炼油板块、乙烯板块、芳烃板块内燃料油、含烃的燃料气、石油焦等物料，则计入炼油化工一体化的产品产量，煤制氢、甲醇制氢等装置产出的氢气、酸性气等物料，则计入炼油化工一体化指标体系的外购原料中。

3 炼化原料加工量

［**指标定义**］：报告期内从炼油、乙烯、芳烃板块界区外购入进入装置加工生产石油化工产品的各种原料加工量总和。

［**计算公式**］：

炼化原料加工量 = 原油加工量 + 外购原料

外购原料 = 外购蜡渣油 + 外购化工轻油 + 外购轻烃 + 外购混合芳烃 + 外购甲醇 + 其它外购原料

［**计算说明**］：原油加工量——见“炼油板块专业指标”中原油加工量的指标定义。单位：t。

外购蜡渣油——报告期内从炼油、乙烯、芳烃板块界区外购入进入装置加工的蜡油、渣油组分原料加工量之和，但不包括作为燃料用的蜡渣油组分。单位：t。

外购化工轻油——报告期内从炼油、乙烯、芳烃板块界区外购入进入装置加工的石脑油、柴油、尾油等化工轻油组分原料加工量之和，但不包括炼油、乙烯、芳烃板块之间互供的化工轻油组分。单位：t。

外购轻烃——报告期内从炼油、乙烯、芳烃板块界区外购入进入装置加工的碳三、碳四等轻烃组分原料加工量之和，但不包括炼油、乙烯、芳烃板块之间互供的轻烃组分。

外购混合芳烃——报告期内从炼油、乙烯、芳烃板块界区外购入进入装置加工的含芳烃的混合芳烃原料加工量之和，但不包括炼油、乙烯、芳烃板块之间互供的混合芳烃。单位：t。

外购甲醇——报告期内从炼油、乙烯、芳烃板块界区外购入进入装置加工的甲醇原料加工量之和，但不包括炼油、乙烯、芳烃板块之间互供的甲醇。单位：t。

其它外购原料——报告期内从炼油、乙烯、芳烃板块界区外购入进入装置加工的外购蜡渣油、化工轻油、轻烃、混合芳烃、甲醇等原料加工量之外的其它原料(如外购氢气、外购苯等)加工量之和，但不包括炼油、乙烯、芳烃板块之间互供的外购蜡渣油、化工轻油、轻烃、混合芳烃、甲醇等原料加工量之外的其它原料(如氢气、苯等)加工量，若装置外购天燃气、燃料气、燃料油作为燃料用和用于生产添加剂、催化剂所消耗外购原料，则不计入其它外购原料。乙烯板块外购的氧气，计入其它外购原料。煤制氢、甲醇制氢等装置产出的氢气、酸性气等物料，则计入其它外购原料。单位：t。

[单　　位]：t。

[数据来源]：MES。

4　综合指标

4.1　炼化综合商品率

[指标定义]：在报告期内产出石油化工产品外销到炼油、乙烯、芳烃板块外的商品总量占炼化原料油加工量的百分比。

[计算公式]：

$$炼化综合商品率=\frac{炼化外销产品商品总量}{炼化原料加工量}\times 100$$

$$炼化外销产品商品总量=炼化商品总量-板块间互供商品总量$$

$$炼化商品总量=炼油板块商品总量+乙烯板块商品总量+芳烃板块商品总量$$

[计算说明]：炼化综合商品率——炼化综合商品收率越高，说明从一定量原料(包括外购原料油)中得到的石油化工产品商品量越多；或者说生产一定量的石油化工产品商品，所用原料(包括外购原料油)越少。

炼化外销产品商品总量——在报告期内产出石油化工产品外销到炼油、乙烯、芳烃板块外的商品总量，包括已销售和准备销售的全部石油化工制品；供本企业基建、生活等非工业生产部门的石油化工产品；自备电站用的燃料油、燃料气；本企业非生产装置用的原料、燃料，如属炼油、乙烯、芳烃板块的 CFB 锅炉、煤制氢、甲醇制氢所消耗的燃料气、柴油、石油焦、公司研究部门用的各种石油化工产品等。单位：t。

炼油板块商品总量——见“炼油板块专业指标”中综合商品率指标定义单位：t。

乙烯板块商品总量——乙烯板块在报告期内已交库的全部产成品量总和，包括已销售和准备销售的全部乙烯等化工制品；注意乙烯板块供炼油、芳烃板块的产品计入乙烯板块商品总量。单位：t。

芳烃板块商品总量——芳烃板块在报告期内已交库的全部产成品量总和，包括已销售和准备销售的全部石油制品；注意芳烃板块供炼油、乙烯板块的产品计入芳烃板块商品总量。单位：t。

板块间互供商品总量——报告期内炼油、乙烯、芳烃板块之间互供石油化工产品总和，注意包括加氢裂化尾油。计算公式如下：

板块间互供商品总量=炼油供乙烯商品总量+炼油供芳烃商品总量+乙烯供炼油商品总量+乙烯供芳烃商品总量+芳烃供炼油商品总量+芳烃供乙烯商品总量

炼油供乙烯商品总量——在报告期内炼油板块互供乙烯板块作为原料、燃料的产品量总和，注意不包括炼油板块互供乙烯板块之间互供作为三剂的原料。单位：t。

炼油供芳烃商品总量——在报告期内炼油板块互供芳烃板块作为原料、燃料的产品量总和，注意不包括炼油板块互供乙烯板块之间互供作为三剂的原料。单位：t。

乙烯供炼油商品总量——在报告期内乙烯板块互供炼油板块作为原料、燃料的产品量总和，注意不包括炼油板块互供乙烯板块之间互供作为三剂的原料。单位：t。

乙烯供芳烃商品总量——在报告期内乙烯板块互供芳烃板块作为原料、燃料的产品量总和，注意不包括炼油板块互供乙烯板块之间互供作为三剂的原料。单位：t。

芳烃供炼油商品总量——在报告期内芳烃板块互供炼油板块作为原料、燃料的产品量总和，注意不包括炼油板块互供乙烯板块之间互供作为三剂的原料。单位：t。

芳烃供乙烯商品总量——在报告期内芳烃板块互供乙烯板块作为原料、燃料的产品量总和，注意不包括炼油板块互供乙烯板块之间互供作为三剂的原料。。单位：t。

炼化原料加工量——见本章相应指标定义。单位：t。

[单　　位]：%。

[数据来源]：MES。

4.2　炼化轻收+三烯收率

[指标定义]：炼油、乙烯、芳烃板块在报告期内产出并外销界区的轻质油产品总量和乙烯、丙烯、丁烯的产品总量之和占炼化原料加工量的百分比。

[计算公式]：

$$炼化轻收+三烯收率=\frac{外销轻质油产品总量+乙烯、丙烯、丁烯制品产品总量}{炼化原料加工量}\times 100$$

$$外销轻质油产品总量=炼化轻质油商品总量-板块间互供轻质油商品总量$$

$$炼化轻质油商品总量=炼油板块轻质油商品总量+乙烯板块轻质油商品总量+芳烃板块轻质油商品总量$$

[计算说明]：外销轻质油产品总量——报告期内销售炼油、乙烯、芳烃板块外、95%馏出温度小于365℃的轻质油石油化工产品总和，如汽油、煤油、柴油、化工轻油、芳烃类、洗涤剂原料、分子筛脱蜡原料等，外销的加裂尾油计入外销轻质油产品总量中。单位：t。

炼油板块轻质油商品总量——见“炼油板块专业指标”中轻质油收率指标定义，注意炼油供化工、芳烃板块的轻质油商品量计入炼油板块轻质油商品总量。

乙烯板块轻质油商品总量——报告期内乙烯板块产出95%馏出温度小于365℃的轻质油的石油化工产品总和，如芳烃类、MTBE、碳五馏分、碳六馏分等，注意乙烯供炼油、芳烃板块的轻质油商品量计入乙烯板块轻质油商品总量。

芳烃板块轻质油商品总量——报告期内芳烃板块产出95%馏出温度小于365℃的轻质油的石油化工产品总和，如芳烃类、碳五馏分、碳六馏分、碳七馏份、碳八馏分、重汽油等，注意芳烃供炼油、乙烯板块的轻质油商品量计入芳烃板块轻质油商品总量。

板块间互供轻质油商品总量——报告期内炼油、乙烯、芳烃板块之间互供95%馏出温度小于365℃的轻质油的石油化工产品总和，注意包括加氢裂化尾油。计算公式如下：

板块间互供轻质油商品总量=炼油供乙烯轻质油商品总量+炼油供芳烃轻质油商品总量+乙烯供炼油轻质油商品总量+乙烯供芳烃轻质油商品总量+芳烃供炼油轻质油商品总量+芳烃供乙烯轻质油商品总量

式中　炼油供乙烯轻质油商品总量——在报告期内炼油板块供乙烯板块作为原料、燃料的轻质油产品量总和，注意不包括炼油板块互供乙烯板块之间供作为三剂的原料，单位：t；

炼油供芳烃轻质油商品总量——在报告期内炼油板块供芳烃板块作为原料、燃料的轻质油产品量总和，注意不包括炼油板块互供芳烃板块之间供作为三剂的原料，单位：t；

乙烯供炼油轻质油商品总量——在报告期内乙烯板块供炼油板块作为原料、燃料的轻质油产品量总和，注意不包括乙烯板块供炼油板块之间供作为三剂的原料，单位：t；

乙烯供芳烃轻质油商品总量——在报告期内乙烯板块供芳烃板块作为原料、燃料的轻质油产品量总和，注意不包括乙烯板块互供芳烃板块之间供作为三剂的原料，单位：t；

芳烃供炼油轻质油商品总量——在报告期内芳烃板块供炼油板块作为原料、燃料的轻质油产品量总和，注意不包括芳烃板块互供炼油板块之间供作为三剂的原料，单位：t；

芳烃供乙烯轻质油商品总量——在报告期内芳烃板块供乙烯板块作为原料、燃料的轻质油产品量总和，注意不包括芳烃板块供乙烯板块之间互供作为三剂的原料，单位：t。

乙烯、丙烯、丁烯制品产品总量——在报告期内炼油、乙烯、芳烃板块中产出乙烯、丙烯、丁烯为原料生产塑料、合成橡胶共聚物、醇类、合纤单体或直接外销乙烯、丙烯、丁烯的产品总量总和。注意不包括炼油、乙烯、芳烃板块之间互供乙烯、丙烯、丁烯。计算公式：

乙烯、丙烯、丁烯制品产品总量 = 塑料树脂及共聚物产品总量 + 合成橡胶产品总量 + 合纤单体、共聚物及制品产品总量 + 醇类产品总量。

炼化原料加工量——见本章相应指标定义。单位：t。

[单　　位]：%。

[指标用途]：为了在不同类型的炼油化工一体化企业之间进行对比。

[数据来源]：MES。

4.3　炼化综合自用率

[指标定义]：报告期内炼油、乙烯、芳烃板块在生产过程中需要自用的燃料油、燃料气、催化烧焦等自用物料总和占炼化原料加工量的百分比。

[计算公式]：

$$炼化综合自用率 = \frac{炼化综合自用量}{炼化原料加工量} \times 100$$

炼化综合自用量 = 炼油综合自用量 + 乙烯板块综合自用量 + 芳烃板块综合自用量

[计算说明]：炼化综合自用量——报告期内炼油、乙烯、芳烃板块生产的、已作为本企业产量统计的、又作为本企业生产另一种产品的原材料、燃料使用的产品数量。包括炼油、乙烯、芳烃板块界区内用作燃料的燃料油(包括用作燃料的其它油品)、燃料气、催化裂化烧焦量；用作各种“剂”类的石油产品。不包括非生产装置用的原料油、气、自备电站。单位：t。

炼油综合自用量——见“炼油板块专业指标”中综合自用率指标定义。单位：t。

乙烯板块综合自用量——报告期内乙烯板块生产的、已作本企业产量统计的、又作为本企业生产另一种产品的原材料、燃料使用的产品数量。包括乙烯板块界区内用作燃料的燃料油(包括用作燃料的其它油品)、含烃燃料气；用作各种“剂”类的石油产品。不包括非生产装置用的原料油、原料气。单位：t。

芳烃板块综合自用量——报告期内芳烃板块生产的、已作为本企业产量统计的、又作为本企业生产另一种产品的原材料、燃料使用的产品数量。包括芳烃板块界区内用作燃料的燃料油(包括用作燃料的其它油品)、含烃燃料气；用作各种“剂”类的石油产品。不包括非生产装置用的原料油、原料气。单位：t。

炼化原料加工量——见本章相应指标定义。单位：t。

[单　　位]：%。

[指标用途]：反映炼油化工一体化企业综合自用率状况。

[数据来源]：MES。

4.4 炼化加工损失率

［指标定义］：报告期内炼油、乙烯、芳烃板块的装置加工过程损失量之和占炼化原料加工量的百分比。

［计算公式］：

$$炼化加工损失率 = \frac{炼化加工损失量}{炼化原料加工量} \times 100$$

炼化加工损失量 = 炼油板块加工损失量 + 乙烯板块加工损失量 + 芳烃板块加工损失量
= 瓦斯跑损 + 污水带油 + 装置加工损失 + 半成品输调损失 + 其它损失

［计算说明］：炼化加工损失量——报告期内炼油、乙烯、芳烃板块加工过程中原料损失的量的总和。单位：t。

炼油板块加工损失量——见“炼油板块专业指标”中原油加工损失率指标定义。单位：t。

乙烯板块加工损失量——报告期内乙烯板块加工过程中损失量总和。单位：t。

芳烃板块加工损失量——报告期内芳烃板块加工过程中损失量总和。单位：t。

瓦斯跑损——报告期内炼油、乙烯、芳烃板块气态物料在生产中的系统损失，主要为火炬放空的损失。

污水含油损失——报告期内炼油、乙烯、芳烃板块排放污水含油损失。

生产装置加工损失——报告期内炼油、乙烯、芳烃板块各炼油装置的损失量总和。

半成品输调损失——报告期内炼油、乙烯、芳烃板块输转、调合、储存损失。

酸碱渣和白土渣带油及其它损失——报告期内炼油、乙烯、芳烃板块生产中产生的酸渣、碱渣、白土带油及其它损失。

炼化原料加工量——见本章相应指标定义。单位：t。

指标之间逻辑关系：

炼化综合商品率 + 炼化综合自用率 + 炼化加工损失率 + 炼化半成品库存增减率 = 100%

［单　　位］：%。

［数据来源］：MES。

4.5 炼化综合能耗

［指标定义］：报告期内炼油、乙烯、芳烃板块加工 1t 炼油原料消耗综合能源量，以标准燃料（标油）计算。

［计算公式］：

$$炼化综合能耗 = \frac{炼化综合能源消耗量}{炼化原料加工量} \times 1000$$

炼化综合能源消耗量 = 炼油板块能源消耗量 + 乙烯板块能源消耗量 + 芳烃板块能源消耗量

［计算说明］：炼化综合能源消耗量——报告期内炼油、乙烯、芳烃板块加工生产过程中消耗的各种能源总量。综合能源消耗量，以标准燃料（标油）计算，即用各种实物能源乘以相关折标系数加和求得（折算系数以炼油折标系数为准）。单位：t 标油。

炼油板块能源消耗量——见“炼油板块专业指标”中综合能耗指标定义。单位：t 标油。

乙烯板块能源消耗量——报告期内乙烯板块加工生产过程中消耗的各种能源总量（折算系数以炼油折标系数为准）。单位：t 标油。

芳烃板块能源消耗量——报告期内芳烃板块加工生产过程中消耗的各种能源总量（折算系数以炼油折标系数为准）。单位：t 标油。

炼化原料加工量——见本章相应指标定义。单位：t。

［单　　位］：kg（标油）/t。

［数据来源］：MES。

4.6 炼化万元产值能耗

［指标定义］：报告期内炼油、乙烯、芳烃板块每产生一万元的产值所消耗能源数量。它是评价企业生产经营活动在一定时期内的耗能水平指标，是计算企业节能量的基础。

［计算公式］：

$$炼化万元产值能耗=\frac{炼化能源消费总量}{炼油化工工业产值}$$

［计算说明］：炼化能源消费总量——报告期内炼油、乙烯、芳烃板块在加工过程中所消耗各种燃动能源能量总和。单位：t 标煤。

炼油化工工业产值——报告期内属于炼油、乙烯、芳烃板块生产的所有产品的产值及属于板块的其它工业总产值。工业总产值（现价）指工业企业生产的以货币形式表现的工业最终产品和提供工业劳务活动的总价值量。注意扣除炼油、乙烯、芳烃板块间之间产品的产值。单位：万元。

［单　　位］：t 标煤/万元。

［数据来源］：MES 及 ERP。

4.7 炼化吨油取水

［指标定义］：报告期内炼油、乙烯、芳烃板块加工 1t 炼化原料加工量消耗的新鲜水量。

［计算公式］：

$$炼化吨油取水=\frac{炼化加工过程水消耗量}{炼化原料加工量}$$

$$炼化加工过程水消耗量=水资源购入量-水资源转供量$$

$$水资源购入量=新鲜水购入量+各等级蒸汽购入量+除盐水购入量$$

$$水资源转供量=新鲜水转供量+各等级蒸汽转供量+除盐水转供量$$

［计算说明］：炼化加工过程水消耗量——报告期内炼油、乙烯、芳烃板块在加工过程中所消耗的各种水资源量，注意扣除炼油 CFB 锅炉、煤制氢等单元消耗水资量。单位：t。

水资源购入量——报告期内从炼油、乙烯、芳烃板块外购入的水资源量，包括购入新鲜水、除盐水、软化水和各种压力等级蒸汽的量。单位：t。

水资源转供量——报告期内转供给炼油、乙烯、芳烃板块界区外的水资源量，包括转供新鲜水、除盐水、软化水和各种压力等级蒸汽的量。单位：t。

炼化原料加工量——见本章相应指标定义。单位：t。

［单　　位］：t/t。

［数据来源］：MES。

4.8 炼化吨油排水

［指标定义］：报告期内炼油、乙烯、芳烃板块加工 1t 炼化原料加工量外排污水量。

［计算公式］：

$$炼化吨油排水=\frac{炼化加工过程外排污水量}{炼化原料加工量}$$

［计算说明］：炼化加工过程外排污水量——报告期内炼油、乙烯、芳烃板块各装置在加工生产过程中直接排界区外的污水量。单位：t。

炼化原料加工量——见本章相应指标定义。单位：t。

［单　　位］：t/t。

［数据来源］：MES。

第三篇　炼油装置指标解释

第1章 常减压装置

1 装置简介

常减压装置是常压蒸馏和减压蒸馏两个装置的总称，因为两个装置通常在一起，故称为常减压装置。它是在常压和负压条件下，根据原油中各组分的沸点不同，把原油“切割”成不同馏分的工艺过程。在炼油加工流程中，常减压蒸馏装置具有重要作用，常被称之为“龙头”装置。

2 装置范围

常减压装置包括电脱盐、初馏、常压、减压、产品精制等单元，有部分新建的装置含轻烃回收单元，有的装置不设减压、产品精制等单元。

3 常减压原料加工量

[指标定义]：报告期内常压蒸馏装置或常减压蒸馏装置处理原油(含凝析油)及其它原料油的新鲜进料加工量的总和。

[计算公式]：

$$常减压原料加工量 = 原油进料量 + 其它原料油进料量$$

[计算说明]：常减压原料加工量——报告期内常压蒸馏或常减压蒸馏装置处理原油(含凝析油)及蜡渣油组分等新鲜进料加工量的总和。若装置外收轻质油、干气等组分，不计入常减压的原料加工量。

原油进料量——报告期内装置加工原油(含凝析油)新鲜进料量，若出现原油循环返回原油罐区，则从原油进料量中等量扣除。

其它原料油进料量——报告期内装置加工其它原料油进料量，包括外购蜡油、外购渣油、自产蜡油、自产渣油、污油、催化油浆等组分。

[单　　位]：t。

[指标用途]：是评判常减压装置的原料加工生产能力的指标，也是制定企业发展策略的重要依据。

[数据来源]：MES 或统计系统。

4 侧线指标

4.1 物理侧线收率

4.1.1 (初顶+常顶)气收率

[指标定义]：报告期内装置产出送界区外或装置加热炉自用的初顶、常顶的干气产量占常减压原料加工量的比例。

[计算公式]：

$$(初顶+常顶)气收率 = \frac{(初顶+常顶)干气产量}{常减压原料加工量} \times 100$$

[计算说明]：(初顶+常顶)干气产量——报告期内装置初馏塔、常压塔、轻烃回收(轻

烃回收属于常减压装置一个单元)单元产出及并入系统或直接作为装置内部自用的干气产量。若外收其它装置干气，则从干气中等量扣除。初馏塔顶气、常压塔顶气进入本装置轻烃回收单元(轻烃回收属于常减压装置一个单元)时，不计入干气产量；若装置排入炼油火炬系统，则计入干气产量。若装置侧线中产出酸性气或硫化氢，则计入干气产量。单位：t。

常减压原料加工量——见本章“常减压原料加工量”指标中定义。单位：t。

[单　　位]:%。

[对应指标]：常减压蒸馏装置三顶气收率。

[数据来源]：MES 或统计系统。

4.1.2　液态烃收率

[指标定义]：报告期内装置产出送界区外的液态烃产量占常减压原料加工量的比例。

[计算公式]：

$$液态烃收率=\frac{液态烃产量}{常减压原料加工量}\times 100$$

[计算说明]：液态烃产量——报告期内装置轻烃回收单元产出液态烃的产量。若外收其它装置液态烃进料，则从液态烃产量中等量扣除。若装置界区不含轻烃回收单元，则不设该指标。

常减压原料加工量——见本章“常减压原料加工量”指标中定义。单位：t。

[单　　位]:%。

[对应指标]：常减压蒸馏装置液态烃收率。

[数据来源]：MES 或统计系统。

4.1.3　初顶线收率

[指标定义]：报告期内装置产出送界区外的初顶线油产量占常减压原料加工量的比例。

[计算公式]：

$$初顶线收率=\frac{初顶线油产量}{常减压原料加工量}\times 100$$

[计算说明]：初顶线油产量——报告期内装置初馏塔塔顶油出装置界区产量。若初馏塔塔顶油直接进装置轻烃回收单元，则不设该指标。若装置常压塔的塔顶汽油设一级油或二级油，则将装置常顶二级油计入初顶油产量。单位：t。

常减压原料加工量——见本章“常减压原料加工量”指标中定义。单位：t。

[单　　位]:%。

[对应指标]：常减压蒸馏装置初顶收率。

[数据来源]：MES 或统计系统。

4.1.4　常顶线收率

[指标定义]：报告期内装置产出送界区外的常顶线油或石脑油出装置界区产量占常减压原料加工量的比例。

[计算公式]：

$$常顶线收率=\frac{常顶线油或石脑油产量}{常减压原料加工量}\times 100$$

[计算说明]：常顶线油或石脑油产量——报告期内装置常压塔塔顶油、初馏塔侧线油、装置轻烃回收单元石脑油出装置界区产量。若常压塔塔顶油、初馏塔侧线油直接进装置轻烃回收单元，只计出装置界区的石脑油产量。若装置常压塔的塔顶汽油设一级油或二级油，则

将装置常顶一级油计入常顶油产量。若装置有其它装置石脑油组分进料，则从石脑油产量中等量扣除。若装置产出的常一线为石脑油组分，则计入常顶油产量。单位：t。

常减压原料加工量——见本章“常减压原料加工量”指标中定义。单位：t。

[单　　位]：%。

[对应指标]：常减压蒸馏装置常顶收率。

[数据来源]：MES 或统计系统。

4.1.5　常一线收率

[指标定义]：报告期内装置产出送界区外的常压塔常一线油产量占常减压原料加工量的比例。

[计算公式]：

$$常一线收率 = \frac{常一线油产量}{常减压原料加工量} \times 100$$

[计算说明]：常一线油产量——报告期内装置产出送界区外的常压塔常一线油出装置界区产量。若装置常二线产出为煤油组分，则计入常一线油。单位：t。

常减压原料加工量——见本章“常减压原料加工量”指标中定义。单位：t。

[单　　位]：%。

[对应指标]：常减压蒸馏装置常一线收率。

[数据来源]：MES 或统计系统。

4.1.6　常二线收率

[指标定义]：报告期内装置产出送界区外的常压塔常二线油出装置界区产量占常减压原料加工量的比例。

[计算公式]：

$$常二线收率 = \frac{常二线油产量}{常减压原料加工量} \times 100$$

[计算说明]：常二线油产量——报告期内装置产出送界区外的常压塔常二线油出装置界区产量。若装置常二线产出为煤油组分，则计入常一线油，不计入常二线油产量。单位：t。

常减压原料加工量——见本章“常减压原料加工量”指标中定义。单位：t。

[单　　位]：%。

[对应指标]：常减压蒸馏装置常二线收率。

[数据来源]：MES 或统计系统。

4.1.7　常三线收率

[指标定义]：报告期内装置产出送界区外的常压塔常三线油出装置界区产量占常减压原料加工量的比例。

[计算公式]：

$$常三线收率 = \frac{常三线油产量}{常减压原料加工量} \times 100$$

[计算说明]：常三线油产量——报告期内装置产出送界区外的常压塔常三线油出装置界区产量。若装置外收柴油或轻污油组分，则从常三线油产量中等量扣除。若装置常三线油为蜡油，则计入装置的常四线油产量。单位：t。

常减压原料加工量——见本章“常减压原料加工量”指标中定义。单位：t。

[单　　位]：%。

[对应指标]：常减压蒸馏装置常三线收率。

[数据来源]：MES或统计系统。

4.1.8　常四线收率

[指标定义]：报告期内装置产出送界区外的常压塔常四线油产量占常减压原料加工量的比例。

[计算公式]：

$$常四线收率=\frac{常四线油产量}{常减压原料加工量}\times 100$$

[计算说明]：常四线油产量——报告期内装置产出送界区外的常压塔常四线油出装置界区产量。一般常四线为蜡油组分。若装置常三线油为蜡油，则计入装置的常四线油产量。单位：t。

常减压原料加工量——见本章"常减压原料加工量"指标中定义。单位：t。

[单　　位]：%。

[对应指标]：常减压蒸馏装置常四线收率。

[数据来源]：MES或统计系统。

4.1.9　常压渣油收率

[指标定义]：报告期内装置产出送界区外的常压渣油产量占常减压原料加工量的比例。

[计算公式]：

$$常压渣油收率=\frac{常压渣油产量}{常减压原料加工量}\times 100$$

[计算说明]：常压渣油产量——报告期内装置产出送界区外的常压塔塔底渣油产量。若装置不设减压单元，侧装置产出各种污油计入该侧线；。单位：t。

常减压原料加工量——见本章"常减压原料加工量"指标中定义。单位：t。

[单　　位]：%。

[对应指标]：常减压蒸馏装置渣油收率。

[数据来源]：MES或统计系统。

4.1.10　减顶气收率

[指标定义]：报告期内装置产出送界区外或装置加热炉自用的减顶干气产量占常减压原料加工量的比例。

[计算公式]：

$$减顶气收率=\frac{减顶干气产量}{常减压原料加工量}\times 100$$

[计算说明]：减顶干气产量——报告期内装置减压塔塔顶干气出装置界区或装置加热炉自用的产量。若装置减顶干气作为装置加热炉自用干气，则计入减顶干气产量。单位：t。

常减压原料加工量——见本章"常减压原料加工量"指标中定义。单位：t。

[单　　位]：%。

[对应指标]：常减压蒸馏装置减顶线收率。

[数据来源]：MES或统计系统。

4.1.11　减顶线收率

[指标定义]：报告期内装置减顶线油产量占常减压原料加工量的比例。

[计算公式]：

$$减顶线收率=\frac{减顶线油产量}{常减压原料加工量}\times 100$$

[计算说明]：减顶线油产量——报告期内装置减压塔塔顶线油出装置界区产量。该侧线一般为柴油组分。单位：t。

常减压原料加工量——见本章“常减压原料加工量”指标中定义。单位：t。

[单　　位]：%。

[对应指标]：常减压蒸馏装置减一线收率。

[数据来源]：MES 或统计系统。

4.1.12　减一线收率

[指标定义]：报告期内装置减一线油产量占常减压原料加工量的比例。

[计算公式]：

$$减一线收率=\frac{减一线油产量}{常减压原料加工量}\times 100$$

[计算说明]：减一线油产量——报告期内装置减压塔减一线油出装置界区产量。该侧线一般为柴油组分。单位：t。

常减压原料加工量——见本章“常减压原料加工量”指标中定义。单位：t。

[单　　位]：%。

[对应指标]：常减压蒸馏装置减一线收率。

[数据来源]：MES 或统计系统。

4.1.13　减二线收率

[指标定义]：报告期内装置减压塔减二线油产量占常减压原料加工量的比例。

[计算公式]：

$$减二线收率=\frac{减二线油产量}{常减压原料加工量}\times 100$$

[计算说明]：减二线油产量——报告期内装置减压塔减二线油出装置界区产量。

常减压原料加工量——见本章“常减压原料加工量”指标中定义。单位：t。

[单　　位]：%。

[对应指标]：常减压蒸馏装置减二线收率。

[数据来源]：MES 或统计系统。

4.1.14　减三线收率

[指标定义]：报告期内装置减压塔减三线油产量占常减压原料加工量的比例。

[计算公式]：

$$减三线收率=\frac{减三线油产量}{常减压原料加工量}\times 100$$

[计算说明]：减三线油产量——报告期内装置减压塔减三线油出装置界区产量。单位：t。

常减压原料加工量——见本章“常减压原料加工量”指标中定义。单位：t。

[单　　位]：%。

[对应指标]：常减压蒸馏装置减三线收率。

[数据来源]：MES 或统计系统。

4.1.15 减四线收率

[指标定义]：报告期内装置减压塔减四线油产量占常减压原料加工量的比例。

[计算公式]：

$$减四线收率 = \frac{减四线油产量}{常减压原料加工量} \times 100$$

[计算说明]：减四线油产量——报告期内装置减压塔减四线油出装置界区产量。单位：t。

常减压原料加工量——见本章“常减压原料加工量”指标中定义。单位：t。

[单　　位]：%。

[对应指标]：常减压蒸馏装置减四线收率。

[数据来源]：MES 或统计系统。

4.1.16 减五线收率

[指标定义]：报告期内装置减压塔减五线油产量占常减压原料加工量的比例。

[计算公式]：

$$减五线收率 = \frac{减五线油产量}{常减压原料加工量} \times 100$$

[计算说明]：减五线油产量——报告期内装置减压塔减五线油出装置界区产量。单位：t。

常减压原料加工量——见本章“常减压原料加工量”指标中定义。单位：t。

[单　　位]：%。

[对应指标]：常减压蒸馏装置减五线收率。

[数据来源]：MES 或统计系统。

4.1.17 减压渣油收率

[指标定义]：报告期内装置减压渣油产量占常减压原料加工量的比例。

[计算公式]：

$$减压渣油收率 = \frac{减压渣油产量}{常减压原料加工量} \times 100$$

[计算说明]：减压渣油产量——报告期内装置减压塔渣油出装置界区产量。若装置不设减压单元，装置产出各种污油则计入常压渣油产量。单位：t。

常减压原料加工量——见本章“常减压原料加工量”指标中定义。单位：t。

[单　　位]：%。

[对应指标]：常减压蒸馏装置渣油收率。

[数据来源]：MES 或统计系统。

4.1.18 装置加工损失率

[指标定义]：报告期内装置总投入量与总产量差额占常减压原料加工量的百分比。

[计算公式]：

$$装置加工损失率 = \frac{装置加工损失量}{常减压原料加工量} \times 100$$

装置加工损失量 = 装置总投入量量 - 装置总产量

[计算说明]：装置加工损失量——报告期内装置总投入量减去装置总产量。加工损失包括装置内的物料在加工、输转、排放过程中的损耗。单位：t。

装置总投入量——在报告期内装置收进界区外新鲜原料进料总量，即为常减压原料加工量。单位：t。

装置总产量——在报告期内装置所有产出送装置界区外的产量或装置自用消耗量的总和。单位：t。

常减压原料加工量——见本章“常减压原料加工量”指标中定义。单位：t。

［单　　位］:%。

［对应指标］：常减压蒸馏装置损失率。

［数据来源］：MES 或统计系统。

4.1.19　装置产出侧线逻辑关系

(1)设减压单元：(初顶+常顶)气收率、初顶线收率、常顶线收率、常一线收率、常二线收率、常三线收率、常四线收率、减顶气收率、减一线收率、减二线收率、减三线收率、减四线收率、减五线收率、减压渣油收率、损失率总和必须等于100%；

(2)不设减压单元：(初顶+常顶)气收率、初顶线收率、常顶线收率、常一线收率、常二线收率、常三线收率、常四线收率、常压渣油收率、损失率总和必须等于100%；

(3)轻烃回收属于常减压装置：(初顶+常顶)气收率、液态烃收率、初顶线收率、常顶线收率、常一线收率、常二线收率、常三线收率、常四线收率、减顶气收率、减一线收率、减二线收率、减三线收率、减四线收率、减五线收率、减压渣油收率、损失率总和必须等于100%。

4.2　组分侧线收率

4.2.1　干气收率

［指标定义］：报告期内装置干气产量占常减压原料加工量的比例。

［计算公式］：

$$干气收率=\frac{直馏干气产量}{常减压原料加工量}\times 100$$

$$干气收率=(初顶+常顶)气收率+减顶气收率$$

［计算说明］：直馏干气产量——报告期内装置初馏塔、常压塔、减压塔、轻烃回收(轻烃回收属于常减压装置的一个单元)单元产出并入系统或直接作为装置内部自用的干气产量。若外收其它装置干气，则从干气中等量扣除。初馏塔顶气、常压塔顶气、减压塔顶气进入本装置轻烃回收单元时，不计入直馏干气产量，若进入放空火炬系统，则计入直馏干气产量。若装置侧线中产出酸性气或硫化氢，则计入直馏干气产量。单位：t。

常减压原料加工量——见本章“常减压原料加工量”指标中定义。单位：t。

［单　　位］:%。

［对应指标］：常减压蒸馏装置三顶气收率。

［数据来源］：MES 或统计系统。

4.2.2　液化气收率

［指标定义］：报告期内装置产出液化气送装置界区外的产量占常减压原料加工量的比例。

［计算公式］：

$$液化气收率=\frac{直馏液化气产量}{常减压原料加工量}\times 100$$

$$液化气收率=液态烃收率$$

［计算说明］：液化气产量——报告期内装置轻烃回收单元产出直馏液化气的产量。若装置有其它装置液化气进料，则从液化气产量中等量扣除。若装置不含轻烃回收单元，则不设该指标。单位：t。

常减压原料加工量——见本章“常减压原料加工量”指标中定义。单位：t。

［单　　位］：%。

［对应指标］：常减压蒸馏装置液化气收率。

［数据来源］：MES 或统计系统。

4.2.3　石脑油收率

［指标定义］：报告期内装置产出石脑油送装置界区外的产量占常减压原料加工量的比例。

［计算公式］：

$$石脑油收率 = \frac{直馏石脑油产量}{常减压原料加工量} \times 100$$

$$石脑油收率 = 初顶收率 + 常顶收率$$

［计算说明］：直馏石脑油产量——报告期内装置产出石脑油送装置界区外的产量。若装置有其它装置石脑油组分进料，则从直馏石脑油产量中等量扣除。若装置界区不设轻烃回收单元，直馏石脑油产量则等于初顶线油产量与常顶线油总和。若装置界区设轻烃回收单元，直馏石脑油产量则等于常顶线油或常顶一级油加上轻烃回收单元石脑油产量之和。单位：t。

常减压原料加工量——见本章“常减压原料加工量”指标中定义。单位：t。

［单　　位］：%。

［数据来源］：MES 或统计系统。

4.2.4　煤油收率

［指标定义］：报告期内装置产出煤油送装置界区外的产量占常减压原料加工量的比例。

［计算公式］：

$$煤油收率 = \frac{直馏煤油产量}{常减压原料加工量} \times 100$$

$$煤油收率 = 常一线收率$$

［计算说明］：煤油产量——报告期内装置产出煤油组分送装置界区外的产量，一般等于常一线油的产量。若装置常二线抽出为煤油组分，则取常二线油的产量；若装置煤油组分并作柴油组分，按煤油组分进行计算。单位：t。

常减压原料加工量——见本章“常减压原料加工量”指标中定义。单位：t。

［单　　位］：%。

［数据来源］：MES 或统计系统。

4.2.5　柴油收率

［指标定义］：报告期内装置产出柴油组分送装置界区外的产量占常减压原料加工量的比例。

［计算公式］：

$$柴油收率 = \frac{直馏柴油产量}{常减压原料加工量} \times 100$$

$$柴油收率 = 常二线收率 + 常三线收率 + 减顶线收率 + 减一线收率$$

［计算说明］：直馏柴油产量——报告期内装置产出柴油组分送装置界区外的产量，含常二线、常三线、减一线的柴油组分产量。单位：t。

常减压原料加工量——见本章“常减压原料加工量”指标中定义。单位：t。

［单　　位］：%。

［数据来源］：MES 或统计系统。

4.2.6　蜡油收率

［指标定义］：报告期内装置产出蜡油组分送装置界区外的产量占常减压原料加工量的比例。

［计算公式］：

$$蜡油收率=\frac{直馏蜡油产量}{常减压原料加工量}\times 100$$

$$蜡油收率=减二线收率+减三线收率+减四线收率+减五线收率$$

［计算说明］：直馏蜡油产量——报告期内装置产出蜡油组分送装置界区外的产量，含减二线、减三线、减四线、减五线的蜡油组分产量。单位：t。

常减压原料加工量——见本章“常减压原料加工量”指标中定义。单位：t。

［单　　位］：%。

［数据来源］：MES 或统计系统。

4.2.7　渣油收率

［指标定义］：报告期内装置产出渣油送装置界区外的产量占常减压原料加工量的比例。

［计算公式］：

$$渣油收率=\frac{渣油产量}{常减压原料加工量}\times 100$$

$$渣油收率=常压渣油收率+减压渣油收率$$

［计算说明］：渣油产量——报告期内装置产出渣油及渣油组分送装置界区外的产量，含装置产出常压渣油、减压渣油及各种污油。单位：t。

常减压原料加工量——见本章“常减压原料加工量”指标中定义。单位：t。

［单　　位］：%。

［数据来源］：MES 或统计系统。

4.2.8　装置产出侧线逻辑关系

干气收率、液化气收率、石脑油收率、煤油收率、柴油收率、蜡油收率、渣油收率、装置加工损失率总和必须等于 100%。

5　运行指标

5.1　电脱盐合格率

［指标定义］：报告期内电脱盐脱后含盐量达标的样本个数与电脱盐脱后含盐量总样本个数的比例。

［计算公式］：

$$当月电脱盐合格率=\frac{脱后含盐达标样本数}{脱后含盐样本总数}\times 100$$

［计算说明］：脱后含盐达标样本数——报告期内装置电脱盐后含盐量低于总部标准的样本个数。

脱后含盐样本总数——报告期内装置电脱盐后含盐量样本总数。

[单　　位]:%。

[指标用途]：反映常减压装置电脱盐脱后含盐量达标情况。

[数据来源]：LIMS。

5.2　电脱盐率

[指标定义]：报告期内常减压装置电脱盐前后的盐脱除率。

[计算公式]：

$$当月电脱盐率=\frac{脱前平均含盐量-脱后平均含盐量}{脱前平均含盐量}\times 100$$

[计算说明]：脱前平均含盐量——报告期内装置电脱盐前含盐量加权平均值。单位：mg/L。计算公式如下：

$$脱前平均含盐量=\frac{\sum 原油脱前含盐量}{原油脱前含盐量样本总数}\times 100$$

式中　原油脱前含盐量——报告期内装置电脱盐前含盐量，mg/L；

原油脱前含盐量样本总数——报告期内装置电脱盐前含盐量的样本总数；

脱后平均含盐量——报告期内装置电脱盐后含盐量加权平均值。mg/L。

$$脱后平均含盐量=\frac{\sum 原油脱后含盐量}{原油脱后含盐量样本总数}\times 100$$

式中　原油脱后含盐量——报告期内装置电脱盐后含盐量，mg/L；

原油脱后含盐量样本总数——报告期内装置电脱盐后含盐量的样本总数。

[单　　位]:%。

[指标用途]：反映常减压装置电脱盐原油含盐脱除的状况。

[数据来源]：LIMS。

5.3　脱后含水

[指标定义]：报告期内蒸馏装置原油经过电脱盐脱水后的含水量。

[计算公式]：

$$脱后含水=\frac{\sum 原油脱后含水量}{原油脱后含水量样本总数}\times 100$$

[计算说明]：原油脱后含水量——报告期内装置电脱盐脱后含水量。单位:%。

原油脱后含水量样本总数——报告期内装置电脱盐脱后含水量的样本总数。

[单　　位]:%。

[指标用途]：反映常减压装置电脱盐脱后的含水状况。

[数据来源]：LIMS。

5.4　电脱盐排水含油

[指标定义]：蒸馏装置电脱盐脱水后总排水口的含油量。

[计算公式]：

$$电脱盐排水含油=\frac{\sum 电脱盐排水含油}{电脱盐排水含油样本总数}$$

[计算说明]：电脱盐排水含油——报告期内装置电脱盐排水含油量。单位：mg/L。

电脱盐排水含油样本总数——报告期内装置电脱盐排水含油的样本总数。

[单　　位]：mg/L。

［指标用途］：反映常减压装置电脱盐脱后含油状况。

［数据来源］：LIMS。

5.5 常渣350℃含量

［指标定义］：报告期内常压塔塔底渣油350℃以上馏出量的百分数。

［计算公式］：

$$当月常渣350℃含量=\frac{\sum 常渣350℃含量}{常渣350℃含量的样本总数}$$

$$累计月常渣350℃含量=\frac{\sum 月常渣350℃含量}{运行月数}$$

［计算说明］：常渣350℃含量——报告期内装置常压塔塔底常渣分析正常350℃以上馏出量的百分数。单位：%。

常渣350℃含量的样本总数——报告期内装置常压塔塔底常渣分析正常350℃以上馏出量的样本总数。

运行月数——报告期内累计运行月的数量。

［单　　位］：%。

［指标用途］：反映常减压装置常压塔深拔的能力。

［数据来源］：LIMS。

5.6 减渣500℃含量

［指标定义］：报告期内减压塔塔底渣油中500℃以上馏出量的百分数。

［计算公式］：

$$当月减渣500℃含量=\frac{\sum 减渣500℃含量}{减渣500℃含量的样本总数}$$

$$累计月减渣500℃含量=\frac{\sum 月减渣500℃含量}{运行月数}$$

［计算说明］：减渣500℃含量——报告期内装置减压塔塔底减渣分析正常500℃以上馏出的百分数。单位：%。

减渣500℃含量的样本总数——报告期内装置减压塔塔底减渣分析正常500℃以上馏出的百分数的样本总数。

运行月数——报告期内装置累计运行月的数量。

［单　　位］：%。

［指标用途］：反映常减压装置减压塔深拔的能力。

［数据来源］：LIMS。

5.7 换热终温

［指标定义］：报告期内原油进常压炉前的换热平均温度。

［计算公式］：

$$当月换热终温=\frac{\sum 换热终温}{换热终温样本总数}$$

$$累计换热终温=\frac{\sum 月换热终温}{运行月数}$$

［计算说明］：换热终温——当期装置原油进常压炉前换热温，每天取正常开工时整点的换热温度作换热终温计算数据源。单位：℃。

换热终温样本总数——当期装置原油进常压炉前换热终温的样本总数。

运行月数——报告期内累计运行月的数量。

[单　　位]:%。

[指标用途]：衡量常减压装置原油换热回收情况的重要标志。

[数据来源]：实时数据库。

5.8　原油平均密度

[指标定义]：报告期内原油进电脱盐前的平均密度。

[计算公式]：

$$公式一：当月原油平均密度=\frac{\sum 电脱盐前原油密度}{电脱盐前原油密度的样本总数}$$

$$公式二：当月原油平均密度=\frac{\sum 各油种原油加工量\times 加工原油密度}{常减压原油加工量}$$

$$累计原油平均密度=\frac{\sum 月原油平均密度}{运行月数}$$

[计算说明]：电脱盐前原油密度——报告期内进电脱盐前原油分析密度。单位：kg/m^3。

电脱盐前原油密度的样本总数——报告期内装置进电脱盐前原油分析正常密度的样本总数。

加工原油密度——参考总部发布各油种的密度，若总部未发布的油种则采用企业评价的数据。单位：kg/m^3。

常减压原油加工量——见指标定义。

有条件的单位采用公式一，没条件的单位采用公式二。

运行月数——报告期内累计运行月的数量。

[单　　位]：kg/m^3。

[数据来源]:：LIMS 或总部原油评价数据库。

5.9　原油平均 API

[指标定义]：报告期内进电脱盐前原油平均 API。

[计算公式]：

$$原油平均\ API=\frac{\sum 各油种原油加工量\times 加工原油\ API}{常减压原油加工量}$$

[计算说明]：加工原油 API——参考总部发布各油种的 API，若总部未发布的油种则采用企业评价的 API。

[单　　位]：无。

[数据来源]：实时数据库或总部原油评价数据库。

5.10　原油硫含量

[指标定义]：报告期内进电脱盐前原油平均含硫率。

[计算公式]：

$$公式一：当月原油平均硫含量=\frac{\sum 电脱盐前原油硫含量}{电脱盐前原油硫含量的样本总数}$$

$$公式二：当月原油平均硫含量=\frac{\sum 各油种原油加工量\times 加工原油硫含量}{常减压原油加工量}$$

$$累计原油平均硫含量 = \frac{\sum 月原油平均硫含量}{运行月数}$$

[**计算说明**]：电脱盐前原油硫含量——报告期内装置进电脱盐前原油分析正常硫含量。单位:%。

电脱盐前原油硫含量的样本总数——报告期内装置进电脱盐前原油分析正常硫含量的样本总数。

加工原油硫含量——参考总部发布各油种的含硫率。单位:%。

常减压原油加工量——见本章相应指标定义。单位：t。

有条件的单位采用公式一，没条件的单位采用公式二。

运行月数——报告期内累计运行月的数量。

[**单　　位**]:%。

[**指标用途**]：反映常减压装置加工原油的含硫状况。

[**数据来源**]:：LIMS 或中国石化原油评价数据库。

5.11　硫设防值合格率

[**指标定义**]：报告期内进电脱盐前原油硫含量在设防值内的合格样本个数与电脱盐前原油硫含量的样本总数的百分比。

[**计算公式**]：

$$当月硫设防值合格率 = \frac{电脱盐前原油硫含量在设防值内的合格样本个数}{电脱盐前原油硫含量的样本总数} \times 100$$

$$累计硫设防值合格率 = \frac{\sum 月硫设防值合格率}{运行月数}$$

[**计算说明**]：电脱盐前原油硫含量在设防值内合格样本个数——报告期内装置进电脱盐前原油分析正常硫含量在装置硫设防值的合格样本个数。

电脱盐前原油硫含量的样本总数——报告期内装置进电脱盐前原油分析正常硫含量的样本总数。

运行月数——报告期内累计运行月的数量。

[**单　　位**]:%。

[**指标用途**]：反映常减压装置加工原油含硫超设防值的状况。

[**数据来源**]：LIMS。

5.12　原油酸值

[**指标定义**]：报告期内进电脱盐前原油平均含酸值。

[**计算公式**]：

$$公式一：当月原油酸值 = \frac{\sum 电脱盐前原油含酸值}{电脱盐前原油含酸的样本总数}$$

$$公式二：当月原油酸值 = \frac{\sum 各油种原油加工量 \times 加工原油酸值}{常减压原油加工量}$$

$$累计原油酸值 = \frac{\sum 月原油酸值}{运行月数}$$

[**计算说明**]：电脱盐前原油酸值——报告期内装置进电脱盐前原油分析正常酸值。单位：mgKOH/g。

电脱盐前原油酸值的样本总数——报告期内装置进电脱盐前原油分析正常酸值的样本总数。

加工原油酸值——参考中国石化发布各油种的酸值。单位：mgKOH/g。

常减压原油加工量——见本章相应指标定义。

有条件的单位采用公式一，没条件的单位采用公式二。

运行月数——报告期内累计运行月的数量。

[单　　位]：mgKOH/g。

[指标用途]：反映常减压装置加工原油含酸状况。

[数据来源]：LIMS 或总部原油评价数据库。

5.13　酸值设防值合格率

[指标定义]：报告期内进电脱盐前原油酸值在设防值内的合格样本个数与电脱盐前原油酸值的样本总数的比值。

[计算公式]：

$$\text{当月酸值设防值合格率} = \frac{\text{电脱盐前原油酸值在设防值内的合格样本个数}}{\text{电脱盐前原油酸值的样本总数}} \times 100$$

$$\text{累计酸值设防值合格率} = \frac{\sum \text{月酸值设防值合格率}}{\text{运行月数}}$$

[计算说明]：电脱盐前原油硫含量在设防值内合格样本个数——报告期内装置进电脱盐前原油分析正常酸值在装置酸值设防值的合格样本个数。

电脱盐前原油酸值的样本总数——报告期内装置进电脱盐前原油分析正常酸值的样本总数。

运行月数——报告期内累计运行月的数量。

[单　　位]：%。

[数据来源]：LIMS。

5.14　加热炉热效率

[指标定义]：报告期内常压炉和减压炉热效率的平均值。

[计算公式]：

$$\text{加热炉热效率} = \frac{\text{常压炉热效率} + \text{减压炉热效率}}{2}$$

$$\text{当月加热炉热效率} = \frac{\sum \text{加热炉热效率}}{\text{加热炉热效率样本总数}}$$

$$\text{累计加热炉热效率} = \frac{\sum \text{月加热炉平均热效率}}{\text{运行月数}}$$

[计算说明]：加热炉热效率——报告期内装置常压或减压加热炉的分析正常热效率。单位：%。

加热炉热效率的样本总数——报告期内装置常压或减压加热炉分析正常的热效率样本总数。

运行月数——报告期内累计运行月的数量。

[单　　位]：%。

[指标用途]：反映常减压装置加热炉的运行情况。

[数据来源]：LIMS。

6　操作指标

6.1　减压塔真空度

[指标定义]：报告期内装置减压塔塔顶真空度的加权平均值。

［计算公式］：

$$\text{当月减压塔真空度}=\frac{\sum \text{减压塔真空度}}{\text{减压塔真空度样本总数}}$$

$$\text{累计减压塔真空度}=\frac{\sum \text{月减压塔真空度}}{\text{运行月数}}$$

［计算说明］：减压塔真空度——报告期内装置减压塔塔顶真空度。每天取正常开工时整点的减压塔真空度作减压塔真空度计算数据源。单位：kPa。

减压塔真空度样本总数——报告期内装置减压塔塔顶真空度的样本总数。

运行月数——报告期内累计运行月的数量。

［单　　位］：kPa。

［指标用途］：反映常减压装置减压塔操作的平稳程度。

［数据来源］：LIMS。

6.2　初馏塔顶水中铁离子

［指标定义］：报告期内装置初馏塔塔顶冷凝水中铁离子的浓度。

［计算公式］：

$$\text{当月初馏塔顶水中铁离子}=\frac{\sum \text{初馏塔顶水中铁离子}}{\text{初馏塔顶水中铁离子样本总数}}$$

$$\text{累计初馏塔顶水中铁离子}=\frac{\sum \text{月初馏塔顶水中铁离子}}{\text{运行月数}}$$

［计算说明］：初馏塔顶水中铁离子——报告期内装置初馏塔塔顶冷凝水中分析铁离子的浓度。单位：mg/L。

初馏塔顶水中铁离子样本总数——报告期内装置初馏塔塔顶冷凝水中分析铁离子浓度的样本总数。

运行月数——报告期内累计运行月的数量。

［单　　位］：mg/L。

［指标用途］：反映常减压装置减压塔顶酸性腐蚀程度。

［数据来源］：LIMS。

6.3　常压塔顶水中铁离子

［指标定义］：报告期内装置常压塔塔顶冷凝水中铁离子的浓度。

［计算公式］：

$$\text{当月常压塔顶水中铁离子}=\frac{\sum \text{常压塔顶水中铁离子}}{\text{常压塔顶水中铁离子样本总数}}$$

$$\text{累计常压塔顶水中铁离子}=\frac{\sum \text{月常压塔顶水中铁离子}}{\text{运行月数}}$$

［计算说明］：常压塔顶水中铁离子——报告期内装置常压塔塔顶冷凝水中分析铁离子的浓度。单位：mg/L。

常压塔顶水中铁离子样本总数——报告期内装置常压塔塔顶冷凝水中分析铁离子浓度的样本总数。

运行月数——报告期内累计运行月的数量。

［单　　位］：mg/L。

［指标用途］：反映常减压装置减压塔顶酸性腐蚀程度。

[数据来源]：LIMS。

6.4　减压塔顶水中铁离子

[指标定义]：报告期内装置减压塔塔顶冷凝水中铁离子的浓度。

[计算公式]：

$$当月减压塔顶水中铁离子=\frac{\sum 减压塔顶水中铁离子}{减压塔顶水中铁离子样本总数}$$

$$累计减压塔顶水中铁离子=\frac{\sum 月减压塔顶水中铁离子}{运行月数}$$

[计算说明]：减压塔顶水中铁离子——报告期内装置减压塔塔顶冷凝水中分析铁离子的浓度。单位：mg/L。

减压塔顶水中铁离子样本总数——报告期内装置减压塔塔顶冷凝水中分析铁离子浓度的样本总数。

运行月数——报告期内累计运行月的数量。

[单　　位]：mg/L。

[指标用途]：反映常减压装置减压塔顶酸性腐蚀程度。

[数据来源]：LIMS。

6.5　初馏塔顶水中氯离子

[指标定义]：报告期内装置初馏塔塔顶冷凝水中氯离子的浓度。

[计算公式]：

$$当月初馏塔顶水中氯离子=\frac{\sum 初馏塔顶水中氯离子}{初馏塔顶水中氯离子样本总数}$$

$$累计初馏塔顶水中氯离子=\frac{\sum 月初馏塔顶水中氯离子}{运行月数}$$

[计算说明]：初馏塔顶水中氯离子——报告期内装置初馏塔塔顶冷凝水中分析氯离子的浓度。单位：mg/L。

初馏塔顶水中氯离子样本总数——报告期内装置初馏塔塔顶冷凝水中分析氯离子浓度的样本总数。

运行月数——报告期内累计运行月的数量。

[单　　位]：mg/L。

[指标用途]：反映常减压装置初馏塔顶酸性腐蚀程度。

[数据来源]：LIMS。

6.6　常压塔顶水中氯离子

[指标定义]：报告期内装置常压塔塔顶冷凝水中氯离子的浓度。

[计算公式]：

$$当月常压塔顶水中氯离子=\frac{\sum 常压塔顶水中氯离子}{常压塔顶水中氯离子样本总数}$$

$$累计常压塔顶水中氯离子=\frac{\sum 月常压塔顶水中氯离子}{运行月数}$$

[计算说明]：常压塔顶水中氯离子——报告期内装置常压塔塔顶冷凝水中分析氯离子的浓度。单位：mg/L。

常压塔顶水中氯离子样本总数——报告期内装置常压塔塔顶冷凝水中分析氯离子浓度的

样本总数。

运行月数——报告期内累计运行月的数量。

[单　　位]：mg/L。

[指标用途]：反映常减压装置常压塔顶酸性腐蚀程度。

[数据来源]：LIMS。

6.7　减压塔顶水中氯离子

[指标定义]：报告期内装置减压塔塔顶冷凝水中氯离子的浓度。

[计算公式]：

$$当月减压塔顶水中氯离子=\frac{\sum 减压塔顶水中氯离子}{减压塔顶水中氯离子样本总数}$$

$$累计减压塔顶水中氯离子=\frac{\sum 月减压塔顶水中氯离子}{运行月数}$$

[计算说明]：减压塔顶水中氯离子——报告期内装置减压塔塔顶冷凝水中分析氯离子的浓度。单位：mg/L。

减压塔顶水中氯离子样本总数——报告期内装置减压塔塔顶冷凝水中分析氯离子浓度的样本总数。

运行月数——报告期内累计运行月的数量。

[单　　位]：mg/L。

[指标用途]：反映常减压装置减压塔顶酸性腐蚀程度。

[数据来源]：LIMS。

6.8　初馏塔顶水 pH 值

[指标定义]：报告期内装置初馏塔塔顶冷凝水的酸碱性。

[计算公式]：

$$当月初馏塔顶水\ pH\ 值=\frac{\sum 初馏塔顶水\ pH\ 值}{初馏塔顶水\ pH\ 值样本总数}$$

$$累计初馏塔顶水\ pH\ 值=\frac{\sum 月初馏塔顶水\ pH\ 值}{运行月数}$$

[计算说明]：初馏塔顶水 pH 值——报告期内装置初馏塔塔顶冷凝水中分析 pH 值。

初馏塔顶水 pH 值样本总数——报告期内装置初馏塔塔顶冷凝水中分析 pH 值的样本总数。

运行月数——报告期内累计运行月的数量。

[单　　位]：无。

[指标用途]：反映常减压装置初馏塔顶腐蚀程度。

[数据来源]：LIMS。

6.9　常压塔顶水 pH 值

[指标定义]：报告期内装置常压塔塔顶冷凝水中酸碱性。

[计算公式]：

$$当月常压塔顶水\ pH\ 值=\frac{\sum 常压塔顶水\ pH\ 值}{常压塔顶水\ pH\ 值样本总数}$$

$$累计常压塔顶水\ pH\ 值=\frac{\sum 月常压塔顶水\ pH\ 值}{运行月数}$$

[计算说明]：常压塔顶水 pH 值——报告期内装置常压塔塔顶冷凝水中分析 pH 值。

常压塔顶水 pH 值样本总数——报告期内装置常压塔塔顶冷凝水中分析 pH 值的样本总数

运行月数——报告期内累计运行月的数量。

[单　　位]：无。

[指标用途]：反映常减压装置常压塔顶腐蚀程度。

[数据来源]：LIMS。

6.10　减压塔顶水 pH 值

[指标定义]：报告期内装置减压塔塔顶冷凝水中 pH 值。

[计算公式]：

$$当月减压塔顶水 pH 值 = \frac{\sum 减压塔顶水 pH 值}{减压塔顶水 pH 值样本总数}$$

$$累计减压塔顶水 pH 值 = \frac{\sum 月减压塔顶水 pH 值}{运行月数}$$

[计算说明]：减压塔顶水 pH 值——报告期内装置减压塔塔顶冷凝水中分析 pH 值。

减压塔顶水 pH 值样本总数——报告期内装置减压塔塔顶冷凝水中分析 pH 值的样本总数

运行月数——报告期内累计运行月的数量。

[单　　位]：无。

[指标用途]：反映常减压装置减压塔顶腐蚀程度。

[数据来源]：LIMS。

6.11　减压炉出口温度

[指标定义]：报告期内装置常底油经减压炉加热后的平均温度。

[计算公式]：

$$当月减压炉出口温度 = \frac{\sum 减压炉各支路出口温度}{减压炉出口温度样本总数}$$

$$累计减压炉出口温度 = \frac{\sum 月减压炉出口温度}{运行月数}$$

[计算说明]：减压炉各支路出口温度——报告期内装置减压炉各支路出口的平均温度。每天各整点时点的减压炉各支路出口温度作为减压炉各支路出口温度计算数据源。单位：℃。

减压炉出口温度样本总数——报告期内装置减压炉各支路出口温度的样本总数，注意扣除异常的样本个数。

[单　　位]：℃。

[数据来源]：实时数据库。

6.12　装置正常开工时间点

[指标定义]：装置变油的时间点。

6.13　装置正常停工时间点

[指标定义]：装置停止收界区外原油的时间点。

7　综合指标

7.1　一次轻收

[指标定义]：报告期内装置液化气、石脑油、煤油、柴油组分等轻质油组分出装置界

区外产量的总和占常减压原料加工量的比例。

[计算公式]：

公式一：

$$一次轻收=\frac{直馏液化气产量+直馏石脑油产量+直馏煤油产量+直馏柴油产量}{常减压原料加工量}\times 100$$
$$=液化气收率+石脑油收率+煤油收率+柴油收率$$

公式二：

$$一次轻收=\frac{液化气、初顶油、常顶油或石脑油、常一线油、常二线油、常三线油、减线油、减一线油的产量}{常减压原料加工量}\times 100$$
$$=初顶线收率+常顶线收率+常一线收率+常二线收率+常三线收率+减顶气收率+减一线收率$$

[计算说明]：液化气产量、石脑油产量、煤油产量、柴油产量、初顶线油产量、常顶线油产量、常一线油产量、常二线油产量、常三线油产量、减一线油产量——见装置侧线指标的定义。若常压塔侧线仅有常三线，常三线不能计入轻质油组分产量。若装置外收其它装置石脑油、煤油、柴油、轻污油组分进料，则从轻质油组分中等量扣除。单位：t。

常减压原料加工量——见本章“常减压原料加工量”指标中定义。单位：t。

[单　　位]：%。

[对应指标]：常减压蒸馏装置一次轻收。

[数据来源]：内部数据核算。

7.2　理论一次轻收

[指标定义]：报告期内装置液化气、石脑油、煤油、柴油组分等轻质油组分理论产量占常减压原料加工量的比例。

[计算公式]：

$$单油种理论一次轻收=石脑油理论收率+煤油理论收率+柴油理论收率$$

$$理论一次轻收=\frac{\sum 单油种原油加工量\times 单油种理论一次轻收}{常减压原油加工量}$$

[计算说明]：石脑油理论收率、煤油理论收率、柴油理论收率——参考原油评价数据中的理论收率。单位:%。

常减压原料加工量——见本章“常减压原料加工量”指标中定义。单位：t。

[单　　位]:%。

[数据来源]：内部数据核算。

7.3　轻油有效拔出率

[指标定义]：报告期内装置一次轻收与理论一次轻收的百分比。

[计算公式]：

$$轻油有效拔出率=\frac{一次轻收}{理论一次轻收}\times 100$$

[计算说明]：一次轻油——见本章“一次轻收”指标中定义。单位:%。

理论一次轻收——见本章“理论一次轻收”指标中定义。单位:%。

[单　　位]:%。

[数据来源]：内部数据核算。

7.4　总拔

[指标定义]：报告期内装置液化气、石脑油、煤油、柴油、蜡油等轻质组分送装置界

区外的产量之和占常减压原料加工量，即常减压拔出率。

[计算公式]：

$$总拔=\frac{常减压拔出量}{常减压原料加工量}\times 100$$

常减压拔出量=常减压原料加工量-渣油产量-直馏干气产量-加工损失量

[计算说明]：常减压拔出量——报告期内装置初馏塔、常压塔、减压塔侧线产出送出装置界区的产量，即常减压原料加工量扣除渣油、干气、损失的产量，若装置外收其它装置石脑油、煤油、柴油、轻污油组分进料，则从常减压拔出量中等量扣除。

常减压原料加工量——见本章“常减压原料加工量”指标中定义。单位：t。

[单　　位]：%。

[对应指标]：常减压蒸馏装置总拔收率。

7.5　理论总拔

[指标定义]：报告期内装置液化气、石脑油、煤油、柴油、蜡油等轻质油和蜡油组分理论产量占常减压原料加工量。

[计算公式]：

单油种理论总拔=石脑油理论收率+煤油理论收率+柴油理论收率+蜡油理论收率

$$理论总拔=\frac{\sum 单油种原油加工量\times 单油种理论总拔}{常减压原油加工量}$$

[计算说明]：石脑油理论收率、煤油理论收率、柴油理论收率、蜡油理论收率——参加原油评价数据中的理论收率。单位：%。

常减压原料加工量——见本章“常减压原料加工量”指标中定义。单位：t。

[单　　位]：%。

[对应指标]：常减压蒸馏装置理论总拔。

[数据来源]：内部数据核算

7.6　总拔有效拔出率

[指标定义]：报告期内装置总拔与理论总拔的百分比。

[计算公式]：

$$总拔有效拔出率=\frac{总拔}{理论总拔}\times 100$$

[计算说明]：总拔——见本章“总拔”指标中定义。单位：%。

理论总拔——见本章“理论总拔”指标中定义。单位：%。

[单　　位]：%。

[数据来源]：内部数据核算。

7.7　装置竞赛指标

[指标定义]：报告期内考虑加工原油密度因素影响总拔与综合能耗之间关系。

[计算公式]：

$$装置竞赛指标=\frac{加工原油平均密度\times 总拔}{综合能耗}\times\frac{1}{1000}$$

[计算说明]：加工原油平均密度——见相应的指标定义。单位：kg/m^3。

总拔——见本章“总拔”指标中定义。单位：%。

综合能耗——见相应的指标定义。单位：kg 标油/t。

［单　　位］:%。

［对应指标］: 原油密度×总拔/能耗。

［数据来源］: 内部数据核算。

第2章　催化裂化装置

1　装置简介

催化裂化是炼油工业中重要的二次加工过程，是重油轻质化的重要手段。它是使原料油在适宜的温度、压力和催化剂存在的条件下，进行分解、异构化、氢转移、芳构化、缩合等一系列化学反应，原料油转化成气体、汽油、柴油等主要产品及油浆、焦炭的生产过程。催化裂化的原料油来源广泛，主要是常减压的馏分油、常压渣油、减压渣油及溶剂脱沥青油、蜡膏、蜡下油等蜡渣油组分。

2　装置范围

催化裂化装置范围包括原料预热、反应、再生、锅炉、分馏、吸收稳定、精制等部分。若脱硫、精制单元单独设一套装置的则不属于本装置界区范围。有的装置含烟气脱硫脱硝单元。

3　原料指标

3.1　催化裂化原料加工量

［指标定义］: 报告期内直接进催化提升管处理的界区外蜡渣油原料进料量的总和。

［计算公式］:

催化裂化原料加工量 = 蜡油组分进料量 + 渣油组分进料量 + 其它原料进料量

［计算说明］: 催化裂化原料加工量——报告期内直接进催化提升管处理的蜡渣油等原料进料量的总和，包括直馏蜡油、减压渣油、常压渣油、加氢渣油、焦化蜡油、溶剂脱沥青油(含轻脱油和中段油)、糠醛抽出油、重污油、溶剂脱蜡蜡下油和蜡膏等进提升管的蜡渣油组分。若外收干气、液化气、石脑油、轻柴油等轻质原料不作为装置提升管进料，则不计入装置加工量，并在相应的产品中作等量扣除。

蜡油组分进料量——报告期内直接进催化提升管处理的蜡油组分原料进料量，包括直馏蜡油、加氢蜡油、焦化蜡油、溶剂脱沥青油(或轻脱油)、溶剂脱蜡蜡下油和蜡膏等蜡油组分。

渣油组分进料量——报告期内直接进催化提升管处理的蜡油组分原料进料量，包括减压渣油、常压渣油、加氢渣油、溶剂脱沥青中段油等渣油组分。

其它原料进料量——报告期内直接进催化提升管处理的非纯蜡油、渣油组分，如重汽油、糠醛抽出油、重柴油等等，但不包括干气、液化气、石脑油、汽油、轻柴油等轻质原料。

［单　　位］: t。

［指标用途］：评判催化裂化装置的原料加工生产能力的指标，也是制定企业发展策略的重要依据。

［数据来源］：MES 或统计系统。

3.2 常压渣油比例

［指标定义］：报告期内加工常减压装置产出常压渣油量占催化裂化原料加工量比例。

［计算公式］：

$$常压渣油比例 = \frac{常压渣油投入量}{催化裂化原料加工量} \times 100$$

［计算说明］：常压渣油投入量——报告期内加工常减压装置常压塔塔底产出常压渣油量总和。单位：t。

催化裂化原料加工量——见本章“催化裂化原料加工量”指标中定义。单位：t。

［单　　位］：%。

［数据来源］：MES 或统计系统。

3.3 减压渣油比例

［指标定义］：报告期内加工常减压装置产出减压渣油量占催化裂化原料加工量比例。

［计算公式］：

$$减压渣油比例 = \frac{减压渣油投入量}{催化裂化原料加工量} \times 100$$

［计算说明］：减压渣油投入量——报告期内加工常减压装置产出减压渣油的投入量总和。单位：t。

催化裂化原料加工量——见本章“催化裂化原料加工量”指标中定义。单位：t。

［单　　位］：%。

［数据来源］：MES 或统计系统。

3.4 焦化蜡油比例

［指标定义］：报告期内加工延迟焦化装置蜡油量占催化裂化原料加工量比例。

［计算公式］：

$$焦化蜡油比例 = \frac{焦化蜡油投入量}{催化裂化原料加工量} \times 100$$

［计算说明］：焦化蜡油投入量——报告期内加工延迟焦化装置产出的焦化蜡油投入量。若糠醛装置产出抽出油，则计入焦化蜡油投入量。单位：t。

催化裂化原料加工量——见本章“催化裂化原料加工量”指标中定义。单位：t。

［单　　位］：%。

［数据来源］：MES 或统计系统。

3.5 脱沥青油比例

［指标定义］：报告期内加工溶剂脱沥青装置产出脱沥青油的投入量占催化裂化原料加工量比例。

［计算公式］：

$$脱沥青油比例 = \frac{脱沥青油投入量}{催化裂化原料加工量} \times 100$$

［计算说明］：脱沥青油投入量——报告期内加工溶剂脱沥青装置产出脱沥青油的投入量。若为丙烷脱沥青装置，则包括轻脱油和中段油（重脱油）。溶剂精制的抽出油加工量按

脱沥青油量进行计算。单位：t。

催化裂化原料加工量——见本章“催化裂化原料加工量”指标中定义。单位：t。

［单　　位］:%。

［数据来源］：MES 或统计系统。

3.6　加氢蜡油比例

［**指标定义**］：报告期内加工蜡油加氢或渣油加氢（重油加氢）产出加氢蜡油的投入量占催化裂化原料加工量比例。

［**计算公式**］：

$$加氢蜡油比例 = \frac{加氢蜡油投入量}{催化裂化原料加工量} \times 100$$

［**计算说明**］：加氢蜡油投入量——报告期内加工蜡油加氢或渣油加氢（重油加氢）产出的加氢蜡油的总和。单位：t。

催化裂化原料加工量——见本章“催化裂化原料加工量”指标中定义。单位：t。

［单　　位］:%。

［数据来源］：MES 或统计系统。

3.7　加氢渣油比例

［**指标定义**］：报告期内加工渣油加氢装置产出加氢渣油的投入量占催化裂化原料加工量比例。

［**计算公式**］：

$$加氢渣油比例 = \frac{加氢渣油投入量}{催化裂化原料加工量} \times 100$$

［**计算说明**］：加氢渣油投入量——报告期内加工渣油加氢（重油加氢）装置的加氢渣油的投入量。单位：t。

催化裂化原料加工量——见本章“催化裂化原料加工量”指标中定义。单位：t。

［单　　位］:%。

［数据来源］：MES 或统计系统。

3.8　原料比例逻辑关系

常压渣油比例、减压渣油比例、焦化蜡油比例、脱沥青油比例、加氢蜡油比例、加氢渣油比例、直馏蜡油比例总和必须等于100%。

3.9　掺渣比

［**指标定义**］：报告期内加工理论渣油量占催化裂化原料加工量的比例。

［**计算公式**］：

$$掺渣比 = \frac{减压渣油投入量 + \frac{常压渣油投入量}{2} + 加氢渣油投入量 \times 加氢渣油配渣比 + \frac{焦化蜡油投入量 + 脱沥青油投入量}{3}}{催化裂化原料加工量} \times 100$$

$$= \frac{常压渣油比例}{2} + \frac{焦化蜡油比例 + 脱沥青油比例}{3} + 减压渣油比例 + 加氢渣油比例 \times 加氢渣油配渣比$$

［**计算说明**］：减压渣油投入量、常压渣油投入量、加氢渣油投入量、焦化蜡油投入量、脱沥青油投入量——见本章“原料比例”中相应指标定义。单位：t。

常压渣油比例、焦化蜡油比例、脱沥青油比例、减压渣油比例、加氢渣油比例——见本章“原料比例”中相应指标定义。单位:%。

加氢渣油配渣比——见“渣油加氢装置”章中配渣比指标定义。单位:%。

催化裂化原料加工量——见本章“催化裂化原料加工量”指标中定义。单位：t。

[单　　位]：%。

[对应指标]：催化裂化装置掺炼重油率。

[数据来源]：内部数据核算。

3.10　加氢原料比例

[指标定义]：报告期内加工加氢原料占催化裂化原料加工量的比例。

[计算公式]：

$$加氢原料比例=\frac{加氢蜡油投入量+加氢渣油投入量}{催化裂化原料加工量}\times100$$

[计算说明]：加氢蜡油量、加氢渣油量——见本章“原料比例”中相应指标定义。单位：t。

催化裂化原料加工量——见本章“催化裂化原料加工量”指标中定义。单位：t。

[单　　位]：%。

[数据来源]：内部数据核算。

4　侧线指标

4.1　干气收率

[指标定义]：报告期内干气产量占催化裂化原料加工量的百分比。

[计算公式]：

$$干气收率=\frac{干气产量}{催化裂化原料加工量}\times100$$

[计算说明]：干气产量——报告期内装置发生化学反应后而产出，经分馏、脱硫等单元产出并入炼油厂系统或直接作为装置内部自用的燃料干气产量。外送酸性气量计入干气产量；若酸性气通过贫胺液吸收到下游溶剂再生装置处理后产生，则按酸性气夹带量进行计算。干气产品包括脱硫干气、酸性气、火炬气等在标态下为气体；若装置外收其它装置干气，则从产品气体中等量扣除。单位：t。

催化裂化原料加工量——见本章“催化裂化原料加工量”指标中定义。单位：t。

[单　　位]：%。

[对应指标]：催化裂化干气收率。

[数据来源]：MES 或统计系统。

4.2　液化气收率

[指标定义]：报告期内液化气产量占催化裂化原料加工量的百分比。

[计算公式]：

$$液化气收率=\frac{液化气产量}{催化裂化原料加工量}\times100$$

[计算说明]：液化气产量——报告期内装置脱硫或脱硫醇系统产出精制液化气的产量。若装置有其它装置液化气进料，则从液化气产量中等量扣除；若装置不含脱硫及脱硫醇系统，则按吸收稳定系统液化气产量计算。单位：t。

催化裂化原料加工量——见本章“催化裂化原料加工量”指标中定义。单位：t。

[单　　位]：%。

[对应指标]：催化裂化液化气收率。

［数据来源］：MES 或统计系统。

4.3 汽油收率

［指标定义］：报告期内汽油出装置界区产量占催化裂化原料加工量的百分比。

［计算公式］：

$$汽油收率=\frac{汽油产量}{催化裂化原料加工量}\times 100$$

［计算说明］：汽油产量——报告期内装置脱硫醇系统产出精制汽油的产量。若装置外收其它装置汽油，则从汽油产量中等量扣除。若装置不含脱硫醇系统，则按吸收稳定系统汽油产量计算。单位：t。

催化裂化原料加工量——见本章“催化裂化原料加工量”指标中定义。单位：t。

［单　　位］:%。

［对应指标］：催化裂化汽油收率。

［数据来源］：MES 或统计系统。

4.4 柴油收率

［指标定义］：报告期内柴油出装置界区产量占催化裂化原料加工量的百分比。

［计算公式］：

$$柴油收率=\frac{柴油产量}{催化裂化原料加工量}\times 100$$

$$=轻柴油收率+重柴油收率$$

$$轻柴油收率=\frac{轻柴油产量}{催化裂化原料加工量}\times 100$$

$$重柴油收率=\frac{重柴油产量}{催化裂化原料加工量}\times 100$$

［计算说明］：柴油产量——报告期内装置分馏塔柴油抽出线生产出装置界区柴油产量，包括轻柴油、重柴油产量。若装置外收其它装置轻柴油，则从柴油产量中等量扣除。单位：t。

催化裂化原料加工量——见本章“催化裂化原料加工量”指标中定义。单位：t。

［单　　位］:%。

［对应指标］：催化裂化柴油收率。

［数据来源］：MES 或统计系统。

4.5 油浆收率

［指标定义］：报告期内油浆出装置界区产量占催化裂化原料加工量的百分比。

［计算公式］：

$$油浆收率=\frac{油浆产量}{催化裂化原料加工量}\times 100$$

［计算说明］：油浆产量——报告期内分馏塔底部分抽出线并出装置界区油浆产量，若装置有部分回炼油浆出装置界区或作为装置自用燃料，则该部分回炼油浆计入油浆产量中。若装置产生重污油并入装置界区，则计入油浆产量。单位：t。

催化裂化原料加工量——见本章“催化裂化原料加工量”指标中定义。单位：t。

［单　　位］:%。

［对应指标］：催化裂化油浆收率。

［**数据来源**］：MES 或统计系统。

4.6　烧焦率

［**指标定义**］：报告期内装置反应器中产生的焦炭进入再生器燃烧掉部分的量占催化裂化原料加工量的百分比。

［**计算公式**］：

$$\text{烧焦率} = \frac{\text{烧焦量}}{\text{催化裂化原料加工量}} \times 100$$

仅有一个再生器的催化裂化装置烧焦量计算公式：

$$\text{烧焦量} = \frac{V \times \{4 \times (CO + CO_2) + 4 \times [1 - (100 - 0.5 \times CO)]\}}{1000 \times (1 + e) \times 22.4 \times 1.266 \times (100 - O_2 - CO - CO_2)}$$

$$= \frac{3.78 + 0.242CO_2 + 0.313CO - 0.18O_2}{100 - (O_2 + CO - CO_2)} \times \frac{V}{1000 \times (1 + e)}$$

有两个再生器的催化裂化装置烧焦量计算公式：

$$= \frac{V_{\text{一再}} \times \{4 \times (CO_{\text{一再}} + CO_{2\text{一再}}) + 4 \times [1 - (100 - 0.5 \times CO_{\text{一再}})]\}}{1000 \times (1 + e) \times 22.4 \times 1.266 \times (100 - O_{2\text{一再}} - CO_{\text{一再}} - CO_{2\text{一再}})} + \frac{V_{\text{二再}} \times \{4 \times (CO_{\text{二再}} + CO_{2\text{二再}}) + 4 \times [1 - (100 - 0.5 \times CO_{\text{二再}})]\}}{1000 \times (1 + e) \times 22.4 \times 1.266 \times (100 - O_{2\text{二再}} - CO_{\text{二再}} - CO_{2\text{二再}})}$$

$$= \frac{V_{\text{一再}} \times (3.78 + 0.242 \times CO_{2\text{一再}} + 0.313 \times CO_{\text{一再}} - 0.18 \times O_{2\text{一再}})}{1000 \times (1 + e) \times (100 - O_{2\text{一再}} - CO_{\text{一再}} - CO_{2\text{一再}})} + \frac{V_{\text{二再}} \times (3.78 + 0.242 \times CO_{2\text{二再}} + 0.313 \times CO_{\text{二再}} - 0.18 \times O_{2\text{二再}})}{1000 \times (1 + e) \times (100 - O_{2\text{二再}} - CO_{\text{二再}} - CO_{2\text{二再}})}$$

［**计算说明**］：烧焦量——报告期内反应器中生成的焦炭进入再生器燃烧掉部分的量。单位：t。

CO、CO_2、O_2——报告期内再生烟气中 CO、CO_2、O_2的体积分数。单位：%。

$CO_{\text{一再}}$、$CO_{2\text{一再}}$、$O_{2\text{一再}}$——报告期内一再生器烟气中 CO、CO_2、O_2 的体积分数，单位：%。

$CO_{\text{二再}}$、$CO_{2\text{二再}}$、$O_{2\text{二再}}$——报告期内一再生器烟气中 CO、CO_2、O_2 的体积分数，单位：%。

V、$V_{\text{一再}}$、$V_{\text{二再}}$——报告期内再生器消耗风量、一再生器消耗风量、二再生器消耗风量。若有界区外系统净化风或非净化风作为装置再生器用风也计入主风量。单位：Nm^3。

e——主风中水蒸汽与干空气的分子比，一般根据空气的相对湿度和气温查图所得。

催化裂化原料加工量——见本章“催化裂化原料加工量”指标中定义。单位：t。

［**单　　位**］：%。

［**对应指标**］：催化裂化烧焦率。

［**数据来源**］：MES 或统计系统。

4.7　装置加工损失率

［**指标定义**］：报告期内催化裂化原料投入总量与产出总量之间的差额占催化裂化原料加工量比例。

［**计算公式**］：

$$\text{装置加工损失率} = \frac{\text{装置加工损失量}}{\text{催化裂化原料加工量}} \times 100$$

装置加工损失量 = 装置总投入量 - 装置总产量

［**计算说明**］：装置加工损失量——报告期内装置总投入量减去装置总产量。加工损失包括装置内的物料在加工、储运、排放过程中的损耗。单位：t。

装置总投入量——报告期内催化裂化原料加工量。单位：t。

装置总产量——报告期内装置所有产出侧线产出的出装置界区产量或装置自用消耗的

总量。包括干气产量、液化气产量、汽油产量、柴油产量、油浆产量、烧焦产量。单位：t。

干气产量、液化气产量、汽油产量、柴油产量、油浆产量、烧焦产量——见相应指标定义。单位：t。

催化裂化原料加工量——见本章“催化裂化原料加工量”指标中定义。单位：t。

［单　　位］：%。

［对应指标］：催化裂化装置损失率。

［数据来源］：MES 或统计系统。

4.8 装置产出侧线逻辑关系

干气收率、液化气收率、汽油收率、柴油收率、油浆收率、烧焦率、装置加工损失率总和必须等于100%。

5 运行指标

5.1 原料性质

5.1.1 原料密度

［指标定义］：报告期内装置混合蜡渣油的原料的平均密度。

［计算公式］：

$$当月原料密度=\frac{\sum 混合原料密度}{混合原料密度的样本总数}$$

$$累计原料密度=\frac{\sum 月原料密度}{运行月数}$$

［计算说明］：混合原料密度——报告期内装置混合蜡渣油的原料分析密度。单位：kg/m^3。

混合原料密度的样本总数——报告期内装置混合蜡渣油的原料分析正常密度的样本总数。

运行月数——报告期内累计运行月的数量，如到6月份，运行月数为6个月。若出现某月全月停工检修，则从实际运行月数量中扣除。

［单　　位］：kg/m^3。

［数据来源］：LIMS。

5.1.2 原料残炭

［指标定义］：报告期内装置混合蜡渣油的原料的平均残炭。

［计算公式］：

$$当月原料残炭=\frac{\sum 原料残炭}{原料残炭样本总数}$$

$$累计原料残炭=\frac{\sum 月原料残炭}{运行月数}$$

［计算说明］：原料残炭——报告期内装置混合蜡渣油的原料分析正常残炭含量。单位：%。

原料残炭的样本总数——报告期内装置混合蜡渣油的原料分析正常残炭含量的样本总数。

运行月数——报告期内累计运行月的数量。若出现某月全月停工检修，则从实际运行月数量中扣除。

[单　　位]:%。

[数据来源]：LIMS。

5.1.3　原料含镍量

[指标定义]：报告期内装置混合蜡渣油的原料镍的平均含量。

[计算公式]：

$$当月原料含镍量=\frac{\sum 原料镍含量}{原料镍含量样本总数}$$

$$累计原料含镍量=\frac{\sum 月原料镍含量}{运行月数}$$

[计算说明]：原料镍含量——报告期内装置混合蜡渣油的原料分析正常镍含量。单位：μg/g。

原料镍含量的样本总数——报告期内装置混合蜡渣油的原料分析正常镍含量的样本总数。

运行月数——报告期内累计运行月的数量。若出现某月全月停工检修，则从实际运行月数量中扣除。

[单　　位]：μg/g。

[数据来源]：LIMS。

5.1.4　原料含钒量

[指标定义]：报告期内装置混合蜡渣油的原料金属钒的平均含量。

[计算公式]：

$$当月原料含钒量=\frac{\sum 原料钒含量}{原料钒含量样本总数}$$

$$累计原料含钒量=\frac{\sum 月原料钒含量}{运行月数}$$

[计算说明]：原料钒含量——报告期内装置混合蜡渣油的原料分析正常钒含量。单位：μg/g。

原料钒含量的样本总数——报告期内装置混合蜡渣油的原料分析正常钒含量的样本总数。

运行月数——报告期内累计运行月的数量。若出现某月全月停工检修，则从实际运行月数量中扣除。

[单　　位]：μg/g。

[数据来源]：LIMS。

5.1.5　原料含硫量

[指标定义]：报告期内装置混合蜡渣油的原料的硫平均含量。

[计算公式]：

$$当月原料含硫量=\frac{\sum 原料硫含量}{原料硫含量的样本总数}$$

$$累计原料含硫量=\frac{\sum 月原料硫含量}{运行月数}$$

[计算说明]：原料含硫量——报告期内装置混合蜡渣油的原料分析正常硫含量。

单位:%。

原料含硫量的样本总数——报告期内装置混合蜡渣油的原料分析正常硫含量的样本总数。

运行月数——报告期内累计运行月的数量。若出现某月全月停工检修，则从实际运行月数量中扣除。

[单　　位]:%。

[数据来源]: LIMS。

5.1.6　原料含铁量

[指标定义]: 报告期内装置混合蜡渣油的原料金属铁的平均含量。

[计算公式]:

$$当月原料含铁量=\frac{\sum 原料铁含量}{原料铁含量样本总数}$$

$$累计原料含铁量=\frac{\sum 月原料铁含量}{运行月数}$$

[计算说明]: 原料铁含量——报告期内装置混合蜡渣油原料分析正常铁含量总量。单位: μg/g。

原料铁含量的样本总数——报告期内装置混合蜡渣油原料分析正常铁含量的样本总数。

运行月数——报告期内累计运行月的数量。若出现某月全月停工检修，则从实际运行月数量中扣除。

[单　　位]: μg/g。

[数据来源]: LIMS。

5.1.7　原料含氮量

[指标定义]: 报告期内装置混合蜡渣油的原料氮的平均含量。

[计算公式]:

$$当月原料含氮量=\frac{\sum 原料氮含量}{原料氮含量样本总数}$$

$$累计原料含氮量=\frac{\sum 月原料氮含量}{运行月数}$$

[计算说明]: 原料氮含量——报告期内装置混合蜡渣油的原料分析正常氮含量。单位: μg/g。

原料氮含量的样本总数——报告期内装置混合蜡渣油的原料分析正常氮含量的样本总数。

运行月数——报告期内累计运行月的数量。若出现某月全月停工检修，则从实际运行月数量中扣除。

[单　　位]: μg/g。

[数据来源]: LIMS。

5.1.8　原料馏程

馏程是指油品的初馏点到干点之间的温度范围。原料的沸点范围对裂化性能有重要影响。一般说来，沸点高的原料由于其分子质量大，容易被催化剂表面吸附，因而裂化反应速度较快。但沸点高到一定程度后，就会因扩散慢、或催化剂表面积炭快、或气化不好等原因而出现相反的情况。但是单纯靠馏程来预测原料裂化性能是不够的，因为在同一段沸点范围内，不同原料的化学组成可以相差很大。

5.1.8.1 原料初馏温度

[指标定义]：报告期内装置混合蜡渣油的原料初馏温度的平均值。

[计算公式]：

$$当月原料初馏温度 = \frac{\sum 原料初馏温度}{原料初馏温度样本总数}$$

$$累计原料初馏温度 = \frac{\sum 月原料初馏温度}{运行月数}$$

[计算说明]：原料初馏温度——报告期内装置混合蜡渣油的原料分析正常初馏点。单位：℃。

原料初馏温度的样本总数——报告期内装置混合蜡渣油的原料分析正常初馏点的样本总数。

运行月数——报告期内累计运行月的数量。若出现某月全月停工检修，则从实际运行月数量中扣除。

[单　　位]：℃。

[数据来源]：LIMS。

5.1.8.2 原料10%馏出温度

[指标定义]：报告期内装置混合蜡渣油的原料10%馏出温度的平均值。

[计算公式]：

$$当月原料10\%馏出温度 = \frac{\sum 原料10\%馏出温度}{原料10\%馏出温度样本总数}$$

$$累计原料10\%馏出温度 = \frac{\sum 月10\%馏出温度}{运行月数}$$

[计算说明]：原料10%馏出温度——报告期内装置混合蜡渣油的原料分析正常10%馏出温度。单位：℃。

原料10%馏出温度的样本总数——报告期内装置混合蜡渣油的原料分析正常10%馏出温度的样本总数。

运行月数——报告期内累计运行月的数量。若出现某月全月停工检修，则从实际运行月数量中扣除。

[单　　位]：℃。

[数据来源]：LIMS。

5.1.8.3 原料30%馏出温度

[指标定义]：报告期内装置混合蜡渣油的原料30%馏出温度的平均值。

[计算公式]：

$$当月原料30\%馏出温度 = \frac{\sum 原料30\%馏出温度}{原料30\%馏出温度样本总数}$$

$$累计原料30\%馏出温度 = \frac{\sum 月30\%馏出温度}{运行月数}$$

[计算说明]：原料30%馏出温度——报告期内装置混合蜡渣油的原料分析正常30%馏出温度。单位：℃。

原料30%馏出温度的样本总数——报告期内装置混合蜡渣油的原料分析正常30%馏出

温度的样本总数。

运行月数——报告期内累计运行月的数量。若出现某月全月停工检修，则从实际运行月数量中扣除。

[单　　位]:℃。

[数据来源]: LIMS。

5.1.8.4　原料50%馏出温度

[指标定义]: 报告期内装置混合蜡渣油的原料50%馏出温度的平均值。

[计算公式]:

$$当月原料50\%馏出温度 = \frac{\sum 原料50\%馏出温度}{原料50\%馏出温度样本总数}$$

$$累计原料50\%馏出温度 = \frac{\sum 月50\%馏出温度}{运行月数}$$

[计算说明]: 原料50%馏出温度——报告期内装置混合蜡渣油的原料分析正常50%馏出温度。单位:℃。

原料50%馏出温度的样本总数——报告期内装置混合蜡渣油的原料分析正常50%馏出温度的样本总数。

运行月数——报告期内累计运行月的数量。若出现某月全月停工检修，则从实际运行月数量中扣除。

[单　　位]:℃。

[数据来源]: LIMS。

5.1.8.5　原料70%馏出温度

[指标定义]: 报告期内装置混合蜡渣油的原料70%馏出温度的平均值。

[计算公式]:

$$当月原料70\%馏出温度 = \frac{\sum 原料70\%馏出温度}{原料70\%馏出温度样本总数}$$

$$累计原料70\%馏出温度 = \frac{\sum 月原料70\%馏出温度}{运行月数}$$

[计算说明]: 原料70%馏出温度——报告期内装置混合蜡渣油的原料分析正常70%馏出温度。单位:℃。

原料70%馏出温度的样本总数——报告期内装置混合蜡渣油的原料分析正常70%馏出温度的样本总数。

运行月数——报告期内累计运行月的数量。若出现某月全月停工检修，则从实际运行月数量中扣除。

[单　　位]:℃。

[数据来源]: LIMS。

5.1.8.6　原料90%馏出温度

[指标定义]: 报告期内装置混合蜡渣油的原料90%馏出温度的平均值。

[计算公式]:

$$当月原料90\%馏出温度 = \frac{\sum 原料90\%馏出温度}{原料90\%馏出温度样本总数}$$

$$累计原料90\%馏出温度 = \frac{\sum 月90\%馏出温度}{运行月数}$$

[计算说明]：原料90%馏出温度——报告期内装置混合蜡渣油的原料分析正常90%馏出温度。单位：℃。

原料90%馏出温度的样本总数——报告期内装置混合蜡渣油的原料分析正常90%馏出温度的样本总数。

运行月数——报告期内累计运行月的数量。若出现某月全月停工检修，则从实际运行月数量中扣除。

[单　　位]：℃。

[数据来源]：LIMS。

5.2　操作指标

5.2.1　干气≥C_3含量

[指标定义]：报告期内装置产出干气中C_3及C_3以上组分的平均含量。

[计算公式]：

$$当月干气 \geqslant C_3 含量 = \frac{\sum 干气 \geqslant C_3 含量}{干气 \geqslant C_3 含量的样本总数}$$

$$累计干气 \geqslant C_3 含量 = \frac{\sum 月干气 \geqslant C_3 含量}{运行月数}$$

[计算说明]：干气≥C_3含量——报告期内装置产出干气分析正常C_3及C_3以上组分含量。单位：%。

干气≥C_3含量的样本总数——报告期内装置产出干气分析正常C_3及C_3以上组分含量的样本总数。

运行月数——报告期内累计运行月的数量。

[单　　位]：%。

[数据来源]：LIMS。

5.2.2　液化气丙烯含量

[指标定义]：报告期内装置产出液化气中丙烯的平均含量。

[计算公式]：

$$当月液化气丙烯含量 = \frac{\sum 液化气丙烯含量}{液化气丙烯含量的样本总数}$$

$$累计液化气丙烯含量 = \frac{\sum 月液化气中丙烯含量}{运行月数}$$

[计算说明]：液化气丙烯含量——报告期内装置产出液化气分析正常丙烯组分含量。单位：%。

液化气丙烯含量的样本总数——报告期内装置产出液化气分析正常丙烯组分含量的样本总数。

运行月数——报告期内累计运行月的数量。

[单　　位]：%。

[数据来源]：LIMS。

5.2.3　稳定汽油终馏点

[指标定义]：报告期内装置产出稳定汽油终馏点的平均值。

[计算公式]：

$$当月稳定汽油终馏点 = \frac{\sum 稳定汽油终馏点}{稳定汽油终馏点的样本总数}$$

$$累计稳定汽油终馏点 = \frac{\Sigma 月稳定汽油终馏点}{运行月数}$$

[计算说明]：稳定汽油终馏点——报告期内装置稳定汽油分析正常终馏点。单位：℃。

稳定汽油终馏点的样本总数——报告期内装置稳定汽油分析正常终馏点的样本总数。

运行月数——报告期内累计运行月的数量。若出现某月全月停工检修，则从实际运行月数量中扣除。

[单　　位]：℃。

[数据来源]：LIMS。

5.2.4　干气含硫量

见本章中"原料含硫量"指标定义及计算方法。

5.2.5　液态烃含硫量

见本章中"原料含硫量"指标定义及计算方法。

5.2.6　汽油含硫量

见本章中"原料含硫量"指标定义及计算方法。

5.2.7　柴油含硫量

见本章中"原料含硫量"指标定义及计算方法。

5.2.8　油浆含硫量

见本章中"原料含硫量"指标定义及计算方法。

5.2.9　污水含硫量

见本章中"原料含硫量"指标定义及计算方法。

5.2.10　平衡剂镍含量

[指标定义]：报告期内烧焦再生后的催化剂中金属镍的平均含量。

[计算公式]：

$$当月平衡剂镍含量 = \frac{\Sigma 平衡剂镍含量}{平衡剂镍含量样本总数}$$

$$累计平衡剂镍含量 = \frac{\Sigma 月平衡剂镍含量}{运行月数}$$

[计算说明]：平衡剂镍含量——报告期内装置平衡剂分析正常镍含量。单位：μg/g。

平衡剂镍含量——报告期内装置平衡剂分析正常镍含量的样本总数。单位：μg/g。

运行月数——报告期内累计运行月的数量，如到6月份，运行月数为6个月。若出现某月全月停工检修，则从实际运行月数量中扣除。

[单　　位]：μg/g。

[数据来源]：LIMS。

5.2.11　平衡剂钒含量

[指标定义]：报告期内烧焦再生后的催化剂中金属钒的平均含量。

[计算公式]：

$$当月平衡剂钒含量 = \frac{\Sigma 平衡剂钒含量}{平衡剂钒含量样本总数}$$

$$累计平衡剂钒含量 = \frac{\Sigma 月平衡剂钒含量}{运行月数}$$

[计算说明]：平衡剂钒含量——报告期内装置平衡剂分析正常钒含量总量。单位：

μg/g。

平衡剂钒含量——报告期内装置平衡剂分析正常钒含量的样本总数。单位：μg/g。

运行月数——报告期内累计运行月的数量。若出现某月全月停工检修，则从实际运行月数量中扣除。

[单　　位]：μg/g。

[数据来源]：LIMS。

5.2.12　提升管出口温度

[指标定义]：报告期内装置提升管反应器出口的加权平均温度。

[计算公式]：

$$当月提升管出口温度=\frac{\sum 提升管出口温度}{提升管出口温度样本总数}$$

$$累计提升管出口温度=\frac{\sum 月提升管出口温度}{运行月数}$$

[计算说明]：提升管出口温度——报告期内装置提升管反应器出口温度，每天按整点时间一小时一次采集提升管出口温度作为计算数据源。单位：℃。

提升管出口温度样本总数——报告期内装置提升管反应器出口温度的样本总数。

运行月数——报告期内累计运行月的数量。若出现某月全月停工检修，则从实际运行月数量中扣除。

[单　　位]：℃。

[数据来源]：实时数据库。

5.2.13　原料预热温度

[指标定义]：报告期内原料油经过换热器加热进入提升管反应器前的加权平均温度。

[计算公式]：

$$当月原料预热温度=\frac{\sum 原料预热温度}{原料预热温度样本总数}$$

$$累计原料预热温度=\frac{\sum 月原料预热温度}{运行月数}$$

[计算说明]：原料预热温度——报告期内装置原料油进入提升管反应器前温度。每天按整点时间一小时一次采集原料预热温度作为计算数据源。单位：℃。

原料预热温度样本总数——报告期内装置原料油进提升管反应器前温度的样本总数。

运行月数——报告期内累计运行月的数量。若出现某月全月停工检修，则从实际运行月数量中扣除。

[单　　位]：℃。

[数据来源]：实时数据库。

5.2.14　分馏塔底温度

[指标定义]：报告期内分馏塔底部液相的温度。

[计算公式]：

$$当月分馏塔底温度=\frac{\sum 分馏塔底温度}{分馏塔底温度样本总数}$$

$$累计分馏塔底温度=\frac{\sum 月分馏塔底温度}{运行月数}$$

[**计算说明**]：分馏塔底温度——报告期内装置分馏塔底的温度。每天按整点时间一小时一次采集分馏塔底温度作为计算数据源。单位：℃。

分馏塔底温度样本总数——报告期内装置分馏塔底温度的样本总数。

运行月数——报告期内累计运行月的数量。若出现某月全月停工检修，则从实际运行月数量中扣除。

[**单　　位**]：℃。

[**数据来源**]：实时数据库。

5.2.15　油浆固含量

[**指标定义**]：报告期内分馏塔底油浆中催化剂粉末的平均含量。

[**计算公式**]：

$$当月油浆固含量 = \frac{\sum 油浆固含量}{油浆固含量的样本总数}$$

$$累计油浆固含量 = \frac{\sum 月油浆固含量}{运行月数}$$

[**计算说明**]：油浆固含量——报告期内装置油浆分析正常固含量。单位：g/L。

油浆固含量的样本总数——报告期内装置油浆分析正常固含量的样本总数。

运行月数——报告期内累计运行月的数量。若出现某月全月停工检修，则从实际运行月数量中扣除。

[**单　　位**]：g/L。

[**数据来源**]：LIMS。

5.2.16　平衡剂活性

[**指标定义**]：报告期内再生催化剂微反活性的平均值。

[**计算公式**]：

$$当月平衡剂活性 = \frac{\sum 再生催化剂微反活性}{再生催化剂微反活性的样本总数}$$

$$累计平衡剂活性 = \frac{\sum 月再生催化剂微反活性}{运行月数}$$

[**计算说明**]：再生催化剂微反活性——报告期内再生催化剂分析微反活性。单位：%。

再生催化剂微反活性的样本总数——报告期内再生催化剂分析正常微反活性的样本总数。

运行月数——报告期内累计运行月的数量。若出现某月全月停工检修，则从实际运行月数量中扣除。

[**单　　位**]：%。

[**数据来源**]：LIMS。

5.2.17　进料流量

[**指标定义**]：报告期内装置进反应单元的蜡渣油混合原料平均流量。

[**计算公式**]：

$$进料流量 = \frac{\sum 催化裂化原料加工量}{24 \times 加工天数}$$

[**计算说明**]：催化裂化原料加工量——见本章“催化裂化原料加工量”指标中定义。单位：t。

加工天数——报告期内加工天数。

［单　　位］：t/h。

［数据来源］：MES 及统计系统。

5.2.18　主风流量

［指标定义］：报告期内装置再生单元消耗风量的平均值流量。

［计算公式］：

$$当月主风流量=\frac{\sum 主风流量}{主风流量的样本总数}$$

$$累计主风流量=\frac{\sum 月主风流量}{运行月数}$$

［计算说明］：主风流量——报告期内装置再生单元消耗风流量，每天按整点时间一小时一次采集再生单元消耗风量作为计算数据源。单位：Nm^3/h。

主风流量的样本总数——报告期内采集装置再生单元消耗风流量的样本总数。

运行月数——报告期内累计运行月的数量。

［单　　位］：Nm^3/h。

［数据来源］：实时数据库。

5.2.19　油浆灰分

［指标定义］：报告期内分馏塔底油浆中灰分的平均含量。

［计算公式］：

$$当月油浆灰分=\frac{\sum 油浆灰分}{油浆灰分的样本总数}$$

$$累计油浆灰分=\frac{\sum 月油浆灰分}{运行月数}$$

［计算说明］：油浆灰分——报告期内装置油浆分析正常灰分。单位：g/L。

油浆灰分的样本总数——报告期内装置油浆分析正常灰分的样本总数。

运行月数——报告期内累计运行月的数量。

［单　　位］:%。

［数据来源］：LIMS。

5.2.20　三旋入口浓度

［指标定义］：报告期内装置再生单元三旋入口的平均浓度。

［计算公式］：

$$当月三旋入口浓度=\frac{\sum 三旋入口浓度}{三旋入口浓度的样本总数}$$

$$累计三旋入口浓度=\frac{\sum 月三旋入口浓度}{运行月数}$$

［计算说明］：三旋入口浓度——报告期内装置再生单元三旋入口浓度，每天按整点时间一小时一次采集再生单元三旋入口浓度作为计算数据源。单位：mg/Nm^3。

三旋入口浓度的样本总数——报告期内再生单元三旋入口浓度的样本总数。

运行月数——报告期内累计运行月的数量。

［单　　位］：mg/Nm^3。

［数据来源］：实时数据库。

5.2.21 三旋出口浓度

[指标定义]：报告期内装置再生单元三旋出口的平均浓度。

[计算公式]：

$$当月三旋出口浓度=\frac{\sum 三旋出口浓度}{三旋出口浓度的样本总数}$$

$$累计三旋出口浓度=\frac{\sum 月三旋出口浓度}{运行月数}$$

[计算说明]：三旋出口浓度——报告期内装置再生单元三旋出口浓度，每天按整点时间一小时一次采集再生单元三旋出口浓度作为计算数据源。单位：mg/Nm^3。

三旋出口浓度的样本总数——报告期内再生单元三旋入口浓度的样本总数。

运行月数——报告期内累计运行月的数量。

[单　　位]：mg/Nm^3。

[数据来源]：实时数据库。

5.2.22 净化后烟气中 SO_x 含量

[指标定义]：报告期内装置烟气脱硫脱硝净化后烟气中 SO_x 的平均含量。

[计算公式]：

$$当月净化后烟气中SO_x含量=\frac{\sum 净化后烟气中SO_x含量}{净化后烟气中SO_x含量的样本总数}$$

$$累计净化后烟气中SO_x含量=\frac{\sum 月净化后烟气中SO_x含量}{运行月数}$$

[计算说明]：净化后烟气中 SO_x 含量——报告期内装置烟气脱硫脱硝净化后烟气中 SO_x 含量。单位：mg/Nm^3。

净化后烟气中 SO_x 含量的样本总数——报告期内装置烟气脱硫脱硝净化后烟气中 SO_x 含量的样本总数。

运行月数——报告期内累计运行月的数量。

[单　　位]：mg/Nm^3。

[数据来源]：LIMS。

5.2.23 净化后烟气中 NO_x 含量

[指标定义]：报告期内装置烟气脱硫脱硝净化后烟气中 NO_x 的平均含量。

[计算公式]：

$$当月净化后烟气中NO_x含量=\frac{\sum 净化后烟气中NO_x含量}{净化后烟气中NO_x含量的样本总数}$$

$$累计净化后烟气中NO_x含量=\frac{\sum 月净化后烟气中NO_x含量}{运行月数}$$

[计算说明]：净化后烟气中 NO_x 含量——报告期内装置烟气脱硫脱硝净化后烟气中 NO_x 含量。单位：mg/Nm^3。

净化后烟气中 NO_x 含量的样本总数——报告期内装置烟气脱硫脱硝净化后烟气中 NO_x 含量的样本总数。

运行月数——报告期内累计运行月的数量。

[单　　位]：mg/Nm^3。

[数据来源]：LIMS。

5.2.24　净化后烟气中颗粒物浓度

[**指标定义**]：报告期内装置烟气脱硫脱硝净化后烟气中颗粒物的平均浓度。

[**计算公式**]：

$$当月净化后烟气中颗粒物浓度=\frac{\sum 净化后烟气中颗粒物浓度}{净化后烟气中颗粒物浓度的样本总数}$$

$$累计净化后烟气中颗粒物浓度=\frac{\sum 月净化后烟气中颗粒物浓度}{运行月数}$$

[**计算说明**]：净化后烟气中颗粒物浓度——报告期内装置烟气脱硫脱硝净化后烟气中颗粒物浓度。单位：mg/Nm^3。

净化后烟气中颗粒物浓度的样本总数——报告期内装置烟气脱硫脱硝净化后烟气中颗粒物浓度的样本总数。

运行月数——报告期内累计运行月的数量。

[**单　　位**]：mg/Nm^3。

[**数据来源**]：LIMS。

5.3　新鲜催化剂单耗

[**指标定义**]：报告期内加工1t蜡渣油混合原料所需的新鲜催化剂消耗量。

[**计算公式**]：

$$新鲜催化剂单耗=\frac{新鲜催化剂消耗量}{催化裂化原料加工量}\times 1000$$

[**计算说明**]：新鲜催化剂消耗量——报告期内装置新鲜催化剂的消耗量，不包含平衡剂和低磁催化剂的消耗量。单位：t。

催化裂化原料加工量——见本章“催化裂化原料加工量”指标中定义。单位：t。

[**单　　位**]：kg/t。

[**对应指标**]：催化裂化新鲜催化剂单耗、催化裂化加工吨油耗催化剂。

[**数据来源**]：内部数据核算。

5.4　转化率

[**指标定义**]：报告期内装置加工蜡渣油混合原料转化程度，是衡量催化反应深度变化的综合指标。

[**计算公式**]：

$$转化率=\frac{干气产量+液化气产量+汽油产量+烧焦量}{催化裂化原料加工量}\times 100$$

[**计算说明**]：干气产量、汽油产量、烧焦量——见本章“侧线指标”中相应的指标定义。单位：t。

催化裂化原料加工量——见本章“催化裂化原料加工量”指标中定义。单位：t。

[**单　　位**]：%。

[**对应指标**]：催化裂化新鲜原料转化率。

[**数据来源**]：内部数据核算。

5.5　动态活性

[**指标定义**]：指衡量催化裂化装置催化剂催化效能的一个参数，采用催化活性来表示。催化活性是催化剂对反应速度的影响程度，是判断催化剂效能高低的标准。

［计算公式］：

$$动态活性 = \frac{0.2 \times \lg\left(\frac{原料氮含量}{10}\right) + \left(\frac{转化率}{100 - 转化率}\right)}{烧焦率 - 0.7 \times 原料残炭}$$

［计算说明］：原料含氮量、原料残炭——见本章“原料性质”中相应指标定义。单位：μg/g。

转化率——见本章“运行指标”中转化率指标的定义。单位:%。

烧焦率——见本章“侧线指标”中相应的指标定义。单位:%。

［单　　位］：无。

［指标用途］：反映催化裂化装置催化剂的性能。动态活性高的催化剂，蜡油裂解焦炭产率低；动态活性低的催化剂，蜡油裂解焦炭产率高。

［数据来源］：内部数据核算。

5.6　*K* 因子

［指标定义］：表征原料性质的特性因子，又称为 *K* 因子，或 Watson K，是中平均沸点和相对密度的函数。是指报告期内用来划分石油和石油馏分的化学组成，在评价催化原料的质量时被普遍使用。特性因子是一种说明催化裂化原料石蜡烃含量的指标。*K* 值高，原料的石蜡烃含量高；*K* 值低，原料的石蜡烃含量低。

［计算公式］：

$$\mathrm{UOPK} = \frac{1.216 \times 中平均沸点^{1/3}}{原料密度}$$

［计算说明］：UOPK——表征油品的化学性质，*K* 值接近 12.7 说明烷烃含量较高，低于 10 则说明芳香烃含量较高。

原料密度——见本章“原料性质”中原料密度指标定义。单位：kg/m^3。

中平均沸点——中平均沸点是实分子平均沸点和立方平均沸点的算术平均值，主要反映油品的含氢量、特性因数、假临界压力、燃烧热和平均分子量等物理性质。一般需要查表计算，本节给出以关联公式直接计算的方法如下：

$$t_{\mathrm{Me}} = t_{\mathrm{V}} - e^{(-1.53181 - 0.012800 \times t_{\mathrm{V}}^{0.6667} + 3.64678 \times S^{0.3333})}$$

式中　t_{Me}——中平均沸点,℃;

t_{V}——体积平均沸点,℃。计算公式：

$$t_{\mathrm{V}} = \frac{原料10\%馏出温度 + 原料30\%馏出温度 + 原料50\%馏出温度 + 原料70\%馏出温度 + 原料90\%馏出温度}{5}$$

式中　原料 10% 馏出温度、原料 30% 馏出温度、原料 50% 馏出温度、原料 70% 馏出温度、原料 90% 馏出温度——见本章“原料馏程”中相应指标定义。单位:℃。

S——恩氏蒸馏曲线馏分斜率,℃/%。计算公式：

$$S = \frac{原料90\%馏出温度 - 原料10\%馏出温度}{90 - 10}$$

式中　原料 10% 馏出温度、原料 90% 馏出温度——见本章“原料馏程”中相应指标定义,℃;

e——自然对数底，值为 2.71828182846。

［单　　位］：无。

［指标用途］：用于评价催化裂化装置原料的质量。

［数据来源］：内部数据核算。

5.7　理论剂耗/实际剂耗

［指标定义］：报告期内理论催化剂消耗与实际消耗的比值。

[计算公式]：

$$理论剂耗/实际剂耗 = \frac{理论催化剂单耗}{新鲜催化剂单耗}$$

$$理论催化剂单耗 = 0.5 + \frac{原料镍含量 + 2 \times 原料钒含量}{20}$$

[计算说明]：原料镍含量、原料钒含量——见本章“原料性质”中相应指标定义。单位：μg/g。

新鲜催化剂单耗——见本章“新鲜催化剂单耗”中指标定义。单位：kg/t。

[单　　位]：t/t。

[指标用途]：反映催化裂化装置催化剂消耗水平的经济性。

[数据来源]：内部数据核算。

5.8　吨油 3.5MPa 蒸汽自产率

[指标定义]：报告期内装置加工 1t 蜡渣油混合原料再生系统及锅炉单元产出 3.5MPa 蒸汽量。

[计算公式]：

$$吨油\ 3.5MPa\ 蒸汽自产率 = \frac{3.5MPa\ 蒸汽自产量}{催化裂化新鲜原料加工量} \times 100$$

[计算说明]：3.5MPa 蒸汽自产量——报告期内装置再生系统及锅炉单元产出 3.5MPa 蒸汽量。单位：t。

催化裂化原料加工量——见本章“催化裂化原料加工量”指标中定义。单位：t。

[单　　位]：t/t。

[数据来源]：内部数据核算。

5.9　烟机回收功率/主风机耗功

[指标定义]：催化裂化装置烟机回收烟气中的能量与主风机消耗能量的比值。

[计算公式]：

$$烟机回收功率/主风机耗功 = \frac{烟机做功}{主风机耗功}$$

[计算说明]：烟机做功——烟机回收烟气中的能量。单位：kW · h。

主风机耗功——主风机消耗能量。单位：kW · h。

[单　　位]：无。

[指标用途]：反映催化裂化装置烟机的运行效率。

[数据来源]：内部数据核算。

5.10　装置正常开工时间点

[指标定义]：装置连续收取界区外原料油进提升管喷油的时间点。

5.11　装置正常停工时间点

[指标定义]：装置停收界区外新鲜蜡渣油原料的时间点。

6　综合指标

6.1　催化轻收

[指标定义]：报告期内汽油、柴油产量总和占原料油加工量的比例。

[计算公式]：

$$催化轻收 = \frac{汽油产量 + 柴油产量}{催化裂化原料加工量} \times 100$$

$$= 汽油收率 + 柴油收率$$

[计算说明]：汽油产量、柴油产量——见本章“侧线指标”中相应指标定义。单位：t。

汽油收率、柴油收率——见本章“侧线指标”中相应指标定义。单位：%。

催化裂化原料加工量——见本章“催化裂化原料加工量”指标中定义。单位：t。

[单　　位]：%。

[对应指标]：催化裂化轻油收率。

[数据来源]：内部数据核算。

6.2　总液收

[指标定义]：报告期内装置汽油、柴油、液化气等高价值液体产品产量总和占催化裂化原料加工量的比例。

[计算公式]：

$$总液收 = \frac{液化气产量 + 汽油产量 + 柴油产量}{催化裂化原料加工量} \times 100$$

$$= 液化气收率 + 汽油收率 + 柴油收率$$

[计算说明]：汽油产量、柴油产量、液化气产量——见本章“侧线指标”中相应指标定义。单位：t。

液化气收率、汽油收率、柴油收率——见本章“侧线指标”中相应指标定义。单位：%。

催化裂化原料加工量——见本章“催化裂化原料加工量”指标中定义。单位：t。

[单　　位]：%。

[对应指标]：轻收 + 液化气产率。

[数据来源]：内部数据核算。

6.3　装置竞赛指标

[指标定义]：报告期内原料性质和轻油收率情况的装置竞赛指标。

[计算公式]：

$$装置竞赛指标 = 总液收 \times \frac{原料密度}{1000} \times \frac{100}{100 - 原料残炭 \times 0.8} + \frac{掺渣比}{20}$$

$$= \frac{（液化气产量 + 汽油产量 + 柴油产量）\times \frac{原料密度}{1000} \times \frac{100}{100 - 原料残炭 \times 0.8} + \frac{掺渣量}{20} \times 100}{催化裂化原料加工量}$$

[计算说明]：汽油收率、柴油收率、液化气收率、原料残炭、掺渣比——见本章相应指标定义。单位：%。

原料密度——见本章“原料性质”中原料密度指标定义。单位：kg/m^3。

催化裂化原料加工量——见本章“催化裂化原料加工量”指标中定义。单位：t。

[单　　位]：%。

[数据来源]：内部数据核算。

第3章 延迟焦化装置

1 装置简介

延迟焦化装置是炼油工业中重要的二次加工过程，是重油轻质化的重要手段。它是使重油首先在加热炉内加热，达到约500℃的高温，然后送入焦炭塔进行热裂化反应，使得原料油的结焦过程不在炉内而延迟到塔内发生。这样就避免了炉管内大量结焦，延长了装置运转周期。这种焦化方式叫延迟焦化。延迟焦化装置通常有2～4个焦炭塔切换使用，当一个塔中焦炭积存到塔高的2/3左右时，进行切换，以保证装置的连续运转，通常每个塔的切换周期为48h。重油原料经延迟焦化装置热裂化后产出干气、液态烃、石脑油、汽油、柴油、蜡油、石油焦等产品的工艺过程。延迟焦化的原料油来源广泛，主要是常减压装置减压渣油、溶剂脱沥青的沥青、催化裂化装置油浆、重汽油等渣油组分。

2 装置范围

装置范围主要包括原料处理、焦化、吸收稳定、气体脱硫及精制、除焦等单元。有的装置吸收稳定、气体脱硫及精制与其它装置共用一套装置，指标计算不应将这部分计入本装置。

3 原料指标

3.1 焦化原料加工量

[**指标定义**]：报告期内直接进焦化辐射进料泵渣油等组分原料进料量的总和。

[**计算公式**]：

焦化原料加工量 = 渣油投入量 + 催化油浆投入量 + 其它原料投入量

[**计算说明**]：焦化原料加工量——报告期内直接进焦化单元的渣油等组分进料量的总和，包括渣油(常压渣油和减压渣油)、催化油浆、重污油等组分。若外收干气、石脑油、柴油作为装置进料，则不计入焦化原料加工量。

渣油投入量——报告期内直接进焦化单元的渣油组分新鲜原料进料量，包括减压渣油、常压渣油、加氢渣油、外购渣油、溶剂脱沥青的中段油和沥青等常减压的渣油。

催化油浆投入量——报告期内直接进焦化单元的催化油浆新鲜原料进料量。

其它原料投入量——报告期内直接进焦化单元的各类蜡油、重油组分新鲜原料进料量，包括直馏蜡油、焦化蜡油、外购蜡油、重污油、糠醛抽出油、扫线油等。

[**单　　位**]：t。

[**指标用途**]：是评判延迟焦化装置的原料加工生产能力的指标，也是制定企业发展策略的重要依据。

[**数据来源**]：MES或统计系统。

3.2 催化油浆比例

[**指标定义**]：报告期内加工催化裂化装置产出油浆的投入量占焦化原料加工量的比例。

[计算公式]：

$$催化油浆比例 = \frac{催化油浆投入量}{焦化原料加工量} \times 100$$

[计算说明]：催化油浆投入量——报告期内加工催化裂化装置产出油浆的投入量。单位：t。

焦化原料加工量——见本章“焦化原料加工量”指标中定义。单位：t。

[单　　位]：%。

[数据来源]：MES 或统计系统。

3.3　渣油比例

[指标定义]：报告期内加工常减压装置产出的常压渣油、减压渣油的投入量之和占延迟焦化原料加工量百分比。

[计算公式]：

$$渣油比例 = \frac{渣油投入量}{焦化原料加工量} \times 100$$

[计算说明]：渣油投入量——报告期内加工常减压装置产出的常压渣油、减压渣油的投入量之和。单位：t。

焦化原料加工量——见本章“焦化原料加工量”指标中定义。单位：t。

[单　　位]：%。

[数据来源]：MES 或统计系统。

3.4　其它原料比例

[指标定义]：报告期内除加工渣油和催化油浆外的其它重油原料投入量占延迟焦化原料加工量百分比。

[计算公式]：

$$其它原料比例 = \frac{焦化原料加工量 - 催化油浆投入量 - 渣油投入量}{焦化原料加工量} \times 100$$

[计算说明]：其它原料投入量——报告期内除加工渣油和催化油浆外的其它重油原料投入量，包括各类重污油、溶剂脱沥青装置的脱沥青油、脱油沥青、轻脱油、中段油、糠醛抽出油等。单位：t。

催化油浆投入量、渣油投入量——见本章“原料比例”中相应指标定义。单位：t。

焦化原料加工量——见本章“焦化原料加工量”指标中定义。单位：t。

[单　　位]：%。

[数据来源]：MES 或统计系统。

3.5　二次原料比例

[指标定义]：报告期内装置加工蜡渣油原料中属二次加工装置产出及系统回收的蜡渣油组分总量占焦化原料加工量的比例。

[计算公式]：

$$\begin{aligned} 二次原料比例 &= 催化油浆比例 + 其它原料比例 \\ &= \frac{焦化原料加工量 - 渣油投入量}{焦化原料加工量} \end{aligned}$$

[计算说明]：渣油投入量——见本章“原料比例”中相应指标定义。单位：t。

焦化原料加工量——见本章“焦化原料加工量”指标中定义。单位：t。

催化油浆比例、其它原料比例——见本章“原料比例”中相应指标定义。单位:%。

[单　　位]:%。

[数据来源]：MES 或统计系统

3.6　原料比例逻辑关系

渣油比例、催化油浆比例、其它原料比例总和必须等于 100%。

4　侧线指标

4.1　干气收率

[指标定义]：报告期内装置产出干气送界区外的产量与延迟焦化原料加工量的百分比。

[计算公式]：

$$干气收率=\frac{干气产量}{焦化原料加工量}\times 100$$

[计算说明]：干气产量——报告期内装置因热裂化反应产出，经分馏、吸收及稳定、脱硫等单元产出并入炼油厂系统或直接作为装置内部自用的燃料干气产量。若装置不设脱硫单元，则按装置产出含硫干气计入干气产量。若酸性气通过贫胺液吸收到下游溶剂再生装置处理后产生，则按酸性气夹带量进行计算。干气产品(包括脱硫干气、酸性气、火炬气等)在标态下为气体；若装置外收其它装置干气，则从干气产量中等量扣除。单位：t。

焦化原料加工量——见本章“焦化原料加工量”指标中定义。单位：t。

[单　　位]:%。

[数据来源]：MES 或统计系统。

4.2　液态烃收率

[指标定义]：报告期内装置产出液态烃送界区外的产量占延迟焦化原料加工量的百分比。

[计算公式]：

$$液态烃收率=\frac{液态烃产量}{焦化原料加工量}\times 100$$

[计算说明]：液态烃产量——报告期内装置产出液态烃送界区外的产量。若装置外收液化气组分，则从液态烃产量中等量扣除。单位：t。

焦化原料加工量——见本章“焦化原料加工量”指标中定义。单位：t。

[单　　位]:%。

[数据来源]：MES 或统计系统。

4.3　汽油收率

[指标定义]：报告期内装置产出汽油(石脑油)送界区外的产量占延迟焦化原料加工量的百分比。

[计算公式]：

$$汽油收率=\frac{汽油(石脑油)产量}{焦化原料加工量}\times 100$$

[计算说明]：汽油(石脑油)产量——报告期内装置产出汽油(石脑油)送界区外的产量。若装置外收石脑油、汽油等石脑油组分，则从汽油(石脑油)产量中等量扣除。单位：t。

焦化原料加工量——见本章“焦化原料加工量”指标中定义。单位：t。

[单　　位]:%。

[数据来源]：MES 或统计系统。

4.4　柴油收率

[指标定义]：报告期内装置产出柴油送界区外的产量占延迟焦化原料加工量的百分比。

[计算公式]：

$$柴油收率 = \frac{柴油产量}{焦化原料加工量} \times 100$$

[计算说明]：柴油产量——报告期内装置产出柴油送界区外的产量。若装置外收直馏柴油、催化柴油等柴油组分，则从柴油产量中等量扣除。单位：t。

焦化原料加工量——见本章“焦化原料加工量”指标中定义。单位：t。

[单　　位]:%。

[数据来源]：MES 或统计系统。

4.5　蜡油收率

[指标定义]：报告期内装置产出蜡油送界区外的产量占延迟焦化原料加工量的百分比。

[计算公式]：

$$蜡油收率 = \frac{焦化蜡油产量}{焦化原料加工量} \times 100$$

[计算说明]：焦化蜡油产量——报告期内装置产出焦化蜡油送界区外的产量。单位：t。

焦化原料加工量——见本章“焦化原料加工量”指标中定义。单位：t。

[单　　位]:%。

[数据来源]：MES 或统计系统。

4.6　甩油收率

[指标定义]：报告期内装置在加工过程中产出并送装置界区外甩油的产量占延迟焦化原料加工量的百分比。

[计算公式]：

$$甩油收率 = \frac{甩油产量}{焦化原料加工量} \times 100$$

[计算说明]：甩油产量——报告期内装置在加工过程中产出并送装置界区外甩油的产量。若装置外排重污油，计入甩油产量中。单位：t。

焦化原料加工量——见本章“焦化原料加工量”指标中定义。单位：t。

[单　　位]:%。

[指标用途]：反映出延迟焦化装置在加工过程中产生甩油大小比率。

[数据来源]：MES 统计平衡。

4.7　石油焦收率

[指标定义]：报告期内装置在加工过程中产出石油焦的产量占延迟焦化原料加工量的百分比。

[计算公式]：

$$石油焦收率 = \frac{石油焦产量}{焦化原料加工量} \times 100$$

[**计算说明**]：石油焦产量——报告期内装置在加工过程中产出石油焦的产量。单位：t。石油焦计算公式如下：

焦炭塔生焦量：

公式一：[塔底锥体容积+塔筒体截面积×(塔生焦高度－塔底锥体高度)]×石油焦密度

式中　塔底锥体容积的单位：m^3；塔筒体截面积的单位：m^2；塔生焦高度、塔底锥体高度的单位：m；石油焦密度的单位：kg/m^3。

公式二：石油焦出厂量+石油焦库存差(即期末库存－期初库存)

焦化原料加工量——见本章“焦化原料加工量”指标中定义。单位：t。

[**单　　位**]：%。

[**数据来源**]：MES 或统计系统。

4.8　装置加工损失率

[**指标定义**]：报告期内延迟焦化装置总投入量与总产量之间的差额占延迟焦化原料加工量的比例。

[**计算公式**]：

$$装置加工损失率=\frac{装置加工损失量}{焦化原料加工量}\times 100$$

$$装置加工损失量=装置总投入量-装置总产量$$

[**计算说明**]：装置加工损失量——报告期内装置总投入量减去装置总产量。加工损失包括装置内的物料在加工、储运、排放过程中的损耗。单位：t。

装置总投入量——报告期内焦化原料加工量。单位：t。

装置总产量——报告期内装置所有产出侧线产出的出装置界区产量或装置自用消耗的总量。包括干气产量、液化气产量、汽油产量、柴油产量、甩油产量、石油焦产量。单位：t。

焦化原料加工量——见本章“焦化原料加工量”指标中定义。单位：t。

[**单　　位**]：%。

[**数据来源**]：MES 或统计系统。

4.9　装置产出侧线逻辑关系

干气收率、液态烃收率、汽油收率、柴油收率、蜡油收率、石油焦收率、装置加工损失率总和必须等于 100%。

5　运行指标

5.1　原料密度

见《催化裂化装置》章中“原料密度”指标定义及计算方法。

5.2　原料含硫量

见《催化裂化装置》章中“原料含硫量”指标定义及计算方法。

5.3　硫设防值合格率

见《常减压装置》章中“硫设防值合格率”指标定义及计算方法。

5.4　原料残炭

见《催化裂化装置》章中“原料残炭”指标定义及计算方法。

5.5 循环比

[指标定义]：报告期内装置分馏塔重蜡油回流量与装置蜡渣油新鲜进料流量的比例。

[计算公式]：

$$整点循环比 = \frac{重蜡油回流量}{蜡渣油新鲜进料流量}$$

$$当月循环比 = \frac{\sum 整点有效循环比}{月有效样本总数}$$

$$累计循环比 = \frac{\sum 月循环比}{运行月数}$$

[计算说明]：重蜡油回流量——报告期内装置分馏塔重蜡油回流量。每天按整点时间(一小时一次)采集分馏塔重蜡油回流量作为计算数据源。单位：t/h。

蜡渣油新鲜进料流量——报告期内装置加工蜡渣油新鲜原料的流量。每天按整点时间一小时一次采集装置加工蜡渣油新鲜原料的流量作为计算数据源。单位：t/h。

整点有效循环比——报告期内装置操作正常情况下的循环比数据，有的装置在实时数据库系统有循环比，则每天按整点时间一小时一次采集循环比作为计算数据源。单位：t/t。

月有效样本总数——报告期内装置操作正常情况下循环比的样本总数。

运行月数——报告期内累计运行月的数量。

[单　　位]：t/t。

[数据来源]：实时数据库

5.6 生焦时间

[指标定义]：报告期内装置焦炭塔自进460℃以上的高温渣油开始至停止进高温渣油时的总时长。

[计算公式]：

$$生焦时间 = \frac{装置开工天数 \times 24}{生焦总塔数}$$

[计算说明]：装置开工天数——报告期内装置连续外收蜡渣油组分的加工天数，即为装置开工天数。单位：天。

生焦总塔数——报告期内切换焦炭塔生焦的总塔数。

[单　　位]：h。

[数据来源]：MES 和统计系统

5.7 分馏塔底温度

[指标定义]：报告期内装置正常开工情况下分馏塔底部液相的平均温度。

[计算公式]：

$$当月分馏塔底温度 = \frac{\sum 分馏塔底温度}{分馏塔底温度样本总数}$$

$$累计分馏塔底温度 = \frac{\sum 月分馏塔底温度}{运行月数}$$

[计算说明]：分馏塔底温度——报告期内装置分馏塔底的温度。每天按整点时间一小时一次分馏塔底温度作为计算数据源。单位：℃。

分馏塔底温度样本总数——报告期内装置分馏塔底温度的样本总数。

运行月数——报告期内累计运行月的数量。

[单　　位]:℃。

[数据来源]:实时数据库。

5.8　焦炭塔顶温度

[指标定义]:报告期内装置正常生焦情况下焦炭塔顶部油气温度。

[计算公式]:

$$当月焦炭塔顶温度=\frac{\sum 各焦炭塔顶温度}{\sum 各焦炭塔顶温度样本总数}$$

$$累计焦炭塔顶温度=\frac{\sum 月焦炭塔顶温度}{运行月数}$$

[计算说明]:各焦炭塔顶温度——报告期内装置正常生焦情况下各焦炭塔顶的温度,每天按整点时间一小时一次各焦炭塔顶温度作为计算数据源。单位:℃。

各焦炭塔顶温度样本总数——报告期内装置焦炭塔顶温度的样本总数。

运行月数——报告期内累计运行月的数量,如到6月份,运行月数为6个月。若出现某月全月停工检修,则从实际运行月数量中扣除。

[单　　位]:℃。

[数据来源]:实时数据库

5.9　加热炉入口温度

[指标定义]:报告期内装置正常开工情况下加热炉混合原料油入口温度。

[计算公式]:

$$当月加热炉入口温度=\frac{\sum 加热炉入口温度}{\sum 加热炉入口温度样本总数}$$

$$累计加热炉入口温度=\frac{\sum 月加热炉入口温度}{运行月数}$$

[计算说明]:加热炉入口温度——报告期内装置正常开工情况下加热炉混合原料油入口温度,每天按整点时间一小时一次各路进加热炉的入口温度作为计算数据源。单位:℃。

加热炉入口温度样本总数——报告期内装置正常开工情况下加热炉混合原料油入口温度的样本总数。

运行月数——报告期内累计运行月的数量。

[单　　位]:℃。

[数据来源]:实时数据库

5.10　加热炉出口温度

[指标定义]:报告期内装置正常开工情况下加热炉混合原料油出口温度。

[计算公式]:

$$当月加热炉出口温度=\frac{\sum 加热炉出口温度}{\sum 加热炉出口温度样本总数}$$

$$累计加热炉出口温度=\frac{\sum 月加热炉出口温度}{运行月数}$$

[计算说明]:加热炉出口温度——报告期内装置正常开工情况下加热炉混合原料油出口温度,每天按整点时间一小时一次各路出加热炉的出口温度作为计算数据源。单位:℃。

加热炉出口温度样本总数——报告期内装置正常开工情况下加热炉混合原料油的样本总数。

运行月数——报告期内累计运行月的数量。

[单　　位]:℃。

[数据来源]：实时数据库

5.11　石油焦扣水比例

[指标定义]：报告期内装置出厂或内部转供石油焦的平均扣水比例。

[计算公式]：

$$当月石油焦扣水比例 = \frac{石油焦扣水总量}{外送石油焦量 + 石油焦扣水总量} \times 100$$

$$石油焦扣水总量 = \sum\left[\frac{(各方式(批次)石油焦外送量)}{各方式(批次)石油焦扣水率} \times 各方式(批次)石油焦扣水率\right]$$

$$累计石油焦扣水比例 = \frac{\sum 月石油焦扣水比例}{运行月数}$$

[计算说明]：外送石油焦量——报告期内出厂、转供石油焦量。单位：t。

石油焦扣水量——报告期内出厂、转供石油焦扣水总量总和。单位：t。

各方式(批次)石油焦外送量——报告期内各种方式(批次)的出厂或转供石油焦外送量。单位：t。

各方式(批次)石油焦扣水率——报告期内各种方式(批次)的出厂或转供石油焦的扣水率。单位:%。

运行月数——报告期内累计运行月的数量。

[单　　位]:%。

[数据来源]：MES。

5.12　加热炉热效率

见《常减压装置》章中“加热炉热效率”指标定义及计算方法。

5.13　干气≥C_3 含量

见《催化裂化装置》章中“干气≥C_3 含量”指标定义及计算方法。

5.14　液化气丙烯含量

见《催化裂化装置》章中“液化气丙烯含量”指标定义及计算方法。

5.15　焦化蜡油含硫量

见《催化裂化装置》章中“原料硫含量”指标定义及计算方法。

5.16　焦化蜡油含氮量

见《催化裂化装置》章中“原料含氮量”指标定义及计算方法。

5.17　石油焦硫含量

见《催化裂化装置》章中“原料硫含量”指标定义及计算方法。

5.18　装置正常开工时间点

[指标定义]：装置切换界区外渣油的时间点为正常开工时间点。

5.19　装置正常停工时间点

[指标定义]：装置停止界区外渣油原料的时间点为正常停工时间点。

6　综合指标

6.1　轻油收率

[指标定义]：报告期内装置在加工过程中产出并送界区外轻油产量占焦化原料加工量的百分比。

［计算公式］:

$$轻油收率 = 汽油收率 + 柴油收率$$

$$= \frac{汽油(石脑油)产量 + 柴油产量}{焦化原料加工量} \times 100$$

［计算说明］: 汽油(石脑油)收率、柴油收率——见本章“侧线指标”中相应指标定义。单位:%。

汽油(石脑油)产量、柴油产量——见本章“侧线指标”中相应指标定义。单位: t。

焦化原料加工量——见本章“焦化原料加工量”指标中定义。单位: t。

［单　　位］:%。

［数据来源］: 内部数据核算。

6.2　总液收

［指标定义］: 报告期内装置在加工过程中产出的液体组分产品量占延迟焦化原料加工量的百分比。

［计算公式］:

$$总液收 = \frac{液体产品产量}{焦化原料加工量} \times 100$$

$$= 液态烃收率 + 汽油(石脑油)收率 + 柴油收率 + 蜡油收率 + 甩油收率$$

［计算说明］: 液体产品产量——报告期内装置产出并送界区外的液化气、汽油(石脑油)、柴油、蜡油、甩油等液体产品的产量之和。单位: t。

［计算公式］:

液体产品产量 = 液化气产量 + 汽油(石脑油)产量 + 柴油产出 + 蜡油产量 + 甩油产量

式中　液化气产量、汽油(石脑油)产量、柴油产量、蜡油产量、甩油产量——见本章“侧线指标”中相应指标定义, t;

焦化原料加工量——见本章“焦化原料加工量”指标中定义, t;

液态烃收率、汽油(石脑油)收率、柴油收率、蜡油收率、甩油收率——见本章“侧线指标”中相应指标定义,%。

［单　　位］:%。

［数据来源］: 内部数据核算。

6.3　装置竞赛指标

［指标定义］: 报告期内延迟焦化装置总液收率和原料性质变化的装置竞赛指标。

［计算公式］:

$$装置竞赛指标 = \frac{液体产品产量 \times \frac{原料残炭}{石油焦产率} \times \frac{原料密度}{1000}}{焦化原料加工量}$$

$$= 总液收率 \times \frac{原料残炭}{石油焦产率} \times \frac{原料密度}{1000}$$

［计算说明］: 液体产品产量、焦化原料加工量——见本章相应指标中定义。单位: t。

原料残炭、石油焦收率、总液化收率——见本章相应指标中定义。单位:%。

原料密度——见本章相应指标中定义。单位: kg/m^3。

［单　　位］:%。

［数据来源］: 内部数据核算。

第4章　重整预处理装置

1　装置简介

重整预处理的目的是为重整制备合格的原料，以保证重整催化剂不被杂质污染。预加氢则是借助加氢催化剂的作用，在临氢条件下，将原料中的杂质转化为易于除去的硫化氢、氯、氨、水、饱和烯烃和吸附金属杂质于催化剂中，最后通过蒸馏汽提，进一步将原料中的杂质和水分脱除，以达到重整原料对杂质的要求。

2　装置范围

重整预处理包括原料预加氢反应、汽提塔、分馏塔等单元组成。

3　原料指标

3.1　重整预处理原料加工量

[指标定义]：报告期内进入重整预处理反应单元的各类石脑油和补充氢气量新鲜进料量的总和。

[计算公式]：

重整预处理原料加工量 = 直馏石脑油投入量 + 焦化石脑油投入量 +
加裂重石投入量 + 其它石脑油投入量 + 新鲜氢气消耗量

[计算说明]：重整预处理原料加工量——报告期内进入重整预处理反应单元的直馏石脑油、焦化石脑油、加氢裂化重石脑油等石脑油组分和补充氢气新鲜进料的总和。若进入汽提塔或分馏塔的粗石脑油，则不计入重整预处理原料加工量。若有其它装置精制石脑油或加氢裂化重石脑油不经过装置预处理直接作为重整进料，则不计入重整预处理原料加工量。

直馏石脑油投入量——报告期内进入重整预处理反应单元的直馏石脑油进料量。

焦化石脑油投入量——报告期内进入重整预处理反应单元的延迟焦化石脑油（汽油）和焦化汽油加氢的加氢石脑油进料量。

加裂重石投入量——报告期内进入重整预处理反应单元的加氢裂化重石脑油进料量。

其它石脑油投入量——报告期内进入重整预处理反应单元的其它石脑油进料量，如外购石脑油、化工芳烃抽余油等。

新鲜氢气消耗量——报告期内进入重整预处理反应单元的补充新鲜氢气进料量。

[单　　位]：t。

[数据来源]：MES。

3.2　重整预处理原料油加工量

[指标定义]：报告期内进入重整预处理反应单元的各类石脑油和补充氢气量新鲜进料量的总和。

[计算公式]：

重整预处理原料油加工量 = 直馏石脑油投入量 + 焦化石脑油投入量 +
加氢裂化重石脑油投入量 + 其它石脑油投入量

［**计算说明**］：重整预处理原料油加工量——报告期内进入重整预处理反应单元的直馏石脑油、焦化石脑油、加氢裂化重石脑油等石脑油组分的总和。若进入汽提塔或分馏塔的粗石脑油，则不计入重整预处理原料加工量。若有其它装置精制石脑油或加氢裂化重石脑油不经过装置预处理直接作为重整进料，则不计入重整预处理原料加工量。

直馏石脑油投入量、焦化石脑油投入量、加氢裂化重石脑油投入量、其它石脑油投入量——见本章"重整预处理原料加工量"指标中定义。单位：t。

［**单　　位**］：t。

［**数据来源**］：MES。

3.3　直馏石脑油比例

［**指标定义**］：报告期内重整预加氢处理常减压装置直馏石脑油进料量占重整预处理原料加工量的比例。

［**计算公式**］：

$$直馏石脑油比例=\frac{直馏石脑油投入量}{重整预处理原料加工量-新鲜氢气消耗量}\times 100$$

［**计算说明**］：直馏石脑油投入量、新鲜氢气消耗量、重整预处理原料加工量——见本章"重整预处理原料加工量"指标中定义。单位：t。

［**单　　位**］：%。

［**数据来源**］：MES。

3.4　加氢裂化石脑油比例

［**指标定义**］：报告期内装置重整预加氢处理加氢裂化石脑油进料量占重整预处理原料加工量的比例。

［**计算公式**］：

$$加氢裂化石脑油比例=\frac{加氢裂化石脑油投入量}{重整预处理原料加工量-新鲜氢气消耗量}\times 100$$

［**计算说明**］：加氢裂化石脑油投入量、新鲜氢气消耗量、重整预处理原料加工量——见本章"重整预处理原料加工量"指标中定义。单位：t。

［**单　　位**］：%。

［**数据来源**］：MES。

3.5　焦化汽油比例

［**指标定义**］：报告期内装置重整预加氢处理焦化汽油进料量占重整预处理原料加工量的比例。

［**计算公式**］：

$$焦化汽油比例=\frac{焦化石脑油投入量}{重整预处理原料加工量-新鲜氢气消耗量}\times 100$$

［**计算说明**］：焦化石脑油投入量、新鲜氢气消耗量、重整预处理原料加工量——见本章"重整预处理原料加工量"指标中定义。单位：t。

［**单　　位**］：%。

［**数据来源**］：MES。

3.6　其它原料比例

［**指标定义**］：报告期内装置预加氢总进料中扣除直馏石脑油、加氢裂化石脑油、加氢焦化汽油以外的原料进料所占重整预处理原料加工量的比例。

[计算公式]：

$$其它原料比例 = \frac{其它原料投入量}{重整预处理原料加工量 - 新鲜氢气消耗量} \times 100$$

[计算说明]：其它石脑油投入、新鲜氢气消耗量、重整预处理原料加工量——见本章“重整预处理原料加工量”指标中定义。单位：t。

[单　　位]：%。

[数据来源]：MES。

3.7 原料比例逻辑关系

直馏石脑油比例、加氢裂化石脑油比例、焦化汽油比例、其它原料比例总和必须等于100%。

3.8 二次原料比例

[指标定义]：报告期内装置重整预加氢单元加工非直馏石脑油投入量所占重整预处理原料加工量的比例。

[计算公式]：

$$二次原料比例 = \frac{其它石脑油投入量}{重整预处理原料加工量 - 新鲜氢气消耗量} \times 100$$

[计算说明]：其它石脑油投入、新鲜氢气消耗量、重整预处理原料加工量——见本章“重整预处理原料加工量”指标中定义。单位：t。

[单　　位]：%。

[数据来源]：MES。

4 侧线指标

4.1 干气收率

[指标定义]：报告期内装置预处理产出送界区外或装置自用的干气产量占重整预处理原料加工量的百分比。

[计算公式]：

$$干气收率 = \frac{重整预处理干气产量}{重整预处理原料加工量} \times 100$$

[计算说明]：重整预处理干气产量——报告期内预分馏部分原料缓冲罐、汽提塔、分馏塔排出的气体以及预加氢高分排废氢并入系统或直接作为装置内部自用的干气产量。单位：t。

重整预处理原料加工量——见本章“重整预处理原料加工量”指标中定义。单位：t。

[单　　位]：%。

[数据来源]：MES。

4.2 液态烃收率

[指标定义]：报告期内装置预处理产出送界区外或装置自用的液态烃产量占重整预处理原料加工量的百分比。

[计算公式]：

$$液化气收率 = \frac{重整预处理液态烃产量}{重整预处理原料加工量} \times 100$$

[计算说明]：重整预处理液态烃产量——报告期内重整装置预处理汽提塔产出送界区

外或装置自用的液态烃产量。若装置有其它装置液态烃进料，则从液态烃产量中等量扣除。单位：t。

重整预处理原料加工量——见本章“重整预处理原料加工量”指标中定义。单位：t。

[单　　位]：%。

[数据来源]：MES。

4.3　拔头油收率

[指标定义]：报告期内重整预处理分馏塔顶并产出送界区外或装置自用的拔头油产量占预处理原料加工量的百分比。

[计算公式]：

$$拔头油收率=\frac{重整预处理拔头油产量}{预处理原料加工量}\times 100$$

[计算说明]：重整预处理拔头油产量——报告期内预处理分馏塔塔顶粗石脑油油出装置界区产量和装置自用燃烧的石脑油量。若装置外收上游的吸收富油作为汽提塔或分馏塔进料的，则从拔头油中按外收上游的吸收富油－供下游装置吸收贫油的差量进行等量扣除。单位：t。

重整预处理原料加工量——见本章“重整预处理原料加工量”指标中定义。单位：t。

[单　　位]：%。

[数据来源]：MES。

4.4　重整料收率

[指标定义]：报告期内重整预处理装置产出作为重整进料的精制油出装置界区产量占重整预处理原料加工量的百分比。

[计算公式]：

$$重整料收率=\frac{重整单元的精制油进料量}{预处理原料加工量}\times 100$$

[计算说明]：重整单元的精制油进料量——报告期内重整预处理单元产出作为重整进料的精制油出装置界区产量。若装置产出的精制油不作重整进料，而作为其它装置吸收油进料的，则从精细油产量中等量扣除。单位：t。

重整预处理原料加工量——见本章“重整预处理原料加工量”指标中定义。单位：t。

[单　　位]：%。

[数据来源]：MES。

4.5　装置加工损失率

[指标定义]：报告期内重整预处理装置总投入量与总产量之间的差额占重整预处理原料加工量的百分比。

[计算公式]：

$$装置加工损失率=\frac{装置加工损失量}{重整预处理原料加工量}\times 100$$

装置加工损失量＝装置总投入量－装置总产量

[计算说明]：装置加工损失量——报告期内装置总投入量减去装置总产量。加工损失包括装置内的物料在加工、输转、排放过程中的损耗。单位：t。

装置总投入量——报告期内装置收界外新鲜原料进料总量，即为重整预处理原料加工量。单位：t。

装置总产量——报告期内装置所有产出侧线产出的出界区产量或装置自用消耗的总量。

包括干气产量、液态烃产量、拔头油产量、重整单元的精制油进料量。单位：t。

重整预处理原料加工量——见本章“重整预处理原料加工量”指标中定义。单位：t。

[单　　位]：%。

[数据来源]：MES。

4.6 装置产出侧线逻辑关系

干气收率、液态烃收率、拔头油收率、重整料收率、装置加工损失率总和必须等于100%。

5 运行指标

5.1 石脑油原料含硫量

[指标定义]：报告期内重整预处理装置总新鲜进料中硫元素的含量。

[计算公式]：

$$\text{当月石脑油原料含硫量} = \frac{\sum \text{石脑油进料硫含量}}{\text{石脑进料分析硫含量样本总数}}$$

$$\text{累计石脑油原料含硫量} = \frac{\sum \text{月石脑油原料硫含量}}{\text{运行月数}}$$

[计算说明]：石脑油原料含硫量——报告期内重整预处理装置总新鲜进料分析正常硫含量，单位：%。

石脑油原料分析硫含量样本总数——报告期内重整预处理装置总新鲜进料分析正常硫含量样本总数。

运行月数——报告期内累计运行月的数量。

[单　　位]：%。

[数据来源]：LIMS。

5.2 石脑油原料氯含量

[指标定义]：报告期内重整预处理装置总新鲜进料中氯元素的含量。

[计算公式]：

$$\text{当月石脑油原料氯含量} = \frac{\sum \text{石脑油进料氯含量}}{\text{石脑进料分析氯含量样本总数}}$$

$$\text{累计石脑油原料氯含量} = \frac{\sum \text{月石脑油原料氯含量}}{\text{运行月数}}$$

[计算说明]：石脑油原料氯含量——报告期内重整预处理装置总新鲜进料分析正常氯含量，单位：mg/L。

石脑油原料分析氯含量样本总数——报告期内重整预处理装置总新鲜进料分析正常氯含量样本总数。

运行月数——报告期内累计运行月的数量。

[单　　位]：mg/L。

[数据来源]：LIMS。

6 综合指标

吨油耗纯氢

[指标定义]：报告期内装置加工1t重整预处理原料油加工量所消耗的纯氢数量。

[**计算公式**]：

$$吨油耗纯氢=\frac{纯氢消耗量}{重整预处理原料油加工量}\times 1000$$

$$=\frac{新鲜氢气消耗量\times 新鲜氢气氢纯度(质量分数)}{重整预处理原料油加工量}\times 1000$$

[**计算说明**]：新鲜氢气消耗量——见本章“重整预处理原料加工量”指标中定义。单位：t。

重整预处理原料油加工量——见本章“重整预处理原料油加工量”指标中定义。单位：t。

新鲜氢气氢纯度(质量分数)——见《加氢裂化装置》章中“新鲜氢气氢纯度[%(质量)]”指标定义和指标计算方法。

[**单　　位**]：kg/t。

[**数据来源**]：LIMS。

第5章　催化重整装置

1　装置简介

重整装置在加热、氢压和催化剂存在的条件下，使原油蒸馏所得的轻汽油馏分(或石脑油)转变成富含芳烃的高辛烷值汽油(重整汽油)，并副产液化石油气和氢气的过程。重整汽油可直接用作汽油的调合组分，也可经芳烃抽提制取苯、甲苯和二甲苯。副产的氢气是石油炼厂加氢装置(如加氢精制、加氢裂化)用氢的重要来源。重整装置包括催化重整和连续重整两种生产工艺技术过程。催化重整是指在有催化剂作用的条件下，对汽油馏分中的烃类分子结构进行重新排列成新的分子结构的过程。连续重整利用铂(Pt)-铼(Re)双金属催化剂，在500℃左右的高温下，使分子发生重排、异构，增加芳烃的产量，提高汽油辛烷值。重整装置是石油二次加工技术。

2　装置范围

催化重整装置包括固定床、半再生、连续再生的催化重整装置，装置范围包括重整反应、再接触、再生、锅炉、重整汽油稳定、PSA、芳烃抽提等部分。若PSA、芳烃抽提单元单独为一套装置的则不属于本装置界区范围。

3　原料指标

3.1　重整原料油加工量

[**指标定义**]：报告期内进入重整反应的各类石脑油新鲜进料量的总和。

[**计算公式**]：

重整原料油加工量=预加氢精制石脑油进料量+加裂重石脑油进料量+其它石脑油进料量

[**计算说明**]：重整原料油加工量——报告期内进入重整反应的加氢精制石脑油及其它加氢石脑油等组分新鲜进料的总和，不包括闭锁料斗气以及重整循环氢等重整自身产生，属于内部循环的物料，若连续重整装置催化剂再生部分的还原氢使用外系统的氢气，则该部分气体不算进重整进料中。

预加氢精制石脑油进料量——报告期内进入重整反应的预加氢处理精制石脑油进料量。

加裂重石脑油进料量——报告期内进入重整反应的加氢裂化重石脑油进料量。

其它石脑油进料量——报告期内进入重整反应的其它石脑油进料量，如化工芳烃抽余油等。

[单　　位]：t。

[数据来源]：MES 或统计系统。

3.2　直馏石脑油比例

[指标定义]：报告期内装置重整单元处理常减压装置产出直馏石脑油进料量占重整原料油加工量的百分比。

[计算公式]：

$$直馏石脑油比例=\frac{直馏石脑油进料量}{重整原料油加工量}\times 100$$

[计算说明]：直馏石脑油——报告期内装置重整单元处理常减压装置产出直馏石脑油进料量。若装置总进料中无法区分各原料比率，参考重整预加氢装置的各原料比率。单位：t。

重整原料油加工量　　见本章“重整原料油加工量”中指标定义。单位：t。

[单　　位]：%。

[数据来源]：MES 或统计系统。

3.3　加氢裂化石脑油比例

[指标定义]：报告期内装置重整单元处理加氢裂化装置产出石脑油进料量占重整原料油加工量的百分比。

[计算公式]：

$$加氢裂化石脑油比例=\frac{加氢裂化石脑油进料量}{重整原料油加工量}\times 100$$

[计算说明]：加氢裂化石脑油进料量——报告期内装置重整单元处理加氢裂化装置产出石脑油进料量。若装置总进料中无法区分各原料比率，参考重整预加氢装置的各原料比率。单位：t。

重整原料油加工量——见本章“重整原料油加工量”中指标定义。单位：t。

[单　　位]：%。

[数据来源]：MES 或统计系统。

3.4　加氢焦化汽油比例

[指标定义]：报告期内装置重整单元处理经加氢处理的焦化汽油的进料量占重整原料油加工量的百分比。

[计算公式]：

$$加氢焦化汽油比例=\frac{加氢焦化汽油进料量}{重整原料油加工量}\times 100$$

[计算说明]：加氢焦化汽油——报告期内装置重整单元处理经加氢处理的焦化汽油的进料量。若装置总进料中无法区分各原料比率，参考重整预加氢装置的各原料比率。单位：t。

重整原料油加工量——见本章“重整原料油加工量”中指标定义。单位：t。

[单　　位]：%。

[数据来源]：MES 或统计系统。

3.5 其它原料比例

[指标定义]：报告期内装置重整单元总进料中除了直馏石脑油、加氢裂化石脑油、加氢焦化汽油以外的原料进料占重整原料油加工量的百分比。

[计算公式]：

$$其它原料比例=\frac{重整原料油加工量-直馏石脑油进料量-加氢裂化石脑油进料量-加氢焦化汽油进料量}{重整原料油加工量}\times 100$$

[计算说明]：直馏石脑油进料量、加氢裂化石脑油进料量、加氢焦化汽油进料量

重整原料油加工量——见本章“重整原料油加工量”中指标定义。若装置总进料中无法区分各原料比率，参考重整预加氢装置的各原料比率。单位：t。

[单　　位]:%。

[数据来源]：MES 或统计系统。

3.6 原料比例逻辑关系

直馏石脑油比例、加氢裂化石脑油比例、加氢焦化汽油比例、其它原料比例总和必须等于100%。

4 侧线指标

4.1 氢气收率

[指标定义]：报告期内装置氢气产品出装置界区产量占重整原料油加工量的百分比。

[计算公式]：

$$氢气收率=\frac{氢气产量}{重整原料油加工量}\times 100$$

[计算说明]：氢气产量——报告期内催化重整单元产出并入系统以及返回预加氢部分作为补充氢气或循环氢的量，不包括闭锁料斗气、催化剂还原氢等属于重整部分内部循环的氢气量。若连续重整装置催化剂再生部分的还原氢使用外系统的氢气的，经过还原段后返回重整系统的，计算氢气产品产量时应扣除这部分氢气量；若装置有 PSA 系统，外收其它装置氢气提纯的，则外收部分氢气经过提纯后的量不计入装置氢气产量。单位：t。

重整原料油加工量——见本章“重整原料油加工量”中指标定义。单位：t。

[单　　位]:%。

[数据来源]：MES 或统计系统。

4.2 干气收率

[指标定义]：报告期内重整单元干气出装置界区产量占重整原料油加工量的百分比。

[计算公式]：

$$干气收率=\frac{干气产量}{重整原料油加工量}\times 100$$

[计算说明]：干气产量——报告期内重整单元稳定塔或脱丁烷－戊烷油塔排出的气体并入系统或直接作为装置内部自用的干气产量。单位：t。

重整原料油加工量——见本章“重整原料油加工量”中指标定义。单位：t。

[单　　位]:%。

[对应指标]：重整部分干气收率。

[数据来源]：MES 或统计系统。

4.3 液化气收率

[指标定义]：报告期内重整单元液化气出装置界区产量占重整原料油加工量的百分比。

[计算公式]：

$$液化气收率 = \frac{液化气产量}{重整原料油加工量} \times 100$$

[计算说明]：液化气产量——报告期内装置稳定塔单元产出液化气的产量。若装置有其它装置液化气进料，则从液化气产量中等量扣除。单位：t。

重整原料油加工量——见本章“重整原料油加工量”中指标定义。单位：t。

[单　　位]:%。

[对应指标]：催化重整装置液化气收率。

[数据来源]：MES 或统计系统。

4.4 石脑油收率

[指标定义]：报告期内重整反应后分馏、稳定单元产出丁烷－戊烷油、非芳烃出装置界区产量占重整原料油加工量的百分比。

[计算公式]：

$$石脑油收率 = \frac{丁烷-戊烷油产量+非芳烃产量}{重整原料油加工量} \times 100$$

$$= 丁烷-戊烷油收率+非芳烃收率$$

[计算说明]：丁烷－戊烷油产量、非芳烃产量——见本章“侧线指标”中相应指标定义。单位：t。

重整原料油加工量——见本章“重整原料油加工量”中指标定义。单位：t。

丁烷－戊烷油收率、非芳烃收率——见本章“侧线指标”中相应指标定义。单位:%。

[单　　位]:%。

[数据来源]：MES 或统计系统。

4.4.1 丁烷－戊烷油收率

[指标定义]：报告期内催化重整反应后分馏单元的丁烷－戊烷油出装置界区产量占重整原料油加工量的百分比。

[计算公式]：

$$丁烷-戊烷油收率 = \frac{丁烷-戊烷油产量}{重整原料油加工量} \times 100$$

[计算说明]：丁烷－戊烷油产量——报告期内装置将重整反应后的油品中的丁烷－戊烷油组分经过分馏塔分离出来后出装置界区产量。单位：t。

重整原料油加工量——见本章“重整原料油加工量”中指标定义。单位：t。

[单　　位]:%。

[数据来源]：MES 或统计系统。

4.4.2 非芳烃收率

[指标定义]：报告期内装置芳烃抽提单元中产出非芳烃组分出装置界区产量占重整原料油加工量的百分比。

[计算公式]：

$$非芳烃收率 = \frac{非芳烃产量}{重整原料油加工量} \times 100$$

[**计算说明**]：非芳烃产量——报告期内装置经过苯抽提、芳烃抽提单元后分离出不含芳烃组分的量，也叫抽余油。单位：t。

重整原料油加工量——见本章“重整原料油加工量”中指标定义。单位：t。

[**单　　位**]：%。

[**数据来源**]：MES 或统计系统。

4.5　生成油收率

[**指标定义**]：报告期内装置分馏、稳定单元产重整生成油出装置界区或进入芳烃、PX 单元作为原料的产量占重整原料油加工量的百分比。

[**计算公式**]：

$$生成油收率 = \frac{重整生成油产量}{重整原料油加工量} \times 100$$

[**计算说明**]：重整生成油产量——报告期内装置脱戊烷塔塔底油送装置界区外生成油量的总和。若装置界区内产出并外送界区的苯、甲苯、重芳烃等芳烃组分，芳烃总产量不计入重整生成油中。单位：t。

重整原料油加工量——见本章“重整原料油加工量”中指标定义。单位：t。

[**单　　位**]：%。

[**数据来源**]：MES 或统计系统

4.6　芳烃收率

[**指标定义**]：报告期内装置芳烃产品出装置界区产量占重整原料油加工量的百分比。

[**计算公式**]：

$$芳烃收率 = \frac{芳烃产品总产量}{重整原料油加工量} \times 100$$

$$= 苯收率 + 甲苯收率 + 重芳烃收率$$

$$芳烃产品总产量 = 苯产量 + 甲苯产量 + 重芳烃产量$$

[**计算说明**]：芳烃产品总产量——报告期内装置苯、甲苯、重芳烃等芳烃产品出装置界区产量。单位：t。

苯产量、甲苯产量、重芳烃产量——见本章“侧线指标”中相应指标定义。单位：t。

苯收率、甲苯收率、重芳烃收率——见本章“侧线指标”中相应指标定义。单位：t。

重整原料油加工量——见本章“重整原料油加工量”中指标定义。单位：t。

[**单　　位**]：%。

[**数据来源**]：MES 或统计系统。

4.6.1　苯收率

[**指标定义**]：报告期内装置苯出装置界区产量占重整原料油加工量的百分比。

[**计算公式**]：

$$苯收率 = \frac{苯产量}{重整原料油加工量} \times 100$$

[**计算说明**]：苯产量——报告期内装置经过溶剂抽提后分离出来的纯苯组分出装置界区产量。单位：t。

重整原料油加工量——见本章“重整原料油加工量”中指标定义。单位：t。

[**单　　位**]：%。

[**数据来源**]：MES 或统计系统。

4.6.2 甲苯收率

［指标定义］：报告期内装置甲苯出装置界区产量占重整原料油加工量的百分比。

［计算公式］：

$$甲苯收率=\frac{甲苯产量}{重整原料油加工量}\times 100$$

［计算说明］：甲苯产量——报告期内经过溶剂抽提后分离出来的甲苯组分出装置界区产量。单位：t。

重整原料油加工量——见本章“重整原料油加工量”中指标定义。单位：t。

［单　　位］：%。

［数据来源］：MES 或统计系统。

4.6.3 重芳烃收率

［指标定义］：报告期内装置 C_8 或 C_8 以上芳烃出装置界区产量占重整原料油加工量的百分比。

［计算公式］：

$$重芳烃收率=\frac{重芳烃产量}{重整原料油加工量}\times 100$$

［计算说明］：重芳烃产量——报告期内装置重整生成油分离出 C_8 以下组分后剩下组分的产量。单位：t。

重整原料油加工量——见本章“重整原料油加工量”中指标定义。单位：t。

［单　　位］：%。

［数据来源］：MES 或统计系统

4.7 装置加工损失率

［指标定义］：报告期内装置总投入量与总产量差额占重整原料油加工量的百分比。

［计算公式］：

$$装置加工损失率=\frac{装置加工损失量}{重整原料油加工量}\times 100$$

$$装置加工损失量=装置总投入量-装置总产量$$

［计算说明］：装置加工损失量——报告期内装置总投入量减去装置总产量。加工损失包括装置内的物料在加工、输转、排放过程中的损耗。单位：t。

装置总投入量——报告期内装置收界外新鲜原料进料总量，即为重整原料油加工量。单位：t。

装置总产量——报告期内装置所有产出侧线产出的出装置界区产量或装置自用消耗的总量。包括氢气产量、干气产量、液化气产量、石脑油产量、生成油产量。单位：t。

重整原料油加工量——见本章“重整原料油加工量”中指标定义。单位：t。

［单　　位］：%。

［对应指标］：催化重整装置损失率。

［数据来源］：MES 或统计系统。

4.8 装置产出侧线逻辑关系

氢气收率、干气收率、液化气收率、石脑油收率、生成油收率、芳烃收率、装置加工损失率总和必须等于 100%。

5　运行指标

5.1　产品氢氢纯度[%(体积)]

[**指标定义**]：报告期内装置产出氢气产品的纯氢气体积分数。

[**计算公式**]：

$$\text{当月氢气产品氢纯度}[\%(\text{体积})]=\frac{\sum\text{氢气产品氢纯度}[\%(\text{体积})]}{\text{氢气产品氢纯度的样本总数}}$$

$$\text{累计氢气产品氢纯度}[\%(\text{体积})]=\frac{\sum\text{月氢气产品氢纯度}[\%(\text{体积})]}{\text{运行月数}}$$

[**计算说明**]：氢气产品氢纯度[%(体积)]——报告期内装置产出氢气中分析正常氢气体积分数。

氢气产品氢纯度的样本总数——报告期内装置产出氢气分析正常氢气体积分数的样本总数。

运行月数——报告期内累计运行月的数量。

[**单　　位**]：%(体积)。

[**数据来源**]：LIMS。

5.2　产品氢氢纯度[%(质量)]

[**指标定义**]：报告期内装置产出氢气产品中氢气质量分数。

[**计算公式**]：

$$\text{氢气产品氢纯度}[\%(\text{质量})]=\frac{0.0899V_{\text{氢气}}}{0.0899V_{\text{氢气}}+0.7167V_{\text{甲烷}}+1.3567V_{\text{乙烷}}+2.02V_{\text{丙烷}}+1.914V_{\text{丙烯}}+2.703V_{\text{正丁烷}}+2.675V_{\text{异丁烷}}+2.5V_{\text{异丁烯}}+3.215V_{\text{异戊烷}}+3.3V_{\text{正戊烷}}+3.3V_{C6}}$$

$$\text{当月氢气产品中各组分浓度}[\%(\text{体积})]=\frac{\sum\text{氢气产品中各组分浓度}[\%(\text{体积})]}{\text{氢气产品中各组分分析的样本总数}}$$

$$\text{累计氢气产品氢纯度}[\%(\text{质量})]=\frac{\sum\text{氢气产品氢纯度}[\%(\text{质量})]}{\text{运行月数}}$$

[**计算说明**]：月氢气产品中各组分浓度[%(体积)]——在报告期内装置消耗新鲜氢气原料中分析氢气、甲烷、乙烷、丙烷、丙烯、正丁烷、异丁烷、异丁烯、正戊烷、碳六等组分体积分数(分别用$V_{\text{氢气}}$、$V_{\text{甲烷}}$、$V_{\text{乙烷}}$、$V_{\text{丙烷}}$、$V_{\text{丙烯}}$、$V_{\text{正丁烷}}$、$V_{\text{异丁烷}}$、$V_{\text{异丁烯}}$、$V_{\text{异戊烷}}$、$V_{\text{正戊烷}}$、V_{C6}来表示)。

氢气产品中各组分浓度的样本总数——在报告期内装置消耗新鲜氢气原料分析各组分浓度样本总数。

运行月数——报告期内累计运行月的数量。

[**单　　位**]：%(质量)。

[**数据来源**]：LIMS。

5.3　原料馏程

[**指标定义**]：报告期内重整单元原料油的馏程范围。

[**计算公式**]：

$$\text{原料馏程}=\text{重整原料终馏点}-\text{重整原料初馏点}$$

[**计算说明**]：重整原料终馏点、重整原料初馏点——见本章“原料馏程”中相应指标定义。单位：℃。

[**单　　位**]：℃。

[**数据来源**]：LIMS。

5.3.1　重整原料初馏点

[**指标定义**]：报告期内重整原料的平均初馏点。

[计算公式]：

$$当月重整原料初馏点 = \frac{\sum 重整原料初馏点}{重整原料分析初馏点样本总数}$$

$$累计重整原料初馏点 = \frac{\sum 月重整原料初馏点}{运行月数}$$

[计算说明]：重整原料初馏点——报告期内重整原料分析正常初馏点。单位：℃。

重整原料初馏点的样本总数——报告期内重整原料分析正常的初馏点样本总数。

运行月数——报告期内累计运行月的数量。

[单　　位]：℃。

[数据来源]：LIMS。

5.3.2　重整原料终馏点

[指标定义]：报告期内重整原料的平均终馏点。

[计算公式]：

$$当月重整原料终馏点 = \frac{\sum 重整原料终馏点}{重整原料终馏点的样本总数}$$

$$累计重整原料终馏点 = \frac{\sum 月重整原料终馏点}{运行月数}$$

[计算说明]：重整原料终馏点——报告期内重整原料分析正常终馏点。单位：℃。

重整原料终馏点的样本总数——报告期内重整原料分析正常的终馏点样本总数。

运行月数——报告期内累计运行月的数量。

[单　　位]：℃。

[数据来源]：LIMS。

5.4　原料芳烃潜含量

[指标定义]：报告期内重整进料中芳烃潜含量的平均值。

[计算公式]：

$$当月原料芳烃潜含量 = \frac{\sum 重整原料芳烃潜含量}{重整原料分析原料样本总数}$$

$$累计原料芳烃潜含量 = \frac{\sum 月原料芳烃潜含量}{运行月数}$$

[计算说明]：重整进料芳烃潜含量——报告期内重整原料分析正常芳烃潜含量。单位：%。

重整原料分析芳烃潜含量样本总数——报告期内重整原料分析正常的芳烃潜含量样本总数

运行月数——报告期内累计运行月的数量。

[单　　位]：%。

[数据来源]：LIMS。

5.5　生成油芳烃含量

[指标定义]：报告期内装置重整稳定塔塔底油的芳烃平均含量。

[计算公式]：

$$当月生成油芳烃含量 = \frac{\sum 稳定塔塔底油芳烃含量}{稳定塔塔底油芳烃含量样本总数}$$

$$累计生成油芳烃含量 = \frac{\sum 月生成油芳烃含量}{运行月数}$$

[计算说明]：稳定塔塔底油芳烃含量——报告期内装置重整稳定塔塔底油分析正常芳烃含量。单位:%。

稳定塔塔底油分析芳烃含量样本总数——报告期内装置重整稳定塔塔底油分析正常的芳烃含量样本总数。

运行月数——报告期内累计运行月的数量。

[单　　位]:%。

[数据来源]：LIMS。

5.6　生成油 RON

[指标定义]：报告期内装置重整稳定塔塔底油辛烷值的平均值。

[计算公式]：

$$当月生成油\ RON = \frac{\sum 稳定塔塔底油\ RON}{稳定塔塔底油\ RON\ 样本总数}$$

$$累计生成油\ RON = \frac{\sum 月生成油\ RON}{运行月数}$$

[计算说明]：稳定塔塔底油 RON——报告期内装置重整稳定塔塔底油分析正常 RON。

稳定塔塔底油分析 RON 样本总数——报告期内装置重整稳定塔塔底油分析正常的 RON 样本总数。

运行月数——报告期内累计运行月的数量。

[单　　位]：无。

[数据来源]：LIMS。

5.7　加热炉热效率

见《常减压装置》章中“加热炉热效率”相应指标定义及计算方法。

5.8　加工吨油耗溶剂

[指标定义]：报告期内加工 1t 重整新鲜进料消耗芳烃抽提溶剂的量。

[计算公式]：

$$加工吨油耗溶剂 = \frac{\sum 溶剂消耗量}{重整原料油加工量} \times 1000$$

[计算说明]：溶剂消耗量——装置运行过程中补充进系统的各种溶剂数量。单位：t。

重整原料油加工量——见本章“重整原料油加工量”中指标定义。单位：t。

[单　　位]：kg/t。

5.9　装置正常开工时间点

[指标定义]：报告期内重整反应单元连续收取界区外重整原料的时间点。

5.10　装置正常停工时间点

[指标定义]：报告期内内重整反应单元停止收取界区外重整原料的时间点。

6　综合指标

6.1　纯氢产率

[指标定义]：报告期内装置重整单元的重整氢气产品中纯氢气产量与重整原料油加工量的百分比。

[计算公式]：

$$纯氢产率=\frac{氢气产量\times 产品氢氢纯度[\%(质量)]}{重整原料油加工量}\times 100$$

[计算说明]：氢气产量——见本章“侧线指标”中相应指标定义。单位：t。

重整原料油加工量——见本章“重整原料油加工量”中指标定义。单位：t。

产品氢氢纯度[%(质量)]——见本章“产品氢气氢纯度[%(质量)]”中指标定义。单位:%。

[单　　位]:%。

[数据来源]：内部数据核算。

6.2　液体总收率

[指标定义]：报告期内装置产出并送界区外和装置内加热炉自用消耗的液化气、石脑油、重整生成油、苯类产品等常温下为液体产品的产量占重整新鲜原料加工量的百分比。

[计算公式]：

$$液体总收率=\frac{液化气产量+石脑油产量+生成油产量+芳烃产量}{重整原料油加工量}\times 100$$

$$=液化气收率+石脑油收率+生成油收率+芳烃收率$$

[计算说明]：液化气产量、石脑油产量、生成油产量、芳烃产量——见本章“侧线指标”中相应指标定义。单位：t。

重整原料油加工量——见本章“重整原料油加工量”中指标定义。单位：t。

液化气收率、石脑油收率、生成油收率、芳烃收率——见本章“侧线指标”中相应指标定义。单位:%。

[单　　位]:%。

[数据来源]：内部数据核算。

6.3　装置竞赛指标

[指标定义]：报告期内考虑重整生成油 RON 和收率因素的装置竞赛指标。

[计算公式]：

$$装置竞赛指标=生成油\ RON\times 重整生成油收率$$

$$=\frac{生成油\ RON\times 重整生成油产量}{重整原料油加工量}$$

$$=\frac{生成油\ RON\times(石脑油产量+生成油产量+芳烃产量)}{重整原料油加工量}$$

[计算说明]：石脑油产量、生成油产量、芳烃产量——见本章“侧线指标”中相应指标定义。单位：t。

生成油 RON——见本章“运行指标”中指标定义。

重整原料油加工量——见本章“重整原料油加工量”中指标定义。单位：t。

[单　　位]：无。

[数据来源]：内部数据核算。

6.4　重整转化率

[指标定义]：报告期内重整生成油中的芳烃含量与原料中的芳潜含量之比值。

[计算公式]：

$$重整转化率=\frac{(石脑油产量+生成油产量+芳烃产量)\times 生成油芳烃含量}{重整原料油加工量\times 原料芳潜}\times 100$$

［计算说明］：石脑油产量、生成油产量、芳烃产量——见本章“侧线指标”中相应指标定义。单位：t。

重整原料油加工量——见本章“重整原料油加工量”中指标定义。单位：t。

原料芳潜、生成油芳烃含量——见本章“运行指标”中指标定义。单位:%。

［单　　位］:%。

［数据来源］：内部数据核算。

第6章　加氢裂化装置

1　装置简介

加氢裂化是重要而灵活的石油深度加工工艺，是以常减压馏分油、焦化蜡油、催化重柴油等为原料，在一定氢压、较高温度和适宜催化剂作用下，进行加氢、裂解、异构化、氢解、环化、甲基化、脱氢和叠加等反应，转化成优质的液化气、汽油、煤油、柴油、尾油等产品的生产过程。加氢裂化的工业装置有多种类型，按反应器的作用又分为一段法和两段法。两段法包括两级反应器，第一级作为加氢精制段，除掉原料油中的氮、硫化物。第二级是加氢裂化反应段。一段法的反应器只有一个或数个并联使用。一段法固定床加氢裂化装置的工艺流程是原料油、循环油及氢气混合后经加热导入反应器。反应器内装有粒状催化剂，反应产物经高压和低压分离器把液体产品与气体分开，然后液体产品在分馏塔蒸馏获得产品石油馏分。一段法裂化深度较低，一般以减压蜡油为原料，生产中间馏分油为主。二段法裂化深度较深，一般以生产汽油为主。加氢裂化按操作压力可分为：高压加氢裂化和中压加氢裂化，高压加氢裂化分离器的操作压力一般为16MPa左右，中压加氢裂化分离器的操作压力一般为9.0MPa左右。

2　装置范围

加氢裂化装置范围由预处理、反应、分馏、脱硫等单元组成，有的装置含氢气提纯单元。

3　原料指标

3.1　加氢裂化原料加工量

［指标定义］：报告期内装置直接进反应处理重柴及蜡油的新鲜原料油与系统氢气进料的总和。

［计算公式］：

$$加氢裂化原料加工量 = 直馏蜡油投入量 + 脱沥青油投入量 + 焦化蜡油投入量 + 其它原料油投入量 + 新鲜氢气消耗量$$

［计算说明］：加氢裂化原料加工量——报告期内装置直接进反应处理重柴及蜡油的新鲜原料油与系统氢气进料的总和。若外收装置外的干气组分(含低分气、含氢干气等)、粗液化气、石脑油组分、轻柴油作为装置进料，则从装置总处理中等量扣除；外排的污油属于反应过程产出，不能从装置总处理中等量扣除。单位：t。

直馏蜡油投入量——报告期内装置直接进反应部分处理的常减压装置产出的蜡油投入量。

脱沥青油投入量——报告期内装置直接进反应部分处理的脱沥青装置产出的脱沥青油投入量。

焦化蜡油投入量——报告期内装置直接进反应部分处理的延迟焦化装置产出的蜡油投入量。

其它原料油投入量——报告期内装置直接进反应部分处理的除直馏蜡油、脱沥青油、焦化蜡油外的其它蜡油、重柴油的投入量，如糠醛抽出油、溶剂脱蜡蜡下油或蜡膏、重污油等。若外收干气、石脑油、轻柴油、轻污油作为装置非反应部分进料，则不计入其它原料油加工量。

新鲜氢气消耗量——报告期内装置消耗界区外新鲜氢气量。

[单　　位]：t。

[数据来源]：MES 或统计系统。

3.2　加氢裂化原料油加工量

[指标定义]：报告期内装置直接进反应处理重柴及蜡油的新鲜原料油的总和。

[计算公式]：

加氢裂化原料油加工量 = 直馏蜡油投入量 + 脱沥青油投入量 + 焦化蜡油投入量 + 其它原料油投入量

[计算说明]：加氢裂化原料油加工量——报告期内装置直接进反应处理重柴及蜡油的新鲜原料油的总和。若外收装置外的干气组分（含低分气、含氢干气等）、粗液化气、石脑油组分、轻柴油作为装置进料，则从装置总处理中等量扣除；外排的污油属于反应过程产出，不能从装置总处理中等量扣除。单位：t。

直馏蜡油投入量、脱沥青油投入量、焦化蜡油投入量、其它原料油投入量——见本章"加氢裂化原料油加工量"中指标定义。单位：t。

[单　　位]：t。

[数据来源]：MES 或统计系统。

3.3　直馏蜡油比例

[指标定义]：报告期内装置直接进反应处理常减压装置产出直馏蜡油投入量占加氢裂化原料油加工量的比例。

[计算公式]：

$$\text{直馏蜡油比例} = \frac{\text{直馏蜡油投入量}}{\text{加氢裂化原料油加工量}} \times 100$$

[计算说明]：直馏蜡油投入量、加氢裂化原料油加工量——见本章"加氢裂化原料油加工量"中指标定义。单位：t。

[单　　位]：%。

[数据来源]：MES 或统计系统。

3.4　焦化蜡油比例

[指标定义]：报告期内装置直接进反应处理延迟焦化装置产出蜡油的投入量占加氢裂化原料油加工量的比例。

[计算公式]：

$$\text{焦化蜡油比例} = \frac{\text{焦化蜡油投入量}}{\text{加氢裂化原料油加工量}} \times 100$$

［计算说明］：焦化蜡油投入量、加氢裂化原料油加工量——见本章“加氢裂化原料油加工量”中指标定义。单位：t

［单　　位］：%。

［数据来源］：MES 或统计系统。

3.5 脱沥青油比例

［指标定义］：报告期内装置直接进反应处理溶剂脱沥青装置产出脱沥青油的投入量占加氢裂化原料油加工量的比例。

［计算公式］：

$$\text{脱沥青油比例} = \frac{\text{脱沥青油投入量}}{\text{加氢裂化原料油加工量}} \times 100$$

［计算说明］：脱沥青油投入量、加氢裂化原料油加工量——见本章“加氢裂化原料油加工量”中指标定义。单位：t

［单　　位］：%。

［数据来源］：MES 或统计系统。

3.6 其它原料油比例

［指标定义］：报告期内装置直接进反应处理的除常减压装置产出直馏蜡油、延迟焦化装置产出焦化蜡油、溶剂脱沥青装置产出脱沥青油之外的其它新鲜原料的投入量占加氢裂化原料油加工量的比例。

［计算公式］：

$$\text{其它原料比例} = \frac{\text{加氢裂化原料油加工量} - \text{直馏蜡油投入量} - \text{焦化蜡油投入量} - \text{脱沥青油投入量}}{\text{加氢裂化原料油加工量}} \times 100$$

［计算说明］：加氢裂化原料油加工量、直馏蜡油投入量、焦化蜡油投入量、脱沥青油投入量——见本章“加氢裂化原料油加工量”中指标定义。单位：t。

［单　　位］：%。

［数据来源］：MES 或统计系统。

3.7 二次加工原料比例

［指标定义］：报告期内装置直接进反应处理的除常减压装置产出直馏蜡油进料外的其它新鲜投入量占加氢裂化原料油加工量的比例。

［计算公式］：

$$\text{二次加工原料比例} = \frac{\text{焦化蜡油投入量} + \text{脱沥青油投入量} + \text{其它原料油投入量}}{\text{加氢裂化原料油加工量}} \times 100$$

［计算说明］：加氢裂化原料油加工量、焦化蜡油投入量、脱沥青油投入量、其它新鲜原投入量——见本章“加氢裂化原料油加工量”中指标定义。单位：t。

［单　　位］：%。

［数据来源］：MES 或统计系统。

3.8 原料比例逻辑关系

直馏蜡油比例、焦化蜡油比例、脱沥青油比例、其它原料油比例总和必须等于100%。

4 侧线指标

4.1 干气收率

［指标定义］：报告期内装置加工过程产出送出界区外的干气产量占加氢裂化原料加工

量的百分比。

［计算公式］：

$$干气收率=\frac{干气产量}{加氢裂化原料加工量}\times 100$$

［计算说明］：干气产量——装置发生化学反应后，因反应而产出，经分馏塔、脱硫塔、汽提塔、高低分器、氢提浓等单元产出并入炼油厂系统或直接作为装置内部自用的燃料干气产量。外送酸性气、火炬气计入干气产量；若装置产出富氢并入氢气管网，则计入干气产量；外送酸性气量计入干气产量，若酸性气通过胺液吸收到下游溶剂再生装置处理后产生，侧按酸性气夹带量进行计算；若干气作为装置内自用燃料气，则计入干气产量；若装置外收其它装置干气、低分气，则从产品气体中等量扣除。单位：t。

加氢裂化原料加工量——见本章"加氢裂化原料加工量"中指标定义。单位：t。

［单　　位］：%。

［对应指标］：加氢裂化装置气体收率。

［数据来源］：MES或统计系统。

4.2　液化气收率

［指标定义］：报告期内装置加工过程产出送出界区外的液化气产量占加氢裂化装置原料加工量的百分比。

［计算公式］：

$$液化气收率=\frac{液化气产量}{加氢裂化原料加工量}\times 100$$

［计算说明］：液化气产量——报告期内装置产出送出界区液化气的产量。若装置外收液化气进料，则从液化气产量中等量扣除；若液化氢气化作为装置内自用燃料气，则计入干气产量。单位：t。

加氢裂化原料加工量——见本章"加氢裂化原料加工量"中指标定义。单位：t。

［单　　位］：%。

［对应指标］：加氢裂化装置液化气收率。

［数据来源］：MES或统计系统。

4.3　轻石脑油收率

［指标定义］：报告期内装置加工过程产出送出界区外的轻石脑油产量占加氢裂化原料加工量的百分比。

［计算公式］：

$$轻石脑油产率=\frac{轻石脑油产量}{加氢裂化原料加工量}\times 100$$

［计算说明］：轻石脑油产量——报告期内装置产出送出界区的轻石脑油产量。若装置有其它装置轻石脑油组分进料，则从轻石脑油产量中等量扣除。

加氢裂化原料加工量——见本章"加氢裂化原料加工量"中指标定义。单位：t。

［单　　位］：%。

［对应指标］：加氢裂化装置轻石脑油收率。

［数据来源］：MES或统计系统。

4.4　重石脑油收率

［指标定义］：报告期内装置加工过程产出送出界区外的重石脑油产量占加氢裂化原料

加工量的百分比。

［计算公式］：

$$重石脑油收率 = \frac{重石脑油产量}{加氢裂化原料加工量} \times 100$$

［计算说明］：重石脑油产量——报告期内装置产出送出界区的重石脑油产量。若装置外其它装置有重石脑油组分进料，则从重石脑油产量中等量扣除。

加氢裂化原料加工量——见本章“加氢裂化原料加工量”中指标定义。单位：t。

［单　　位］：%。

［对应指标］：加氢裂化装置重石脑油收率。

［数据来源］：MES 或统计系统。

4.5　煤油收率

［指标定义］：报告期内装置加工过程产出送出界区外的煤油产量占加氢裂化原料加工量的百分比。

［计算公式］：

$$煤油收率 = \frac{煤油产量}{加氢裂化原料加工量} \times 100$$

［计算说明］：煤油产量——报告期内装置产出送出界区外柴油产量。若装置有外收轻煤油组分进料，则从煤油产量中等量扣除。若出装置煤油并柴油，仍然计入煤油产量。单位：t。

加氢裂化原料加工量——见本章“加氢裂化原料加工量”中指标定义。单位：t。

［单　　位］：%。

［对应指标］：加氢裂化装置煤油收率。

［数据来源］：MES 或统计系统。

4.6　柴油收率

［指标定义］：报告期内装置加工过程产出送出界区外的柴油产量占加氢裂化原料加工量的百分比。

［计算公式］：

$$柴油收率 = \frac{柴油产量}{加氢裂化原料加工量} \times 100$$

［计算说明］：柴油产量——报告期内装置产出送出界区外柴油产量。若装置有外收轻柴油进料，则从柴油产量中等量扣除。若出装置煤油并柴油，但不计入柴油产量，仍然计入煤油产量，单位：t。

加氢裂化原料加工量——见本章“加氢裂化原料加工量”中指标定义。单位：t。

［单　　位］：%。

［对应指标］：加氢裂化装置柴油收率。

［数据来源］：MES 或统计系统。

4.7　尾油收率

［指标定义］：报告期内装置加工过程产出送出界区外的尾油产量占加氢裂化原料加工量的百分比。

［计算公式］：

$$尾油收率 = \frac{加裂尾油产量}{加氢裂化原料加工量} \times 100$$

[计算说明]：加裂尾油产量——报告期内装置产出送出界区外加氢裂化尾油产量。装置外排重污油不能计入加裂尾油产量。若装置产出界于柴油与尾油的轻白油组分，计入加裂尾油产量。单位：t。

加氢裂化原料加工量——见本章“加氢裂化原料加工量”中指标定义。单位：t。

[单　　位]：%。

[对应指标]：加氢裂化装置尾油收率。

[数据来源]：MES 或统计系统。

4.8 装置加工损失率

[指标定义]：报告期内装置总投入量与总产量差额占加氢裂化原料加工量的百分比。

[计算公式]：

$$\text{装置加工损失率} = \frac{\text{装置加工损失量}}{\text{加氢裂化原料加工量}} \times 100$$

$$\text{装置加工损失量} = \text{装置总投入量} - \text{装置总产量}$$

$$\text{装置总产量} = \text{干气产量} + \text{液化气产量} + \text{轻石脑油产量} + \text{重石脑油产量} + \text{煤油产量} + \text{柴油产量} + \text{加裂尾油产量}$$

[计算说明]：装置加工损失量——报告期内装置总投入量减去总产量的差值。加工损失包括装置内的物料在加工、输转、排放过程中的损耗。单位：t。

装置总投入量——报告期内装置收界外新鲜原料进料总量，即为加氢裂化原料加工量。单位：t。

装置总产量——报告期内装置所有产出侧线产出的出装置界区产量或装置自用消耗的总量。单位：t。

干气产量、液化气产量、轻石脑油产量、重石脑油产量、煤油产量、柴油产量、加裂尾油产量——见本章“侧线指标”中相应指标定义。单位：t。

加氢裂化原料加工量——见本章“加氢裂化原料加工量”中指标定义。单位：t。

[单　　位]：%。

[对应指标]：加氢裂化装置损失率。

[数据来源]：MES 或统计系统。

4.9 装置产出侧线逻辑关系

干气收率、液化气收率、轻石脑油收率、重石脑油收率、煤油收率、柴油收率、尾油收率、装置加工损失率总和必须等于100%。

5 运行指标

5.1 原料含硫量

见《催化裂化装置》章中“原料含硫量”指标定义及计算方法。

5.2 原料含氮量

见《催化裂化装置》章中“原料含氮量”指标定义及计算方法。

5.3 原料密度

见《催化裂化装置》章中“原料密度”指标定义及计算方法。

5.4 原料馏出温度

5.4.1 原料10%馏出温度

见《催化裂化装置》章中“原料10%馏出温度”指标定义及计算方法。

5.4.2　原料 30% 馏出温度

见《催化裂化装置》章中"原料 30% 馏出温度"指标定义及计算方法。

5.4.3　原料 50% 馏出温度

见《催化裂化装置》章中"原料 50% 馏出温度"指标定义及计算方法。

5.4.4　原料 70% 馏出温度

见《催化裂化装置》章中"原料 70% 馏出温度"指标定义及计算方法。

5.4.5　原料 90% 馏出温度

见《催化裂化装置》章中"原料 90% 馏出温度"指标定义及计算方法。

5.5　干气≥C_3 含量

见《催化裂化装置》章中"干气≥C_3 含量"指标定义及计算方法。

5.6　尾油 BMCI 值

[指标定义]：报告期内装置加工过程产出送出界区的尾油的 BMCI 值的算术平均值。

[计算公式]：

$$\text{当月尾油 BMCI 值} = \frac{\sum \text{尾油 BMCI 值}}{\text{尾油 BMCI 值的样本总数}}$$

$$\text{累计尾油 BMCI 值} = \frac{\sum \text{月尾油 BMCI 值}}{\text{运行月数}}$$

[计算说明]：尾油 BMCI 值——报告期内装置加工过程产出送出界区的尾油分析正常 BMCI 值。

尾油 BMCI 值的样本总数——报告期内装置加工过程产出送出界区的尾油分析正常的 BMCI 值样本总数。

运行月数——报告期内装置累计运行月的数量。

BMCI 值——也称芳烃指数，是依据油品的馏程和密度两个基本性质建立起来的关联指标数值，表示油品芳烃含量多少，数值高表示芳烃含量高，正己烷的 BMCI 值为 0，苯的 BMCI 值为 100。BMC 的计算公式如下：

$$\text{BMCI} = \frac{48640}{t_{\text{体}} + 273} + 473.7 \times d_{15.6}^{15.6} - 456.8$$

式中　$t_{\text{体}}$——对于单一的烃为沸点，对于混合烃为体积平均沸点，℃；

$d_{15.6}^{15.6}$——相对密度，表示该物质在 15.6℃时与水的密度的比值，是个无量纲的数据。

[单　　位]：无。

[数据来源]：LIMS。

5.7　循环比

[指标定义]：报告期内装置循环油的循环量占新鲜混合原料油总进料量的比例。

[计算公式]：

$$\text{当月循环比} = \frac{\text{月循环油循环量}}{\text{月反应进料量}}$$

$$\text{当月循环油循环量} = \frac{\text{循环油流量}}{\text{循环油流量的样本总数}}$$

$$\text{当月反应进料量} = \frac{\text{反应进料流量}}{\text{反应进料流量的样本总数}}$$

$$\text{累计循环比} = \frac{\sum \text{月循环氢比}}{\text{运行月数}}$$

［计算说明］：循环油流量——报告期内未转化油返回反应进料循环瞬时流量，按整点(一小时一次)采集正常开工的未转化油返回反应进料循环瞬时流量作为计算数据源。单位：t。

循环油流量的样本总数——报告期内采集装置正常开工未转化油返回反应进料循环瞬时流量的样本总数。

反应进料流量——报告期内装置进反应系统混合原料油瞬时流量，未转化油返回反应进料循环瞬时流量，按整点(一小时一次)采集正常开工的进反应系统混合原料油瞬时流量作为计算数据源。单位：t。

反应进料流量的样本总数——报告期内采集装置正常开工进反应系统混合原料油瞬时流量的样本总数。

运行月数——报告期内装置累计运行月的数量。

［单　　位］：无。

［数据来源］：实时数据库。

5.8　循环氢纯度

［指标定义］：报告期内装置循环氢中纯氢体积分数的平均值。

［计算公式］：

$$当月循环氢纯度=\frac{\sum 循环氢氢纯度}{循环氢氢纯度的样本总数}$$

$$累计循环氢纯度=\frac{\sum 月循环氢纯度}{运行月数}$$

［计算说明］：循环氢氢纯度——报告期内装置循环氢分析正常氢气体积分数。单位：%。

循环氢氢纯度样本总数——报告期内装置循环氢分析正常氢气体积分数的样本总数。

运行月数——报告期内装置累计运行月的数量。

［单　　位］：%(体积)

［数据来源］：LIMS。

5.9　加热炉热效率

见《常减压装置》章中“加热炉热效率”指标定义及计算方法。若装置不设分馏炉，则直接用反应炉的热效率计算，若装置有多个加热炉，则取所有加热炉平均热效率。

5.10　新鲜氢气氢纯度［%(体积)］

［指标定义］：报告期内装置消耗新鲜氢气原料中纯氢气体积分数的平均值。

［计算公式］：

$$当月新鲜氢气氢纯度[\%(体积)]=\frac{\sum 新鲜氢气氢纯度[\%(体积)]}{新鲜氢气氢纯度[\%(体积)]的样本总数}$$

$$累计新鲜氢气氢纯度[\%(体积)]=\frac{\sum 月新鲜氢气氢纯度[\%(体积)]}{运行月数}$$

［计算说明］：新鲜氢气氢纯度［%(体积)］——报告期内装置消耗新鲜氢气原料中分析正常氢气体积分数。

新鲜氢气氢纯度［%(体积)］的样本总数——报告期内装置消耗新鲜氢气原料分析正常氢气体积分数的样本总数。

运行月数——报告期内累计运行月的数量。

［单　　位］：%（体积）。

［数据来源］：LIMS。

5.11　新鲜氢气氢纯度［%（质量）］

［指标定义］：报告期内装置消耗新鲜氢气原料中纯氢气质量浓度的平均值。

［计算公式］：

$$当月新鲜氢气氢纯度[\%(质量)]=\frac{0.0899V_{氢气}}{0.0899V_{氢气}+0.7167V_{甲烷}+1.3567V_{乙烷}+2.02V_{丙烷}+1.914V_{丙烯}+2.703V_{正丁烷}+2.675V_{异丁烷}+2.5V_{异丁烯}+3.215V_{异戊烷}+3.3V_{正戊烷}+3.3V_{C6}}$$

$$当月新鲜氢气各组分浓度[\%(体积)]=\frac{\sum 产品氢各组分浓度[\%(体积)]}{产品氢各组分分析的样本总数}$$

$$累计新鲜氢气氢纯度[\%(质量)]=\frac{\sum 产品氢氢纯度[\%(质量)]}{运行月数}$$

［计算说明］：月新鲜氢气各组分浓度［%（体积）］——在报告期内装置消耗新鲜氢气原料中分析氢气、甲烷、乙烷、丙烷、丙烯、正丁烷、异丁烷、异丁烯、正戊烷、碳六等组分体积分数（分别用 $V_{氢气}$、$V_{甲烷}$、$V_{乙烷}$、$V_{丙烷}$、$V_{丙烯}$、$V_{正丁烷}$、$V_{异丁烷}$、$V_{异丁烯}$、$V_{异戊烷}$、$V_{正戊烷}$、V_{C6}来表示）的体积分数。

新鲜氢气各组分分析的样本总数——在报告期内装置消耗新鲜氢气原料分析各组分浓度样本总数。

运行月数——报告期内累计运行月的数量。

［数据来源］：LIMS。

5.12　副产氢气氢纯度［%（体积）］

［指标定义］：报告期内装置副产氢中纯氢体积分数的平均值。

［计算公式］：

$$当月副产氢气氢纯度[\%(体积)]=\frac{\sum 副产氢气氢纯度[\%(体积)]}{副产氢气氢纯度样本总数}$$

$$累计副产氢气氢纯度[\%(体积)]=\frac{\sum 月副产氢气氢纯度[\%(体积)]}{运行月数}$$

［计算说明］：副产氢气氢纯度［%（体积）］——报告期内装置副产氢中分析正常氢气体积分数。

副产氢气氢纯度样本总数——报告期内装置副产氢气分析正常氢气体积分数样本总数。

运行月数——报告期内累计运行月的数量。

［单　　位］：%（体积）

［数据来源］：LIMS。

5.13　副产氢气氢纯度［%（质量）］

［指标定义］：报告期内装置副产氢气中纯氢质量分数的平均值。

［计算公式］：

$$月副产氢气氢纯度[\%(质量)]=\frac{0.0899V_{氢气}}{0.0899V_{氢气}+0.7167V_{甲烷}+1.3567V_{乙烷}+2.02V_{丙烷}+1.914V_{丙烯}+2.703V_{正丁烷}+2.675V_{异丁烷}+2.5V_{异丁烯}+3.215V_{异戊烷}+3.3V_{正戊烷}+3.3V_{C6}}$$

$$当月副产氢气各组分浓度[\%(质量)]=\frac{\sum 副产氢氢各组分浓度[\%(质量)]}{副产氢各组分分析的样本总数}$$

$$累计副产氢气氢纯度[\%(质量)]=\frac{\sum 副产氢气氢纯度[\%(质量)]}{运行月数}$$

［计算说明］：月副产氢气各组分浓度［%（质量）］——在报告期内装置副产氢气中分析氢气、甲烷、乙烷、丙烷、丙烯、正丁烷、异丁烷、异丁烯、正戊烷、碳六等组分的体积分

数(分别用 $V_{氢气}$、$V_{甲烷}$、$V_{乙烷}$、$V_{丙烷}$、$V_{丙烯}$、$V_{正丁烷}$、$V_{异丁烷}$、$V_{异丁烯}$、$V_{异戊烷}$、$V_{正戊烷}$、V_{C6} 来表示)。

副产氢气各组分分析样本总数——在报告期内装置副产氢气分析各组分浓度样本总数。

运行月数——报告期内累计运行月的数量。

[单　　位]:%(质量)

[数据来源]:LIMS。

5.14 反应温度

5.14.1 精制器床层最高温度

[指标定义]:在报告期内装置精制反应器床层中最高的温度。

[计算说明]:

$$月精制器床层最高温度 = MAX(精制器床层采集正常开工点温度)$$

$$累计精制器床层最高温度 = MAX(月精制器床层温度)$$

[计算说明]:精制器床层采集正常开工点温度——在报告期内装置精制反应器床层中的温度,即每天按整点时间(一小时一次)采集正常开工精制反应器床层各温度点作为计算数据源。单位:℃。

[单　　位]:℃。

[数据来源]:实时数据库。

5.14.2 精制器床层温度

[指标定义]:在报告期内装置精制反应器床层温度的平均值。

[计算说明]:

$$月精制器床层温度 = \frac{\sum 月精制器床层单采集点平均温度}{精制器床层温度采集点数量}$$

$$当月精制器床层单采集正常开工点平均温度 = \frac{\sum 精制器床层单采集点温度}{精制器床层单采集点温度的样本数量}$$

$$累计精制器床层温度 = \frac{\sum 月精制器床层采集点平均温度}{精制器床层采集点数量}$$

[计算说明]:精制器床层单采集正常开工点温度——在报告期内装置精制反应器床层中各个采集正常开工点温度,按整点时间(一小时一次)采集正常开工精制反应器床层各温度点作为计算数据源。单位:℃。

精制器床层单采集正常开工点温度的样本数量——报告期内采集精制反应器床层单个正常开工点温度的样本总数。

精制器床层温度采集正常开工点数量——在报告期内精制反应器床层温度点的数量。

[单　　位]:℃。

[数据来源]:实时数据库。

5.14.3 精制器床层温升

[指标定义]:报告期内装置精制反应器温差绝对值的平均值。

[计算公式]:

$$当月精制器床层温升 = \frac{\sum 精制反应器温差绝对值}{精制反应器温差的样本总数}$$

$$累计精制器床层温升 = \frac{\sum 月精制器床层温升}{运行月数}$$

[计算说明]：月精制器床层温升——报告期内装置精制反应器温差绝对值，按整点时间(一小时一次)采集正常开工装置精制反应器温差绝对值作为计算数据源。单位:℃。

精制反应器温差的样本总数——报告期内按整点时间(一小时一次)采集正常开工装置精制反应器温差绝对值的样本总数。

运行月数——报告期内装置累计运行月的数量。

[单　　位]:℃。

[数据来源]：实时数据库。

5.14.4　裂化器床层最高温度

[指标定义]：在报告期内装置裂化反应器床层中最高的温度。

[计算说明]：

$$当月裂化器床层最高温度 = MAX(裂化器床层采集正常开工点温度)$$

$$累计裂化器床层最高温度 = MAX(月裂化器床层温度)$$

[计算说明]：裂化器床层采集正常开工点温度——在报告期内装置裂化反应器床层中的温度，即每天按整点时间(一小时一次)采集正常开工精制反应器床层各温度点作为计算数据源。单位:℃。

[单　　位]:℃。

[数据来源]：实时数据库。

5.14.5　裂化器床层温度

[指标定义]：在报告期内装置裂化反应器床层温度的平均值。

[计算说明]：

$$当月裂化器床层温度 = \frac{\sum 月裂化器床层采集正常开工点平均温度}{裂化器床层温度采集正常开工点数量}$$

$$月裂化器床层单采集正常开工点平均温度 = \frac{\sum 裂化器床层采集正常开工点温度}{裂化器床层单采集正常开工点温度的样本数量}$$

$$累计裂化器床层温度 = \frac{\sum 月裂化器床层采集正常开工点平均温度}{裂化器床层采集正常开工点数量}$$

[计算说明]：裂化器床层采集正常开工点温度——在报告期内装置裂化反应器床层中各个采集正常开工点温度，按整点时间(一小时一次)采集正常开工裂化反应器床层各温度点作为计算数据源。单位:℃。

裂化器床层采集正常开工点温度的样本数量——报告期内采集正常开工下的裂化反应器床层采集正常开工点的样本总数。

裂化器床层温度采集正常开工点数量——在报告期内裂化反应器床层温度点的数量。

[单　　位]:℃。

[数据来源]：实时数据库。

5.14.6　裂化器床层温升

[指标定义]：报告期内装置裂化反应器温差绝对值的平均值。

[计算公式]：

$$当月裂化器床层温升 = \frac{\sum 裂化反应器温差绝对值}{裂化反应器温差的样本总数}$$

$$累计裂化器床层温升 = \frac{\sum 月裂化器床层温升}{运行月数}$$

[计算说明]：裂化反应器温差绝对值——报告期内装置裂化反应器温差绝对值，按整点时间(一小时一次)采集正常开工装置裂化反应器温差绝对值作为计算数据源。单位：℃。

运行月数——报告期内装置累计运行月的数量。

[单　　位]：℃。

[数据来源]：实时数据库。

5.15　反应压力

5.15.1　精制器第一床层压降

[指标定义]：报告期内装置精制反应器入口压力与精制反应器第一床层压力的压力差绝对值的平均值。

[计算公式]：

$$当月精制器第一床层压降=\frac{\sum 精制器第一床层压降}{精制器第一床层压降样本总数}$$

$$累计精制器第一床层压降=\frac{\sum 月精制器第一床层压降}{运行月数}$$

[计算说明]：精制器第一床层压降——报告期内装置精制反应器入口压力与精制反应器第一床层压力的差绝对值，按整点时间(一小时一次)采集正常开工精制反应器入口压力与精制反应器第一床层压力的差绝对值作为计算数据源。单位：kPa。

精制器第一床层压降样本总数——报告期内装置精制反应器入口压力与精制反应器第一床层压力的压力差的样本总数。

运行月数——报告期内装置累计运行月的数量。

[单　　位]：kPa。

[数据来源]：实时数据库。

5.15.2　精制器压降

[指标定义]：报告期内装置精制反应器入口与出口压力差绝对值的平均值。

[计算公式]：

$$当月精制器压降=\frac{\sum 精制器进出的压降}{精制器进出的压降样本总数}$$

$$累计精制器压降=\frac{\sum 月精制器压降}{运行月数}$$

[计算说明]：精制器进出的压降——报告期内装置精制反应器入口与出口的压力差，按整点时间(一小时一次)采集正常开工精制反应器入口与出口压力差绝对值作为计算数据源。单位：kPa。

精制器进出的压降样本总数——报告期内采集精制反应器入口与出口的压力差的样本总数。

运行月数——报告期内累计运行月的数量。

[单　　位]：kPa。

[数据来源]：实时数据库。

5.15.3　裂化器压降

[指标定义]：报告期内装置裂化反应器入口压力与裂化反应器出口压力差的绝对值的平均值。

[计算公式]：

$$当月裂化器压降 = \frac{\sum 裂化器进出的压降}{裂化器进出的压降样本总数}$$

$$累计裂化器压降 = \frac{\sum 月裂化器压降}{运行月数}$$

[**计算说明**]：裂化器的压降——报告期内装置裂化反应器入口与出口的压力差，按整点时间(一小时一次)采集正常开工裂化反应器入口与出口压力差绝对值作为计算数据源。单位：kPa。

裂化器进出的压降样本总数——报告期内采集装置裂化反应器入口与出口的压力差的样本总数。

运行月数——报告期内装置累计运行月的数量。

[**单　　位**]：kPa。

[**数据来源**]：实时数据库。

5.15.4　反应系统平均压力

[**指标定义**]：报告期内装置反应物经过反应器、高压换热器及高压空冷器、高分等单元的平均压力，通过循环机出(入)压力表示。

[**计算公式**]：

$$反应系统平均压力 = \frac{循环机出口压力 + 循环机入口压力}{2}$$

$$当月循环机出(入)压力 = \frac{\sum 循环机出(入)压力}{循环机出(入)压力样本总数}$$

$$累计循环机出(入)压力 = \frac{\sum 循环机出(入)压力}{运行月数}$$

[**计算说明**]：循环机出(入)压力——报告期内装置循环机入口或出口压力的平均值，按整点时间(一小时一次)采集正常开工循环机入口或出口压力作为计算数据源。单位：MPa。

循环机出(入)压力样本总数——报告期内采集装置正常开工循环机入口或出口压力的样本总数。

运行月数——报告期内装置累计运行月的数量。

[**单　　位**]：MPa。

[**数据来源**]：实时数据库。

5.15.5　反应系统总压降

[**指标定义**]：报告期内装置反应物经过反应器、高压换热器及高压空冷器等的压力降的平均值，主要以循环机出入口压差来表示。

[**计算公式**]：

$$反应系统总压降 = 循环机出口压力 - 循环机入口压力$$

$$当月循环机出(入)压力 = \frac{\sum 循环机出(入)压力}{循环机出(入)压力样本总数}$$

$$累计循环机出(入)压力 = \frac{\sum 循环机出(入)压力}{运行月数}$$

[**计算说明**]：循环机出(入)压力——报告期内装置循环机入口或出口压力的平均值，按整点时间(一小时一次)采集正常开工循环机入口或出口压力作为计算数据源。单位：kPa。

循环机出(入)压力样本总数——报告期内采集装置正常开工循环机入口或出口压力的

样本总数。

运行月数——报告期内装置累计运行月的数量。

［单　　位］：kPa。

［数据来源］：实时数据库。

5.16　装置正常开工时间点

［指标定义］：报告期内以装置预硫化结束后切换蜡油进料的时间点为正常开工时间点。

5.17　装置正常停工时间点

［指标定义］：报告期内以装置正常停工时开始降低反应床层进料温度的时间点为正常停工时间点。

6　综合指标

6.1　实际氢耗

［指标定义］：报告期内装置加工1t重柴及蜡油新鲜混合原料油消耗纯氢的数量。

［计算公式］：

$$实际氢耗 = \frac{新鲜氢气消耗量 \times 新鲜氢气氢纯度[\%(质量)] - 副产氢量 \times 副产氢氢纯度[\%(质量)]}{加裂新鲜原料油进料量} \times 1000$$

［计算说明］：新鲜氢气消耗量、加裂新鲜原料油进料量——见本章“加氢裂化原料油加工量”中指标定义。单位：t。

副产氢量——报告期内装置产出富氢并入氢气管网或下游装置作为氢源的产量。单位：t。

新鲜氢气氢纯度［%（质量）］、副产出氢氢纯度［%（质量）］——见本章“运行指标”相应指标定义。单位：%。

［单　　位］：kg/t。

［数据来源］：内部数据核算。

6.2　轻油收率

［指标定义］：报告期内装置产出石脑油、煤油、柴油、尾油等轻质油产量占新鲜原料加工量的百分比。

［计算公式］：

$$轻油收率 = \frac{轻石脑油产量 + 重石脑油产量 + 煤油产量 + 柴油产量 + 加氢裂化尾油产量}{加氢裂化原料加工量} \times 100$$

$$= 轻石脑油收率 + 重石脑油收率 + 煤油收率 + 柴油收率 + 尾油收率$$

［计算说明］：轻石脑油产量、重石脑油产量、煤油产量、柴油产量、尾油产量——见本章“侧线指标”中相应指标定义。单位：t。

加氢裂化原料加工量——见本章“加氢裂化原料加工量”中指标定义。单位：t。

轻石脑油收率、重石脑油收率、煤油收率、柴油收率、尾油收率——见本章“侧线指标”中相应指标定义。单位：%。

［单　　位］：%。

［数据来源］：内部数据核算。

6.3　总液收

［指标定义］：报告期内装置产出物料中液体产品占新鲜原料加工量的百分比。

［计算公式］：

$$总液收 = \frac{液体产品总量}{加氢裂化原料加工量} \times 100$$

$$=液化气收率+轻石脑油收率+重石脑油收率+煤油收率+柴油收率+尾油收率$$

$$液体产品总量=液化气产量+轻石脑油产量+重石脑油产量+煤油产量+柴油产量+加氢裂化尾油产量$$

[计算说明]：液体产品总量——标态下为液态的侧线出界区的产品总量总和，包括液化气、石脑油组分(轻石脑油、重石脑油)、煤油、柴油、尾油等，不含装置外排的各类重污油。单位：t。

液化气产量、轻石脑油产量、重石脑油产量、煤油产量、柴油产量、加氢裂化尾油产量——见本章“侧线指标”中相应指标定义。单位：t。

液化气收率、轻石脑油收率、重石脑油收率、煤油收率、柴油收率、尾油收率——见本章“侧线指标”中相应指标定义。单位:%。

加氢裂化原料加工量——见本章“加氢裂化原料加工量”中指标定义。单位：t。

[单　　位]:%。

[数据来源]：内部数据核算。

6.4 装置竞赛指标

[指标定义]：报告期内装置考虑不同原料含硫、含氮下液态产品收率的综合指标。

[计算公式]：

$$装置竞赛指标=总液收+原料含硫量+原料含氮量$$

$$=\frac{液体产品总量+加氢裂化原料油加工量\times(原料含硫量+原料含氮量)}{加氢裂化原料加工量}\times100$$

$$液体产品总量=液化气产量+轻石脑油产量+重石脑油产量+煤油产量+柴油产量+加氢裂化尾油产量$$

[计算说明]：总液收——见本章“综合运指标”中相应指标定义。单位:%。

原料含硫量、原料含氮量——见本章“运行指标”中相应指标定义。单位:%。

液化气产量、轻石脑油产量、重石脑油产量、煤油产量、柴油产量、加氢裂化尾油产量——见本章“侧线指标”中相应指标定义。单位：t。

加氢裂化原料加工量——见本章“加氢裂化原料加工量”指标中定义。单位：t。

[单　　位]:%。

[数据来源]：内部数据核算。

6.5 氢气利用效率

[指标定义]：报告期内装置在加氢裂化过程中氢气的利用效率。

[计算公式]：

$$氢气利用效率=\frac{化学氢耗(\%)}{实际氢耗\times10}$$

[计算说明]：实际氢耗——见本章“实际氢耗”中的指标定义。单位：kg/t。

化学氢耗有两个计算公式：

抚顺石油化工研究院公式：

$$化学氢耗(fripp)=2.2637\times\exp[0.036\times(轻石脑油收率+重石脑油收率)]$$

$$=2.2637\times\exp\left(0.036\times\frac{轻石脑油产量+重石脑油产量}{加氢裂化原料加工量}\times100\right)$$

石油化工科学研究院公式：

$$化学氢耗(ripp)=0.0249\times(轻石脑油收率+重石脑油收率)+1.4684$$

$$=0.0249\times\frac{\text{轻石脑油产量}+\text{重石脑油产量}}{\text{加氢裂化原料加工量}}\times100+1.4684$$

式中　轻石脑油产量、重石脑油产量——见本章“侧线指标”中相应指标定义。单位：t。

轻石脑油收率、重石脑油收率——见本章“侧线指标”中相应指标定义。单位:%。

加氢裂化原料加工量——见本章“加氢裂化原料加工量”指标中定义。单位：t。

[单　位]：无。

[数据来源]：内部数据核算。

第7章　蜡油加氢装置

1　装置简介

蜡油加氢装置是指在高温高压、催化剂条件下，常减压、催化裂化、延迟焦化等装置蜡油原料与氢气发生加氢精制反应，去除杂质的工艺过程。在炼油加工总流程中，属于蜡油加氢精制装置，主要作用是为了脱硫、蜡油精制后作为催化裂化原料。下列各指标是针对装置为蜡油原料工况来定义的，若装置改为柴油工况，则参考柴油加氢装置指标定义。

2　装置范围

蜡油加氢装置包括原料预热、高压加氢、分馏、脱硫、氢气升压等部分。有的装置设氢气提纯单元。

3　原料指标

3.1　蜡油加氢原料加工量

[指标定义]：报告期内装置直接进反应部分处理的常减压、延迟焦化等装置产出的蜡油、催化裂化装置产出的重柴油混合原料油与氢气进料量的总和。

[计算公式]：

蜡油加氢原料加工量＝直馏蜡油投入量＋脱沥青油投入量＋
焦化蜡油投入量＋其它原料油投入量＋新鲜氢气消耗量

[计算说明]：蜡油加氢原料加工量——报告期内装置直接进反应部分处理的常减压、延迟焦化等装置产出蜡油、催化裂化装置产出重柴油的混合原料油与氢气混合进料量的总和，包含直馏蜡油、焦化蜡油、溶剂脱沥青的轻脱油和中段油、糠醛抽出油、重污油等蜡油组分、催化重柴油等组分。若外收干气、石脑油、轻柴油、轻污油作为装置非反应部分进料，则不计入蜡油加氢原料加工量。

直馏蜡油投入量——报告期内装置直接进反应部分处理的常减压装置产出蜡油投入量。

脱沥青油投入量——报告期内装置直接进反应部分处理的脱沥青装置产出脱沥青油投入量。

焦化蜡油投入量——报告期内装置直接进反应部分处理的延迟焦化装置产出蜡油投入量。

其它原料油投入量——报告期内装置直接进反应部分处理的除直馏蜡油、脱沥青油、焦化蜡油外的其它蜡油、重柴油的投入量，如糠醛抽出油、溶剂脱蜡蜡下油或蜡膏、重污油等。若外收干气、石脑油、轻柴油、轻污油作为装置非反应部分进料，则不计入其它原料油加工量。

新鲜氢气消耗量——报告期内装置消耗界区外新鲜氢气量。

［单　　位］：t。

［数据来源］：MES 或统计系统。

3.2　蜡油加氢原料油加工量

［指标定义］：报告期内装置直接进反应部分处理的常减压、延迟焦化等装置产出的蜡油、催化裂化装置产出的重柴油混合原料油进料量的总和。

［计算公式］：

$$蜡油加氢原料油加工量=直馏蜡油投入量+脱沥青油投入量+焦化蜡油投入量+其它原料油投入量$$

［计算说明］：蜡油加氢原料油加工量——报告期内装置直接进反应部分处理的常减压、延迟焦化等装置产出的蜡油、催化裂化装置产出的重柴油混合原料油进料量的总和。

直馏蜡油投入量、脱沥青油投入量、焦化蜡油投入量、其它原料油投入量见本章“蜡油加氢原料加工量”指标中定义。

［单　　位］：t。

［数据来源］：MES 或统计系统。

3.3　直馏蜡油比例

［指标定义］：报告期内装置直接进反应部分处理常减压装置产出直馏蜡油投入量占蜡油加氢原料油加工量的比例。

［计算公式］：

$$直馏蜡油比例=\frac{直馏蜡油投入量}{蜡油加氢原料油加工量}\times 100$$

［计算说明］：直馏蜡油投入量、蜡油加氢原料油加工量——见本章“蜡油加氢原料油加工量”指标中定义。单位：t。

［单　　位］：%。

［数据来源］：MES 或统计系统。

3.4　脱沥青油比例

［指标定义］：报告期内装置直接进反应部分处理溶剂脱沥青装置产出脱沥青油投入量占蜡油加氢原料油加工量的比例。

［计算公式］：

$$脱沥青油比例=\frac{脱沥青油投入量}{蜡油加氢原料油加工量}\times 100$$

［计算说明］：脱沥青油投入量、蜡油加氢原料油加工量——见本章“蜡油加氢原料油加工量”指标中定义。单位：t。

［单　　位］：%。

［数据来源］：MES 或统计系统。

3.5　焦化蜡油比例

［指标定义］：报告期内装置直接进反应部分处理延迟焦化装置产出焦化蜡油投入量占蜡油加氢原料油加工量的比例。

［计算公式］：

$$焦化蜡油比例=\frac{焦化蜡油投入量}{蜡油加氢原料油加工量}\times 100$$

［计算说明］：焦化蜡油投入量、蜡油加氢原料油加工量——见本章“蜡油加氢原料油加工量”指标中定义。单位：t。

［单　　位］：%。

［数据来源］：MES 或统计系统。

3.6　其它原料油比例

［指标定义］：报告期内装置直接进反应部分处理非直馏蜡油、脱沥青油、焦化蜡油组分的原料油进料量占蜡油加氢原料油加工量的比例。

［计算公式］：

$$其它原料油比例 = \frac{其它原料油投入量}{蜡油加氢原料油加工量} \times 100$$

其它原料油投入量 = 蜡油加氢原料油加工量 - 直馏蜡油投入量 - 脱沥青油投入量 - 焦化蜡油投入量

［计算说明］：蜡油加氢原料油加工量、直馏蜡油投入量、脱沥青油投入量、焦化蜡油投入量——见本章“蜡油加氢原料油加工量”指标中定义。单位：t。

［单　　位］：%。

［数据来源］：MES 或统计系统。

3.7　原料比例逻辑关系

直馏蜡油比例、焦化蜡油比例、脱沥青油比例、其它原料油比例总和必须等于 100%。

3.8　二次原料比例

［指标定义］：报告期内装置直接进反应部分处理非直馏蜡油的原料油投入量占蜡油加氢原料油加工量的比例。

［计算公式］：

$$二次原料比例 = \frac{蜡油加氢原料油加工量 - 直馏蜡油投入量}{蜡油加氢原料油加工量} \times 100$$

［计算说明］：蜡油加氢原料油加工量、直馏蜡油进料量——见本章“蜡油加氢原料油加工量”指标中定义。单位：t。

［单　　位］：%。

［数据来源］：MES 或统计系统。

4　侧线指标

4.1　干气收率

［指标定义］：报告期内装置干气产量占蜡油加氢原料加工量的百分比。

［计算公式］：

$$干气收率 = \frac{干气产量}{蜡油加氢原料加工量} \times 100$$

［计算说明］：干气产量——报告期内装置发生化学反应后，因反应而产出，经分馏塔、脱硫塔、汽提塔、高低分离器、氢提浓等单元产出并入炼厂系统或直接作为装置内部自用的燃料干气产量。外送酸性气量计入干气产量，若酸性气通过胺液吸收到下游溶剂再生装置处理后产生，则按酸性气夹带量进行计算。干气产量包括脱前、脱后干气、富氢、释放气、酸性气、火炬气等在标态下为气体。若装置外收其它装置干气，则从产品气体中等量扣除。单位：t。

蜡油加氢原料加工量——见本章“蜡油加氢原料加工量”指标中定义。单位：t。

[单　　位]：%。

[对应指标]：蜡油加氢装置气体收率。

[数据来源]：MES 或统计系统。

4.2　石脑油收率

[指标定义]：报告期内装置石脑油组分产量占蜡油加氢原料加工量的百分比。

[计算公式]：

$$石脑油收率=\frac{石脑油产量}{蜡油加氢原料加工量}\times 100$$

[计算说明]：石脑油产量——报告期内装置通过分馏、汽提等方式分离产出送出装置界区的石脑油组分产量。若装置有其它装置石脑油组分进料，则从石脑油组分产量中等量扣除。若装置不设石脑油抽出侧线，则不设该指标。单位：t。

蜡油加氢原料加工量——见本章“蜡油加氢原料加工量”指标中定义。单位：t。

[单　　位]：%。

[数据来源]：MES 或统计系统。

4.3　柴油收率

[指标定义]：报告期内装置柴油产量占蜡油加氢原料加工量的百分比。

[计算公式]：

$$柴油收率=\frac{柴油产量}{蜡油加氢原料加工量}\times 100$$

[计算说明]：柴油产量——报告期内装置加工过程产出送出界区外的柴油产量。若装置外收柴油作为装置非反应部分进料，则从柴油产量中等量扣除。若装置不设柴油抽出侧线，则不设该指标。单位：t。

蜡油加氢原料加工量——见本章“蜡油加氢原料加工量”指标中定义。单位：t。

[单　　位]：%。

[数据来源]：MES 或统计系统。

4.4　加氢蜡油收率

[指标定义]：报告期内装置加氢蜡油产量占蜡油加氢原料加工量的百分比。

[计算公式]：

$$加氢蜡油收率=\frac{加氢蜡油产量}{蜡油加氢原料加工量}\times 100$$

[计算说明]：加氢蜡油产量——报告期内装置产出送出界区外的加氢蜡油产量。若装置外排重污油，则计入加氢蜡油产量。单位：t。

蜡油加氢原料加工量——见本章“蜡油加氢原料加工量”指标中定义。单位：t。

[单　　位]：%。

[对应指标]：蜡油加氢装置加氢蜡油收率。

[数据来源]：MES 或统计系统。

4.5　装置加工损失率

[指标定义]：报告期内装置总投入量与总产量差额占蜡油加氢原料加工量的百分比。

[计算公式]：

$$装置加工损失率=\frac{装置加工损失量}{蜡油加氢原料加工量}\times 100$$

装置加工损失量 = 装置总投入量 - 装置总产量

装置总产量 = 干气产量 + 石脑油产量 + 柴油产量 + 加氢蜡油产量

[**计算说明**]：装置加工损失量——报告期内装置总投入量减去装置总产量的差值。加工损失包括装置内的物料在加工、输转、排放过程中的损耗。单位：t。

装置总投入量——报告期内装置收界外新鲜原料进料总量，即为蜡油加氢原料加工量。单位：t。

装置总产量——报告期内装置所有产出侧线产出的出装置界区产量或装置自用消耗的总量。单位：t。

干气产量、石脑油产量、柴油产量、加氢蜡油产量——见本章“侧线指标”指标中定义。单位：t。

蜡油加氢原料加工量——见本章“蜡油加氢原料加工量”指标中定义。单位：t。

[**单　　位**]：%。

[**对应指标**]：蜡油加氢装置加工损失率。

[**数据来源**]：MES 或统计系统。

4.6　装置产出侧线逻辑关系

干气收率、石脑油收率、柴油收率、加氢蜡油收率、装置加工损失率总和必须等于100%。

5　运行指标

5.1　原料运行指标

5.1.1　原料密度

见《催化裂化装置》章中“原料密度”指标定义及计算方法。

5.1.2　原料含硫量

见《催化裂化装置》章中“原料含硫量”指标定义及计算方法。

5.1.3　硫设防值合格率

见《常减压装置》章中“硫设防值合格率”指标定义及计算方法。

5.1.4　原料含氮量

见《催化裂化装置》章中“原料含氮量”指标定义及计算方法。

5.1.5　原料残炭

见《催化裂化装置》章中“原料残炭”指标定义及计算方法。

5.2　加氢蜡油指标

5.2.1　加氢蜡油密度

[**指标定义**]：报告期内装置产出送出界区外的加氢蜡油的密度。

[**计算公式**]：

$$当月加氢蜡油密度 = \frac{\sum 加氢蜡油密度}{加氢蜡油密度的样本总数}$$

$$累计加氢蜡油密度 = \frac{\sum 月加氢蜡油密度}{运行月数}$$

[**计算说明**]：加氢蜡油密度——报告期内装置产出送出界区外的加氢蜡油分析。单位：kg/m^3。

加氢蜡油密度的样本总数——报告期内装置产出送出界区外的加氢蜡油分析正常的密度

样本总数。

运行月数——报告期内装置累计运行月的数量。

[单　　位]：kg/m^3。

[数据来源]：LIMS。

5.2.2　加氢蜡油含硫量

[指标定义]：报告期内装置产出送出界区外的加氢蜡油的平均含硫量。

[计算公式]：

$$当月加氢蜡油含硫量 = \frac{\sum 加氢蜡油含硫量}{加氢蜡油含硫量的样本总数}$$

$$累计加氢蜡油含硫量 = \frac{\sum 月加氢蜡油含硫量}{运行月数}$$

[计算说明]：加氢蜡油含硫量——报告期内装置产出送出界区外的加氢蜡油分析正常含硫量。单位：%。

加氢蜡油含硫量的样本总数——报告期内装置产出送出界区外的加氢蜡油分析正常含硫量的样本总数。

运行月数——报告期内装置累计运行月的数量。

[单　　位]：%。

[数据来源]：LIMS。

5.2.3　加氢蜡油含氮量

[指标定义]：报告期内装置产出送出界区外的加氢蜡油的平均含氮量。

[计算公式]：

$$当月加氢蜡油含氮量 = \frac{\sum 加氢蜡油含氮量}{加氢蜡油含氮量的样本总数}$$

$$累计加氢蜡油含氮量 = \frac{\sum 月加氢蜡油含氮量}{运行月数}$$

[计算说明]：加氢蜡油含氮量——报告期内装置产出送出界区外的加氢蜡油分析正常含氮量。单位：%。

加氢蜡油含氮量的样本总数——报告期内装置产出送出界区外的加氢蜡油分析正常含氮量的样本总数。

运行月数——报告期内累计运行月的数量。

[单　　位]：%。

[数据来源]：LIMS。

5.2.4　加氢蜡油残炭

[指标定义]：报告期内装置产出送出界区外的加氢蜡油的残炭，也就是加氢蜡油在实验室破坏蒸馏(油样在不充足的空气中燃烧)后剩留的物质。

[计算公式]：

$$当月加氢蜡油残炭 = \frac{\sum 加氢蜡油残炭}{加氢蜡油残炭的样本总数}$$

$$累计加氢蜡油残炭 = \frac{\sum 月加氢蜡油残炭}{运行月数}$$

[计算说明]：加氢蜡油残炭——报告期内装置产出送出界区外的加氢蜡油分析正常残

炭。单位:%。

加氢蜡油残炭的样本总数——报告期内装置产出送出界区外的加氢蜡油分析正常残炭的样本总数。

运行月数——报告期内装置累计运行月的数量。

[单　　位]:%。

[数据来源]: LIMS。

5.3　原料轻质化指数

[指标定义]: 报告期内蜡油组分新鲜原料经加氢反应后，原料变成轻组分的转化程度。用物料的密度比值来表示。

[计算公式]:

$$原料轻质化指数 = \frac{加氢蜡油密度}{原料油密度}$$

[计算说明]: 加氢蜡油密度、原料油密度——见本章相应指标定义。单位: kg/m^3。

[单　　位]: 无。

[数据来源]: 内部数据核算。

5.4　脱硫率

[指标定义]: 报告期内装置新鲜原料油经加氢反应、分馏、脱硫等单元后原料硫元素脱除程度。

[计算公式]:

$$脱硫率 = (1 - \frac{加氢蜡油产量 \times 加氢蜡油含硫量}{蜡油加氢原料油加工量 \times 原料含硫量}) \times 100$$

[计算说明]: 加氢蜡油产量、蜡油加氢原料油加工量——见本章相应指标定义，单位: t。

加氢蜡油含硫量、原料含硫量——见本章相应指标定义，单位:%。

[单　　位]:%。

[数据来源]: 内部数据核算。

5.5　脱碳率

[指标定义]: 报告期内装置新鲜原料油经加氢反应、分馏、脱硫等单元后原料残炭的饱和程度。

[计算公式]:

$$脱碳率 = (1 - \frac{加氢蜡油产量 \times 加氢蜡油残炭}{蜡油加氢原料油加工量 \times 原料残炭}) \times 100$$

[计算说明]: 加氢蜡油产量、蜡油加氢原料油加工量——见本章相应指标定义，单位: t。

加氢蜡油残炭、原料残炭——见本章相应指标定义，单位:%。

[单　　位]:%。

[数据来源]: 内部数据核算。

5.6　脱氮率

[指标定义]: 报告期内装置新鲜原料油经加氢反应、分馏、脱硫等单元后原料氮元素脱除程度。

[计算公式]:

$$脱氮率 = (1 - \frac{加氢蜡油产量 \times 加氢蜡油含氮量}{蜡油加氢原料油加工量 \times 原料含氮量}) \times 100$$

［计算说明］：加氢蜡油产量、蜡油加氢原料油加工量——见本章相应指标定义，单位：t。加氢蜡油含氮量、原料含氮量——见本章相应指标定义，单位：%。

［单　　位］：%。

［数据来源］：内部数据核算。

5.7　干气≥C_3含量

见《催化裂化装置》章中"干气≥C_3含量"指标定义及计算方法。

5.8　加热炉热效率

见《常减压装置》章中"加热炉热效率"指标定义及计算方法。若装置不设分馏炉，则直接用反应炉的热效率计算，若装置有多个加热炉，则取所有加热炉平均热效率。

5.9　新鲜氢气氢纯度［%（体积）］

见《加氢裂化装置》章中"新鲜氢气氢纯度［%（体积）］"指标定义和指标计算方法。

5.10　新鲜氢气氢纯度［%（质量）］

见《加氢裂化装置》章中"新鲜氢气氢纯度［%（质量）］"指标定义和指标计算方法。

5.11　副产氢气氢纯度［%（体积）］

见《加氢裂化装置》章中"副产氢气氢纯度［%（体积）］"指标定义和指标计算方法。

5.12　副产氢气氢纯度［%（质量）］

见《加氢裂化装置》章中"副产氢气氢纯度［%（质量）］"指标定义和指标计算方法。

5.13　循环氢纯度

见《加氢裂化装置》章中"循环氢纯度"指标定义和指标计算方法。

5.14　循环氢流量

见《加氢裂化装置》章中"循环氢流量"指标定义和指标计算方法。

5.15　反应器床层最高温度

［指标定义］：在报告期内装置反应器床层中最高的温度。

［计算说明］：

月反应器床层最高温度＝MAX（反应器床层采集正常开工点温度）

累计反应器床层最高温度＝MAX（月反应器床层温度）

［计算说明］：反应器床层采集正常开工点温度——在报告期内装置反应器床层中的温度，即每天按整点时间（一小时一次）采集正常开工反应器床层各温度点作为计算数据源。单位：℃。

［单　　位］：℃

［数据来源］：实时数据库

5.16　反应催化剂平均温度

［指标定义］：在报告期内装置反应器床层温度的平均值。

［计算说明］：

$$当月反应催化剂平均温度=\frac{\sum 月反应器床层单采集点平均温度}{精制器床层温度采集点数量}$$

$$当月反应器床层单采集点平均温度=\frac{\sum 反应器床层单采集点温度}{反应器床层单采集点温度的样本数量}$$

$$累计反应催化剂平均温度=\frac{\sum 月反应器床层采集点平均温度}{反应器床层采集点数量}$$

［计算说明］：反应器床层单采集点温度——在报告期内装置反应器床层中各个采集正常开工点温度，按整点时间（一小时一次）采集正常开工反应器床层各温度点作为计算数据

源。单位:℃。

反应器床层单采集点温度的样本数量——报告期内采集装置正常开工的反应器床层单个采集点温度的样本总数。

反应器床层温度采集点数量——在报告期内反应器床层温度点的数量。

[单　　位]:℃。

[数据来源]: 实时数据库。

5.17　反应器床层温升

[指标定义]: 报告期内装置反应器温差绝对值的平均值。

[计算公式]:

$$当月反应器床层温升 = \frac{\sum 反应器温差绝对值}{反应器温差的样本总数}$$

$$累计反应器床层温升 = \frac{\sum 月反应器床层温升}{运行月数}$$

[计算说明]: 月反应器床层温升——报告期内装置反应器温差绝对值，按整点时间(一小时一次)采集正常开工装置反应器温差绝对值作为计算数据源。单位:℃。

反应器温差的样本总数——报告期内采集装置正常开工的反应器床层温差的样本数量。

运行月数——报告期内装置累计运行月的总数。

[单　　位]:℃。

[数据来源]: 实时数据库。

5.18　反应压力

[指标定义]: 反应物经过反应器、高压换热器、高压空冷器、高分等反应部分的平均压力。

[计算公式]:

$$反应系统平均压力 = \frac{循环机出口压力 + 循环机入口压力}{2}$$

$$当月循环机出(入)压力 = \frac{\sum 循环机出(入)压力}{循环机出(入)压力样本总数}$$

$$累计循环机出(入)压力 = \frac{\sum 循环机出(入)压力}{运行月数}$$

[计算说明]: 循环机出(入)压力——报告期内装置循环机入口或出口压力的平均值，按整点时间(一小时一次)采集正常开工循环机入口或出口压力作为计算数据源。单位: MPa。

循环机出(入)压力样本总数——报告期内采集装置正常开工循环机入口或出口压力的样本数量。

运行月数——报告期内装置累计运行月的总数。

[单　　位]: MPa。

[数据来源]: 实时数据库。

5.19　反应系统总压降

[指标定义]: 反应物经过反应器、高压换热器、高压空冷器、高分等反应系统的总压力降，主要以循环机出入口压差为准。

[计算公式]:

$$反应系统总压降 = 循环机出口压力 - 循环机入口压力$$

$$当月循环机出(入)压力 = \frac{\sum 循环机出(入)压力}{循环机出(入)压力样本总数}$$

$$累计循环机出(入)压力 = \frac{\sum 循环机出(入)压力}{运行月数}$$

[计算说明]：循环机出(入)压力——报告期内装置循环机入口或出口压力的平均值，按整点时间(一小时一次)采集正常开工循环机入口或出口压力作为计算数据源。单位：kPa。

循环机出(入)压力样本总数——报告期内采集装置正常开工循环机入口或出口压力的样本数量。

运行月数——报告期内装置累计运行月的数量。

[单　　位]：kPa。

[数据来源]：实时数据库。

5.20　加氢反应氢油体积比

[指标定义]：报告期内装置循环氢中氢气的量与原料油量体积之比；工业上的氢油比一般用体积氢油比表示，体积氢油比指混氢后的氢气体积流率与原料油流率的比值。

[计算公式]：

$$加氢反应氢油体积比 = \frac{\sum 循环氢流量 \times 循环氢纯度}{原料油体积流量}$$

[计算说明]：循环氢流量——见本章“运行指标”中相应指标定义。单位：Nm^3/h。

循环氢纯度——见本章“运行指标”中相应指标定义。单位：%。

原料油体积流量——加氢装置反应进料泵出口油品的平均体积流量。单位：Nm^3/h。

[单　　位]：无。

[指标用途]：氢油比是体现反应系统的热容量，调整反应温度变化的幅度，以及把大量的反应热带出反应器，缓和反应器催化剂床层的温升，从而调整催化剂使用的温度范围。

[数据来源]：实时数据库。

5.21　加氢反应质量空速

[指标定义]：报告期内装置单位时间里通过单位催化剂的原料油的量。

[计算公式]：

$$加氢反应质量空速 = \frac{蜡油加氢原料加工量}{开工天数 \times 24 \times 加氢装置催化剂总装填量}$$

[计算说明]：蜡油加氢原料加工量——见本章相应指标定义。单位：t。

加氢装置催化剂总装填量——固定床加氢精制装置开工初期在装置反应器内一次性催化剂装填质量。

开工天数——报告期内装置开工天数。

[单　　位]：h^{-1}。

[指标用途]：反映加氢装置的处理能力。

[数据来源]：LIMS。

5.22　装置正常开工时间点

[指标定义]：报告期内以装置预氮化结束后切换蜡油进料的时间为正常开工时间点。

5.23　装置正常停工时间点

[指标定义]：报告期内以装置正常停工时开始切断反应进料的时间点为正常停工时间点。

6 综合指标

6.1 实际氢耗

［指标定义］：报告期内蜡油加氢装置加工 1t 新鲜原料油消耗纯氢数量。

［计算公式］：

$$实际氢耗 = \frac{新鲜氢气消耗量 \times 新鲜氢气氢纯度[\%(质量)]}{蜡油加氢原料油加工量} \times 1000$$

若装置产出富氢，计算公式如下：

$$实际氢耗 = \frac{新鲜氢气消耗量 \times 新鲜氢气氢纯度[\%(质量)] - 富氢产量 \times 富氢氢纯度[\%(质量)]}{柴油加氢原料油加工量} \times 1000$$

［计算说明］：新鲜氢气消耗量、蜡油加氢原料加工量——见本章“蜡油加氢原料加工量”指标中定义。单位：t。

副产氢量——报告期内装置产出富氢并入氢气管网或下游装置作为氢源的产量。单位：t。

新鲜氢气氢纯度［%（质量）］、富氢氢纯度［%（质量）］——见本章“运行指标”中相应指标定义。单位：%（质量）。

［单　　位］：kg/t。

［数据来源］：内部数据核算。

6.2 轻油收率

［指标定义］：报告期内装置产出轻油产量占蜡油加氢原料油加工量的百分比。

［计算公式］：

$$轻油收率 = \frac{石脑油产量 + 柴油产量}{蜡油加氢原料油加工量} = 石脑油收率 + 柴油收率$$

［计算说明］：石脑油产量、柴油产量——见本章“侧线指标”中相应指标定义。单位：%。

石脑油收率、柴油收率——见本章“侧线指标”中相应指标定义。单位：t。

蜡油加氢原料油加工量——见本章“蜡油加氢原料油加工量”指标中定义。单位：t。

［单　　位］：%。

［数据来源］：内部数据核算。

6.3 装置竞赛指标

［指标定义］：报告期内装置考虑不同原料含硫的综合指标。

［计算公式］：

$$装置竞赛指标 = \frac{实际氢耗}{装置硫差 \times 原料加工难度系数}$$

$$装置硫差 = 原料含硫量 - 加氢蜡油含硫量$$

$$原料加工难度系数 = 直馏原料比例 + \frac{二次原料比例}{2}$$

［计算说明］：实际氢耗——见本章“实际氢耗”指标中定义。单位：kg/t。

原料含硫量、加氢蜡油含硫量、直馏原料比例、二次原料比例——见本章“原料运行指标”中相应指标定义。单位：%。

［单　　位］：%。

［数据来源］：内部数据核算。

第8章　渣油加氢装置

1　装置简介

渣油加氢装置是在高温、高压和催化剂存在的条件下，使蜡、渣油和氢气进行催化反应，渣油分子中硫、氮和金属等有害杂质，分别与氢和硫化氢发生反应，生成硫化氢、氨和金属硫化物，同时，渣油中部分较大的分子裂解并加氢，变成分子较小的理想组分，反应生成金属的硫化物沉积在催化剂上，硫化氢和氨可回收利用，不排放到大气中，对环境不造成污染。经过渣油加氢处理技术装置处理的渣油，所含的硫、氮、金属及残氮等重要指标，均大幅度降低，可全部作为催化裂化装置下游工艺的合格进料，可把利用价值较低、容易造成环境污染的渣油，全部转化为附加值高、质量上乘的轻质油品，最大限度地提高了轻质油转化率，从某种意义上说，该技术使原油得到了近100%的转化，实现了石油炼制过程中将原油吃光榨尽的目的。在炼油加工总流程中，属于渣油深加工装置，主要作用是为了脱硫、渣油精制后作为催化裂化原料。

2　装置范围

渣油加氢装置主要包括原料预热、高压加氢、高低压分离、分馏、脱硫、氢气升压、氢气提纯等单元。有的装置不设氢气提纯单元。

3　原料指标

3.1　渣油加氢原料加工量

[指标定义]：报告期内直接进装置反应部分处理的蜡油、渣油、重柴油以及氢气等进料量的总和。

[计算公式]：

渣油加氢原料加工量 = 蜡油投入量 + 减压渣油投入量 +
常压渣油投入量 + 重柴油投入量 + 新鲜氢气消耗量

[计算说明]：渣油加氢原料加工量——报告期内装置直接进装置反应部分处理的蜡油、渣油、重柴油以及氢气等投入量，包含直馏蜡油、渣油(常压渣油和减压渣油)、催化油浆、催化重柴油、焦化蜡油、溶剂脱沥青的轻脱油和中段油、糠醛抽出油、重污油等组分。若外收干气、石脑油、轻柴油作为装置反应部分进料，则不计入装置新鲜原料加工量。单位：t。

蜡油投入量——报告期内直接进装置反应部分处理各类蜡油组分进料量，包括常减压装置产出的直馏蜡油、外购蜡油、延迟焦化装置产出的焦化蜡油、溶剂脱沥青装置产脱沥青油、糠醛精制装置产出的抽出油、酮苯脱蜡装置产出的蜡下油或蜡膏等。单位：t。

减压渣油投入量——报告期内装置直接进反应部分处理常减压装置产出减压渣油进料量。若装置投入溶剂脱沥青装置的中段油，则直接计入减压渣油投入量。单位：t。

常压渣油投入量——报告期内直接进装置反应部分处理各类蜡渣油混合组分进料量，包括常减压装置常压渣油、原油、重污油等。单位：t。

重柴油投入量——报告期内直接进装置反应部分处理各类重柴油组分，包括催化裂化、延迟焦化等装置产出的重柴油。外收轻柴油作为封油或开停工置换轻柴油不计入重柴油投入量。单位：t。

新鲜氢气消耗量————报告期内装置消耗界区外新鲜氢气量。单位：t。

［单　　位］：t。

［数据来源］：MES。

3.2　渣油加氢原料油加工量

［指标定义］：报告期内直接进装置反应部分处理的蜡油、渣油、重柴油等原料油进料量的总和。

［计算公式］：

$$渣油加氢原料油加工量 = 蜡油投入量 + 渣油投入量 + 重柴油投入量$$

［计算说明］：渣油加氢原料油加工量——报告期内直接进装置反应部分处理的蜡油、渣油、重柴油等投入量，包含直馏蜡油、渣油（常压渣油和减压渣油）、催化油浆、催化重柴油、焦化蜡油、溶剂脱沥青的轻脱油和中段油、糠醛抽出油、重污油等组分。若外收干气、石脑油、轻柴油作为装置反应部分进料，则不计入装置新鲜原料加工量。单位：t。

蜡油投入量、减压渣油投入量、常压渣油投入量、重柴油投入量——见本章“渣油加氢原料加工量”指标中定义。单位：t。

［单　　位］：t。

［数据来源］：MES。

3.3　原料减渣比例

［指标定义］：报告期内装置加工常减压装置产出减压渣油的投入量占渣油加氢原料油加工量比例。

［计算公式］：

$$原料减渣比例 = \frac{减压渣油投入量}{渣油加氢原料油加工量} \times 100$$

［计算说明］：减压渣油投入量、渣油加氢原料油加工量——见本章“渣油加氢原料油加工量”指标中定义。单位：t。

［单　　位］：%。

［数据来源］：内部数据核算。

3.4　原料常渣比例

［指标定义］：报告期内装置加工常减压装置产出常压渣油的进料量占渣油加氢新鲜原料油加工量的比例。

［计算公式］：

$$常渣比例 = \frac{常压渣油投入量}{渣油加氢原料油加工量} \times 100$$

［计算说明］：常压渣油投入量、渣油加氢原料油加工量——见本章“渣油加氢原料油加工量”指标中定义。单位：t。

［单　　位］：%。

［数据来源］：内部数据核算。

3.5　原料蜡油比例

［指标定义］：报告期内装置加工重柴油及蜡油组分的投入量占渣油加氢原料油加工量的比例。

［计算公式］：

$$原料蜡油比例 = \frac{蜡油投入量 + 重柴油投入量}{渣油加氢原料油加工量} \times 100$$

［计算说明］：蜡油投入量、重柴油投入量、渣油加氢原料油加工量——见本章"渣油加氢原料油加工量"指标中定义。单位：t。

［单　　位］：%。

［数据来源］：内部数据核算。

3.6　原料投入侧线逻辑关系

原料减渣比例、原料常渣比例、原料蜡油比例总和必须等于100%。

3.7　配渣比

［指标定义］：报告期内装置原料中理论掺炼减压渣油组分量占渣油加氢新鲜原料油加工量比例。

［计算公式］：

$$配渣比 = \frac{理论掺渣量}{渣油加氢原料油加工量} \times 100$$

［计算说明］：理论掺渣量——报告期内装置蜡渣油组分原料换算为纯减压渣油组分的投入量。单位：t。其中，常压渣油、糠醛抽出油、溶剂脱沥青的中段油按二分之一换算，焦化蜡油、溶剂脱沥青的脱沥青油或轻脱油、重污油、催化油浆按三分之一换算，减压渣油按百分百换算，计算公式如下：

$$理论掺渣量 = \frac{1}{2}常压渣油 + \frac{1}{3}(脱沥青油 + 糠醛抽出油 + 轻脱油 + 重污油 + 催化油浆 + 焦化蜡油) + 减压渣油$$

式中　常压渣油——渣油加氢装置配炼常减压装置常压塔出来渣油，t；

焦化蜡油——渣油加氢装置配炼延迟焦化装置产出的蜡油，t；

糠醛抽出油——渣油加氢装置配炼糠醛精制装置产出的抽出油，t；

轻脱油、中段油、脱沥青油——渣油加氢装置配炼溶剂脱沥青装置产出的轻脱油、中段油、脱沥青油，t；

重污油——渣油加氢装置配炼系统回收的重污油，t；

催化油浆——渣油加氢装置配炼催化裂化装置产出的催化油浆，t。

渣油加氢原料油加工量——见本章相应指标定义。

［单　　位］：%。

［数据来源］：内部数据核算。

4　侧线指标

4.1　干气收率

［指标定义］：报告期内装置加工过程产出干气产量占渣油加氢原料加工量的百分比。

［计算公式］：

$$干气收率 = \frac{干气产量}{渣油加氢原料加工量} \times 100$$

［计算说明］：干气产量——报告期内装置发生化学反应后，因反应而产出，经分馏塔、脱硫塔、汽提塔、高低分离器、氢提浓等单元产出并入炼油厂系统或直接作为装置内部自用

的燃料干气产量。外送酸性气量计入干气产量，若酸性气通过胺液、酸性水等吸收到下游装置处理后产生，则按酸性气夹带量进行计算。干气产品包括脱前、脱后干气，富氢，释放气，酸性气，火炬气等在标态下为气体。若装置外收其它装置干气，则从产品气体中等量扣除。单位：t。

渣油加氢原料加工量——见本章“渣油加氢原料加工量”指标中定义。单位：t。

［单　　位］:%。

［对应指标］：渣油加氢装置气体收率。

［数据来源］：MES。

4.2　液态烃收率

［指标定义］：报告期内装置加工过程产出液态烃产量占渣油加氢原料加工量的百分比。

［计算公式］：

$$液态烃收率=\frac{液态烃产量}{渣油加氢原料加工量}\times 100$$

［计算说明］：液态烃产量——报告期内装置加工过程产出送出界区的液态烃产量。若装置外收液态烃进料，则从液态烃产量中等量扣除。若装置不设液态烃抽出侧线，则不设该指标。单位：t。

渣油加氢原料加工量——见本章“渣油加氢原料加工量”指标中定义。单位：t。

［单　　位］:%。

［对应指标］：渣油加氢装置液态烃收率。

［数据来源］：MES。

4.3　石脑油收率

［指标定义］：报告期内装置加工过程产出石脑油产量占渣油加氢原料加工量的百分比。

［计算公式］：

$$石脑油收率=\frac{石脑油产量}{渣油加氢原料加工量}\times 100$$

［计算说明］：石脑油产量——报告期内装置分馏、汽提等方式分离出来送出界区的石脑油组分产量。若装置有其它装置石脑油组分进料，则从石脑油组分产量中等量扣除。单位：t。

渣油加氢原料加工量——见本章“渣油加氢原料加工量”指标中定义。单位：t。

［单　　位］:%。

［对应指标］：渣油加氢装置轻石脑油收率、重石脑油收率、汽油收率。

［数据来源］：MES。

4.4　柴油收率

［指标定义］：报告期内装置加工过程产出柴油产量占渣油加氢原料加工量的百分比。

［计算公式］：

$$柴油收率=\frac{柴油产量}{渣油加氢原料加工量}\times 100$$

［计算说明］：柴油产量——报告期内装置加工过程产出送出界区的柴油产量。若装置有外收轻柴油进料作为封油或开停工置换油，则从柴油产量中等量扣除。若装置不设柴油抽出侧线，则不设该指标。单位：t。

渣油加氢原料加工量——见本章“渣油加氢原料加工量”指标中定义。单位：t。

［单　　位］:%。

［对应指标］: 渣油加氢装置柴油收率。

［数据来源］: MES。

4.5　加氢渣油收率

［指标定义］: 报告期内装置加工过程产出加氢渣油产量占渣油加氢原料加工量的百分比。

［计算公式］:

$$加氢渣油收率 = \frac{加氢渣油产量}{渣油加氢原料加工量} \times 100$$

［计算说明］: 加氢渣油产量——报告期内装置产出送出界区的加氢渣油产量。若装置全炼蜡油，产出加氢蜡油计入加氢渣油产量中。若装置有外收各类加氢蜡油、加氢渣油进料，则从加氢渣油产量中等量扣除。单位：t。

渣油加氢原料加工量——见本章“渣油加氢原料加工量”指标中定义。单位：t。

［单　　位］:%。

［对应指标］: 渣油加氢装置加氢渣油收率。

［数据来源］: MES。

4.6　装置加工损失率

［指标定义］: 报告期内装置总投入量与总产量差额占渣油加氢原料加工量的百分比。

［计算公式］:

$$装置加工损失率 = \frac{装置加工损失量}{渣油加氢原料加工量} \times 100$$

$$装置加工损失量 = 装置总投入量 - 装置总产量$$

$$装置总产量 = 干气产量 + 液态烃产量 + 石脑油组分产量 + 柴油组分产量 + 加氢渣油产量$$

［计算说明］: 装置加工损失量——报告期内装置总投入量减去装置总产量的差值。加工损失包括装置内的物料在加工、输转、排放过程中的损耗。单位：t。

装置总投入量——报告期内装置收界外新鲜原料进料总量，即为渣油加氢原料加工量。单位：t。

装置总产量——报告期内装置所有产出侧线产出送出界区的量或装置自用消耗的总量。单位：t。

渣油加氢原料加工量——见本章“渣油加氢原料加工量”指标中定义。单位：t。

［单　　位］:%。

［对应指标］: 渣油加氢装置加工损失率。

［数据来源］: MES。

4.7　装置产出侧线逻辑关系

干气收率、液态烃收率、柴油收率、加氢渣油收率、装置加工损失率总和必须等于100%。

5　运行指标

5.1　原料运行指标

5.1.1　原料密度

见《催化裂化装置》章中“原料密度”指标定义及计算方法。

5.1.2　原料含硫量

见《催化裂化装置》章中“原料含硫量”指标定义及计算方法。

5.1.3　硫设防值合格率

见《常减压装置》章中“硫设防值合格率”指标定义及计算方法。

5.1.4　原料含氮量

见《催化裂化装置》章中“原料含氮量”指标定义及计算方法。

5.1.5　原料残炭

见《催化裂化装置》章中“原料残炭”指标定义及计算方法。

5.1.6　原料含镍量

见《催化裂化装置》章中“原料含镍量”指标定义及计算方法。

5.1.7　原料含钒量

见《催化裂化装置》章中“原料含钒量”指标定义及计算方法。

5.2　加氢渣油指标

5.2.1　加氢渣油密度

见《催化裂化装置》章中“原料密度”指标定义及计算方法。

5.2.2　加氢渣油含硫量

见《催化裂化装置》章中“原料含硫量”指标定义及计算方法。

5.2.3　加氢渣油含氮量

见《催化裂化装置》章中“原料含氮量”指标定义及计算方法。

5.2.4　加氢渣油残炭

见《催化裂化装置》章中“原料残炭”指标定义及计算方法。

5.2.5　加氢渣油含镍量

见《催化裂化装置》章中“原料含镍量”指标定义及计算方法。

5.2.6　加氢渣油含钒量

见《催化裂化装置》章中“原料含钒量”指标定义及计算方法。

5.3　原料轻质化指数

[指标定义]：报告期内装置加工的新鲜原料油经加氢反应后，原料变成轻组分的转化程度。用物料的密度比值来表示。

[计算公式]：

$$原料轻质化指数 = \frac{加氢渣油密度}{原料密度}$$

[计算说明]：加氢渣油密度、原料密度——见本章“运行指标”中相应指标定义。单位：kg/m^3。

[单　　位]：无。

[数据来源]：内部数据核算。

5.4　脱硫率

[指标定义]：报告期内装置加工的新鲜原料油经加氢反应、分馏、脱硫等单元后原料硫元素脱除程度。

[计算公式]：

$$脱硫率 = (1 - \frac{加氢渣油产量 \times 加氢渣油含硫量}{渣油加氢原料油加工量 \times 原料含硫量}) \times 100$$

[计算说明]：加氢渣油产量——见本章“侧线指标”中相应指标定义。单位：t。

渣油加氢原料油加工量——见本章“渣油加氢原料油加工量”指标中定义。单位：t。

加氢渣油含硫量、原料含硫量——见本章“运行指标”中相应指标定义。单位:%。

[单　　位]:%。

[数据来源]：内部数据核算。

5.5 脱碳率

[指标定义]：报告期内装置加工的新鲜原料油经加氢反应、分馏、脱硫等单元后原料残炭的饱和程度。

[计算公式]：

$$脱碳率=(1-\frac{加氢渣油产量\times加氢渣油残炭}{渣油加氢原料油加工量\times原料残炭})\times100$$

[计算说明]：加氢渣油产量——见本章“侧线指标”中相应指标定义。单位：t。

渣油加氢原料油加工量——见本章“渣油加氢原料油加工量”指标中定义。单位：t。

加氢渣油残炭、原料残炭——见本章“运行指标”中相应指标定义。单位:%。

[单　　位]:%。

[数据来源]：内部数据核算。

5.6 脱氮率

[指标定义]：报告期内装置加工的新鲜原料油经加氢反应、分馏、脱硫等单元后原料氮元素脱除程度。

[计算公式]：

$$脱氮率=(1-\frac{加氢渣油产量\times加氢渣油含氮量}{渣油加氢原料油加工量\times原料含氮量})\times100$$

[计算说明]：加氢渣油产量——见本章“侧线指标”中指标定义。单位：t。

渣油加氢原料油加工量——见本章“渣油加氢原料油加工量”指标中定义。单位：t。

加氢渣油含氮量、原料含氮量——见本章“运行指标”中相应指标定义。单位:%。

[单　　位]:%。

[数据来源]：内部数据核算。

5.7 脱镍率

[指标定义]：报告期内装置加工的新鲜原料油经加氢反应、分馏、脱硫等单元后原料镍元素脱除程度。

[计算公式]：

$$脱镍率=(1-\frac{加氢渣油产量\times加氢渣油含镍量}{渣油加氢原料油加工量\times原料含镍量})\times100$$

[计算说明]：加氢渣油产量——见本章“侧线指标”中指标定义。单位：t。

渣油加氢原料油加工量——见本章“渣油加氢原料油加工量”指标中定义。单位：t。

加氢渣油含镍量、原料含镍量——见本章“运行指标”中相应指标定义。单位：μg/g。

[单　　位]:%。

[数据来源]：内部数据核算。

5.8 脱钒率

[指标定义]：报告期内装置加工的新鲜原料油经加氢反应、分馏、脱硫等单元后原料钒元素脱除程度。

[计算公式]：

$$脱钒率=(1-\frac{加氢渣油产量\times加氢渣油含钒量}{渣油加氢原料油加工量\times原料含钒量})\times100$$

[计算说明]：加氢渣油产量——见本章“侧线指标”中相应指标定义。单位：t。

渣油加氢原料油加工量——见本章“渣油加氢原料油加工量”指标中定义。单位：t。

加氢渣油含钒量、原料含钒量——见本章“运行指标”中相应指标定义。单位：μg/g。

[单　　位]：%。

[数据来源]：内部数据核算。

5.9　加热炉热效率

见《常减压装置》章中“加热炉热效率”指标定义及计算方法。若装置不设分馏炉，则直接用反应炉的热效率计算，若装置有多个加热炉，则取所有加热炉平均热效率。

5.10　干气≥C_3 含量

见《催化裂化装置》章中“干气≥C_3 含量”指标定义及计算方法。

5.11　新鲜氢气氢纯度[%(体积)]

见《加氢裂化装置》章中“新鲜氢气氢纯度[%(体积)]”指标定义和指标计算方法。

5.12　新鲜氢气氢纯度[%(质量)]

见《加氢裂化装置》章中“新鲜氢气氢纯度[%(质量)]”指标定义和指标计算方法。

5.13　副产氢气氢纯度[%(体积)]

见《加氢裂化装置》章中“副产氢气氢纯度[%(体积)]”指标定义和指标计算方法。

5.14　副产氢气氢纯度[%(质量)]

见《加氢裂化装置》章中“副产氢气氢纯度[%(质量)]”指标定义和指标计算方法。

5.15　循环氢纯度

见《加氢裂化装置》章中“循环氢氢纯度”指标定义和指标计算方法。

5.16　循环氢流量

见《加氢裂化装置》章中“循环氢流量”指标定义和指标计算方法。

5.17　反应器床层最高温度

见《蜡油加氢装置》章中“反应器床层最高温度”指标定义和指标计算方法。

5.18　反应催化剂平均温度

见《蜡油加氢装置》章中“反应催化剂平均温度”指标定义和指标计算方法。

5.19　反应器床层温升

见《蜡油加氢装置》章中“反应器床层温升”指标定义和指标计算方法。

5.20　反应压力

见《蜡油加氢装置》章中“反应压力”指标定义和指标计算方法。

5.21　反应系统总压降

见《蜡油加氢装置》章中“反应系统总压降”指标定义和指标计算方法。

5.22　加氢反应氢油体积比

见《蜡油加氢装置》章中“加氢反应氢油体积比”指标定义和指标计算方法。

5.23　加氢反应质量空速

见《蜡油加氢装置》章中“加氢反应质量空速”指标定义和指标计算方法。

5.24　装置正常开工时间点

[指标定义]：报告期内装置预氮化结束后切换蜡渣油的时间点为正常开工时间点。

5.25　装置正常停工时间点

[指标定义]：报告期内装置正常停工时开始切断反应进料时间点为正常停工时间点。

6　综合指标

6.1　实际氢耗

[指标定义]：报告期内装置加工 1t 新鲜原料油消耗纯氢数量。

[计算公式]：

$$实际氢耗=\frac{新鲜氢气消耗量\times新鲜氢气氢纯度[\%(质量)]}{渣油加氢原料油加工量}\times1000$$

若装置产出富氢，计算公式如下：

$$实际氢耗=\frac{新鲜氢气消耗量\times新鲜氢气氢纯度[\%(质量)]-富氢产量\times富氢氢纯度[\%(质量)]}{渣油加氢原料油加工量}\times1000$$

[计算说明]：新鲜氢气氢纯度[%(质量)]、富氢氢纯度[%(质量)]——见本章“运行指标”中相应指标定义。单位:%。

副产氢量——报告期内装置产出富氢并入氢气管网或下游装置作为氢源的产量。单位：t。

新鲜氢气消耗量、渣油加氢原料加工量——见本章“渣油加氢原料加工量”指标中定义。单位：t。

[单　　位]:%。

[数据来源]：内部数据核算。

6.2　轻油收率

[指标定义]：报告期内装置产出石脑油、柴油等轻质油产量占渣油加氢原料加工量的百分比。

[计算公式]：

$$轻油收率=\frac{石脑油产量+柴油产量}{渣油加氢原料油加工量}\times100$$

$$=石脑油收率+柴油收率$$

[计算说明]：石脑油产量、柴油产量——见本章“侧线指标”中相应指标定义。单位：t。

石脑油收率、柴油收率——见本章“侧线指标”中相应指标定义。单位:%。

渣油加氢原料加工量——见本章“渣油加氢原料加工量”指标中定义。单位：t。

[单　　位]:%。

[数据来源]：内部数据核算。

6.3　总液收

[指标定义]：报告期内装置产出物料中液体产品产品之和占渣油加氢原料加工量的百分比。

[计算公式]：

$$总液收=\frac{液体产品总量}{渣油加氢原料加工量}\times100$$

$$=液态烃收率+石脑油收率+柴油收率+加氢渣油收率$$

$$液体产品总量=液态烃产量+石脑油产量+柴油产量+加氢渣油产量$$

［计算说明］：液体产品总量——报告期内装置产出侧线产出的送出界区的标态下为液态的产品总和，包括石脑油组分（轻石脑油、重石脑油、汽油）、柴油、加氢蜡油、加氢渣油等。单位：t。

渣油加氢原料加工量——见本章“渣油加氢原料加工量”指标中定义。单位：t。

液态烃收率、石脑油收率、柴油收率、加氢渣油收率——见本章“侧线指标”指标中定义。单位：%。

液态烃产量、石脑油产量、柴油产量、加氢渣油产量——见本章“侧线指标”指标中定义。单位：t。

［单　　位］：%。

［数据来源］：内部数据核算。

6.4　装置竞赛指标

［指标定义］：报告期内装置考虑不同原料含硫、含氮下液态产品收率的装置竞赛指标。

［计算公式］：

$$综合总液收 = 总液收 + 原料含硫量 + 原料含氮量$$

$$= \frac{液体产品总量 + 渣油加氢原料油加工量 \times (原料硫含量 + 原料氮含量)}{渣油加氢原料加工量} \times 100$$

液体产品总量 = 液态烃产量 + 石脑油产量 + 柴油产量 + 加氢渣油产量

［计算说明］：总液收——见本章“综合指标”中相应指标定义。

原料含硫量、原料含氮量——见本章“运行指标”中相应指标定义。单位：%。

液态烃产量、石脑油产量、柴油产量、加氢渣油产量——见本章“侧线指标”中相应指标定义。单位：t。

渣油加氢原料油加工量、渣油加氢原料加工量——见本章“渣油加氢原料加工量”指标中定义。单位：t。

［单　　位］：%。

［数据来源］：内部数据核算。

6.5　氢气利用效率

［指标定义］：报告期内装置在加氢过程中氢气的利用效率。

［计算说明］：实际氢耗——见氢耗的定义。

$$氢气利用效率 = \frac{化学氢耗(\%)}{实际氢耗 \times 10}$$

［计算说明］：实际氢耗——见本章“实际氢耗”中的指标定义。单位：kg/t。

化学氢耗有两个计算公式：

抚顺石油化工研究院公式：

$$化学氢耗(fripp) = 2.2637 \times \exp(0.036 \times 石脑油收率)$$

$$= 2.2637 \times \exp\left(0.036 \times \frac{石脑油产量}{渣油加氢原料加工量} \times 100\right)$$

石油化工科学研究院公式：

$$化学氢耗(ripp) = 0.0249 \times 石脑油收率 + 1.4684$$

$$= 0.0249 \times \frac{石脑油产量}{渣油加氢原料加工量} \times 100 + 1.4684$$

式中　石脑油产量——见本章“侧线指标”中相应指标定义，t。

石脑油收率——见本章“侧线指标”中相应指标定义，%。

渣油加氢原料加工量——见本章“渣油加氢原料加工量”指标中定义，t。

［单　　位］：无。

［数据来源］：内部数据核算。

第9章　芳烃抽提装置

1　装置简介

芳烃抽提就是根据各种烃类在溶剂中具有不同的溶解度来达到最终分离的过程。在抽提过程中，溶剂与抽提原料接触后分为两相。一相为溶剂及溶于溶剂中的芳烃组分，称为富溶剂；另一相为不溶（或相对不溶）于溶剂的非芳烃组分。再利用溶剂与烃类的不同沸点将溶剂与烃分离，得到所需的烃类。

2　装置范围

芳烃抽提装置范围包括原料分离、芳烃抽提、芳烃精馏、溶剂油分离等部分。若原料分离单元在上游重整装置的则不属于本装置界区范围。

3　抽提原料加工量

［指标定义］：报告期内装置外收重整生成油和新鲜氢气的新鲜原料投入量的总和。

［计算公式］：

$$抽提原料加工量 = 重整生成油投入量 + 新鲜氢气进料量$$

［计算说明］：抽提原料加工量——报告期内装置外收重整生成油和新鲜氢气的新鲜原料进料量的总和。若芳烃抽提装置包括原料分离部分的，芳烃抽提抽提原料加工量是指进原料分离部分的进料量；若芳烃抽提装置不包括原料分离部分的，芳烃抽提抽提原料加工量是指进抽提塔部分的原料油进料量，但不包括装置内不合格苯、溶剂油、为了调节抽提塔进料而组成的循环回装置进料线和原料缓冲罐重新分离物料的量。若装置有加氢反应饱和单元，装置外收界区的氢气计入芳烃抽提抽提原料加工量。

重整生成油投入量——报告期内装置外收重整装置产出生成油的进料量。

新鲜氢气进料量——报告期内装置消耗界区外新鲜氢气进料量。

［单　　位］：t。

［数据来源］：MES 或统计系统。

4　侧线指标

4.1　干气收率

［指标定义］：报告期内干气出装置界区产量占抽提原料加工量的百分比。

［计算公式］：

$$干气收率 = \frac{干气产量}{抽提原料加工量} \times 100$$

［计算说明］：干气产量——报告期内装置内各塔、容器排入厂内低压瓦斯系统的气体

量。单位：t。

抽提原料加工量——见本章“抽提原料加工量”指标中定义。单位：t。

[单　　位]：%。

[数据来源]：MES 或统计系统。

4.2　丁烷 - 戊烷收率

[指标定义]：报告期内丁烷 - 戊烷油出装置界区产量占抽提原料加工量的百分比。

[计算公式]：

$$丁烷 - 戊烷收率 = \frac{丁烷 - 戊烷油产量}{抽提原料加工量} \times 100$$

[计算说明]：丁烷 - 戊烷油产量——报告期内装置将芳烃抽提原料中的丁烷 - 戊烷油组分通过分馏塔分离出来出装置界区产量。单位：t。

抽提原料加工量——见本章“抽提原料加工量”指标中定义。单位：t。

[单　　位]：%。

[数据来源]：MES 或统计系统。

4.3　非芳烃收率

[指标定义]：报告期内装置非芳烃组分出装置界区产量占抽提原料加工量的百分比。

[计算公式]：

$$非芳烃收率 = \frac{非芳烃产量}{抽提原料加工量} \times 100$$

[计算说明]：非芳烃产量——报告期内装置经过芳烃抽提后分离出不含芳烃组分的量，也叫抽余油。单位：t。

抽提原料加工量——见本章“抽提原料加工量”指标中定义。单位：t。

[单　　位]：%。

[数据来源]：MES 或统计系统。

4.4　芳烃收率

4.4.1　苯收率

[指标定义]：报告期内装置苯出装置界区产量占抽提原料加工量的百分比。

[计算公式]：

$$苯收率 = \frac{苯产量}{抽提原料加工量} \times 100$$

[计算说明]：苯产量——报告期内装置经过溶剂抽提后分离出来的苯组分出装置界区产量。单位：t。

抽提原料加工量——见本章“抽提原料加工量”指标中定义。单位：t。

[单　　位]：%。

[数据来源]：MES 或统计系统。

4.4.2　甲苯收率

[指标定义]：报告期内装置甲苯出装置界区产量占抽提原料加工量的百分比。

[计算公式]：

$$甲苯收率 = \frac{甲苯产量}{抽提原料加工量} \times 100$$

[计算说明]：甲苯产量——报告期内装置经过溶剂抽提后分离出来的甲苯组分出装置

界区产量。若芳烃抽提装置不分离甲苯，则没有该指标。单位：t。

抽提原料加工量——见本章“抽提原料加工量”指标中定义。单位：t。

［单　　位］：%。

［数据来源］：MES 或统计系统。

4.4.3　重芳烃收率

［指标定义］：报告期内装置 C_9 以及 C_9 以上芳烃出装置界区产量占抽提原料加工量的百分比。

［计算公式］：

$$重芳烃收率 = \frac{重芳烃产量}{抽提原料加工量} \times 100$$

［计算说明］：重芳烃产量——报告期内装置芳烃抽提原料分离出 C_8 以下组分后，剩下组分的产量。若芳烃抽提装置不分离甲苯、二甲苯，则没有该指标。单位：t。

抽提原料加工量——见本章“抽提原料加工量”指标中定义。单位：t。

［单　　位］：%。

［数据来源］：MES 或统计系统。

4.5　抽提汽油收率

［指标定义］：报告期内经过原料分离单元切割出芳烃抽提原料后的汽油出装置界区产量占抽提原料加工量的百分比。

［计算公式］：

$$抽提汽油收率 = \frac{抽提汽油产量}{抽提原料加工量} \times 100$$

［计算说明］：抽提汽油产量——报告期内装置苯抽提原料分离出芳烃抽提原料后，剩下作为汽油调和组分的产量。若芳烃抽提装置的原料是已经经过切割的，可以直接作为抽提塔进料组分的，则没有该指标。单位：t。

抽提原料加工量——见本章“抽提原料加工量”指标中定义。单位：t。

［单　　位］：%。

［数据来源］：MES 或统计系统。

4.6　装置加工损失率

［指标定义］：报告期内装置总投入量与总产量差额占抽提原料加工量的百分比。

［计算公式］：

$$装置加工损失率 = \frac{装置加工损失量}{抽提原料加工量} \times 100$$

$$装置加工损失量 = 装置总投入量 - 装置总产量$$

装置总产量 = 干气产量 + 丁烷 - 戊烷产量 + 非芳烃产量 + 芳烃产量 + 抽提汽油产量

［计算说明］：装置加工损失量——报告期内装置总投入量减去装置总产量的差值。加工损失包括装置内的物料在加工、输转、排放过程中的损耗。单位：t。

装置总投入量——报告期内装置收界外新鲜原料进料总量，即为抽提原料加工量。单位：t。

装置总产量——报告期内装置所有产出侧线产出送出界区的量或装置自用消耗的总量。单位：t。

干气产量、丁烷 - 戊烷产量、非芳烃产量、芳烃产量、抽提汽油产量——见本章“侧线指标”中相应指标定义。单位：t。

渣油加氢原料加工量——见本章“渣油加氢原料加工量”指标中定义。单位：t。

[单　　位]:%。

[对应指标]：渣油加氢装置加工损失率。

[数据来源]：MES。

4.7　装置产出侧线逻辑关系

干气收率、丁烷－戊烷收率、非芳烃收率、芳烃收率、抽提汽油收率、装置加工损失率总和必须等于100%。

5　运行指标

5.1　加热炉热效率

见《常减压装置》章中“加热炉热效率”指标定义及计算方法。

5.2　加工负荷率

[指标定义]：报告期内装置实际处理的原料油的数量与装置设计处理原料油数量的比例。

[计算公式]：

$$\text{加工负荷率} = \frac{\text{实际处理原料油量}}{\text{设计处理原料油量}} \times 100$$

[计算说明]：实际处理原料油量——报告期内装置实际处理原料油的量，主要为重整汽油量。单位：t。

设计处理原料油量——报告期内装置设计处理原料油的量，主要为重整汽油量。单位：t。

[单　　位]:%。

[数据来源]：MES 或统计系统。

5.3　苯负荷率

[指标定义]：报告期内装置实际苯产量与装置设计苯产量的比例。

[计算公式]：

$$\text{苯负荷率} = \frac{\text{实际苯产量}}{\text{设计苯产量}} \times 100$$

[计算说明]：实际苯产量——报告期内装置实际产出苯送装置界区外的量。单位：t。

设计苯产量——报告期内装置设计产出苯送装置界区外的量。单位：t。

[单　　位]:%。

[数据来源]：MES 或统计系统。

5.4　原料苯含量

[指标定义]：报告期内芳烃抽提塔进料中苯含量的平均值。

[计算公式]：

$$\text{当月原料苯含量} = \frac{\sum \text{原料中苯含量}}{\text{原料中苯含量样本总数}} \times 100$$

$$\text{累计原料苯含量} = \frac{\sum \text{月原料中苯含量}}{\text{运行月数}}$$

[计算说明]：原料苯含量——报告期内装置外收新鲜原料油中苯的含量。单位:%。

原料苯含量样本总数——报告期内装置外收新鲜原料油中分析正常苯含量的样本总数。

运行月数——报告期内累计运行月的数量。

[单　　位]:%。

[数据来源]: LIMS。

5.5　苯产品苯含量

见本章“原料苯含量”的指标定义和指标计算方法。

5.6　原料甲苯含量

[指标定义]: 报告期内芳烃抽提塔进料中甲苯含量的平均值。

[计算公式]:

$$当月原料甲苯含量 = \frac{\sum 原料中甲苯含量}{原料中甲苯含量样本总数} \times 100$$

$$累计原料甲苯含量 = \frac{\sum 月原料中甲苯含量}{运行月数}$$

[计算说明]: 原料甲苯含量——报告期内装置外收新鲜原料油分析正常甲苯的含量。单位:%。

原料甲苯含量样本总数——报告期内装置外收新鲜原料油中分析正常甲苯含量的样本总数。

运行月数——报告期内累计运行月的数量。

[单　　位]:%。

[数据来源]: LIMS。

5.7　甲苯产品甲苯含量

见本章“原料甲苯含量”的指标定义和指标计算方法。

5.8　装置正常开工时间点

[指标定义]: 在报告期内连续收进界区重整汽油并芳烃产品质量合格分罐的时间点。

5.9　装置正常停工时间点

[指标定义]: 在报告期内以装置抽提塔停收重整汽油的时间点。

6　综合指标

6.1　苯回收率

[指标定义]: 报告期内苯产品的含量与芳烃抽提塔进料中苯的含量的比值。

[计算公式]:

$$苯回收率 = \frac{苯产量 \times 苯产品中苯含量}{抽提原料加工量 \times 原料中苯含量} \times 100$$

[计算说明]: 苯产量——见本章“侧线指标”中相应指标定义。单位: t。

抽提原料加工量——见本章“抽提原料加工量”指标中定义。单位: t。

苯产品苯含量、原料油苯含量——见本章“运行指标”中相应指标定义。单位:%。

[单　　位]:%。

[数据来源]: 内部数据核算。

6.2　甲苯回收率

[指标定义]: 报告期内甲苯产品的含量与芳烃抽提塔进料中甲苯的含量的比值。

[计算公式]:

$$甲苯回收率 = \frac{甲苯产量 \times 甲苯产品纯度}{抽提原料加工量 \times 原料油中甲苯含量} \times 100$$

[**计算说明**]：甲苯产量——见本章“侧线指标”中相应指标定义。单位：t。

抽提原料加工量——见本章“抽提原料加工量”指标中定义。单位：t。

甲苯产品甲苯含量、原料甲苯含量——见本章“运行指标”中相应指标定义。单位:%。

[**单　　位**]:%。

[**数据来源**]：内部数据核算。

第10章　对二甲苯(PX)装置

1　装置简介

对二甲苯(PX)装置通常分为歧化、二甲苯精馏、吸附分离和异构化四个单元，歧化单元以 C_9^+ 和 C_7 为主要原料，在一定温度、压力、临氢状态和催化剂作用下，将歧化原料转化为富含PX的混合二甲苯物料；歧化和重整 C_8^+ A原料进入二甲苯精馏单元，分离出 C_8 作为吸附分离进料，吸附分离单元通常采用IFP或AXENS吸附分离技术，利用模拟移动床原理从 C_8 中分离出PX产品；贫PX的 C_8 从抽余液侧线抽出后作为异构化进料，在一定温度、压力、临氢状态和催化剂作用下，将贫PX二甲苯原料转化为四种异构体(PX、MX、OX、EB)接近平衡浓度的催化异构过程，异构化 C_8 返回二甲苯精馏单元循环为吸附分离原料。

2　装置范围

装置范围包括歧化、二甲苯精馏、吸附分离、异构化等单元。

3　对二甲苯原料加工量

[**指标定义**]：报告期内装置加工芳烃新鲜原料量与新鲜氢气消耗量的总和。

[**计算公式**]：

对二甲苯原料加工量=重整生成油进料量+抽提汽油进料量+
其它芳烃原料进料量+新鲜氢气消耗量

[**计算说明**]：对二甲苯原料加工量——报告期内装置加工重整生成油、芳烃抽提汽油、混合甲苯等芳烃新鲜原料量与新鲜氢气消耗量的总和。

重整生成油进料量——报告期内装置加工重整生成油的进料量。

抽提汽油进料量——报告期内装置加工芳烃抽提装置产出的抽提汽油的进料量。

其它芳烃原料进料量——报告期内装置除重整生成油、抽提汽油之外的其它含芳烃原料的进料量。

新鲜氢气消耗量————报告期内装置消耗界区外新鲜氢气量。

[**单　　位**]：t。

[**数据来源**]：MES或统计系统。

4　侧线指标

4.1　尾氢收率

[**指标定义**]：报告期内装置产出富含氢气的尾氢产量占对二甲苯原料加工量的百分比。

［计算公式］：

$$尾氢收率=\frac{尾气产量}{对二甲苯原料加工量}\times 100$$

［计算说明］：尾氢产量——报告期内装置产出富含氢气的尾氢并入系统氢气管网或去下游装置作为氢源的产量。若不并入系统氢气管网或去下游装置作为氢源，则不能计入尾气产量，只能计入干气产量。单位：t。

对二甲苯原料加工量——见本章“对二甲苯原料加工量”指标中定义。单位：t。

［单　　位］：%。

［数据来源］：MES 或统计系统。

4.2　干气收率

［指标定义］：报告期内装置加工过程中产出并入系统或作为装置加热炉自用干气的产量占对二甲苯原料加工量的百分比。

［计算公式］：

$$干气收率=\frac{干气产量}{对二甲苯原料加工量}\times 100$$

［计算说明］：干气产量——报告期内装置加工过程中产出并入系统或作为装置加热炉自用干气的产量。若不并入系统氢气管网或去下游装置作为氢源，则不能计入尾气产量，只能计入干气产量。单位：t。

对二甲苯原料加工量——见本章“对二甲苯原料加工量”指标中定义。单位：t。

［单　　位］：%。

［数据来源］：MES 或统计系统。

4.3　轻烃收率

［指标定义］：报告期内装置加工过程中产出含碳三、碳四、碳五、碳六等轻烃组分产量占对二甲苯原料加工量的百分比。

［计算公式］：

$$轻烃收率=\frac{轻烃产量}{对二甲苯原料加工量}\times 100$$

［计算说明］：轻烃产量——报告期内装置加工过程中产出含碳三、碳四、碳五、碳六等轻烃组分产量。含苯组分产量不能计入轻烃产量。单位：t。

对二甲苯原料加工量——见本章“对二甲苯原料加工量”指标中定义。单位：t。

［单　　位］：%。

［数据来源］：MES 或统计系统。

4.4　苯收率

［指标定义］：报告期内装置加工过程中产出含苯产品产量占对二甲苯原料加工量的百分比。

［计算公式］：

$$苯收率=\frac{苯产量}{对二甲苯原料加工量}\times 100$$

［计算说明］：苯产量——报告期内装置加工过程中产出含苯产品产量，含苯纯度低，也称为粗苯。单位：t。

对二甲苯原料加工量——见本章“对二甲苯原料加工量”指标中定义。单位：t。

[单　　位]：%。

[数据来源]：MES 或统计系统。

4.5　对二甲苯收率

[指标定义]：报告期内装置加工过程中产出对二甲苯产品产量占对二甲苯原料加工量的百分比。

[计算公式]：

$$对二甲苯收率 = \frac{对二甲苯产量}{对二甲苯原料加工量} \times 100$$

[计算说明]：对二甲苯产量——报告期内装置加工过程中产出对二甲苯产品产量。单位：t。

对二甲苯原料加工量——见本章“对二甲苯原料加工量”指标中定义。单位：t。

[单　　位]：%。

[数据来源]：MES 或统计系统。

4.6　混合芳烃收率

[指标定义]：报告期内装置加工过程中产出除苯、对二甲苯外的混合芳烃产品产量占对二甲苯原料加工量的百分比。

[计算公式]：

$$混合芳烃收率 = \frac{混合芳烃产量}{对二甲苯原料加工量} \times 100$$

[计算说明]：混合芳烃产量——报告期内装置加工过程中产出除苯、对二甲苯外的混合芳烃产品产量。单位：t。

对二甲苯原料加工量——见本章“对二甲苯原料加工量”指标中定义。单位：t。

[单　　位]：%。

[数据来源]：MES 或统计系统。

4.7　汽油收率

[指标定义]：报告期内装置加工过程中产出并作汽油调合组分的产品产量占对二甲苯原料加工量的百分比。

[计算公式]：

$$汽油收率 = \frac{汽油产量}{对二甲苯原料加工量} \times 100$$

[计算说明]：汽油产量——报告期内装置加工过程中产出并作汽油调和组分的产品产量。单位：t。

对二甲苯原料加工量——见本章“对二甲苯原料加工量”指标中定义。单位：t。

[单　　位]：%。

[数据来源]：MES 或统计系统。

4.8　装置加工损失率

[指标定义]：报告期内装置总投入量与总产量差额占对二甲苯原料加工量的百分比。

[计算公式]：

$$装置加工损失率 = \frac{装置加工损失量}{对二甲苯原料加工量} \times 100$$

$$装置加工损失量 = 对二甲苯原料加工量 - 装置总产量$$

$$装置总产量 = 尾气产量 + 干气产量 + 轻烃产量 + 苯产量 + 对二甲苯产量 + 混合芳烃产量 + 汽油产量$$

［计算说明］：装置加工损失量——装置在报告期内总投入量减去装置总产量。加工损失包括装置内的物料在加工、输转、排放过程中的损耗。单位：t。

装置总投入量——报告期内装置收界外新鲜原料进料总量，即为对二甲苯原料加工量。单位：t。

装置总产量——报告期内装置所有产出侧线产出的出界区的量或装置自用消耗的总量。单位：t。

尾气产量、干气产量、轻烃产量、苯产量、对二甲苯产量、混合芳烃产量 + 汽油产量——见本章“侧线指标”相应指标中定义。单位：t。

对二甲苯原料加工量——见本章“对二甲苯原料加工量”指标中定义。单位：t。

［单　　位］：%。

［数据来源］：MES 或统计系统。

4.9　装置产出侧线逻辑关系

尾氢收率、干气收率、轻烃收率、对二甲苯收率、混合芳烃收率、汽油收率、装置加工损失率总和必须等于 100%。

5　运行指标

5.1　原料对二甲苯含量

［指标定义］：报告期内装置吸附分离单元原料中对二甲苯含量的平均值。

［计算公式］：

$$当月原料对二甲苯含量 = \frac{\sum 原料中对二甲苯含量}{原料中对二甲苯含量样本总数} \times 100$$

$$累计原料对二甲苯含量 = \frac{\sum 月原料中对二甲苯含量}{运行月数}$$

［计算说明］：原料对二甲苯含量——报告期内装置吸附分离单元原料中对二甲苯分析正常含量。单位：%。

原料对二甲苯含量样本总数——报告期内装置吸附分离单元原料中分析正常对二甲苯含量的样本总数。

运行月数——报告期内累计运行月的数量。

［单　　位］：%。

［数据来源］：LIMS。

5.2　产品对二甲苯纯度

见本章“原料对二甲苯含量”的指标定义和指标计算方法。

5.3　异构化反应氢油比

［指标定义］：在异构化反应中，压缩机循环气中氢气的量与异构化反应器总进油量之比称为氢油比。氢油比有体积比和摩尔比，通常指的氢油比是摩尔比即两者的摩尔数之比。

［计算公式］：

$$异构化反应氢油比 = \frac{循环氢中纯氢摩尔数}{反应器总进油量摩尔数}$$

［计算说明］：异构化单元设置有循环塔的，循环物料量也应计入反应器总进油摩尔数。

［单　　位］：mol/mol。

［指标用途］：反映异构化反应系统氢油比状况。

[对应指标]：PX 装置异构化反应氢油比。

5.4　异构化反应空速

[指标定义]：异构化反应系统中每小时进入反应器的原料与反应器中催化剂量之比，即单位催化剂在单位时间内处理的物料量称为空速。空速分为液时质量空速和液时体积空速。液时质量空速就是每小时液体物料的质量与催化剂质量之比。液时体积空速就是单位体积催化剂每小时处理的物料体积量。

[计算公式]：

$$异构化反应空速=\frac{反应器进料质量流量}{反应器内催化装填质量}=\frac{反应器进料体积流量}{反应器内催化装填体积量}$$

[计算说明]：异构化单元设置有循环塔的，循环物料量也应计入反应器总进料。

[单　　位]：h^{-1}。

[指标用途]：反映单位异构化催化剂在单位时间内的处理能力。

[对应指标]：PX 装置异构化反应空速。

5.5　歧化反应氢油比

[指标定义]：歧化与烷基转移反应中，压缩机循环气中氢气的量与歧化反应器总进油量之比称为氢油比。氢油比有体积比和摩尔比，通常指的氢油比是摩尔比即两者的摩尔数之比。

[计算公式]：

$$歧化反应氢油比=\frac{循环氢中纯氢摩尔数}{反应器总进油量摩尔数}$$

[计算说明]：歧化反应器总进油量包括 C_7A 和 C_9^+A 总进料量。

[单　　位]：mol/mol。

[指标用途]：反映歧化反应系统氢油比状况。

[对应指标]：PX 装置歧化反应氢油比。

5.6　歧化反应空速

[指标定义]：歧化反应系统中每小时进入反应器的原料与反应器中催化剂量之比，即单位催化剂在单位时间内处理的物料量称为空速。空速分为液时质量空速和液时体积空速。液时质量空速就是每小时液体物料的质量与催化剂质量之比。液时体积空速就是单位体积催化剂每小时处理的物料体积量。

[计算公式]：

$$歧化反应空速=\frac{反应器进料质量流量}{反应器内催化装填质量}=\frac{反应器进料体积流量}{反应器内催化装填体积量}$$

[计算说明]：每小时反应器进料量包括 C_7A 和 C_9^+A 总进料量。

[单　　位]：h^{-1}。

[指标用途]：反映单位歧化催化剂在单位时间内的处理能力。

[对应指标]：PX 装置歧化反应空速。

5.7　催化剂寿命

[指标定义]：装置自开工以来，单位催化剂所处理的物料总量，PX 装置催化剂寿命分为异构化催化剂寿命、歧化催化剂寿命和吸附剂寿命。

[计算公式]：

$$催化剂寿命=\frac{自开工以来反应器或吸附塔总进料量}{反应器及吸附塔内催化剂或吸附剂装填质量}$$

[计算说明]：反应器或吸附塔总进料量一般只指油相进料量，不包括氢气量。

[单　　位]：t/t。

[指标用途]：反映催化剂使用寿命和周期。

[对应指标]：PX 装置催化剂寿命。

5.8　解吸剂单耗

[指标定义]：PX 装置每生产 1tPX 产品的解吸剂消耗量。

[计算公式]：

$$\text{解吸剂单耗} = \frac{\text{解吸剂消耗总量}}{\text{对二甲苯产量}} \times 1000$$

[计算说明]：解吸剂消耗总量指系统添加的新鲜解吸剂量。

[单　　位]：kg/t。

[指标用途]：反映解吸剂单耗情况。

[对应指标]：PX 装置解吸剂单耗。

5.9　加热炉热效率

见《常减压装置》章中“加热炉热效率”指标定义及计算方法。

6　综合指标

6.1　综合能耗

[指标定义]：报告期内 PX 装置每生产 1t 产品对二甲苯和邻二甲苯产品总量的标准燃料油消耗量。

[计算公式]：

$$\text{综合能耗} = \frac{\text{能源耗量}}{\text{对二甲苯产量} + \text{邻二甲苯产量}} \times 1000$$

[计算说明]：能源耗量——报告期内装置的能源消耗量，包括吸附分离、异构化、二甲苯精馏和歧化四个单元。单位：t 标油。

对二甲苯产量——报告期内装置产出送界区外的对二甲苯产量。单位：t。

邻二甲苯产量——报告期内装置产出送界区外的邻二甲苯产量。单位：t。

[单　　位]：kg 标油/t。

[指标用途]：反映 PX 装置能量单耗情况。

[对应指标]：PX 装置综合能耗。

[数据来源]：内部数据核算。

6.2　PX 产品收率

[指标定义]：报告期内 PX 产品中纯 PX 组分含量与进料中纯组分含量之比。

[计算公式]：

$$\text{PX 产品收率} = \frac{\text{对二甲苯产量} \times \text{产品中对二甲苯纯度}}{\text{吸附分离进料量} \times \text{原料中对二甲苯含量}} \times 100\%$$

[计算说明]：对二甲苯产量——报告期内装置产出送界区外对二甲苯产量。单位：t。

吸附分离进料量——报告期内装置吸附分离单元的进料量。单位：t。

产品对二甲苯纯度、原料对二甲苯纯度——见本章“运行指标”中相应指标定义。单位:%。

[单　　位]:%。

［指标用途］：反映装置从进料混合原料中分离 PX 组分的能力，是 PX 装置重要的效益指标之一。

［对应指标］：PX 装置 PX 产品收率。

［数据来源］：内部数据核算。

第 11 章　溶剂脱沥青装置

1　装置简介

溶剂脱沥青是用萃取的方法，从原油蒸馏所得的减压渣油（有时也从常压渣油）中，除去胶质和沥青，以制取脱沥青油，同时生产石油沥青的一种石油产品精制过程。脱沥青油可通过溶剂脱沥青、溶剂脱蜡和加氢精制（或白土精制）制取高黏度润滑油基础油（残渣润滑油），也可作为催化裂化和加氢裂化的原料。

2　装置范围

溶剂脱沥青装置包括萃取和溶剂回收两个单元，有的装置设溶剂脱硫单元。

3　溶剂脱沥青原料加工量

［指标定义］：报告期内外收减压渣油、催化油浆等混合原料油与丙丁烷溶剂投入量总和。

［计算公式］：

溶剂脱沥青原料加工量＝减压渣油投入量＋催化油浆投入量＋其它原料投入量＋丙丁烷溶剂投入量

［计算说明］：溶剂脱沥青原料加工量——报告期内外收减压渣油、催化油浆等混合原料油与丙丁烷溶剂投入量总和。若装置外排污油，则从装置加工量中等量扣除。

减压渣油投入量——报告期内装置收界区外减压渣油的投入量。

催化油浆投入量——报告期内装置收界区外催化油浆投入量。

其它原料投入量——报告期内装置收界区外常减压重蜡油等其它投入量。

丙丁烷溶剂投入量——报告期内装置收界区外丙丁烷溶剂的进料量。若丙丁烷溶剂不计入炼油生产物料，只作为化工辅料，则不计入溶剂脱沥青原料加工量。

［单　　位］：t。

［数据来源］：MES 或统计系统。

4　侧线指标

4.1　干气收率

［指标定义］：报告期内装置在加工过程产出送出界区的干气产量占溶剂脱沥青原料加工量的百分比。

［计算公式］：

$$干气收率 = \frac{干气产量}{溶剂脱沥青原料加工量} \times 100\%$$

［计算说明］：干气产量——报告期内装置在加工过程产出送出界区的干气产量。单

位：t。

溶剂脱沥青原料加工量——见本章“溶剂脱沥青原料加工量”中指标定义。单位：t。

[单　　位]:%。

[数据来源]：MES 或统计系统。

4.2　脱沥青油收率

[指标定义]：报告期内装置在加工过程产出送出界区的脱沥青油产量占溶剂脱沥青原料加工量的百分比。

[计算公式]：

$$\text{脱沥青油收率} = \frac{\text{脱沥青油产量}}{\text{溶剂脱沥青原料加工量}} \times 100\%$$
$$= \text{轻脱油收率} + \text{重脱油收率}$$

[计算说明]：脱沥青油产量(精制油总产量)——报告期内装置在加工过程产出送出界区的脱沥青油产量，包括轻脱油产量和重脱油产量(中段油产量或残脱油产量)。单位：t。

溶剂脱沥青原料加工量——见本章“溶剂脱沥青原料加工量”中指标定义。单位：t。

轻脱油收率、重脱油收率——见本章“侧线指标”中相应指标定义。单位:%。

[单　　位]:%。

[数据来源]：MES 或统计系统。

4.2.1　轻脱油收率

[指标定义]：报告期内装置在加工过程产出送出界区的残炭小于或等于3%的脱沥青油产量占溶剂脱沥青原料加工量的百分比。

[计算公式]：

$$\text{轻脱油收率} = \frac{\text{轻脱油产量}}{\text{溶剂脱沥青新鲜原料加工量}} \times 100$$

[计算说明]：轻脱油产量——报告期内装置在加工过程产出送出界区的残炭小于或等于3%的脱沥青油产量。单位：t。

溶剂脱沥青原料加工量——见本章“溶剂脱沥青原料加工量”中指标定义。单位：t。

[单　　位]:%。

[数据来源]：MES 或统计系统。

4.2.2　重脱油收率

[指标定义]：报告期内装置在加工过程产出送出界区的残炭大于3%的脱沥青油产量占溶剂脱沥青原料加工量的百分比。

[计算公式]：

$$\text{重脱油收率} = \frac{\text{重脱油产量}}{\text{溶剂脱沥青原料加工量}} \times 100$$

[计算说明]：重脱油产量——报告期内装置在加工过程产出送出界区的残炭大于3%的脱沥青油产量，也称为中段油产量或残脱油产量。单位：t。

溶剂脱沥青原料加工量——见本章“溶剂脱沥青原料加工量”中指标定义。单位：t。

[单　　位]:%。

[数据来源]：MES 或统计系统。

4.3　沥青收率

[指标定义]：报告期内装置在加工过程产出送出界区的沥青产量占溶剂脱沥青原料加

工量的百分比。

[计算公式]：

$$沥青收率=\frac{沥青产量}{溶剂脱沥青原料加工量}\times 100$$

[计算说明]：沥青产量——报告期内装置在加工过程产出送出界区的沥青产量。单位：t。

溶剂脱沥青原料加工量——见本章“溶剂脱沥青原料加工量”中指标定义。单位：t。

[单　　位]：%。

[数据来源]：MES 或统计系统。

4.4 装置加工损失率

[指标定义]：报告期内装置总投入量与装置总产量差额占溶剂脱沥青原料加工量的百分比。

[计算公式]：

$$装置加工损失率=\frac{装置加工损失量}{溶剂脱沥青原料加工量}\times 100$$

装置加工损失量 = 装置总投入量 - 装置总产量

装置总产量 = 干气产量 + 脱沥青油产量(轻脱油产量 + 重脱油产量) + 沥青产量

[计算说明]：装置加工损失量——报告期内装置总投入量减去装置总产量的差值。加工损失包括装置内的物料在加工、精制、输转、排放过程中的损耗。单位：t。

装置总投入量——报告期内装置收界外新鲜原料进料总量，即为溶剂脱沥青原料加工量。单位：t。

装置总产量——报告期内装置所有产出侧线产出送出界区的总量。包括干气产量、脱沥青油产量(轻脱油产量 + 重脱油产量)、沥青产量。单位：t。

溶剂脱沥青原料加工量——见本章“溶剂脱沥青原料加工量”中指标定义。单位：t。

干气产量、脱沥青油产量、轻脱油产量、重脱油产量、沥青产量——见本章“侧线指标”中相应指标定义。单位：t。

[单　　位]：%。

[数据来源]：MES 或统计系统。

4.5 装置产出侧线逻辑关系

干气收率、脱沥青油收率、沥青收率、装置加工损失率总和必须等于 100%。

5 运行指标

5.1 吨油耗溶剂

[指标定义]：报告期内装置加工 1t 减压渣油等原料加工量消耗丙烷丁烷等溶剂的数量。

[计算公式]：

$$吨油耗溶剂=\frac{溶剂消耗量}{溶剂脱沥青原料加工量}\times 1000$$

[计算说明]：溶剂消耗量——报告期内装置消耗丙烷丁烷等溶剂的数量。单位：t。

溶剂脱沥青原料加工量——见本章“溶剂脱沥青原料加工量”中指标定义。单位：t。

[单　　位]：kg/t。

[数据来源]：MES 或统计系统。

5.2 原料指标

5.2.1 原料密度

见《催化裂化装置》章中"原料密度"指标定义及计算方法。

5.2.2 原料残炭

见《催化裂化装置》章中"原料残炭"指标定义及计算方法。

5.2.3 原料含硫量

见《催化裂化装置》章中"原料含硫量"指标定义及计算方法。

5.2.4 原料沥青质

[指标定义]：报告期内外收减压渣油、催化油浆等混合原料油的平均沥青质。

[计算公式]：

$$当月原料沥青质 = \frac{\sum 原料沥青质}{原料沥青质的样本总数}$$

$$累计原料沥青质 = \frac{\sum 月原料沥青质}{运行月数}$$

[计算说明]：原料平均沥青质——报告期内外收减压渣油、催化油浆等混合原料油分析正常沥青质含量。单位:%。

原料平均沥青质的样本总数——报告期内外收减压渣油、催化油浆等混合原料油分析正常的沥青质含量样本总数。

运行月数——报告期内装置累计运行月的数量。

[单　位]:%。

[数据来源]：LIMS。

5.3 脱沥青油(轻、重)指标

5.3.1 脱沥青油(轻、重)密度

见《催化裂化装置》章中"原料密度"指标定义及计算方法。

5.3.2 脱沥青油(轻、重)残炭

见《催化裂化装置》章中"原料残炭"指标定义及计算方法。

5.3.3 脱沥青油(轻、重)含硫量

见《催化裂化装置》章中"原料含硫量"指标定义及计算方法。

5.4 沥青指标

5.4.1 沥青密度

见《催化裂化装置》章中"原料密度"指标定义及计算方法。

5.4.2 沥青残炭

见《催化裂化装置》章中"原料残炭"指标定义及计算方法。

5.4.3 沥青含硫量

见《催化裂化装置》章中"原料含硫量"指标定义及计算方法。

5.5 加热炉热效率

见《常减压装置》章中"加热炉热效率"指标定义及计算方法。

5.6 装置正常开工时间点

[指标定义]：装置连续收界区外减压渣油等新鲜原料并切断装置内循环的时间点。

5.7 装置正常停工时间点

[指标定义]：装置停收界区外减压渣油等新鲜原料的时间点。

6　综合指标

脱沥青油综合收率

［指标定义］：报告期内装置在加工过程产出脱沥青油考虑产品收率、原料密度因素影响的综合收率指标。

［计算公式］：

$$脱沥青油综合收率 = \frac{脱沥青油收率}{原料密度} \times 1000$$

［计算说明］：脱沥青油收率——见本章“侧线指标”中相应指标定义。单位：%。

原料密度——见本章“运行指标”中相应指标定义。单位：kg/m^3

［单　　位］：%。

［数据来源］：内部数据核算。

第12章　减黏裂化装置

1　装置简介

减黏裂化是重质黏稠减压渣油经过浅度热裂化降低黏度，使之可少掺或不掺轻质油而达到燃料油质量要求的热加工工艺。在降低黏度的同时，还可降低渣油的凝点，并副产少量气体和裂化汽油、柴油馏分等。因此，减黏裂化是一种浅度热裂化过程，其主要目的在于减小原料油的黏度，生产合格的重质燃料油和少量轻质油品，也可为其它工艺过程（如催化裂化等）提供原料。减黏裂化装置主要是以常减压装置产出的减压渣油为原料，经过低温加热、一般加热到430℃左右，使原料轻度热裂解，降低原料黏度的工艺过程。

2　装置范围

减黏装置范围包括原料预热、热裂化、分馏等单元组成。

3　减黏原料油加工量

［指标定义］：报告期内装置收界区外减压渣油等重油组分新鲜进料总和。

［计算公式］：见本章相应指标定义。

［计算说明］：减黏原料油加工量——报告期内装置收界区外减压渣油等重油组分新鲜进料总和，主要包含常减压渣油、沥青等重油组分。若装置外收非重油组分的其它轻质油，则不计入新鲜原料加工量。

［单　　位］：t。

［数据来源］：MES。

4　侧线指标

4.1　干气收率

［指标定义］：报告期内装置在加工过程产出送出界区或装置自用的干气量与新鲜原料

加工量的百分比。

［计算公式］：

$$干气收率=\frac{干气产量}{减黏原料油加工量}\times 100$$

［计算说明］：干气产量——报告期内装置在加工过程产出送出界区或装置自用的干气量。单位：t。

减黏原料油加工量——见本章“减黏原料油加工量”指标中定义。单位：t。

［单　　位］：%。

［数据来源］：MES。

4.2　汽油收率

［指标定义］：报告期内装置在加工过程中产出送出界区的汽油（石脑油）产量占新鲜原料加工量的百分比。

［计算公式］：

$$汽油收率=\frac{汽油产量}{减黏原料油加工量}\times 100$$

［计算说明］：汽油产量——报告期内装置在加工过程中产出送出界区的汽油（石脑油）产量。单位：t。

减黏原料油加工量——见本章“减黏原料油加工量”指标中定义。单位：t。

［单　　位］：%。

［数据来源］：MES。

4.3　柴油收率

［指标定义］：报告期内装置在加工过程产出送出界区的柴油产量占减黏原料油加工量的百分比。

［计算公式］：

$$柴油收率=\frac{柴油产量}{减黏原料油加工量}\times 100$$

［计算说明］：柴油产量——报告期内装置在加工过程中产出送出界区的柴油产量。若装置外收柴油组分，则从柴油产量中等量扣除。单位：t。

减黏原料油加工量——见本章“减黏原料油加工量”指标中定义。单位：t。

［单　　位］：%。

［数据来源］：MES。

4.4　渣油收率

［指标定义］：报告期内装置在加工过程产出送出界区的低黏度渣油组分产量占新鲜原料加工量百分比。

［计算公式］：

$$渣油收率=\frac{减黏渣油产量}{减黏原料油加工量}\times 100$$

［计算说明］：减黏渣油产量——报告期内装置在加工过程产出送出界区的低黏度渣油组分产量。单位：t。

减黏原料油加工量——见本章“减黏原料油加工量”指标中定义。单位：t。

［单　　位］：%。

［数据来源］：MES。

4.5 装置加工损失率

［指标定义］：报告期内装置总投入量与总产量差额占新鲜原料加工量的百分比。

［计算公式］：

$$装置加工损失率 = \frac{装置加工损失量}{减黏原料油加工量} \times 100$$

$$装置加工损失量 = 装置总投入量 - 装置总产量$$

$$装置总产量 = 干气产量 + 汽油产量 + 柴油产量 + 减黏渣油产量$$

［计算说明］：装置加工损失量——报告期内装置新鲜原料加工量与总产量的差值。加工损失包括装置内的物料在加工、输转、排放过程中的损耗。单位：t。

装置总投入量——报告期内装置收界外新鲜原料进料总量，即为减黏原料油加工量。单位：t。

装置总产量——报告期内装置所有产出侧线产出送出界区外的量或装置自用消耗的总量。包括干气产量、汽油产量、柴油产量、减黏渣油产量。单位：t。

减黏原料油加工量——见本章“减黏原料油加工量”指标中定义。单位：t。

［单　　位］：%

［数据来源］：MES。

4.6 装置产出侧线逻辑关系

干气收率、汽油收率、柴油收率、渣油收率、装置加工损失率总和必须等于100%。

5 运行指标

5.1 轻油收率

［指标定义］：报告期内装置在加工过程中产生汽油、柴油等轻油组分的产量占新鲜原料加工量的百分比。

［计算公式］：

$$轻油收率 = \frac{汽油产量 + 柴油产量}{减黏原料油加工量} \times 100$$

$$= 汽油收率 + 柴油收率$$

［计算说明］：汽油产量、柴油产量见本章“侧线指标”中相应指标定义。单位：t。

减黏原料油加工量——见本章“减黏原料油加工量”指标中定义。单位：t。

汽油收率、柴油收率——见本章“侧线指标”中相应指标定义。单位：%。

［单　　位］：%

［数据来源］：内部数据核算。

5.2 加热炉热效率

见《常减压装置》章中“加热炉热效率”指标定义及计算方法。

5.3 装置正常开工时间点

［指标定义］：报告期内装置连续收界区外渣油原料并切断装置内循环的时间点。

5.4 装置正常停工时间点

［指标定义］：报告期内装置停收界区外渣油进料的时间点。

第13章　焦化汽油加氢装置

1　装置简介

焦化汽油加氢装置是指在高温高压、催化剂条件下，将延迟焦化汽油、高硫石脑油与氢气混合进行加氢精制反应，脱杂质、脱金属、饱和烯烃二烯烃、脱硫（氮、氧）等杂原子，改善油品的安定性和使用性能去除杂质的工艺过程。在炼油加工总流程中，属于加氢精制装置，主要为重整、乙烯提供原料。

2　装置范围

焦化汽油加氢装置包括原料预热、加氢、分馏、脱硫等单元。有的装置设置吸收稳定单元，有的装置不设脱硫单元。

3　原料指标

3.1　焦化汽油加氢原料加工量

［指标定义］：报告期内直接进装置反应部分处理的焦化汽油、高硫石脑油与新鲜氢气消耗的总和。

［计算公式］：

焦化汽油加氢原料加工量＝焦化汽油投入量＋其它石脑油投入量＋新氢消耗量

［计算说明］：焦化汽油加氢原料加工量——报告期内直接进装置反应部分处理的焦化汽油、常减压高硫石脑油与新鲜氢气混合进料量的总和。若外收干气、粗液化气、粗石脑油、轻污油作为装置非反应部分进料，则不计入新鲜原料加工量。

焦化汽油投入量——报告期内直接进装置反应部分处理的焦化汽油进料量。

其它石脑油投入量——报告期内直接进装置反应部分处理的除焦化汽油外的其它石脑油投入量。

新氢消耗量——报告期内直接进装置反应部分处理的界区外新鲜氢气进料量。

［单　　位］：t。

［数据来源］：MES。

3.2　焦化汽油加氢原料油加工量

［指标定义］：报告期内直接进装置反应部分处理的常减压高硫石脑油、延迟焦化的汽油混合原料进料量的总和。

［计算公式］：

焦化汽油加氢原料油加工量＝焦化汽油投入量＋其它石脑油投入量

［计算说明］：焦化汽油投入量、其它石脑油投入量——见本章“焦化汽油加氢原料加工量”指标中定义。单位：t。

［单　　位］：t。

［数据来源］：MES。

3.3 原料中焦化汽油比例

[指标定义]：报告期内装置加工焦化汽油的进料量占焦化汽油加氢原料油加工量的比例。

[计算公式]：

$$原料中焦化汽油比例=\frac{焦化汽油投入量}{焦化汽油加氢原料油加工量}\times 100$$

[计算说明]：焦化汽油投入量、焦化汽油加氢原料油加工量——见本章“焦化汽油加氢原料加工量”指标中定义。单位：t。

[单　　位]：%。

[数据来源]：内部核算数据。

3.4 原料中其它石脑油比例

[指标定义]：报告期内装置加工焦化汽油外的其它石脑油投入量占焦化汽油加氢原料油加工量的比例。

[计算公式]：

$$原料中其它石脑油比例=\frac{其它石脑油投入量}{焦化汽油加氢原料油加工量}\times 100$$

[计算说明]：其它石脑油投入量、焦化汽油加氢原料油加工量——见本章“焦化汽油加氢原料加工量”指标中定义。单位：t。

[单　　位]：%。

[数据来源]：内部核算数据。

3.5 原料投入侧线逻辑关系

焦化汽油比例、其它石脑油比例总和必须等于100%。

4 侧线指标

4.1 干气收率

[指标定义]：报告期内装置加工过程产出干气产量占焦化汽油加氢原料加工量的百分比。

[计算公式]：

$$干气收率=\frac{干气产量}{焦化汽油加氢原料加工量}\times 100$$

[计算说明]：干气产量——报告期内装置发生化学反应后，因反应而产出，经分馏塔、脱硫塔、汽提塔、高低分离器等单元产出并入炼厂系统或直接作为装置内部自用的燃料干气产量。外送酸性气量计入干气产量，若酸性气通过胺液、酸性水吸收到下游装置处理后产生，则按酸性气夹带量进行计算。干气产量包括脱前与脱后干气、富氢，释放气，酸性气，火炬气等在标态下为气体。若装置外收其它装置干气，则从产品气体中等量扣除。单位：t。

焦化汽油加氢原料加工量——见本章“焦化汽油加氢原料加工量”指标中定义。单位：t。

[单　　位]：%。

[对应指标]：焦化汽油加氢装置气体收率。

[数据来源]：MES。

4.2 液态烃收率

[指标定义]：报告期内装置加工过程产出液态烃产量占焦化汽油加氢原料加工量的百

分比。

［计算公式］：

$$液态烃收率 = \frac{液态烃产量}{焦化汽油加氢原料加工量} \times 100$$

［计算说明］：液态烃产量——报告期内装置吸收稳定单元分离出来的液态烃出装置界区产量。若装置有其它装置粗液化气进料，则从液态烃产量中等量扣除。若装置不设液态烃抽出侧线，则不设该指标。单位：t。

焦化汽油加氢原料加工量——见本章“焦化汽油加氢原料加工量”指标中定义。单位：t。

［单　　位］：%。

［数据来源］：MES。

4.3　加氢汽油收率

［指标定义］：报告期内装置加工过程产出的加氢汽油产量占焦化汽油加氢原料加工量的百分比。

［计算公式］：

$$加氢汽油收率 = \frac{加氢汽油产量}{焦化汽油加氢原料加工量} \times 100$$

［计算说明］：加氢汽油产量——报告期内装置生产的加氢焦化汽油出装置界区产量。若装置外排轻污油或外送粗石脑油，则计入加氢汽油产量。若装置收其它装置石脑油不作为反应进料时，则从加氢汽油产量中等量扣除。单位：t。

焦化汽油加氢原料加工量——见本章“焦化汽油加氢原料加工量”指标中定义。单位：t。

［单　　位］：%。

［对应指标］：焦化汽油加氢装置加氢焦化汽油收率。

［数据来源］：MES。

4.4　装置加工损失率

［指标定义］：报告期内装置总投入量与总产量差额占焦化汽油加氢原料加工量的百分比。

［计算公式］：

$$装置加工损失率 = \frac{装置加工损失量}{焦化汽油加氢原料加工量} \times 100$$

$$装置加工损失量 = 装置总投入量 - 装置总产量$$

$$装置总产量 = 干气产量 + 液态烃产量 + 加氢汽油产量$$

［计算说明］：装置加工损失量——报告期内装置总投入量减去装置总产量。加工损失包括装置内的物料在加工、输转、排放过程中的损耗。单位：t。

装置总投入量——报告期内装置收界外新鲜原料进料总量，即为焦化汽油加氢原料加工量。单位：t。

装置总产量——报告期内装置所有产出侧线产出送出界区外的量或装置自用消耗的总量。包括干气产量、液态烃产量、加氢汽油产量。单位：t。

干气产量、液态烃产量、加氢汽油产量——见本章“侧线指标”中相应指标定义。单位：t。

焦化汽油加氢原料加工量——见本章“焦化汽油加氢原料加工量”指标中定义。单位：t。

［单　　位］：%。

[对应指标]：焦化汽油加氢装置加工损失率。

[数据来源]：MES。

4.5　装置产出侧线逻辑关系

干气收率、液态烃收率、加氢汽油收率、装置加工损失率总和必须等于100%。

5　运行指标

5.1　原料运行指标

5.1.1　原料密度

见《催化裂化装置》章中"原料密度"指标定义及计算方法。

5.1.2　原料含硫量

见《催化裂化装置》章中"原料含硫量"指标定义及计算方法。

5.1.3　原料烯烃含量

[指标定义]：报告期内装置反应单元加工汽油原料的平均烯烃含量。

[计算公式]：

$$当月原料烯烃含量=\frac{\sum 原料烯烃含量}{原料烯烃含量样本总数}$$

$$累计原料烯烃含量=\frac{\sum 月原料烯烃含量}{运行月数}$$

[计算说明]：原料烯烃含量——报告期内装置反应单元加工汽油原料分析正常烯烃含量。单位:%。

原料烯烃含量样本总数——报告期内装置反应单元加工汽油原料分析正常烯烃含量的样本总数。

运行月数——报告期内累计运行月的数量。

[单　　位]:%。

[数据来源]：LIMS。

5.2　加氢汽油运行指标

5.2.1　加氢汽油密度

见《催化裂化装置》章中"原料密度"指标定义及计算方法。

5.2.2　加氢汽油含硫量

见《催化裂化装置》章中"原料含硫量"指标定义及计算方法。

5.2.3　加氢汽油直链烷烃含量

[指标定义]：报告期内装置加工过程产生的加氢汽油的平均直链烷烃含量。

[计算公式]：

$$当月加氢汽油直链烷烃含量=\frac{\sum 加氢汽油直链烷烃含量}{加氢汽油直链烷烃含量的样本总数}$$

$$累计加氢汽油直链烷烃含量=\frac{\sum 月加氢汽油直链烷烃含量}{运行月数}$$

[计算说明]：加氢汽油直链烷烃含量——报告期内装置加工过程产生的加氢汽油分析正常直链烷烃含量。单位:%。

加氢汽油直链烷烃含量的样本总数——报告期内装置加工过程产生的加氢汽油分析正常直链烷烃含量的样本总数。

运行月数——报告期内累计运行月的数量。

［单　　位］:%。

［数据来源］: LIMS。

5.2.4　加氢汽油芳潜

见《催化重整装置》章中“原料芳潜”指标定义及计算方法。

5.2.5　加氢汽油烯烃含量

见本章中“原料烯烃含量”指标定义和指标计算方法。

5.3　原料轻质化指数

［指标定义］: 报告期内焦化汽油组分新鲜原料经加氢反应后，原料变成轻组分的转化程度。用物料的密度比值来表示。

［计算公式］:

$$原料轻质化指数 = \frac{加氢汽油密度}{原料密度}$$

［计算说明］: 加氢汽油密度、原料密度——见本章“运行指标”相应指标定义。单位: kg/m^3。

［单　　位］: 无。

［数据来源］: 内部核算数据。

5.4　脱硫率

［指标定义］: 报告期内汽油组分原料经加氢反应、分馏、脱硫等单元后原料硫元素脱除程度。

［计算公式］:

$$脱硫率 = (1 - \frac{加氢汽油产量 \times 加氢汽油含硫量}{焦化汽油加氢原料油加工量 \times 原料含硫量}) \times 100$$

［计算说明］: 加氢汽油产量——见本章“侧线指标”相应指标定义。单位: t。

焦化汽油加氢原料油加工量——见本章“焦化汽油加氢原料油加工量”指标中定义。单位: t。

加氢汽油含硫量、原料含硫量——见本章“运行指标”相应指标定义。单位:%。

［单　　位］:%。

［数据来源］: 内部核算数据。

5.5　原料饱和系数

［指标定义］: 报告期内焦化汽油组分原料经加氢反应、分馏、脱硫等单元后原料饱和程度。

［计算公式］:

$$原料饱和系数 = \frac{加氢汽油产量 \times 精制汽油烯烃含量}{焦化汽油加氢原料油加工量 \times 原料烯烃含量} \times 100$$

［计算说明］: 加氢汽油产量——见本章“侧线指标”相应指标定义。单位: t。

焦化汽油加氢原料油加工量——见本章“焦化汽油加氢原料油加工量”指标中定义。单位: t。

精制汽油烯烃含量、原料烯烃含量——见本章“运行指标”相应指标定义。单位:%。

［单　　位］:%。

［数据来源］: 内部核算数据。

5.6 干气≥C_3 含量

见《催化裂化装置》章中“干气≥C_3 含量”指标定义及计算方法。

5.7 加热炉热效率

见《常减压装置》章中“加热炉热效率”指标定义及计算方法。

5.8 新鲜氢气氢纯度[%(体积)]

见《加氢裂化装置》章中“新鲜氢气氢纯度[%(体积)]”指标定义和指标计算方法。

5.9 新鲜氢气氢纯度[%(质量)]

见《加氢裂化装置》章中“新鲜氢气氢纯度[%(质量)]”指标定义和指标计算方法。

5.10 副产氢气氢纯度[%(体积)]

见《加氢裂化装置》章中“副产氢气氢纯度[%(体积)]”指标定义和指标计算方法。

5.11 副产氢气氢纯度[%(质量)]

见《加氢裂化装置》章中“副产氢气氢纯度[%(质量)]”指标定义和指标计算方法。

5.12 循环氢纯度

见《加氢裂化装置》章中“循环氢纯度”指标定义和指标计算方法。

5.13 循环氢流量

见《加氢裂化装置》章中“循环氢流量”指标定义和指标计算方法。

5.14 反应器床层最高温度

见《蜡油加氢装置》章中“反应器床层最高温度”指标定义和指标计算方法。

5.15 反应催化剂平均温度

见《蜡油加氢装置》章中“反应催化剂平均温度”指标定义和指标计算方法。

5.16 反应器床层温升

见《蜡油加氢装置》章中“反应器床层温升”指标定义和指标计算方法。

5.17 反应压力

见《蜡油加氢装置》章中“反应压力”指标定义和指标计算方法。

5.18 反应系统总压降

见《蜡油加氢装置》章中“反应系统总压降”指标定义和指标计算方法。

5.19 加氢反应氢油体积比

见《蜡油加氢装置》章中“加氢反应氢油体积比”指标定义和指标计算方法。

5.20 加氢反应质量空速

见《蜡油加氢装置》章中“加氢反应质量空速”指标定义和指标计算方法。

5.21 装置正常开工时间点

[指标定义]：以装置预氮化结束后切换焦化汽油新鲜进料的时间为正常开工时间点。

5.22 装置正常停工时间点

[指标定义]：以装置正常停工时开始切断反应进料的时间点为正常停工时间点。

6 综合指标

6.1 实际氢耗

[指标定义]：报告期内装置加工 1t 焦化汽油新鲜原料油消耗纯氢数量。

[计算公式]：

$$\text{实际氢耗} = \frac{\text{新鲜氢气消耗量} \times \text{新鲜氢气氢纯度[\%(质量)]}}{\text{焦化汽油加氢原料油加工量}} \times 1000$$

若装置产出富氢，计算公式如下：

$$实际氢耗=\frac{新鲜氢气消耗量\times新鲜氢气氢纯度[\%(质量)]-富氢产量\times富氢氢纯度[\%(质量)]}{焦化汽油加氢原料油加工量}\times1000$$

[计算说明]：新鲜氢气氢纯度[%(质量)]、富氢氢纯度[%(质量)]——见本章“运行指标”中相应指标定义。单位:%。

副产氢量——报告期内装置产出富氢并入氢气管网或下游装置作为氢源的产量。单位：t。

焦化汽油加氢原料油加工量——见本章“焦化汽油加氢原料油加工量”指标中定义。单位：t。

新鲜氢气氢纯度[%(质量)]——见本章“运行指标”相应指标定义。单位:%(质量)。

[单　　位]：kg/t。

[数据来源]：内部核算数据。

6.2　液体收率

[指标定义]：报告期内装置产出液态烃、加氢石脑油等液体产量占焦化汽油新鲜原料加工量的百分比。

[计算公式]：

$$液体收率=\frac{液态烃产量+加氢汽油产量}{焦化汽油加氢原料油加工量}\times100$$

[计算说明]：新鲜氢气氢纯度[%(质量)]——见本章“运行指标”相应指标定义。单位:%。

液态烃产量、加氢汽油产量——见本章“侧线指标”相应指标定义。单位：t。

焦化汽油加氢原料油加工量——见本章“焦化汽油加氢原料油加工量”指标中定义。单位：t。

[单　　位]：kg/t。

[数据来源]：内部核算数据。

6.3　装置竞赛指标

[指标定义]：报告期内装置考虑不同原料含硫的综合指标。

[计算公式]：

$$装置竞赛指标=\frac{实际氢耗}{装置硫差\times原料加工难度系数}$$

$$装置硫差=原料含硫量-加氢汽油含硫量$$

$$原料加工难度系数=直馏石脑油比例+\frac{焦化汽油比例}{2}$$

[计算说明]：实际氢耗——见本章“实际氢耗”指标中定义。单位：kg/t。

原料含硫量、加氢汽油含硫量、直馏原料比例、二次原料比例——见本章“运行指标”相应指标定义。单位:%。

[单　　位]:%。

[数据来源]：内部核算数据。

第14章　催化汽油后加氢装置

1　装置简介

催化汽油后加氢装置是指在一定温度、压力、催化剂条件下，将催化汽油与氢气发生加氢精制反应，脱硫、氮、氧等杂原子，改善油品的安定性和使用性能去除杂质的工艺过程。在炼油加工总流程中，属于产成品加氢精制装置，主要作用是为了脱硫、催化汽油精制后直接作为汽油成品调和组分。

2　装置范围

催化汽油后加氢装置主要包括原料预热、高压加氢、分馏、脱硫、氢气升压等单元。有的装置不设脱硫、氢气提纯单元。

3　原料指标

3.1　催化汽油后加氢原料加工量

[指标定义]：在报告期内装置直接进反应部分处理催化汽油与氢气混合进料量的总和。

[计算公式]：

催化汽油后加氢原料加工量 = 催化汽油进料量 + 新氢进料量

[计算说明]：催化汽油后加氢原料加工量——在报告期内装置直接进反应部分处理的催化汽油与新鲜氢气混合进料量的总和。若外收干气作为装置非反应部分进料，则不计入新鲜原料加工量。若装置外收其它装置汽油组分作为装置非反应部分进料，则不计入新鲜原料加工量。

催化汽油进料量——在报告期内直接进装置反应部分处理的催化汽油进料量。若装置外收其它装置汽油组分作为装置非反应部分进料，则不计入新鲜原料加工量。

新氢进料量——报告期内直接进装置反应部分处理的界区外新鲜氢气进料量。

[单　　位]：t。

[数据来源]：MES。

3.2　催化汽油后加氢原料油加工量

[指标定义]：在报告期内直接进装置反应部分处理催化汽油的进料量。

[计算公式]：见定义

[计算说明]：催化汽油后加氢原料油加工量——在报告期内直接进装置反应部分处理的催化汽油进料量。若装置外收其它装置汽油组分作为装置非反应部分进料，则不计入新鲜原料加工量。

[单　　位]：t。

[数据来源]：MES。

4　侧线指标

4.1　干气收率

[指标定义]：报告期内装置加工过程产出干气产量占催化汽油后加氢原料加工量的百

分比。

[计算公式]:

$$干气收率=\frac{干气产量}{催化汽油后加氢原料加工量}\times 100$$

[计算说明]：干气产量——报告期内装置加工过程产出送出界区外的干气产量。外送酸性气量计入干气产量，若酸性气通过胺液、酸性气吸收到下游装置处理后产生，则按酸性气夹带量进行计算。若装置外收其它装置干气，则从干气产量中等量扣除。单位：t。

催化汽油后加氢原料加工量——见本章“催化汽油后加氢原料加工量”指标中定义。单位：t。

[单　　位]:%。

[对应指标]：催化汽油后加氢装置气体收率。

[数据来源]：MES。

4.2　轻汽油收率

[指标定义]：报告期内装置加工过程产出轻汽油产量占催化汽油后加氢原料加工量的百分比。

[计算公式]:

$$轻汽油收率=\frac{轻汽油产量}{催化汽油后加氢原料加工量}\times 100$$

[计算说明]：轻汽油产量——报告期内装置吸收稳定单元分离出来的轻汽油送装置界区外产量，也称为石脑油。若装置不设轻汽油抽出侧线，则不设该指标。单位：t。

催化汽油后加氢原料加工量——见本章“催化汽油后加氢原料加工量”指标中定义。单位：t。

[单　　位]:%。

[数据来源]：MES。

4.3　重汽油收率

[指标定义]：报告期内装置加工过程产出的重汽油产量占催化汽油后加氢原料加工量的百分比。

[计算公式]:

$$重汽油收率=\frac{重汽油产量}{催化汽油后加氢原料加工量}\times 100$$

[计算说明]：重汽油产量——报告期内装置产出送出界区外重汽油产量。单位：t。

催化汽油后加氢原料加工量——见本章“催化汽油后加氢原料加工量”指标中定义。单位：t。

[单　　位]:%。

[数据来源]：MES。

4.4　装置加工损失率

[指标定义]：报告期内装置总投入量与总产量差值占催化汽油后加氢原料加工量的百分比。

[计算公式]:

$$装置加工损失率=\frac{装置加工损失量}{催化汽油后加氢原料加工量}\times 100$$

装置加工损失量 = 装置总投入量 - 装置总产量

[计算说明]：装置加工损失量——报告期内装置总投入量减去装置总产量。加工损失包括装置内的物料在加工、输转、排放过程中的损耗。单位：t。

装置总投入量——报告期内装置收界外新鲜原料进料总量，即为催化汽油后加氢原料加工量。单位：t。

装置总产量——报告期内装置所有产出侧线产出送出界区外的量或装置自用消耗的总量。包括干气产量、轻汽油产量、重汽油产量。单位：t。

干气产量、轻汽油产量、重汽油产量——见本章“侧线指标”中相应指标定义。单位：t。

催化汽油后加氢原料加工量——见本章“催化汽油后加氢原料加工量”指标中定义。单位：t。

[单　　位]：%。

[对应指标]：催化汽油后加氢装置加工损失率。

[数据来源]：MES。

4.5　装置产出侧线逻辑关系

干气收率、轻汽油收率、重汽油收率、装置加工损失率总和必须等于100%。

5　运行指标

5.1　原料运行指标

5.1.1　原料密度

见《催化裂化装置》章中“原料密度”指标定义及计算方法。

5.1.2　原料含硫量

见《催化裂化装置》章中“原料含硫量”指标定义及计算方法。

5.1.3　原料含氮量

见《催化裂化装置》章中“原料含氮量”指标定义及计算方法。

5.1.4　原料烯烃含量

见《焦化汽油加氢装置》章中“原料烯烃含量”指标定义及计算方法。

5.1.5　原料 RON

见《催化重整装置》章中“生成油 RON”指标定义及计算方法。

5.1.6　原料硫醇硫含量

[指标定义]：报告期内装置进反应部分处理的催化汽油新鲜原料油中平均硫醇硫含量。

[计算公式]：

$$当月原料硫醇硫含量 = \frac{\sum 原料硫醇硫含量}{原料硫醇硫含量的样本总数}$$

$$累计硫醇硫含量 = \frac{\sum 月原料硫醇硫含量}{运行月数}$$

[计算说明]：原料硫醇硫含量——报告期内装置加工的新鲜原料油分析正常硫醇硫含量。单位：μg/g。

原料硫醇硫含量的样本总数——报告期内装置加工的新鲜原料油分析正常硫醇硫含量的样本总数。

运行月数——报告期内装置累计运行月的数量。

[单　　位]：μg/g。

[数据来源]：LIMS。

5.1.7　原料饱和烃含量

[指标定义]：报告期内装置进反应部分处理的催化汽油新鲜原料油中饱和烃平均含量。

[计算公式]：

$$当月原料饱和烃含量=\frac{\sum 原料饱和烃含量}{原料饱和烃含量的样本总数}$$

$$累计原料饱和烃含量=\frac{\sum 月原料饱和烃含量}{运行月数}$$

[计算说明]：原料饱和烃含量——报告期内装置加工的新鲜原料油分析正常饱和烃含量。单位:%。

原料饱和烃含量的样本总数——报告期内装置加工的新鲜原料油分析正常的饱和烃含量样本总数。

运行月数——报告期内装置累计运行月的数量。

[单　　位]:%。

[数据来源]：LIMS。

5.1.8　原料苯含量

见《芳烃抽提装置》章中“原料苯含量”指标定义及计算方法。

5.1.9　原料芳烃含量

[指标定义]：报告期内装置进反应部分处理的催化汽油新鲜原料油中平均芳烃含量。

[计算公式]：

$$当月原料芳烃含量=\frac{\sum 原料芳烃含量}{原料芳烃含量的样本总数}$$

$$累计原料芳烃含量=\frac{\sum 月原料芳烃含量}{运行月数}$$

[计算说明]：原料芳烃含量——报告期内装置加工的新鲜原料油分析正常芳烃含量。单位:%。

原料芳烃含量的样本总数——报告期内装置加工的新鲜原料油分析正常的芳烃含量样本总数。

运行月数——报告期内装置累计运行月的数量。

[单　　位]:%。

[数据来源]：LIMS。

5.1.10　原料二烯烃值

[指标定义]：报告期内装置进反应部分处理的催化汽油原料油中平均二烯烃值。

[计算公式]：

$$当月原料二烯烃值=\frac{\sum 原料二烯烃值}{原料二烯烃值的样本总数}$$

$$累计原料二烯烃值=\frac{\sum 月原料二烯烃值}{运行月数}$$

[计算说明]：原料二烯烃值——报告期内装置加工的新鲜原料油分析正常二烯烃值。单位：$gI_2/100mL$。

原料二烯烃值的样本总数——报告期内装置加工的新鲜原料油分析正常的二烯烃值样本总数。

运行月数——报告期内装置累计运行月的数量。

[单　　位]：$gI_2/100mL$。

[指标用途]：反映RSDS选择性汽油加氢装置原料油二烯烃的含量，指导加氢单元的操作，防止加氢高温部分结焦的重要指标。

[数据来源]：LIMS。

5.1.11　原料馏出温度

5.1.11.1　原料初馏温度

[指标定义]：报告期内装置进反应部分处理的催化汽油原料油分析初馏温度的平均值。

[计算公式]：

$$当月原料初馏温度=\frac{\sum 原料初馏温度}{原料初馏温度样本总数}$$

$$累计原料初馏温度=\frac{\sum 月原料初馏温度}{运行月数}$$

[计算说明]：原料初馏温度——报告期内装置进反应部分处理的催化汽油原料油分析正常初馏点。单位：℃。

原料初馏温度的样本总数——报告期内装置进反应部分处理的催化汽油原料油分析正常初馏点的样本总数。

运行月数——报告期内累计运行月的数量。

[单　　位]：℃。

[数据来源]：LIMS。

5.1.11.2　原料10%馏出温度

见《催化裂化装置》章中"原料10%馏出温度"指标定义及计算方法。

5.1.11.3　原料30%馏出温度

见《催化裂化装置》章中"原料30%馏出温度"指标定义及计算方法。

5.1.11.4　原料50%馏出温度

见《催化裂化装置》章中"原料50%馏出温度"指标定义及计算方法。

5.1.11.5　原料70%馏出温度

见《催化裂化装置》章中"原料70%馏出温度"指标定义及计算方法。

5.1.11.6　原料90%馏出温度

见《催化裂化装置》章中"原料90%馏出温度"指标定义及计算方法。

5.1.11.7　原料终馏点

[指标定义]：报告期内装置进反应部分处理的催化汽油原料油分析终馏点平均值。

[计算公式]：

$$当月原料终馏点=\frac{\sum 原料终馏点}{原料终馏点的样本总数}$$

$$累计原料终馏点=\frac{\sum 月原料终馏点}{运行月数}$$

[计算说明]：原料终馏点——报告期内装置进反应部分处理的催化汽油原料油分析正常终馏点。单位：℃。

原料终馏点的样本总数——报告期内装置进反应部分处理的催化汽油原料油分析正常终馏点的样本总数。

运行月数——报告期内累计运行月的数量。

[单　　位]:℃。

[数据来源]: LIMS。

5.2　产品运行指标

5.2.1　重汽油含硫量

见《催化裂化装置》章中“原料含硫量”指标定义及计算方法。

5.2.2　重汽油烯烃含量

见《焦化汽油加氢装置》章中“原料烯烃含量”指标定义及计算方法。

5.2.3　重汽油 RON

见《催化重整装置》章中“生成油 RON”指标定义及计算方法。

5.2.4　重汽油抗爆指数

[指标定义]: 报告期内装置产出送出界区外的重汽油的平均抗爆指数。

[计算公式]:

$$当月重汽油抗爆指数 = \frac{\sum 重汽油抗爆指数}{重汽油抗爆指数样本总数}$$

$$累计重汽油抗爆指数 = \frac{\sum 月重汽油抗爆指数}{运行月数}$$

[计算说明]: 重汽油抗爆指数——报告期内装置产出送出界区外的重汽油分析正常抗爆指数。

重汽油抗爆指数样本总数——报告期内装置产出送出界区外的重汽油分析正常抗爆指数的样本总数。

运行月数——报告期内装置累计运行月的数量。

[单　　位]: 无。

[数据来源]: LIMS。

5.2.5　轻汽油的终馏点

[指标定义]: 报告期内装置产出轻汽油分析终馏点平均值。

[计算公式]:

$$当月轻汽油终馏点 = \frac{\sum 轻汽油终馏点}{轻汽油终馏点的样本总数}$$

$$累计轻汽油终馏点 = \frac{\sum 月轻汽油终馏点}{运行月数}$$

[计算说明]: 轻汽油终馏点——报告期内装置产出轻汽油分析正常终馏点。单位:℃。

轻汽油终馏点样本总数——报告期内装置产出轻汽油分析正常终馏点样本总数。

运行月数——报告期内累计运行月的数量。

[单　　位]:℃。

[指标用途]: 反映 RSDS 选择性汽油加氢装置切割塔的轻重汽油的切割点及切割效果。

[数据来源]: LIMS。

5.2.6　汽油切割比

[指标定义]: 报告期内装置经过切割后，切割塔顶馏出物即轻汽油量与塔底馏出物即重汽油量的比值。

[计算公式]:

$$汽油切割比 = \frac{\sum 轻汽油产量}{重汽油产量}$$

[计算说明]：轻汽油产量、重汽油产量——见本章“侧线指标”中相应指标定义。单位：t。

[单　　位]：无。

[指标用途]：反映 RSDS 选择性汽油加氢装置切割塔的轻重汽油的切割点及切割效果。

[数据来源]：MES。

5.3 原料饱和系数

[指标定义]：报告期内装置催化汽油原料经加氢反应、分馏、脱硫等单元后原料饱和程度。

[计算公式]：

$$原料饱和系数=\frac{重汽油产量\times 重汽油烯烃含量}{催化汽油进料量\times 原料烯烃含量}\times 100\%$$

[计算说明]：重汽油产量、催化汽油进料量——见本章相应指标定义，单位：t。

重汽油烯烃含量、原料烯烃含量——见本章相应指标定义，单位：%。

[单　　位]：%。

[数据来源]：内部核算数据。

5.4 加热炉热效率

见《常减压装置》章中“加热炉热效率”指标定义及计算方法。

5.5 新鲜氢气氢纯度[%(体积)]

见《加氢裂化装置》章中“新鲜氢气氢纯度[%(体积)]”指标定义和指标计算方法。

5.6 新鲜氢气氢纯度[%(质量)]

见《加氢裂化装置》章中“新鲜氢气氢纯度[%(质量)]”指标定义和指标计算方法。

5.7 循环氢纯度

见《加氢裂化装置》章中“循环氢纯度”指标定义和指标计算方法。

5.8 循环氢流量

见《加氢裂化装置》章中“循环氢流量”指标定义和指标计算方法。

5.9 反应器床层最高温度

见《蜡油加氢装置》章中“反应器床层最高温度”指标定义和指标计算方法。

5.10 反应催化剂平均温度

见《蜡油加氢装置》章中“反应催化剂平均温度”指标定义和指标计算方法。

5.11 反应器床层温升

见《蜡油加氢装置》章中“反应器床层温升”指标定义和指标计算方法。

5.12 反应压力

见《蜡油加氢装置》章中“反应压力”指标定义和指标计算方法。

5.13 反应系统总压降

见《蜡油加氢装置》章中“反应系统总压降”指标定义和指标计算方法。

5.14 加氢反应氢油体积比

见《蜡油加氢装置》章中“加氢反应氢油体积比”指标定义和指标计算方法。

5.15 加氢反应质量空速

见《蜡油加氢装置》章中“加氢反应质量空速”指标定义和指标计算方法。

5.16 装置正常开工时间点

[指标定义]：报告期内以装置预氮化结束后切换催化汽油进料的时间点为正常开工时

间点。

5.17 装置正常停工时间点

[指标定义]：报告期内以装置正常停工时开始切断反应进料的时间点为正常停工时间点。

6 综合指标

6.1 实际氢耗

[指标定义]：报告期内装置加工1t催化汽油新鲜原料油消耗纯氢数量。

[计算公式]：

$$实际氢耗=\frac{新鲜氢气消耗量\times新鲜氢气氢纯度[\%(质量)]}{催化汽油进料量}\times1000$$

[计算说明]：新鲜氢气氢纯度[%(质量)]——见本章“运行指标”中相应指标定义。单位:%。

月新鲜氢气消耗量、催化汽油后加氢原料加工量——见本章“催化汽油后加氢原料加工量”指标中定义。单位：t。

[单　　位]：kg/t。

[数据来源]：内部核算数据

6.2 脱硫率

[指标定义]：报告期内装置催化汽油原料经反应单元后原料硫元素脱除程度。

[计算公式]：

$$脱硫率=(1-\frac{重汽油产量\times重汽油含硫量}{催化汽油后加氢原料油加工量\times原料含硫量})\times100$$

[计算说明]：重汽油产量——见本章“侧线指标”中相应指标定义。单位：t。

催化汽油后加氢原料加工量——见本章“催化汽油后加氢原料加工量”指标中定义。单位：t。

重汽油含硫量、原料含硫量——见本章“运行指标”中相应指标定义。单位:%。

[单　　位]:%。

[数据来源]：内部核算数据。

6.3 RON损失值

[指标定义]：报告期内装置催化汽油原料经反应单元后RON损失值。

[计算公式]：

$$RON损失值=原料RON-重汽油RON$$

[计算说明]：原料RON、重汽油RON————见本章“运行指标”中相应指标定义。

[单　　位]：无。

[数据来源]：内部核算数据。

6.4 RON损失率

[指标定义]：报告期内装置催化汽油原料经反应单元后RON损失率。

[计算公式]：

$$RON损失率=\frac{RON损失值}{原料RON}\times100$$

[计算说明]：原料RON、RON损失值————见本章“运行指标”中相应指标定义。

［单　　位］:%。

［数据来源］：内部核算数据。

6.5　液体收率

［指标定义］：报告期内装置产出轻、重汽油产量占催化汽油后加氢原料油加工量的百分比。

［计算公式］：

$$液体收率=\frac{轻汽油产量+重汽油产量}{催化汽油后加氢原料油加工量}\times 100$$

［计算说明］：轻汽油产量、重汽油产量——见本章“侧线指标”中相应指标定义。单位：t。

催化汽油后加氢原料加工量——见本章“催化汽油后加氢原料加工量”指标中定义。单位：t。

［单　　位］:%。

［数据来源］：内部核算数据。

第15章　S Zorb装置

1　装置简介

S Zorb装置是指催化汽油吸附脱硫装置，主要是以催化装置生产的汽油为原料，采用S Zorb专利技术对汽油进行深度脱硫，通过吸附剂选择性地吸附汽油中硫醇、二硫化物、硫醚和噻吩类等含硫化合物的硫原子而达到深度脱硫的工艺过程。在炼油加工总流程中，属于产成品加氢精制装置，主要作用是为了脱硫、催化汽油精制后直接作为汽油成品调和组分。

2　装置范围

S Zorb装置主要包括进料与脱硫反应、吸附剂再生、吸附剂循环和产品稳定四个部分。进料与脱硫反应系统是将原料汽油和氢气加热汽化后送入反应器进行脱硫的反应；吸附剂再生系统是将吸附了硫的待生吸附剂在再生器内氧化再生，恢复其脱硫活性；吸附剂循环系统是本装置的关键和核心部分，通过闭锁料斗的操作，将反应器内的待生吸附剂送往再生器，再将再生器内的再生吸附剂送往反应器，完成吸附剂的反应－再生循环；产品稳定系统是将脱硫后的汽油产品通过稳定塔，将液化气和轻烃组分从塔顶排出，得到稳定后的合格汽油产品，并送出装置。

3　原料指标

3.1　S Zorb原料加工量

［指标定义］：报告期内装置处理催化汽油及系统氢气的新鲜进料总量总和。

［计算公式］：

$$S\ Zorb原料加工量=催化汽油进料量+新鲜氢气消耗量$$

［计算说明］：催化汽油进料量——在报告期内装置处理界区外的催化汽油进料量。单位：t。

新鲜氢气消耗量——报告期内装置消耗界区外新鲜氢气量。单位：t。

［单　　位］：t。

［数据来源］：MES。

3.2　S Zorb 原料油加工量

［指标定义］：报告期内装置处理催化汽油的新鲜进料总量。

［计算公式］：见“催化汽油进料量”定义。

［计算说明］：S Zorb 原料油加工量——在报告期内装置处理界区外的催化汽油进料量。单位：t。

［单　　位］：t。

［数据来源］：MES。

4　侧线指标

4.1　干气收率

［指标定义］：报告期内装置干气产量占 S Zorb 原料加工量的百分比。

［计算公式］：

$$\text{干气收率} = \frac{\text{干气产量}}{\text{S Zorb 原料加工量}} \times 100$$

［计算说明］：干气产量——在报告期内装置产出并送出界区的干气量，若装置外收界区外的干气，则从干气产量中等量扣除。若装置有自产自用干气，则合并计入干气产量。单位：t。

S Zorb 原料加工量——见本章“S Zorb 原料加工量”指标中定义。单位：t。

［单　　位］：%

［数据来源］：MES。

4.2　精制汽油收率

［指标定义］：在报告期内装置精制汽油产量占 S Zorb 原料加工量的百分比。

［计算公式］：

$$\text{精制汽油收率} = \frac{\text{精制汽油产量}}{\text{S Zorb 原料加工量}} \times 100$$

［计算说明］：精制汽油产量——在报告期内装置产出送出界区精制汽油量。单位：t。

S Zorb 原料加工量——见本章“S Zorb 原料加工量”指标中定义。单位：t。

［单　　位］：%

［数据来源］：MES。

4.3　装置加工损失率

［指标定义］：

在报告期内装置总投入量与总产量差额占 S Zorb 原料加工量的百分比。

［计算公式］：

$$\text{装置加工损失率} = \frac{\text{装置加工损失量}}{\text{S Zorb 原料加工量}} \times 100$$

$$\text{装置加工损失量} = \text{装置总投入量} - \text{装置总产量}$$

［计算说明］：装置加工损失量——报告期内装置总进料量减去装置总产量差值。加工损失包括装置内的物料在加工、输转、排放过程中的损耗。单位：t。

装置总投入量——报告期内装置收界外新鲜原料进料总量，即为 S Zorb 原料加工量。单位：t。

装置总产量——报告期内装置所有产出侧线产出送出界区外的量或装置自用消耗的总量。包括干气产量、精制汽油产量。单位：t。

S Zorb 原料加工量——见本章“S Zorb 原料加工量”指标中定义。单位：t。

[单　位]：%

[数据来源]：MES。

4.4 装置产出侧线逻辑关系

干气收率、精制汽油收率、装置加工损失率总和必须等于 100%。

5 运行指标

5.1 原料密度

见《催化裂化装置》章中“原料密度”指标定义及计算方法。

5.2 原料含硫量

见《催化裂化装置》章中“原料含硫量”指标定义及计算方法。

5.3 原料烯烃含量

见《焦化汽油加氢装置》章中“原料烯烃含量”指标定义及计算方法。

5.4 原料 RON

见《催化重整装置》章中“生成油 RON”指标定义及计算方法。

5.5 精制汽油含硫量

见《催化裂化装置》章中“原料含硫量”指标定义及计算方法。

5.6 精制汽油 RON

见《催化重整装置》章中“生成油 RON”指标定义及计算方法。

5.7 精制汽油抗爆指数(MON)

[指标定义]：在报告期内装置产出送出界区的精制汽油抗爆指数。

[计算公式]：

$$\text{精制汽油抗爆指数(MON)} = \frac{\sum \text{精制汽油抗爆指数}}{\text{精制汽油抗爆指数的样本总数}}$$

$$\text{累计精制汽油抗爆指数(MON)} = \frac{\sum \text{月精制汽油抗爆指数(MON)}}{\text{运行月数}}$$

[计算说明]：精制汽油抗爆指数——在报告期内装置产出送出界区精制汽油分析抗爆指数。

精制汽油抗爆指数的样本总数——报告期内装置产出送出界区外精制汽油分析正常抗爆指数的样本总数。

运行月数——报告期内装置累计运行月的数量。

[单　位]：无。

[数据来源]：LIMS。

5.8 精制汽油烯烃含量

见《焦化汽油加氢装置》章中“原料烯烃含量”指标定义及计算方法。

5.9 待生吸附剂含硫量

见《催化裂化装置》章中“原料含硫量”指标定义及计算方法。

5.10 再生吸附剂含硫量

见《催化裂化装置》章中“原料含硫量”指标定义及计算方法。

5.11 新鲜氢气氢纯度[%(体积)]

见《加氢裂化装置》章中“新鲜氢气氢纯度[%(体积)]”指标定义和指标计算方法。

5.12 新鲜氢气氢纯度[%(质量)]

见《加氢裂化装置》章中“新鲜氢气氢纯度[%(质量)]”指标定义和指标计算方法。

5.13 循环氢纯度

见《加氢裂化装置》章中“循环氢纯度”指标定义和指标计算方法。

5.14 循环氢流量

见《加氢裂化装置》章中“循环氢流量”指标定义和指标计算方法。

5.15 反应器床层最高温度

见《蜡油加氢装置》章中“反应器床层最高温度”指标定义和指标计算方法。

5.16 反应催化剂平均温度

见《蜡油加氢装置》章中“反应催化剂平均温度”指标定义和指标计算方法。

5.17 反应器床层温升

见《蜡油加氢装置》章中“反应器床层温升”指标定义和指标计算方法。

5.18 反应压力

见《蜡油加氢装置》章中“反应压力”指标定义和指标计算方法。

5.19 反应系统总压降

见《蜡油加氢装置》章中“反应系统总压降”指标定义和指标计算方法。

5.20 加氢反应氢油体积比

见《蜡油加氢装置》章中“加氢反应氢油体积比”指标定义和指标计算方法。

5.21 加氢反应质量空速

见《蜡油加氢装置》章中“加氢反应质量空速”指标定义和指标计算方法。

5.22 装置正常开工时间点

[指标定义]：报告期内装置开始连续收界区外催化汽油并切断装置内循环的时间点。

5.23 装置正常停工时间点

[指标定义]：报告期内装置开始停收界区外催化汽油的时间点。

6 综合指标

6.1 RON损失

[指标定义]：报告期内装置催化汽油原料RON与产品精制汽油RON的差值。

[计算公式]：

$$\text{RON损失} = \text{原料RON} - \text{精制汽油RON}$$

[计算说明]：原料RON、精制汽油RON——见本章“运行指标”中相应指标定义。

[单　　位]：无。

[数据来源]：内部核算数据。

6.2 RON损失率

[指标定义]：报告期内装置处理的催化汽油原料RON与产品精制汽油RON差值与催化汽油原料RON的百分比。

［计算公式］：

$$\text{RON 损失率}=\frac{(\text{原料 RON}-\text{精制汽油 RON})}{\text{原料 RON}}\times 100$$

［计算说明］：原料 RON、精制汽油 RON——见本章“运行指标”中相应指标定义。

［单　　位］：%。

［数据来源］：内部核算数据。

6.3　烯烃饱和率

［指标定义］：报告期内装置催化汽油原料经过脱硫、吸附等工艺过程后烯烃组分含量的减少率。

［计算公式］：

$$\text{烯烃饱和率}=\frac{(\text{原料烯烃含量}-\text{精制汽油烯烃含量})}{\text{原料烯烃含量}}\times 100$$

［计算说明］：原料烯烃含量、精制汽油烯烃含量——见本章“运行指标”中相应指标定义。单位：%。

［单　　位］：%。

［指标用途］：反映 S Zorb 装置对催化汽油原料对烯烃组分影响效果。

［数据来源］：内部核算数据。

6.4　脱硫率

［指标定义］：报告期内装置催化汽油原料经过脱硫、吸附、精制等工艺过程后硫的脱除率。

［计算公式］：

$$\text{脱硫率}=(1-\frac{\text{精制汽油产量}\times\text{精制汽油含硫量}}{\text{S Zorb 原料油加工量}\times\text{原料含硫量}})\times 100$$

［计算说明］：原料含硫量、精制汽油含硫量——见本章“运行指标”中相应指标定义。单位：%。

精制汽油产量——见本章“侧线指标”中相应指标定义。单位：t。

S Zorb 原料油加工量——见本章“S Zorb 原料油加工量”指标中定义。单位：t。

［单　　位］：μg/g。

［指标用途］：反映 S Zorb 装置对催化汽油原料的脱硫效果。

［数据来源］：内部核算数据

6.5　实际氢耗

［指标定义］：报告期内装置加工 1t 催化汽油新鲜原料所消耗的纯氢数量。

［计算公式］：

$$\text{实际氢耗}=\frac{\text{新鲜氢气消耗量}\times\text{新鲜氢气氢纯度[\%(质量)]}}{\text{S Zorb 原料加工量}}\times 1000$$

［计算说明］：新鲜氢气消耗量、S Zorb 原料油加工量——见本章“S Zorb 原料加工量”指标中定义。单位：t。

新鲜氢气氢纯度［%（质量）］——见本章“运行指标”中相应指标定义。

［单　　位］：kg/t。

［数据来源］：内部核算数据。

第16章　喷气燃料加氢装置

1　装置简介

喷气燃料加氢装置是指在一定温度、压力、催化剂条件下，将直馏煤油与氢气进行加氢精制反应，脱杂质、脱金属、饱和烯烃二烯烃、脱硫（氮、氧）等杂原子，改善油品的安定性和使用性能去除杂质的工艺过程。在炼油加工总流程中，属于产成品加氢精制装置。

2　装置范围

喷气燃料加氢装置主要包括原料预热、加氢反应、汽提、脱硫、氢气提纯等单元。有的装置设置吸收稳定单元，有的装置不设脱硫、氢气提纯单元。

3　喷气燃料加氢原料加工量

[指标定义]：报告期内直接进反应部分处理的直馏煤油原料与氢气进料量的总和。

[计算公式]：

$$喷气燃料加氢原料加工量 = 直馏煤油进料量 + 新氢消耗量$$

[计算说明]：喷气燃料加氢原料加工量——报告期内直接进反应部分处理的直馏煤油与氢气混合进料量的总和。若外收干气、粗液化气、粗石脑油等组分作为装置非反应部分进料，则不计入原料加工量。

直馏煤油进料量——报告期内直接进反应部分处理的常减压直馏煤油进料量。

氢气消耗量——报告期内装置消耗界区外氢气量。

[单　　位]：t。

[数据来源]：MES。

4　侧线指标

4.1　干气收率

[指标定义]：报告期内装置加工过程产出干气产量占喷气燃料加氢原料加工量的百分比。

[计算公式]：

$$干气收率 = \frac{干气产量}{喷气燃料加氢原料加工量} \times 100$$

[计算说明]：干气产量——报告期内装置发生化学反应后，因反应而产出，经高低分离器、汽提塔等单元产出并入炼厂系统或直接作为装置内部自用的燃料干气产量。外送酸性气量计入干气产量，若酸性气通过胺液、酸性水吸收到下游装置处理后产生，则按酸性气夹带量进行计算。若装置外收其它装置干气，则从干气产量中等量扣除。单位：t。

喷气燃料加氢原料加工量——见本章“喷气燃料加氢原料加工量”指标中定义。单位：t。

[单　　位]：%。

[对应指标]：喷气燃料加氢装置气体收率。

[数据来源]：MES。

4.2 石脑油收率

[指标定义]：报告期内装置加工过程产出石脑油产量占喷气燃料加氢原料加工量的百分比。

[计算公式]：

$$石脑油收率 = \frac{石脑油产量}{喷气燃料加氢原料加工量} \times 100$$

[计算说明]：石脑油产量——报告期内装置汽提塔分离出来的石脑油出装置界区产量。若装置外排轻污油，则合并计入加氢石脑油产量。若装置不设石脑油抽出侧线，则不设该指标。单位：t。

喷气燃料加氢原料加工量——见本章“喷气燃料加氢原料加工量”指标中定义。单位：t。

[单　　位]：%。

[数据来源]：MES。

4.3 精制煤油收率

[指标定义]：报告期内装置加工过程产出精制煤油产量占喷气燃料加氢原料加工量的百分比。

[计算公式]：

$$精制煤油收率 = \frac{精制煤油产量}{喷气燃料加氢原料加工量} \times 100$$

[计算说明]：精制煤油产量——报告期内装置生产的精制煤油出装置界区产量。单位：t。

喷气燃料加氢原料加工量——见本章“喷气燃料加氢原料加工量”指标中定义。单位：t。

[单　　位]：%。

[对应指标]：喷气燃料加氢装置精制煤油收率。

[数据来源]：MES。

4.4 装置加工损失率

[指标定义]：报告期内装置总投入量与总产量差额占喷气燃料加氢原料加工量的百分比。

[计算公式]：

$$装置加工损失率 = \frac{装置加工损失量}{喷气燃料加氢原料加工量} \times 100$$

$$装置加工损失量 = 装置总投入量 - 装置总产量$$

$$装置总产量 = 干气产量 + 石脑油产量 + 精制煤油产量$$

[计算说明]：装置加工损失量——报告期内装置总进料量减去装置总产量。加工损失包括装置内的物料在加工、输转、排放过程中的损耗。单位：t。

装置总投入量——报告期内装置收界外新鲜原料进料总量，即为喷气燃料加氢原料加工量。单位：t。

装置总产量——报告期内装置所有产出侧线产出送出界区外的量或装置自用消耗的总量。包括干气产量、石脑油产量、精制煤油产量。单位：t。

干气产量、石脑油产量、精制煤油产量——见本章“侧线指标”中相应指标定义。单位：t。

喷气燃料加氢原料加工量——见本章“喷气燃料加氢原料加工量”指标中定义。单位：t。

[单　　位]:%。

[对应指标]：喷气燃料加氢装置加工损失率。

[数据来源]：MES。

4.5　装置产出侧线逻辑关系

干气收率、石脑油收率、精制煤油收率、装置加工损失率总和必须等于100%。

5　运行指标

5.1　原料运行指标

5.1.1　原料密度

见《催化裂化装置》章中“原料密度”指标定义及计算方法。

5.1.2　原料含硫量

见《催化裂化装置》章中“原料含硫量”指标定义及计算方法。

5.1.3　原料烯烃含量

见《焦化汽油加氢装置》章中“原料烯烃含量”指标定义及计算方法。

5.2　精制煤油指标

5.2.1　精制煤油密度

见《催化裂化装置》章中“原料密度”指标定义及计算方法。

5.2.2　精制煤油含硫量

见《催化裂化装置》章中“原料含硫量”指标定义及计算方法。

5.2.3　精制煤油硫醇性硫

[指标定义]：报告期内装置加工过程产生的精制煤油的平均硫醇性含硫量。

[计算公式]：

$$当月精制煤油硫醇性硫=\frac{\sum 精制煤油硫醇性含硫量}{精制煤油硫醇性含硫量样本总数}$$

$$累计精制煤油硫醇性硫=\frac{\sum 月精制煤油硫醇性硫}{运行月数}$$

[计算说明]：精制煤油硫醇性含硫量——报告期内装置加工过程产生的精制煤油分析正常硫醇性含硫量。单位：μg/g。

精制煤油硫醇性含硫量样本总数——报告期内装置加工过程产生的精制煤油分析正常硫醇性含硫量的样本总数。

运行月数——报告期内累计运行月的数量。

[单　　位]:%。

[数据来源]：LIMS。

5.2.4　精制煤油烯烃含量

见《焦化汽油加氢装置》章中“原料烯烃含量”指标定义及计算方法。

5.3　原料轻质化指数

[指标定义]：报告期内直馏煤油原料经加氢反应后，原料变成轻组分转化程度。用物料的密度比值来表示。

[计算公式]：

$$原料轻质化指数=\frac{精制煤油密度}{原料密度}$$

[计算说明]：精制煤油密度、原料密度——见本章“运行指标”相应指标定义。单位：kg/m^3。

[单　　位]：无。

[数据来源]：内部核算数据。

5.4　脱硫率

[指标定义]：报告期内直馏煤油原料经加氢反应、分馏、脱硫等单元后原料硫元素脱除程度。

[计算公式]：

$$脱硫率 = (1 - \frac{精制煤油产量 \times 精制煤油含硫量}{直馏煤油进料量 \times 原料含硫量}) \times 100$$

[计算说明]：精制煤油产量——见本章“侧线指标”中相应指标定义。单位：t。

直馏煤油进料量——见本章“喷气燃料加氢原料加工量”指标中定义。单位：t。

精制煤油含硫量、原料含硫量——见本章“运行指标”中相应指标定义。单位：%。

[单　　位]：%。

[数据来源]：内部核算数据。

5.5　原料饱和系数

[指标定义]：报告期内直馏煤油原料经加氢反应、分馏、脱硫等单元后原料饱和程度。

[计算公式]：

$$原料饱和系数 = \frac{精制煤油产量 \times 精制煤油烯烃含量}{直馏煤油进料量 \times 原料烯烃含量} \times 100$$

[计算说明]：精制煤油产量——见本章“侧线指标”中相应指标定义。单位：t。

直馏煤油进料量——见本章“喷气燃料加氢原料加工量”指标中定义。单位：t。

精制煤油烯烃含量、原料烯烃含量——见本章“运行指标”中相应指标定义。单位：%。

[单　　位]：%。

[数据来源]：内部核算数据。

5.6　干气≥C_3 含量

见《催化裂化装置》章中“干气≥C_3 含量”指标定义及计算方法。

5.7　加热炉热效率

见《常减压装置》章中“加热炉热效率”指标定义及计算方法。若装置不设分馏炉，则直接用反应炉的热效率计算。

5.8　新鲜氢气氢纯度[%(体积)]

见《加氢裂化装置》章中“新鲜氢气氢纯度[%(体积)]”指标定义和指标计算方法。

5.9　新鲜氢气氢纯度[%(质量)]

见《加氢裂化装置》章中“新鲜氢气氢纯度[%(质量)]”指标定义和指标计算方法。

5.10　循环氢纯度

见《加氢裂化装置》章中“循环氢纯度”指标定义和指标计算方法。

5.11　循环氢流量

见《加氢裂化装置》章中“循环氢流量”指标定义和指标计算方法。

5.12　反应器床层最高温度

见《蜡油加氢装置》章中“反应器床层最高温度”指标定义和指标计算方法。

5.13　反应催化剂平均温度

见《蜡油加氢装置》章中“反应催化剂平均温度”指标定义和指标计算方法。

5.14　反应器床层温升

见《蜡油加氢装置》章中“反应器床层温升”指标定义和指标计算方法。

5.15　反应压力

见《蜡油加氢装置》章中“反应压力”指标定义和指标计算方法。

5.16　反应系统总压降

见《蜡油加氢装置》章中“反应系统总压降”指标定义和指标计算方法。

5.17　加氢反应氢油体积比

见《蜡油加氢装置》章中“加氢反应氢油体积比”指标定义和指标计算方法。

5.18　加氢反应质量空速

见《蜡油加氢装置》章中“加氢反应质量空速”指标定义和指标计算方法。

5.19　装置正常开工时间点

[指标定义]：以装置预氮化结束后切换直馏煤油原料的时间为正常开工时间点。

5.20　装置正常停工时间点

[指标定义]：以装置正常停工时开始切断反应进料的时间点为正常停工时间点。

6　综合指标

6.1　实际氢耗

[指标定义]：报告期内装置加工 1t 直馏煤油原料油消耗纯氢数量。

[计算公式]：

$$实际氢耗 = \frac{氢气消耗量 \times 氢气氢纯度[\%（质量）]}{直馏煤油进料量} \times 1000$$

[计算说明]：氢气消耗量、直馏煤油进料量——见本章“喷气燃料加氢原料加工量”指标中定义。单位：t。

氢气氢纯度[%（质量）]——见本章“运行指标”中相应指标定义。单位：%（质量）。

[单　　位]：kg/t。

[数据来源]：内部核算数据。

6.2　装置竞赛指标

[指标定义]：报告期内装置考虑不同原料含硫的综合指标。

[计算公式]：

$$装置竞赛指标 = \frac{实际氢耗}{装置硫差 \times 原料加工难度系数}$$

$$装置硫差 = 原料含硫量 - 精制煤油含硫量$$

$$原料加工难度系数 = 1$$

[计算说明]：实际氢耗——见本章“实际氢耗”指标中定义。单位：kg/t。

原料含硫量、加氢煤油含硫量——见本章“运行指标”中相应指标定义。单位：%。

[单　　位]：kg/t。

[数据来源]：内部核算数据。

第17章 柴油加氢装置

1 装置简介

柴油加氢装置是指在高温高压、催化剂条件下，将直馏柴油、催化柴油、焦化柴油、焦化汽油与氢气进行加氢精制反应，脱杂质、脱金属、饱和烯烃二烯烃、脱硫(氮、氧)等杂原子，通过降凝、改质，提高油品物化性能，改善油品的安定性和使用性能的工艺过程。在炼油加工总流程中，属于产成品加氢精制装置，主要作用是为了脱硫、柴油精制后作为柴油调和组分。

2 装置范围

柴油加氢装置主要包括原料预热、高压加氢、分馏、脱硫、氢气升压、氢气提纯等部分。有的装置设置吸收稳定单元，有的装置不设脱硫、氢气提纯单元。若装置处理纯蜡油工况，则参考蜡油加氢装置的指标说明。若装置处理纯焦化汽油工况，则参考焦化汽油加氢装置的指标说明。

3 原料指标

3.1 柴油加氢原料加工量

[指标定义]：报告期内装置直接进反应部分处理柴油、焦化汽油与氢气混合进料量的总和。

[计算公式]：

柴油加氢原料加工量 = 直馏柴油投入量 + 催化柴油投入量 + 焦化柴油投入量 + 焦化汽油投入量 + 新鲜氢气消耗量

[计算说明]：柴油加氢原料加工量——报告期内装置直接进反应部分处理的直馏柴油、催化柴油、焦化柴油、焦化汽油与新鲜氢气混合投入量的总和。若外收干气、粗液化气、粗石脑油、轻污油作为装置非反应部分进料，则不计入新鲜原料加工量。

直馏柴油投入量——报告期内装置直接进反应部分处理的常减压装置产出直馏柴油投入量。

催化柴油投入量——报告期内装置直接进反应部分处理的催化裂化装置产出柴油投入量。

焦化柴油投入量——报告期内装置直接进反应部分处理的延迟焦化装置产出柴油投入量。

焦化汽油投入量——报告期内装置直接进反应部分处理的延迟焦化装置产出汽油投入量。若装置外收其它装置石脑油作为装置非反应部分进料，则不计入新鲜原料加工量。

新鲜氢气消耗量——报告期内装置消耗界区外新鲜氢气量。

[单　　位]：t。

[数据来源]：MES。

3.2 柴油新鲜原料油加工量

[指标定义]：报告期内装置直接进反应部分处理的柴油、汽油的混合原料油的总和。

[计算公式]：

柴油新鲜原料油加工量 = 直馏柴油投入量 + 催化柴油投入量 + 焦化柴油投入量 + 焦化汽油投入量

[计算说明]：柴油新鲜原料油加工量、直馏柴油投入量、催化柴油投入量、焦化柴油投入量、焦化汽油投入量——见本章“柴油加氢原料加工量”指标中定义。单位：t。

[单　　位]：t。

[数据来源]：MES。

3.3 直馏柴油比例

[指标定义]：报告期内装置进反应单元加工直馏柴油投入量占柴油加氢原料油加工量的比例。

[计算公式]：

$$直馏柴油比例 = \frac{直馏柴油投入量}{柴油加氢原料油加工量} \times 100$$

[计算说明]：直馏柴油投入量、柴油加氢原料油加工量——见本章“柴油加氢原料加工量”指标中定义。单位：t。

[单　　位]：%。

[数据来源]：内部核算数据。

3.4 焦化柴油比例

[指标定义]：报告期内装置进反应单元加工焦化柴油的投入量占柴油加氢原料油加工量比例。

[计算公式]：

$$焦化柴油比例 = \frac{焦化柴油投入量}{柴油加氢原料油加工量} \times 100$$

[计算说明]：焦化柴油投入量、柴油加氢原料油加工量——见本章“柴油加氢原料加工量”指标中定义。单位：t。

[单　　位]：%。

[数据来源]：内部核算数据。

3.5 催化柴油比例

[指标定义]：报告期内装置进反应单元加工催化柴油的投入量占柴油加氢原料油加工量比例。

[计算公式]：

$$催化柴油比例 = \frac{催化柴油投入量}{柴油加氢原料油加工量} \times 100$$

[计算说明]：催化柴油投入量、柴油加氢原料油加工量——见本章“柴油加氢原料加工量”指标中定义。单位：t。

[单　　位]：%。

[数据来源]：内部核算数据。

3.6 其它原料油比例

[指标定义]：报告期内装置进反应单元加工非常减压装置直馏柴油、催化裂化柴油、延迟焦化柴油的其它投入原料油量占柴油加氢原料油加工量比例。

［计算公式］：

$$其它原料油比例=\frac{柴油加氢原料油加工量-直馏柴油投入量-焦化柴油投入量-催化柴油投入量}{柴油加氢原料油加工量}\times 100$$

［计算说明］：柴油加氢原料油加工量、直馏柴油投入量、焦化柴油投入量、催化柴油投入量——见本章“柴油加氢原料加工量”指标中定义。单位：t。

［单　　位］：%。

［数据来源］：内部核算数据。

3.7　原料投入侧线逻辑关系

直馏柴油比例、焦化柴油比例、催化柴油比例、其它原料油比例总和必须等于100%。直馏柴油比例、二次原料油比例总和必须等于100%。

3.8　二次原料油比例

［指标定义］：报告期内装置进反应单元加工非常减压装置直馏柴油的其它投入量占柴油加氢原料油加工量比例。

［计算公式］：

$$二次原料油比例=\frac{柴油新鲜原料油加工量-直馏柴油投入量}{柴油加氢原料油加工量}\times 100$$

［计算说明］：柴油加氢原料油加工量、直馏柴油投入量——见本章“柴油加氢原料加工量”指标中定义。单位：t。

［单　　位］：%。

［数据来源］：内部核算数据。

4　侧线指标

4.1　干气收率

［指标定义］：报告期内装置加工过程产出干气产量占柴油加氢原料加工量的百分比。

［计算公式］：

$$干气收率=\frac{干气产量}{柴油加氢原料加工量}\times 100$$

［计算说明］：干气产量——报告期内装置发生化学反应后，因反应而产出，经分馏塔、脱硫塔、汽提塔、高低分离器等单元产出并入炼厂系统或直接作为装置内部自用的燃料干气产量。若装置产出富氢并入氢气管网，则计入干气产量。若装置外送酸性气量计入干气产量，若酸性气通过胺液、酸性水吸收到下游装置处理后产生，则按酸性气夹带量进行计算。若装置外收其它装置干气，则从干气产量中等量扣除。若装置侧线产出液化气，则计入干气产量。单位：t。

柴油加氢原料加工量————见本章“柴油加氢原料加工量”指标中定义。单位：t。

［单　　位］：%。

［对应指标］：柴油加氢装置气体收率。

［数据来源］：MES。

4.2　石脑油收率

［指标定义］：报告期内装置加工过程产出石脑油产量占柴油加氢原料加工量的百分比。

［计算公式］：

$$石脑油收率=\frac{石脑油产量}{柴油加氢原料加工量}\times 100$$

[计算说明]：石脑油产量——报告期内装置吸收稳定单元分离出来送出界区的石脑油产量。若装置收其它装置石脑油不作为反应进料时，则从加氢柴油产量中等量扣除。若装置不设石脑油抽出侧线，则不设该指标。单位：t。

柴油加氢原料加工量————见本章"柴油加氢原料加工量"指标中定义。单位：t。

[单　　位]：%。

[数据来源]：MES。

4.3　精制柴油收率

[指标定义]：报告期内装置加工过程产出的精制柴油产量占柴油加氢原料加工量的百分比。

[计算公式]：

$$精制柴油收率 = \frac{精制柴油产量}{柴油加氢原料加工量} \times 100$$

[计算说明]：精制柴油产量——报告期内装置产出送出界区的精制柴油产量。单位：t。

柴油加氢原料加工量————见本章"柴油加氢原料加工量"指标中定义。单位：t。

[单　　位]：%。

[数据来源]：MES。

4.4　装置加工损失率

[指标定义]：报告期内装置总投入量与总产量差额占柴油加氢原料加工量的百分比。

[计算公式]：

$$装置加工损失率 = \frac{装置加工损失量}{柴油加氢原料加工量} \times 100$$

$$装置加工损失量 = 装置总产量 - 装置总产量$$

$$装置总产量 = 干气产量 + 石脑油产量 + 精制柴油产量$$

[计算说明]：装置加工损失量——报告期内装置在报告期内总投入量减去装置总产量的差值。加工损失包括装置内的物料在加工、输转、排放过程中的损耗。单位：t。

柴油加氢原料加工量——报告期内装置收界外新鲜原料进料总量，即为装置总投入量。单位：t。

装置总产量——报告期内装置所有产出侧线产出送出界区的量或装置自用消耗的总量。包括干气产量、石脑油产量、精制柴油产量。单位：t。

干气产量、石脑油产量、精制柴油产量——见本章"侧线指标"中相应指标定义。单位：t。

[单　　位]：%。

[对应指标]：柴油加氢装置加工损失率。

[数据来源]：MES。

4.5　装置产出侧线逻辑关系

干气收率、石脑油收率、精制柴油收率、装置加工损失率总和必须等于100%。

5　运行指标

5.1　原料运行指标

5.1.1　原料密度

见《催化裂化装置》章中"原料密度"指标定义及计算方法。

5.1.2 原料含硫量

见《催化裂化装置》章中“原料含硫量”指标定义及计算方法。

5.1.3 原料烯烃含量

见《焦化汽油加氢装置》章中“原料烯烃含量”指标定义及计算方法。

5.1.4 原料十六烷值

[指标定义]：报告期内装置进反应单元加工的柴油加氢新鲜原料油的十六烷值。

[计算公式]：

$$当月原料十六烷值=\frac{\sum 原料十六烷值}{原料十六烷值的样本总数}$$

$$累计原料十六烷值=\frac{\sum 月原料十六烷值}{运行月数}$$

[计算说明]：原料十六烷值——报告期内装置进反应单元加工的柴油加氢新鲜原料油分析正常十六烷值。单位:%。

原料十六烷值的样本总数——报告期内装置进反应单元加工的柴油加氢新鲜原料油分析正常十六烷值的样本总数。

运行月数——报告期内装置累计运行月的数量。

[单　　位]:%。

[数据来源]：LIMS。

5.2 加氢柴油运行指标

5.2.1 精制柴油密度

见《催化裂化装置》章中“原料密度”指标定义及计算方法。

5.2.2 精制柴油含硫量

见《催化裂化装置》章中“原料含硫量”指标定义及计算方法。

5.2.3 精制柴油烯烃含量

见《焦化汽油加氢装置》章中“原料烯烃含量”指标定义及计算方法。

5.2.4 精制柴油十六烷值

见本章中“原料十六烷值”指标定义和指标计算方法。

5.3 原料轻质化指数

[指标定义]：报告期内装置进反应单元加工的柴油加氢新鲜原料油经加氢反应后，原料变成轻组分的转化程度。用物料的密度比值来表示。

[计算公式]：

$$原料轻质化指数=\frac{精制柴油密度}{柴油加氢新鲜原料油密度}$$

[计算说明]：精制柴油密度、原料油密度———见本章“运行指标”中相应指标定义。单位：kg/m^3。

[单　　位]：无。

[数据来源]：内部核算数据。

5.4 脱硫率

[指标定义]：报告期内装置进反应单元加工的柴油加氢新鲜原料油经加氢反应、分馏、脱硫等单元后原料硫元素脱除程度。

[计算公式]：

$$脱硫率 = (1 - \frac{精制柴油产量 \times 精制柴油含硫量}{柴油加氢原料油加工量 \times 原料含硫量}) \times 100$$

[计算说明]：精制柴油产量——见本章“侧线指标”中相应指标定义。单位：t。

柴油加氢原料油加工量——见本章“柴油加氢原料油加工量”指标中定义。单位：t。

精制柴油含硫量、原料含硫量——见本章“运行指标”中相应指标定义。单位:%。

[单　位]:%。

[数据来源]：内部核算数据。

5.5 原料饱和系数

[指标定义]：报告期内装置进反应单元加工的柴油加氢原料油经加氢反应、分馏、脱硫等单元后原料饱和程度。

[计算公式]：

$$原料饱和系数 = \frac{精制柴油产量 \times 精制柴油烯烃含量}{柴油加氢原料油加工量 \times 原料烯烃含量} \times 100$$

[计算说明]：精制柴油产量——见本章“侧线指标”中相应指标定义。单位：t。

柴油加氢原料油加工量——见本章“柴油加氢原料油加工量”指标中定义。单位：t。

精制柴油烯烃含量、原料烯烃含量——见本章“运行指标”中相应指标定义。单位:%。

[单　位]:%。

[数据来源]：内部核算数据。

5.6 十六烷值指数增加值

[指标定义]：报告期内装置进反应单元加工的柴油加氢新鲜原料油经加氢反应、分馏、脱硫等单元后十六烷值指数增加值程度。

[计算公式]：

$$十六烷值指数增加值 = \frac{精制柴油产量 \times 精制柴油十六烷值}{柴油加氢原料油加工量 \times 原料十六烷值} \times 100$$

[计算说明]：精制柴油产量——见本章“侧线指标”中相应指标定义。单位：t。

柴油加氢原料油加工量——见本章“柴油加氢原料油加工量”指标中定义。单位：t。

精制柴油十六烷值、原料十六烷值——见本章“运行指标”中相应指标定义。单位:%。

[单　位]:%。

[数据来源]：内部核算数据。

5.7 干气≥C_3 含量

见《催化裂化装置》章中“干气≥C_3 含量”指标定义及计算方法。

5.8 加热炉热效率

见《常减压装置》章中“加热炉热效率”指标定义及计算方法。

5.9 新鲜氢气氢纯度[%(体积)]

见《加氢裂化装置》章中“新鲜氢气氢纯度[%(体积)]”指标定义和指标计算方法。

5.10 新鲜氢气氢纯度[%(质量)]

见《加氢裂化装置》章中“新鲜氢气氢纯度[%(质量)]”指标定义和指标计算方法。

5.11 副产氢气氢纯度[%(体积)]

见《加氢裂化装置》章中“副产氢气氢纯度[%(体积)]”指标定义和指标计算方法。

5.12 副产氢气氢纯度[%(质量)]

见《加氢裂化装置》章中“副产氢气氢纯度[%(质量)]”指标定义和指标计算方法。

5.13 循环氢纯度

见《加氢裂化装置》章中“循环氢纯度”指标定义和指标计算方法。

5.14 循环氢流量

见《加氢裂化装置》章中“循环氢流量”指标定义和指标计算方法。

5.15 反应器床层最高温度

见《蜡油加氢装置》章中“反应器床层最高温度”指标定义和指标计算方法。

5.16 反应催化剂平均温度

见《蜡油加氢装置》章中“反应催化剂平均温度”指标定义和指标计算方法。

5.17 反应器床层温升

见《蜡油加氢装置》章中“反应器床层温升”指标定义和指标计算方法。

5.18 反应压力

见《蜡油加氢装置》章中“反应压力”指标定义和指标计算方法。

5.19 反应系统总压降

见《蜡油加氢装置》章中“反应系统总压降”指标定义和指标计算方法。

5.20 加氢反应氢油体积比

见《蜡油加氢装置》章中“加氢反应氢油体积比”指标定义和指标计算方法。

5.21 加氢反应质量空速

见《蜡油加氢装置》章中“加氢反应质量空速”指标定义和指标计算方法。

5.22 装置正常开工时间点

[指标定义]：报告期内以装置预氮化结束后开始切换柴油加氢新鲜原料油进料的时间点为正常开工时间点。

5.23 装置正常停工时间点

[指标定义]：报告期内以装置正常停工时开始切断反应进料的时间点为正常停工时间点。

6 综合指标

6.1 实际氢耗

[指标定义]：报告期内装置加工 1t 柴油加氢新鲜原料油消耗纯氢数量。

[计算公式]：

$$\text{实际氢耗}=\frac{\text{新鲜氢气消耗量}\times\text{新鲜氢气氢纯度}[\%(\text{质量})]}{\text{柴油加氢原料油加工量}}\times 1000$$

若装置产出富氢，计算公式如下：

$$\text{实际氢耗}=\frac{\text{新鲜氢气消耗量}\times\text{新鲜氢气氢纯度}[\%(\text{质量})]-\text{副氢产量}\times\text{副氢氢纯度}[\%(\text{质量})]}{\text{柴油加氢原料油加工量}}\times 1000$$

[计算说明]：新鲜氢气氢纯度[%(质量)]、副氢氢纯度[%(质量)]——见本章“运行指标”中相应指标定义。单位:%。

副产氢量——报告期内装置产出副氢并入氢气管网或下游装置作为氢源的产量。单位：t。

新鲜氢气消耗量——见本章“柴油加氢原料加工量”指标中定义。单位：t。

柴油加氢原料油加工量——见本章“柴油加氢原料油加工量”指标中定义。单位：t。

[单　　位]：kg/t。

[数据来源]：内部核算数据。

6.2　装置竞赛指标

[指标定义]：报告期内装置考虑不同原料含硫的综合指标。

[计算公式]：

$$装置竞赛指标 = \frac{实际氢耗}{装置硫差 \times 原料加工难度系数}$$

$$装置硫差 = 原料含硫量 - 精制柴油含硫量$$

$$原料加工难度系数 = 直馏柴油比例 + \frac{二次原料油比例}{2}$$

[计算说明]：实际氢耗——见本章“实际氢耗”中指标定义。单位：kg/t。

原料含硫量、加氢柴油含硫量——见本章“运行指标”中相应指标定义。单位:%。

直馏柴油比例、二次原料比例——见本章“原料指标”中相应指标定义。单位:%。

[单　　位]:%。

[数据来源]：内部核算数据。

第18章　制氢装置

1　装置简介

制氢工艺路线有很多种，石化行业使用较多的是烃类蒸汽转化法制氢工艺，该工艺的制氢装置是指在高温高压、催化剂条件下，以精制后低硫的烃原料与水蒸气发生化学反应，生成氢气和二氧化碳，经提纯去除杂质得到氢气的工艺过程。烃原料包括干气、天然气、液化气、石脑油、甲醇等含烃原料。在炼油加工流程中，制氢主要为加氢装置提供原料氢气。

2　装置范围

制氢装置范围主要包括原料增压、原料精制、轻烃蒸汽转化、中温低温变换、余热锅炉以及氢提纯等单元。

甲醇制氢装置范围主要包括原料汽化、催化转化、转化冷却冷凝、氢提纯等单元。

3　原料指标

3.1　制氢原料烃加工量

[指标定义]：报告期内装置处理干气、天然气、液化气、石脑油、甲醇等组分进装置转化反应的进料量总和。

[计算公式]：

$$制氢原料烃加工量 = 干气进料量 + 天然气进料量 + 液化气进料量 + 石脑油进料量 + 甲醇进料量$$

[计算说明]：制氢原料烃加工量——报告期内装置处理干气、天然气、液化气、石脑油、甲醇等组分进装置转化反应的进料量总和。原料组成包括各种烃类及其化合物，但不包括水蒸气投入量。若制氢装置原料增压与原料精制单元之间的膜分离单元产出的氢气，从原料加工量中等量扣除。若进装置干气、天然气、液化气、石脑油、甲醇等组分并作炉用燃料，则不计入原料加工量。

干气进料量——报告期内装置处理干气组分进料量，含加氢干气、加氢低分气、焦化干气、催化干气等干气组分。若装置处理化工甲烷氢或化工干气，则计入干气进料量。若制氢装置原料增压与原料精制单元之间的膜分离单元产出的氢气，从干气进料量中等量扣除。若进装置干气并作炉用燃料，则不计入原料加工量。

天然气进料量——报告期内装置处理外购天然气进料量。若进装置天然气并作炉用燃料，则不计入原料加工量。

液化气进料量——报告期内装置处理炼油装置产出液化气进料量。若进装置液化气并作炉用燃料，则不计入原料加工量。

石脑油进料量——报告期内装置处理炼油装置产出石脑油组分进料量。若进装置石脑油并作炉用燃料，则不计入原料加工量。

甲醇进料量——报告期内装置处理甲醇进料量。

[单　　位]：t。

[数据来源]：MES。

3.2　干气比例

[指标定义]：报告期内进装置转化反应的干气进料量总和占制氢原料烃加工量的比例。

[计算公式]：

$$干气比例 = \frac{干气进料量}{制氢原料烃加工量} \times 100$$

[计算说明]：干气进料量、制氢烃原料加工量——见本章“制氢烃原料加工量”中指标定义。单位：t。

[单　　位]：%。

[对应指标]：制氢装置干气投入比例。

[数据来源]：MES。

3.3　天然气比例

[指标定义]：报告期内进装置转化反应的天然气进料量占制氢原料烃加工量的比例。

[计算公式]：

$$天然气比例 = \frac{天然气进料量}{制氢原料烃加工量} \times 100$$

[计算说明]：天然气进料量、制氢烃原料加工量——见本章“制氢烃原料加工量”中指标定义。单位：t。

[单　　位]：%。

[对应指标]：制氢装置天然气投入比例。

[数据来源]：MES。

3.4　液化气比例

[指标定义]：报告期内进装置转化反应的液化气进料量占制氢原料烃加工量的比例。

[计算公式]：

$$液化气比例 = \frac{液化气进料量}{制氢原料烃加工量} \times 100$$

[计算说明]：液化气进料量、制氢烃原料加工量——见本章“制氢烃原料加工量”中指标定义。单位：t。

[单　　位]：%。

[对应指标]：制氢装置液化气投入比例。

[数据来源]：MES。

3.5 石脑油比例

[指标定义]：报告期内进装置转化反应的石脑油进料量占制氢原料烃加工量的比例。

[计算公式]：

$$石脑油比例 = \frac{石脑油进料量}{制氢原料烃加工量} \times 100$$

[计算说明]：石脑油进料量、制氢烃原料加工量——见本章"制氢烃原料加工量"中指标定义。单位：t。

[单　　位]：%。

[对应指标]：制氢装置石脑油投入比例。

[数据来源]：MES。

3.6 甲醇比例

[指标定义]：报告期内进装置转化反应的甲醇进料量占制氢原料烃加工量的比例。

[计算公式]：

$$甲醇比例 = \frac{石脑油进料量}{制氢原料烃加工量} \times 100$$

[计算说明]：甲醇进料量、制氢烃原料加工量——见本章"制氢烃原料加工量"中指标定义。单位：t。

[单　　位]：%。

[对应指标]：制氢装置石脑油投入比例。

[数据来源]：MES。

3.7 原料投入侧线逻辑关系

干气比例、天然气比例、液化气比例、石脑油比例、甲醇比例总和必须等于100%。

4 侧线指标

4.1 氢气收率

[指标定义]：报告期内装置产出氢气产量占制氢原料烃加工量的百分比。

[计算公式]：

$$氢气收率 = \frac{氢气产量}{制氢原料烃加工量} \times 100$$

[计算说明]：氢气产量——报告期内装置产出送出界区工业氢的产量。单位：t。若制氢装置原料增压与原料精制单元之间的膜分离单元产出氢气，必须从工业氢中等量扣除。单位：t。

制氢原料烃加工量————见本章"制氢烃原料加工量"中指标定义。单位：t。

[单　　位]：%。

[对应指标]：制氢装置氢气收率。

[数据来源]：MES。

4.2 解析气收率

[指标定义]：报告期内装置产出送出界区或送装置转化炉自用消耗的脱附干气产量占制氢原料烃加工量的百分比。

［计算公式］：

$$解析气收率 = \frac{解析气产量}{制氢原料烃加工量} \times 100$$

［计算说明］：解析气产量——报告期内装置产出送出界区脱附干气产量或送装置转化炉自用消耗量。单位：t。

制氢原料烃加工量————见本章“制氢烃原料加工量”中指标定义。单位：t。

［单　　位］：%。

［数据来源］：MES。

4.3　有效热值解析气产量

［指标定义］：报告期内装置产出脱附干气中烃类及氢气的有效热值组分的产量占制氢原料烃加工量的百分比。

［计算公式］：

公式一：

有效热值解析气产量 = 解析气产量 ×｛解析气氢含量［%（质量）］+ 解析气甲烷含量［%（质量）］+ 解析气乙烷含量［%（质量）］+ 解析气一氧化碳含量［%（质量）］｝

公式二：

$$有效热值解析气产量 = \frac{解析气产量 \times 解析气热值}{29.3076 \times 1.4286 \times 1000}$$

［计算说明］：有热值解析气产量——报告期内装置产出脱附干气中烃类及氢气的有效热值组分的产量。

解析气产量——见本章“侧线指标”中指标定义。单位：t。

解析气氢含量［%（质量）］、解析气甲烷含量［%（质量）］、解析气乙烷含量［%（质量）］、解析气一氧化碳含量［%（质量）］——见本章“运行指标”中相应指标定义。单位：%。

解析气热值——报告期内解析气分析的平均热值。单位：GJ。

制氢原料烃加工量——见本章“制氢烃原料加工量”中指标定义。单位：t。

［单　　位］：%。

［数据来源］：MES。

4.4　零价值产品收率

［指标定义］：报告期内装置产出氢气伴随无法回收热值的碳损失量占制氢原料烃加工量的百分比。

［计算公式］：

$$零价值产品收率 = \frac{零价值产品产量}{制氢原料烃加工量} \times 100$$

零价值产品产量 = 解析气产量 ×｛$\frac{3}{11}$ × 解析气二氧化碳含量［%（质量）］+ $\frac{3}{7}$ × 解析气一氧化碳含量［%（质量）］｝－｛氢气产量 × 产品氢氢纯度［%（质量）］+ 解析气产量 × 解析气氢含量［%（质量）］－ 干气进料量 × 原料氢气含量［%（质量）］｝

［计算说明］：零价值产品产量——报告期内装置产出氢气伴随无法回收热值的碳损失量。在计算装置零价值产品产量时不能全把碳作为零价值产品产量，应把碳损失量扣除因碳与水蒸气发生反应得到的氢气量后再作为零价值产品产量。对于回收 CO_2 的制氢装置还要扣除商品 CO_2 的量才能作为零价值产品产量。

氢气产量、解析气产量——见本章“侧线指标”中相应指标定义。单位：t。

产品氢纯度[%（质量）]、解析气氢含量[%（质量）]、原料氢气含量[%（质量）]——见本章“运行指标”中相应指标定义。单位：%。

干气进料量、制氢原料烃加工量——见本章“制氢烃原料加工量”中指标定义。单位：t。

[单　　位]：%。

[数据来源]：MES。

4.5　回收二氧化碳收率

[指标定义]：报告期内装置氢气提纯单元回收为商品或其它装置化工辅料自用的二氧化碳量占制氢原料烃加工量的百分比。

[计算公式]：

$$回收二氧化碳收率=\frac{回收二氧化碳产量}{制氢原料烃加工量}\times 100$$

[计算说明]：回收二氧化碳产量——报告期内装置氢气提纯单元回收为商品或其它装置化工辅料自用的二氧化碳量。单位：t。

制氢原料烃加工量——见本章“制氢烃原料加工量”中指标定义。单位：t。

[单　　位]：%。

[数据来源]：MES。

4.6　装置加工损失率

[指标定义]：报告期内装置总投入量与装置总产量之间的差额占制氢原料烃加工量的百分比。

[计算公式]：

$$装置加工损失率=\frac{装置加工损失量}{制氢原料烃加工量}\times 100$$

$$装置加工损失量=装置总投入量-装置总产量$$

$$装置总产量=氢气产量+解析气产量+回收二氧化碳量$$

[计算说明]：装置加工损失量——报告期内装置总投入量减去装置总产出量的差值。单位：t。加工损失包括装置内的物料在加工、储运、排放过程中的损耗。制氢装置加工过程中主要发生损失为碳损失，但发生碳损失的同时又产生了氢气，即 $C+H_2O(气)=CO+H_2$、$C+2H_2O(气)=CO_2+2H_2$，因此在计算装置加工损失时不能全把碳作为装置损失，应把碳损失量扣除因碳与水蒸气发生反应得到的氢气量后再作为装置加工损失。对于回收 CO_2 的制氢装置还要扣除商品 CO_2 的量才能作为装置损失量。

(1)采用PSA提纯氢气的制氢装置 CO_2 放空损失计算方法：

$$制氢装置损失量=原料油、气量-低变气中的氢气及烃量$$

注：原料油、气量——进行脱硫系统前的原料油(主要为轻石脑油)、原料气(主要包括各种燃料干气、天然甲烷、液化气)；

低变气——转化反应后进入PSA前的混合气体，不包括水蒸气；

具体计算公式：

$$\delta_{损失量}=X+Y\times\frac{(X+C_{原料气}+Y\times C_{原料油})\times(H_{2产品}+CH_{4产品})}{\frac{3}{7}\times CO_{产品}+\frac{3}{11}\times CO_{2产品}+\frac{3}{4}\times CH_{4产品}}$$

式中　X——进入脱硫系统原料气的量，t；

Y——进入脱硫系统原料油的量，t；

$C_{原料气}$——进入脱硫系统原料气中的碳元素的质量分数，%；

$C_{原料油}$——进入脱硫系统原料油中的碳元素的质量分数，%；

$H_{2产品}$、$CH_{4产品}$、$CO_{产品}$、$CO_{2产品}$——转化反应后进入 PSA 前的混合气体中 H_2、CH_4、CO、CO_2的质量分数，%。

(2)采用吸收法提纯氢气的制氢装置 CO_2放空损失计算方法：

制氢装置损失量 = 原料油 + 原料气 - 氢气产量 - 回收二氧化碳量

具体计算公式：

$$\delta_{损失量} = X_{原料干气} + X_{原料油} - Y_{氢气产量} - Y_{回收CO_2量}$$

式中 $X_{原料干气}$、$X_{原料油}$——原料干气、原料油的进料量，t；

$Y_{氢气产量}$——产品氢气产量，t；

$Y_{回收CO_2量}$——回收的 CO_2 商品量和自用量，t。

装置总投入量——报告期内装置收界外新鲜原料进料总量，即为制氢原料烃加工量。单位：t。

装置总产量——报告期内装置所有产出侧线产出送出界区或装置自用消耗的总量。包括氢气产量、解析气产量。单位：t。

制氢原料烃加工量——见本章相应指标定义。单位：t。

[单　　位]:%。

[对应指标]：制氢装置损失率。

[数据来源]：MES。

4.7　装置产出侧线逻辑关系

氢气收率、有效热值解析气收率、零价值产品收率、回收二氧化碳收率、装置加工损失率总和必须等于100%。有效热值解析气产量应全量计入装置燃料气消耗量，有效热值解析气产量和零价值产品产量，应全量计入炼油板块燃料气自用量。

5　运行指标

5.1　原料运行指标

5.1.1　原料氢气含量[%(体积)]

[指标定义]：报告期内装置干气进料中氢气平均体积浓度。

[计算公式]：

$$原料中氢气含量[\%(体积)] = \frac{\sum 原料中氢气含量[\%(体积)]}{原料中氢气含量的样本总数}$$

$$累计原料氢气含量[\%(体积)] = \frac{\sum 月原料中氢气含量[\%(体积)]}{运行月数}$$

[计算说明]：原料氢气含量[%(体积)]——报告期内装置干气进料中分析正常氢气体积分数。单位:%(体积)。

原料氢气含量的样本总数——报告期内装置干气进料中分析正常氢气体积分数样本总数。

运行月数——报告期内装置累计运行月的数量，如下类同。

[单　　位]:%(体积)

[数据来源]：LIMS。

5.1.2 原料氢气含量[%(质量)]

[指标定义]：报告期内装置干气进料中氢气平均质量浓度。

[计算公式]：

月原料氢气含量[%(质量)]

$$= \frac{0.0899V_{氢气}}{0.0899V_{氢气} + 0.7167V_{甲烷} + 1.3567V_{乙烷} + 2.02V_{丙烷} + 1.914V_{丙烯} + 2.703V_{正丁烷} + 2.675V_{异丁烷} + 2.5V_{异丁烯} + 3.215V_{异戊烷} + 3.3V_{正戊烷} + 3.3V_{C6}}$$

$$当月原料干气各组分浓度[\%(体积)] = \frac{\sum 原料干气中各组分浓度[\%(体积)]}{原料干气中各组分分析的样本总数}$$

$$累计原料氢气含量[\%(质量)] = \frac{\sum 原料中氢气含量[\%(质量)]}{运行月数}$$

[计算说明]：月原料干气各组分浓度[%(体积)]——在报告期内装置加工原料干气中分析氢气、甲烷、乙烷、丙烷、丙烯、正丁烷、异丁烷、异丁烯、正戊烷、碳六等组分体积分数(分别用 $V_{氢气}$、$V_{甲烷}$、$V_{乙烷}$、$V_{丙烷}$、$V_{丙烯}$、$V_{正丁烷}$、$V_{异丁烷}$、$V_{异丁烯}$、$V_{异戊烷}$、$V_{正戊烷}$、V_{C6} 来表示)。

原料干气中各组分分析样本总数——报告期内装置加工原料干气中分析各组分浓度样本总数。

运行月数——报告期内装置累计运行月的数量。

[数据来源]：LIMS。

5.2 产品氢指标

5.2.1 产品氢氢纯度[%(体积)]

见《催化重整装置》章中“产品氢氢纯度[%(体积)]”指标定义和指标计算方法。

5.2.2 产品氢氢纯度[%(质量)]

见《催化重整装置》章中“产品氢氢纯度[%(质量)]”指标定义和指标计算方法。

5.2.3 产品氢甲烷含量[%(体积)]

[指标定义]：报告期内装置产出送出界区工业氢中甲烷含量[%(体积)]。

[计算公式]：

$$当月产品氢甲烷含量[\%(体积)] = \frac{\sum 产品氢气甲烷含量[\%(体积)]}{产品氢气甲烷含量[\%(体积)]样本总数}$$

$$累计产品氢甲烷含量[\%(体积)] = \frac{\sum 月产品氢气甲烷含量[\%(体积)]}{运行月数}$$

[计算说明]：产品氢气甲烷含量[%(体积)]——报告期内装置产出送出界区工业氢中分析正常甲烷含量[%(体积)]。

产品氢气甲烷含量[%(体积)]样本总数——报告期内装置产出送出界区工业氢分析正常甲烷含量[%(体积)]样本总数。

运行月数——报告期内装置累计运行月的数量。

[单　　位]：%(体积)

[数据来源]：LIMS。

5.2.4 产品氢气≥C_2含量[%(体积)]

[指标定义]：报告期内装置产出送出界区工业氢中 C_2 及 C_2 以上组分含量[%(体积)]。

[计算公式]：

$$当月产品氢气 \geq C_2 含量[\%(体积)] = \frac{\sum 产品氢气 \geq C_2 含量[\%(体积)]}{产品氢气 \geq C_2 含量[\%(体积)]的样本总数}$$

$$累计产品氢气\geq C_2含量[\%(体积)]=\frac{\sum 月产品氢气\geq C_2 含量[\%(体积)]}{运行月数}$$

[计算说明]：产品氢气≥C_2含量[%(体积)]——报告期内装置产出送出界区工业氢中分析正常 C_2及 C_2以上组分总和。单位:%(体积)。

产品氢气≥C_2含量[%(体积)]的样本总数——报告期内装置产出送出界区工业氢分析正常 C_2及 C_2以上组分总和样本总数。

运行月数——报告期内装置累计运行月的数量。

[单　　位]:%(体积)

[数据来源]：LIMS。

5.2.5　产品氢气 CO 含量

[指标定义]：报告期内装置产出送出界区工业氢中 CO 含量。

[计算公式]：

$$当月产品氢气 CO 含量=\frac{\sum 产品氢气 CO 含量}{产品氢气 CO 含量样本总数}$$

$$累计产品氢气 CO 含量=\frac{\sum 月产品氢气 CO 含量}{运行月数}$$

[计算说明]：产品氢气 CO 含量——报告期内装置产出送出界区工业氢中分析正常 CO 含量[%(体积)]。单位：μL/L。

产品氢气 CO 含量样本总数——报告期内装置产出送出界区工业氢分析正常 CO 含量样本总数。

运行月数——报告期内装置累计运行月的数量。

[单　　位]：μL/L。

[数据来源]：LIMS。

5.2.6　产品氢气 CO_2含量

[指标定义]：报告期内装置产出送出界区工业氢中 CO_2含量。

[计算公式]：

$$当月产品氢气 CO_2含量=\frac{\sum 产品氢气 CO_2 含量}{产品氢气 CO_2 含量样本总数}$$

$$累计产品氢气 CO_2含量=\frac{\sum 月产品氢气 CO_2 含量}{运行月数}$$

[计算说明]：产品氢气 CO_2含量——报告期内装置产出送出界区工业氢中分析正常 CO_2含量。单位：μL/L。

产品氢气 CO_2含量样本总数——报告期内装置产出送出界区工业氢分析正常 CO_2含量样本总数。

运行月数——报告期内装置累计运行月的数量。

[单　　位]：μL/L。

[数据来源]：LIMS。

5.2.7　产品氢气 $CO+CO_2$含量

[指标定义]：报告期内装置产出送出界区工业氢中 CO 含量与 CO_2含量总和。

[计算公式]：

$$(CO+CO_2)含量=产品氢气 CO 含量+产品氢气 CO_2含量$$

［计算说明］：产品氢气 CO 含量、产品氢气 CO_2含量——见本章“运行指标”中相应指标定义。

［单　　位］：μL/L。

［数据来源］：LIMS。

5.3　解析气指标

5.3.1　解析气氢含量［%（体积）］

［指标定义］：报告期内装置产出送出界区或装置加热炉自用的脱附干气中氢气平均体积分数。

［计算公式］：

$$当月解析气氢含量[\%(体积)]=\frac{\sum 解析气中氢气含量[\%(体积)]}{解析气中氢气含量样本总数}$$

$$累计解析气氢含量[\%(体积)]=\frac{\sum 月解析气中氢气含量[\%(体积)]}{运行月数}$$

［计算说明］：解析气氢含量［%（体积）］——报告期内装置产出送出界区或装置加热炉自用的脱附干气中分析正常氢气体积分数。单位：%（体积）。

解析气氢含量样本总数——报告期内装置产出送出界区脱附干气或装置加热炉自用的分析正常氢气体积分数样本总数。

运行月数——报告期内装置累计运行月的数量。

［单　　位］：%（体积）

［数据来源］：LIMS。

5.3.2　解析气氢含量［%（质量）］

［指标定义］：报告期内装置产出送出界区或装置加热炉自用的脱附干气中氢气平均质量浓度。

［计算公式］：

$$当月解析气氢含量[\%(质量)]=\frac{0.0899\times V_{氢气}}{0.0899\times V_{氢气}+0.7167\times V_{甲烷}+1.3567\times V_{乙烷}+2.02\times V_{CO}+1.98\times V_{CO_2}}$$

$$当月解析气各组分浓度[\%(体积)]=\frac{\sum 脱附干气各组分浓度[\%(体积)]}{脱附干气分析的样本总数}$$

$$累计解析气氢含量[\%(质量)]=\frac{\sum 月解析气氢含量[\%(质量)]}{运行月数}$$

［计算说明］：月解析气各组分浓度［%（体积）］——在报告期内装置产出送出界区解析气中分析氢气、甲烷、乙烷、一氧化碳、二氧化碳等组分体积分数（分别用 $V_{氢气}$、$V_{甲烷}$、$V_{乙烷}$、V_{CO}、V_{CO_2}来表示）。单位：%（体积）。

解析气各组分分析样本总数——在报告期内装置产出送出界区脱附干气分析各组分浓度样本总数。

运行月数——报告期内装置累计运行月的数量。

［单　　位］：%（质量）。

［数据来源］：LIMS。

5.3.3　解析气甲烷含量［%（体积）］

［指标定义］：报告期内装置产出送出界区外或装置加热炉自用的脱附干气中甲烷平均体积分数。

[**计算公式**]：

$$当月解析气甲烷含量[\%(体积)]=\frac{\sum 解析气甲烷含量[\%(体积)]}{解析气甲烷含量[\%(体积)]样本总数}$$

$$累计解析气甲烷含量[\%(体积)]=\frac{\sum 月解析气甲烷含量[\%(体积)]}{运行月数}$$

[**计算说明**]：解析气甲烷含量[%(体积)]——报告期内装置产出送出界区或装置加热炉自用的外脱附干气中分析正常甲烷含量[%(体积)]。单位:%(体积)。

解析气中甲烷含量[%(体积)]样本总数——报告期内装置产出送出界区或装置加热炉自用的外脱附干气分析正常甲烷含量[%(体积)]样本总数。

运行月数——报告期内装置累计运行月的数量。

[**单　　位**]:%(体积)

[**数据来源**]：LIMS。

5.3.4　解析气甲烷含量[%(质量)]

[**指标定义**]：报告期内装置产出送出界区或装置加热炉自用的脱附干气中甲烷平均质量分数。

[**计算公式**]：

$$当月解析气甲烷含量[\%(质量)]=\frac{0.7167\times V_{甲烷}}{0.0899\times V_{氢气}+0.7167\times V_{甲烷}+1.3567\times V_{乙烷}+2.02\times V_{CO}+1.98\times V_{CO_2}}$$

$$当月解析气各组分浓度[\%(体积)]=\frac{\sum 脱附干气各组分浓度[\%(体积)]}{脱附干气分析的样本总数}$$

$$累计解析气甲烷含量[\%(质量)]=\frac{\sum 月解析气甲烷含量[\%(质量)]}{运行月数}$$

[**计算说明**]：月解析气各组分浓度[%(体积)]——在报告期内装置产出送出界区解析气中分析氢气、甲烷、乙烷、一氧化碳、二氧化碳等组分体积分数(分别用 $V_{氢气}$、$V_{甲烷}$、$V_{乙烷}$、V_{CO}、V_{CO_2}来表示)。单位:%(体积)。

解析气各组分分析样本总数——在报告期内装置产出送出界区脱附干气分析各组分浓度样本总数。

运行月数——报告期内装置累计运行月的数量。

[**单　　位**]:%(质量)

[**数据来源**]：LIMS。

5.3.5　解析气乙烷含量[%(质量)]

[**指标定义**]：报告期内装置产出送出界区或装置加热炉自用的脱附干气中乙烷平均质量分数。

[**计算公式**]：

$$当月解析气乙烷含量[\%(质量)]=\frac{1.3567\times V_{乙烷}}{0.0899\times V_{氢气}+0.7167\times V_{甲烷}+1.3567\times V_{乙烷}+2.02\times V_{CO}+1.98\times V_{CO_2}}$$

$$当月解析气各组分浓度[\%(体积)]=\frac{\sum 脱附干气各组分浓度[\%(体积)]}{脱附干气分析的样本总数}$$

$$累计解析气乙烷含量[\%(质量)]=\frac{\sum 月解析气乙烷含量[\%(质量)]}{运行月数}$$

[**计算说明**]：月解析气各组分浓度[%(体积)]——在报告期内装置产出送出界区解析

气中分析氢气、甲烷、乙烷、一氧化碳、二氧化碳等组分体积分数（分别用 $V_{氢气}$、$V_{甲烷}$、$V_{乙烷}$、V_{CO}、V_{CO_2}来表示）。单位：%（体积）。

解析气各组分分析样本总数——在报告期内装置产出送出界区脱附干气分析各组分浓度样本总数。

运行月数——报告期内装置累计运行月的数量。

[单　　位]：%（质量）

[数据来源]：LIMS。

5.3.6　解析气一氧化碳含量[%（质量）]

[指标定义]：报告期内装置产出送出界区或装置加热炉自用的脱附干气中一氧化碳平均质量分数。

[计算公式]：

$$当月解析气一氧化碳含量[\%(质量)]=\frac{2.02\times V_{CO}}{0.0899\times V_{氢气}+0.7167\times V_{甲烷}+1.3567\times V_{乙烷}+2.02\times V_{CO}+1.98\times V_{CO_2}}$$

$$当月解析气各组分浓度[\%(体积)]=\frac{\sum 脱附干气各组分浓度[\%(体积)]}{脱附干气分析的样本总数}$$

$$累计解析气一氧化碳含量[\%(质量)]=\frac{\sum 月解析气一氧化碳含量[\%(质量)]}{运行月数}$$

[计算说明]：月解析气各组分浓度[%（体积）]——在报告期内装置产出送出界区解析气中分析氢气、甲烷、乙烷、一氧化碳、二氧化碳等组分体积分数（分别用 $V_{氢气}$、$V_{甲烷}$、$V_{乙烷}$、V_{CO}、V_{CO_2}来表示）。单位：%（体积）。

解析气各组分分析样本总数——在报告期内装置产出送出界区脱附干气分析各组分浓度样本总数。

运行月数——报告期内装置累计运行月的数量。

[单　　位]：%（质量）

[数据来源]：LIMS。

5.3.7　解析气二氧化碳含量[%（质量）]

[指标定义]：报告期内装置产出送出界区或装置加热炉自用的脱附干气中二氧化碳平均质量浓度。

[计算公式]：

$$当月解析气二氧化碳含量[\%(质量)]=\frac{1.98\times V_{CO_2}}{0.0899\times V_{氢气}+0.7167\times V_{甲烷}+1.3567\times V_{乙烷}+2.02\times V_{CO}+1.98\times V_{CO_2}}$$

$$当月解析气各组分浓度[\%(体积)]=\frac{\sum 脱附干气各组分浓度[\%(体积)]}{脱附干气分析的样本总数}$$

$$累计解析气二氧化碳含量[\%(质量)]=\frac{\sum 月解析气二氧化碳含量[\%(质量)]}{运行月数}$$

[计算说明]：月解析气各组分浓度[%（体积）]——在报告期内装置产出送出界区解析气中分析氢气、甲烷、乙烷、一氧化碳、二氧化碳等组分体积分数（分别用 $V_{氢气}$、$V_{甲烷}$、$V_{乙烷}$、V_{CO}、V_{CO_2}来表示）。单位：%（体积）。

解析气各组分分析样本总数——在报告期内装置产出送出界区脱附干气分析各组分浓度样本总数。

运行月数——报告期内装置累计运行月的数量。

[单　　位]:%(质量)

[数据来源]:LIMS。

5.4　水碳比

[指标定义]:报告期内装置原料装置气与水蒸气进入转化炉时，物料的水分子与碳原子的摩尔比。

[计算公式]:

$$水碳比=\frac{水分子摩尔数}{转化进料原料气碳原子摩尔数}$$

[计算说明]:新鲜原料气根据组分组成计算碳原子数。

[单　　位]:无。

[数据来源]:实时数据库。

5.5　转化温度

[指标定义]:报告期内装置转化炉炉管催化剂反应温度的平均值。

[计算公式]:

$$当月转化温度=\frac{\sum 转化温度}{转化温度样本总数}$$

$$累计转化温度=\frac{\sum 月转化温度}{运行月数}$$

[计算说明]:转化温度——报告期内装置转化炉炉管内反应温度，按整点时间(一小时一次)采集反应器内反应温度作为计算数据源。若采集的反应温度有多个点，则采多点的平均值。单位:℃。

转化温度样本总数——报告期内装置采集转化炉炉管内反应温度的样本总数

运行月数——报告期内装置累计运行月的数量。

[单　　位]:℃。

[数据来源]:实时数据库。

5.6　转化炉热效率

见《常减压装置》章中“加热炉热效率”指标定义及计算方法。

5.7　装置正常开工时间点

[指标定义]:报告期内装置催化剂还原后切入原料的时间点为正常开工时间点。

5.8　装置正常停工时间点

[指标定义]:报告期内装置开始降低转化炉温度的时间点为正常停工时间点。

6　综合指标

6.1　吨纯氢3.5MPa蒸汽自产率

[指标定义]:报告期内装置转化部分的3.5MPa蒸汽自产量占转化产出纯氢的比例。

[计算公式]:

吨纯氢3.5MPa蒸汽自产率

$$=\frac{3.5\text{MPa}蒸汽自产量}{氢气产量\times 产品氢中中氢气含量[\%(质量)]-干气进料量\times 原料氢气含量[\%(质量)]}\times 100$$

[计算说明]:3.5MPa蒸汽自产量——报告期内装置转化部分3.5MPa蒸汽的产量。单位:t。

氢气产量——见本章“侧线指标”中相应指标定义。单位:t。

产品氢氢气含量[%(质量)]——见本章“运行指标”中相应指标定义。单位:%。

[单　　位]: t/t。

[数据来源]: 内部核算数据。

6.2 纯氢产率

[指标定义]: 报告期内装置产出送出界区工业氢中纯氢产量占制氢原料烃加工量的百分比。

[计算公式]:

$$纯氢产率=\frac{氢气产量\times产品氢氢纯度[\%(质量)]-干气进料量\times原料氢气含量[\%(质量)]}{制氢原料烃加工量}\times100$$

[计算说明]: 氢气产量——见本章“侧线指标”中指标定义。单位: t。

干气进料量、制氢原料烃加工量——见本章“制氢烃原料加工量”中指标定义。单位: t。

产品氢氢纯度[%(质量)]、原料氢气含量[%(质量)]——见本章“运行指标”中相应指标定义。单位: [%(质量)]。

[单　　位]:%。

[数据来源]: 内部核算数据。

6.3 PSA 纯氢回收率

[指标定义]: 报告期内装置 PSA 单元提纯氢气中纯氢产量占 PSA 单元进料纯氢量的比例。

[计算公式]:

$$PSA纯氢回收率=\frac{氢气产量\times产品氢氢纯度[\%(质量)]}{氢气产量\times产品氢氢纯度[\%(质量)]+解析气产量\times解析气氢含量[\%(质量)]}\times100$$

[计算说明]: 氢气产量、解析气产量——见本章“侧线指标”中相应指标定义。单位: t。

产品氢氢纯度[%(质量)]、解析气氢含量[%(质量)]——见本章“运行指标”中相应指标定义。单位:%。

[单　　位]:%。

[数据来源]: 内部核算数据。

第 19 章　煤制氢装置

1　装置简介

煤制氢也称为煤炭气化制氢气(H_2)，由煤蒸汽转化制煤气、煤气净化、煤气变换、氢气提纯、氢气净化等五部分组成，煤炭或焦炭在高温下与水蒸气发生反应，生成主要含有氢气(H_2)、一氧化碳(CO)和二氧化碳(CO_2)的煤气，煤气再经过降温、除尘和脱硫后，与水蒸气混合进行变换反应，大部分一氧化碳转化为氢气(H_2)和二氧化碳(CO_2)，成为变换气，然后，变换气通过变压吸附(PSA)或低温甲醇洗过程，得到高纯度的氢气(H_2)。

2　装置范围

装置范围包括煤储运、水煤浆气化、煤气净化、煤气变换、氢气提纯、甲烷化等单元。氢气提纯有的采用变压吸附(PSA)工艺，有的采用低温甲醇洗工艺。

3 原料指标

3.1 原料煤标煤耗量

[**指标定义**]：报告期内装置加工消耗的煤或焦炭的折算标准煤总耗量。

[**计算公式**]：

原料煤标煤耗量 = ∑（各种煤耗量 × 各种煤折标煤系数）+ 焦炭耗量 × 焦炭折标煤系数

[**计算说明**]：各种煤耗量——报告期内装置加工消耗的各品种煤量。

焦炭耗量——报告期内装置加工消耗焦炭量。

燃料气折标煤系数、各种煤折标煤系数、焦炭折标煤系数——参考附件二《原料、燃料的折算标准煤换算系数表》。

[**单　　位**]：t。

[**数据来源**]：MES。

3.2 原料煤标油耗

[**指标定义**]：报告期内装置加工消耗的煤或焦炭的折算标准油总耗量。

[**计算公式**]：

$$原料煤标油耗 = \frac{原料煤标煤耗量}{1.4286}$$

[**计算说明**]：原料煤标煤耗量——见本章相应指标定义。

[**单　　位**]：t。

[**数据来源**]：MES。

3.3 纯氧耗量

[**指标定义**]：报告期内装置加工消耗纯氧气量。

[**计算公式**]：

纯氧耗量 = 氧气消耗量 × 原料氧气中氧浓度[%（质量）]

[**计算说明**]：氧气消耗量——报告期内装置加工消耗氧气量。

原料氧气中氧浓度[%（质量）]——见本章相应指标定义。

[**单　　位**]：t。

[**数据来源**]：MES。

4 侧线指标

4.1 氢气产率

[**指标定义**]：报告期内装置产出氢气产量占原料煤标油耗量的百分比。

[**计算公式**]：

$$氢气产率 = \frac{氢气产量}{原料煤标煤耗量} \times 100$$

[**计算说明**]：氢气产量——报告期内装置产出氢气产量。单位：t。

原料煤标煤耗量——见本章相应指标定义。

[**单　　位**]：t。

[**数据来源**]：MES。

4.2 酸性气产率

[**指标定义**]：报告期内装置产出酸性气产量占原料煤标油耗量的百分比。

[计算公式]：

$$酸性气产率 = \frac{酸性气产量}{原料煤标煤耗量} \times 100$$

[计算说明]：酸性气产量——报告期内装置产出酸性气产量。单位：t。

原料煤标煤耗量——见本章相应指标定义。单位：t。

[单　　位]：t。

[数据来源]：MES。

4.3　二氧化碳产品产率

[指标定义]：报告期内装置产出作为商品二氧化碳产量占原料煤标油耗量的百分比。

[计算公式]：

$$二氧化碳产品产率 = \frac{商品二氧化碳产量}{原料煤标煤耗量} \times 100$$

[计算说明]：商品二氧化碳产量——报告期内装置产出作为商品二氧化碳产量。单位：t。

原料煤标煤耗量——见本章相应指标定义。单位：t。

[单　　位]：t。

[数据来源]：MES。

5　运行指标

5.1　原料煤中收到基灰分

[指标定义]：报告期内投入装置原料煤中收到基灰分，也称为灰分。

[计算公式]：

$$当月原料中收到基灰分 = \frac{\sum 原料中收到基灰分}{原料中收到基灰分样本总数}$$

$$累计原料中收到基灰分 = \frac{\sum 月原料中收到基灰分}{运行月数}$$

[计算说明]：原料中收到基灰分——报告期内投入装置原料煤分析正常收到基灰分。单位:%。

原料中收到基灰分样本总数——报告期内投入装置原料煤分析正常收到基灰分的样本总数。

运行月数——报告期内装置累计运行月的数量。

[单　　位]:%。

[数据来源]：LIMS。

5.2　原料煤中全硫含量

[指标定义]：报告期内投入装置原料煤中全硫含量，也称全硫。

[计算公式]：

$$当月原料煤中全硫含量 = \frac{\sum 原料煤中全硫含量}{原料煤中全硫含量样本总数}$$

$$累计原料煤中全硫含量 = \frac{\sum 月原料煤中全硫含量}{运行月数}$$

[计算说明]：原料煤中全硫含量——报告期内投入装置原料煤分析正常全硫含量。

单位：%。

原料煤中全硫含量样本总数——报告期内投入装置原料煤分析正常全硫含量的样本总数。

运行月数——报告期内装置累计运行月的数量。

［单　　位］：%。

［数据来源］：LIMS。

5.3　原料煤中干燥无灰基挥发分

［指标定义］：报告期内投入装置原料煤中的干燥无灰基挥发分。

［计算公式］：

$$当月原料煤中干燥无灰基挥发分=\frac{\sum 原料煤中干燥无灰基挥发分}{原料煤中干燥无灰基挥发分样本总数}$$

$$累计原料煤中干燥无灰基挥发分=\frac{\sum 月原料煤中干燥无灰基挥发分}{运行月数}$$

［计算说明］：原料煤中干燥无灰基挥发分——报告期内投入装置原料煤分析正常干燥无灰基挥发分。单位：%。

原料煤中干燥无灰基挥发分样本总数——报告期内投入装置原料煤分析正常干燥无灰基挥发分的样本总数。

运行月数——报告期内装置累计运行月的数量。

［单　　位］：%。

［数据来源］：LIMS。

5.4　原料煤中收到基低位热值

［指标定义］：报告期内投入装置原料煤中的收到基低位热值。

［计算公式］：

$$当月原料煤中收到基低位热值=\frac{\sum 原料煤中收到基低位热值}{原料煤中收到基低位热值样本总数}$$

$$累计原料煤中收到基低位热值=\frac{\sum 月原料煤中收到基低位热值}{运行月数}$$

［计算说明］：原料煤中收到基低位热值——报告期内投入装置原料煤分析正常收到基低位热值。单位：%。

原料煤中收到基低位热值样本总数——报告期内投入装置原料煤分析正常收到基低位热值的样本总数。

运行月数——报告期内装置累计运行月的数量。

［单　　位］：kJ/kg。

［数据来源］：LIMS。

5.5　原料氧气中氧浓度［%（体积）］

［指标定义］：报告期内装置消耗原料氧气中氧气体积分数。

［计算公式］：

$$原料氧气中氧浓度[\%(体积)]=\frac{\sum 原料氧气中氧浓度[\%(体积)]}{原料氧气中氧浓度样本总数}$$

$$累计原料氧气中氧浓度[\%(体积)]=\frac{\sum 月原料氧气中氧浓度[\%(体积)]}{运行月数}$$

[**计算说明**]：原料氧气中氧浓度[%(体积)]——报告期内装置消耗原料氧气中分析正常氧气体积分数。单位:%(体积)。

原料氧气中氧浓度样本总数——报告期内装置消耗新鲜氢气原料氧气中分析正常氧气体积分数样本总数。

运行月数——报告期内累计运行月的数量。

[**单　　位**]:%(体积)。

[**数据来源**]：LIMS。

5.6　原料氧气中氧浓度[%(质量)]

[**指标定义**]：报告期内装置消耗原料氧气中氧气质量分数。

[**计算公式**]：

$$当月原料氧气中氧浓度[\%(质量)]=\frac{1.429V_{氧气}}{1.429V_{氧气}+1.25V_{氮气}+1.40V_{氩气}}$$

$$当月原料氧气各组分浓度[\%(体积)]=\frac{\sum 原料氧气各组分浓度[\%(体积)]}{原料氧气各组分分析的样本总数}$$

$$累计原料氧气中氧浓度[\%(质量)]=\frac{\sum 原料氧气中氧浓度[\%(质量)]}{运行月数}$$

[**计算说明**]：当月原料氧气各组分浓度[%(体积)]——在报告期内装置消耗原料氧气中分析氧气、氮气、氩气等组分体积分数(分别用 $V_{氧气}$、$V_{氮气}$、$V_{氩气}$ 来表示)。单位:%(体积)。

原料氧气中各组分分析样本总数——在报告期内装置消耗氧气中分析各组分浓度样本总数。

运行月数——报告期内累计运行月的数量。

[**单　　位**]:%(质量)。

[**数据来源**]：LIMS。

5.7　产品氢氢纯度[%(体积)]

[**指标定义**]：报告期内装置产出氢气中氢气体积分数。

[**计算公式**]：

$$当月产品氢氢纯度[\%(体积)]=\frac{\sum 产品氢气中氢纯度[\%(体积)]}{产品氢气中氢纯度样本总数}$$

$$累计产品氢氢纯度[\%(体积)]=\frac{\sum 月产品氢气中氢纯度[\%(体积)]}{运行月数}$$

[**计算说明**]：产品氢氢纯度[%(体积)]——报告期内装置产出氢气中分析正常氢气体积分数。单位:%(体积)。

产品氢氢纯度样本总数——报告期内装置产出氢气中分析正常氢气体积浓度样本总数。

运行月数——报告期内累计运行月的数量。

[**单　　位**]:%(体积)。

[**数据来源**]：LIMS。

5.8　产品氢氢纯度[%(质量)]

[**指标定义**]：报告期内装置产出氢气中氢气质量分数。

[**计算公式**]：

$$当月产品氢氢纯度[\%(质量)]=\frac{0.0899V_{氢气}}{0.0899V_{氢气}+1.25V_{氮气}+1.40V_{氩气}+0.7167V_{甲烷}}$$

$$当月产品氢氢纯度[\%(体积)]=\frac{\sum 产品氢气中氢纯度[\%(体积)]}{产品氢气中各组分分析的样本总数}$$

$$累计产品氢氢纯度[\%(质量)]=\frac{\sum 产品氢气中氢纯度[\%(质量)]}{运行月数}$$

[计算说明]：月产品氢气各组分浓度[%(体积)]——在报告期内产出氢气中分析氢气、甲烷、氮气、氩气等组分体积分数(分别用$V_{氢气}$、$V_{甲烷}$、$V_{氮气}$、$V_{氩气}$来表示)。单位:%(体积)。

产品氢各组分分析样本总数——在报告期内装置消耗新鲜氢气原料分析各组分浓度样本总数。

运行月数——报告期内累计运行月的数量。

[单　　位]：%(质量)。

[数据来源]：LIMS。

5.9　酸性气中硫化氢浓度[%(体积)]

[指标定义]：报告期内装置产出酸性气中硫化氢体积分数。

[计算公式]：

$$当月酸性气中硫化氢浓度[\%(体积)]=\frac{\sum 酸性气中硫化氢浓度[\%(体积)]}{酸性气中硫化氢浓度样本总数}$$

$$累计酸性气中硫化氢浓度[\%(体积)]=\frac{\sum 月酸性气中硫化氢浓度[\%(体积)]}{运行月数}$$

[计算说明]：酸性气中硫化氢浓度[%(体积)]——报告期内装置产出酸性气中分析正常硫化氢体积分数。单位:%(体积)。

酸性气中硫化氢浓度样本总数——报告期内装置产出酸性气中分析正常硫化氢体积分数样本总数。

运行月数——报告期内累计运行月的数量。

[单　　位]：%(体积)。

[数据来源]：LIMS。

5.10　酸性气中硫化氢浓度[%(质量)]

[指标定义]：报告期内装置产出酸性气中硫化氢质量浓度。

[计算公式]：

$$当月酸性气中硫化氢浓度[\%(质量)]$$

$$=\frac{1.539V_{硫化氢}}{0.0899V_{氢气}+0.7167V_{二氧化碳}+1.539V_{硫化氢}+1.259V_{氧硫化碳}+1.25V_{氮气}+2.79V_{氨}+1.1792V_{甲醇}+1.1V_{氰化氢}}$$

$$当月酸性气中各组分浓度[\%(体积)]=\frac{\sum 酸性气中各组分浓度[\%(体积)]}{酸性气中各组分分析的样本总数}$$

$$累计酸性气中硫化氢浓度[\%(质量)]=\frac{\sum 月酸性气中硫化氢浓度[\%(质量)]}{运行月数}$$

[计算说明]：月酸性气中各组分浓度[%(体积)]——在报告期内装置产出酸性气中分析氢气、二氧化碳、硫化氢、氧硫化碳、氮气、氨、甲醇、氰化氢六等组分体积分数(分别用$V_{氢气}$、$V_{二氧化碳}$、$V_{硫化氢}$、$V_{氧硫化碳}$、$V_{氮气}$、$V_{氨}$、$V_{甲醇}$、$V_{氰化氢}$来表示)。单位:%(体积)。

新鲜氢气各组分分析样本总数——在报告期内装置产出酸性气中分析各组分浓度样本总数。

运行月数——报告期内累计运行月的数量。

[单　　位]:%(质量)。

[数据来源]: LIMS。

6 能源指标

6.1 吨纯氢水单耗

[指标定义]: 报告期内装置产出一吨纯氢消耗新鲜水、除盐水等水资源消耗量。

[计算公式]:

$$吨纯氢水单耗=\frac{\sum 水资源消耗量}{氢气产量\times 产品氢气中氢纯度[\%(质量)]}$$

[计算说明]: 水资源消耗量——报告期内装置消耗新鲜水、除盐水等水资源消耗量，含新鲜水、除盐水、软化水，不包括系统外的循环水，本装置循环水场补充的新鲜水包括在内。单位：t。

氢气产量——见本章相应指标定义。单位：t。

产品氢气中氢纯度[%(质量)]——见本章相应指标定义。单位:%(质量)。

[单　　位]: t/t。

[数据来源]: MES。

6.2 吨纯氢电单耗

[指标定义]: 报告期内装置产出一吨纯氢消耗电量。

[计算公式]:

$$吨纯氢水单耗=\frac{\sum 电消耗量}{氢气产量\times 产品氢气中氢纯度[\%(质量)]}$$

[计算说明]: 电消耗量——报告期内装置消耗电量。单位：kW · h。

氢气产量——见本章相应指标定义。单位：t。

产品氢气中氢纯度[%(质量)]——见本章相应指标定义。单位:%(质量)。

[单　　位]: kW · h/t。

[数据来源]: LIMS。

6.3 吨纯氢蒸汽单耗

[指标定义]: 报告期内装置产出一吨纯氢消耗蒸汽量。

[计算公式]:

$$吨纯氢蒸汽单耗=\frac{装置蒸汽总用量-装置蒸汽总产量}{氢气产量\times 产品氢气中氢纯度[\%(质量)]}$$

[计算说明]: 装置蒸汽总产量——报告期内装置加工过程中产出并外送界区外各等级蒸汽量总和，包括超高压蒸汽、高压蒸汽、中压蒸汽、低压蒸汽。单位：t。

装置蒸汽总用量——报告期内装置加工过程中消耗界区外各等级蒸汽量总和，包括超高压蒸汽、高压蒸汽、中压蒸汽、低压蒸汽。单位：t。

氢气产量——见本章相应指标定义。单位：t。

产品氢气中氢纯度[%(质量)]——见本章相应指标定义。单位:%(质量)。

[单　　位]: t/t。

[指标用途]: 反映装置产出 1t 纯氢消耗蒸汽状况。

[数据来源]: MES。

6.3.1 吨纯氢高压蒸汽单耗

[**指标定义**]：报告期内装置产出1t纯氢消耗高压蒸汽量。

[**计算公式**]：

$$吨纯氢高压蒸汽单耗=\frac{装置高压蒸汽消耗量-装置高压蒸汽产量}{氢气产量\times产品氢气中氢纯度[\%(质量)]}$$

[**计算说明**]：装置高压蒸汽产量——报告期内装置加工过程中产出并外送界区高压蒸汽($4.5\text{MPa}>P\geqslant3\text{MPa}$)。单位：t。

装置高压蒸汽消耗量——报告期内装置加工过程中消耗界区外高压蒸汽($4.5>P\geqslant3$)。单位：t。

氢气产量——见本章相应指标定义。单位：t。

产品氢气中氢纯度[%(质量)]——见本章相应指标定义。单位:%(质量)。

[**单　　位**]：t/t。

[**指标用途**]：反映装置产出1t纯氢消耗高压蒸汽($4.5\text{MPa}>P\geqslant3\text{MPa}$)状况。

[**数据来源**]：MES。

6.3.2 吨纯氢中压蒸汽单耗

[**指标定义**]：报告期内装置产出1t纯氢消耗中压蒸汽量。

[**计算公式**]：

$$吨纯氢中压蒸汽单耗=\frac{装置中压蒸汽消耗量-装置中压蒸汽产量}{氢气产量\times产品氢气中氢纯度[\%(质量)]}$$

[**计算说明**]：装置中压蒸汽产量——报告期内装置加工过程中产出并外送界区中压蒸汽($2\text{MPa}>P\geqslant0.8\text{MPa}$)。单位：t。

装置中压蒸汽消耗量——报告期内装置加工过程中消耗界区外中压蒸汽($2\text{MPa}>P\geqslant0.8\text{MPa}$)。单位：t。

氢气产量——见本章相应指标定义。单位：t。

产品氢气中氢纯度[%(质量)]——见本章相应指标定义。单位:%(质量)。

[**单　　位**]：t/t。

[**指标用途**]：反映装置产出1t纯氢消耗中压蒸汽($2\text{MPa}>P\geqslant0.8\text{MPa}$)状况。

[**数据来源**]：MES。

6.3.3 吨纯氢低压蒸汽单耗

[**指标定义**]：报告期内装置产出1t纯氢消耗低压蒸汽量。

[**计算公式**]：

$$吨纯氢低压蒸汽单耗=\frac{装置低压蒸汽消耗量-装置低压蒸汽产量}{氢气产量\times产品氢气中氢纯度[\%(质量)]}$$

[**计算说明**]：装置低压蒸汽产量——报告期内装置加工过程中产出并外送界区低压蒸汽($P<0.8$)。单位：t。

装置低压蒸汽消耗量——报告期内装置加工过程中消耗界区外低压蒸汽($P<0.8$)。单位：t。

氢气产量——见本章相应指标定义。单位：t。

产品氢气中氢纯度[%(质量)]——见本章相应指标定义。单位:%(质量)。

[**单　　位**]：t/t。

[**指标用途**]：反映装置产出一吨纯氢消耗中压蒸汽($P<0.8$)状况。

[数据来源]：MES。

6.4　吨纯氢氮气单耗

[指标定义]：报告期内装置产出 1t 纯氢消耗氮气量。

[计算公式]：

$$吨纯氢氮气单耗=\frac{氮气消耗量}{氢气产量\times 产品氢气中氢纯度[\%(质量)]}$$

[计算说明]：氮气消耗量——在报告期内装置消耗氮气量。单位：Nm^3。

氢气产量——见本章相应指标定义。单位：t。

产品氢气中氢纯度[%(质量)]——见本章相应指标定义。单位:%(质量)。

[单　　位]：Nm^3/t。

[数据来源]：MES。

6.5　吨纯氢标煤能耗

[指标定义]：报告期内装置产出 1t 纯氢消耗标煤能耗。

[计算公式]：

$$吨纯氢标煤能耗=\frac{\dfrac{\sum 各能源介质耗标油能}{1.4286}+原料煤标煤耗量}{氢气产量\times 产品氢气中氢纯度[\%(质量)]}$$

[计算说明]：各能源介质耗标油能——见本章相应指标定义。单位：tE。

氢气产量——见本章相应指标定义。单位：t。

产品氢气中氢纯度[%(质量)]——见本章相应指标定义。单位:%(质量)。

[单　　位]：t 标煤/t。

[数据来源]：MES。

6.6　吨纯氢标油能耗

[指标定义]：报告期内装置产出 1t 纯氢消耗标油能耗。

[计算公式]：

$$吨纯氢标油能耗=\frac{\dfrac{\sum 各能源介质耗标油能}{1000}+原料煤标油耗量}{氢气产量\times 产品氢气中氢纯度[\%(质量)]}$$

[计算说明]：各能源介质耗标油能——报告期内装置消耗水、电、汽、燃料油、燃料气及热能输入输出的耗标油能量。计算公式如下：

∑各能源介质耗标油能＝水耗能＋电耗能＋蒸汽耗能＋燃料油耗能＋燃料气耗能＋热能输入输出耗能。单位：kg 标油。

各能源介质耗能＝各能源消耗量×折算系数；

水耗能——循环水耗量×0.1＋新鲜水耗量×0.17＋除盐水耗量×2.3；

电耗能——用电耗量×0.23；

蒸汽耗能——高压蒸汽用量×8－高压蒸汽供量×88＋中压蒸汽用量×76－中压蒸汽供量×76＋低压蒸汽用量×66；

燃料油耗能——燃料油消耗量×1000；

燃料气耗能——燃料气单耗×950；

热能输入输出耗能——低温热的热能输入输出量。

原料煤标油耗量、氢气产量——见本章相应指标定义。单位：t。

产品氢气中氢纯度[%(质量)]——见本章相应指标定义。单位:%(质量)。

[单　　位]：t 标油/t。

[数据来源]：MES。

7　综合指标

7.1　吨纯氢耗标煤

[指标定义]：报告期内装置产出 1t 纯氢耗标煤量。

[计算公式]：

$$吨纯氢耗标煤=\frac{原料煤标煤耗量}{氢气产量\times 产品氢气中氢纯度[\%(质量)]}$$

[计算说明]：原料煤标煤耗量、氢气产量——见本章相应指标定义。单位：t。

产品氢气中氢纯度[%(质量)]——见本章相应指标定义。单位:%(质量)。

[单　　位]：t/t。

[数据来源]：MES。

7.2　吨纯氢耗标油

[指标定义]：报告期内装置产出 1t 纯氢耗标油量。

[计算公式]：

$$吨纯氢耗标油=\frac{原料煤标油耗量}{氢气产量\times 产品氢气中氢纯度[\%(质量)]}$$

[计算说明]：原料煤标油耗量、氢气产量——见本章相应指标定义。单位：t。

产品氢气中氢纯度[%(质量)]——见本章相应指标定义。单位:%(质量)。

[单　　位]：t/t。

[数据来源]：MES。

7.3　吨纯氢耗氧

[指标定义]：报告期内装置产出 1t 纯氢耗纯氧气量。

[计算公式]：

$$吨纯氢耗氧=\frac{纯氧耗量}{氢气产量\times 产品氢气中氢纯度[\%(质量)]}$$

[计算说明]：纯氧耗量,、氢气产量——见本章相应指标定义。单位：t。

产品氢气中氢纯度[%(质量)]——见本章相应指标定义。单位:%(质量)。

[单　　位]：t/t。

[数据来源]：MES。

7.4　吨纯氢硫化氢产率

[指标定义]：报告期内装置产出 1t 纯氢相应产出硫化氢量。

[计算公式]：

$$吨纯氢硫化氢产率=\frac{酸性气产量\times 酸性气中硫化氢浓度[\%(质量)]}{氢气产量\times 产品氢气中氢纯度[\%(质量)]}\times 100$$

[计算说明]：酸性气产量、氢气产量——见本章相应指标定义。单位：t。

酸性气中硫化氢浓度[%(质量)]、产品氢气中氢纯度[%(质量)]——见本章相应指标定义。单位:%(质量)。

[单　　位]:%。

[数据来源]：MES。

7.5　吨纯氢 CO_2 排放量

[指标定义]：报告期内装置产出 1t 纯氢相应 CO_2 排放量。

[计算公式]：

$$吨纯氢CO_2排放量=\frac{装置CO_2排放总量}{氢气产量\times 产品氢气中氢纯度[\%(质量)]}$$

$$装置CO_2排放总量=(燃料气耗量)\times 10000\times 3.463+(耗石油焦量+耗煤量\times 0.88)\times 3.52-商品二氧化碳产量$$

[计算说明]：装置 CO_2 排放总量——在报告期内装置产出及放空的二氧化碳量，注意要扣除商品二氧化碳产量。单位：t。

氢气产量——见本章相应指标定义。单位：t。

产品氢气中氢纯度[%(质量)]——见本章相应指标定义。单位:%(质量)。

[单　　位]：t/t。

[数据来源]：MES。

7.6　硫回收率

[指标定义]：报告期内装置产出回收酸性气的纯硫含量回收率。

[计算公式]：

$$硫回收率=\frac{酸性气产量\times \frac{16}{17}\times 酸性气中硫化氢浓度[\%(质量)]}{煤耗量+焦炭耗量\times 原料煤中全硫含量}\times 100$$

[计算说明]：酸性气产量、煤耗量+焦炭耗量×酸性气中硫化氢浓度[%(质量)]原料煤中全硫含量、装置 CO_2 排放总量——在报告期内装置产出及放空的二氧化碳量，注意要扣除商品二氧化碳产量。单位：t。

氢气产量——见本章相应指标定义。单位：t。

产品氢气中氢纯度[%(质量)]——见本章相应指标定义。单位:%(质量)。

[单　　位]：t/t。

[数据来源]：MES。

第 20 章　氢气提浓装置

1　装置简介

氢气提浓的工艺方法有很多，石化行业使用较多的有 PSA 回收氢、膜分离回收氢、深冷回收氢等工艺。PSA 装置是指通过变压吸附原理将混合气体中氢气及含烃干气分离出来，生成氢气和脱附干气。膜分离装置通过原料气预处理除去原料气中可能含有的液态烃、水以及固体颗粒，通过膜分离将氢气与其它气体分离，生成氢气和分离尾气。在炼油加工流程中，PSA 装置、膜分离装置主要将含氢干气提纯出氢气后返作加氢装置原料氢气。

2　装置范围

氢气提浓装置包括 PSA 装置、膜分离装置。PSA 装置主要包括原料脱液、变压吸附、氢气精制等单元，有的 PSA 装置不设氢气精制单元。膜分离装置主要包括原料气预处理和膜分离等单元。

3 氢提浓原料气加工量

［指标定义］：报告期内装置处理化工氢气、重整氢气、制氢转化氢气、加氢低分气等高含氢的混合干气进料量的总和。

［计算公式］：

氢提浓原料气加工量 = 化工氢气进料量 + 重整氢气进料量 + 制氢转化氢气进料量 + 高含氢干气进料量。

［计算说明］：氢提浓原料气加工量——报告期内装置处理化工氢气、重整氢气、制氢转化氢气、加氢低分气等高含氢的混合气体进料量的总和。

化工氢气进料量——报告期内装置处理化工板块购进的氢气进料量。

重整氢气进料量——报告期内装置处理催化重整或连续重整装置的氢气进料量。

制氢转化氢气进料量——报告期内装置处理制氢装置转化部分产出氢气进料量。

高含氢干气进料量——报告期内装置处理炼油装置产出高含氢干气进料量

［单　　位］：t。

［数据来源］：MES。

4 侧线指标

4.1 氢气收率

［指标定义］：报告期内装置产出送界区工业氢的产量占氢提浓原料气加工量的百分比。

［计算公式］：

$$氢气收率 = \frac{氢气产量}{氢提浓原料气加工量} \times 100$$

［计算说明］：PSA 氢气产量——报告期内装置产出送出界区工业氢的产量。单位：t。

氢提浓原料气加工量——见本章“氢提浓原料气加工量”指标中定义。单位：t。

［单　　位］：%。

［数据来源］：MES。

4.2 尾气收率

［指标定义］：报告期内装置产出送出界区尾气量占氢提浓原料气加工量的百分比。

［计算公式］：

$$尾气收率 = \frac{尾气产量}{氢提浓原料气加工量} \times 100$$

［计算说明］：尾气产量——报告期内装置产出送出界区尾气产量。单位：t。

氢提浓原料气加工量——见本章“氢提浓原料气加工量”指标中定义。单位：t。

［单　　位］：%。

［数据来源］：MES。

4.3 装置加工损失率

［指标定义］：报告期内装置总投入量与装置总产量之间的差额占氢提浓原料气加工量的百分比。

［计算公式］：

$$装置加工损失率=\frac{装置加工损失量}{氢提浓原料气加工量}\times 100$$

$$装置加工损失量=装置总投入量-装置总产量$$

$$装置总产量=氢气产量+尾气产量$$

[计算说明]：装置加工损失量——报告期内装置总投入量减去装置总产量。加工损失包括装置内的物料在加工、储运、排放过程中的损耗。单位：t。

装置总投入量——报告期内装置收界外新鲜原料进料总量，即为氢提浓原料气加工量。单位：t。

装置总产量——报告期内装置所有产出侧线产出送出界区的量或装置自用消耗的总量。包括氢气产量、尾气产量。单位：t。

氢气产量、尾气产量——见本章“侧线指标”中相应指标定义。单位：t。

氢提浓原料气加工量——见本章“氢提浓原料气加工量”指标中定义。

[单　　位]:%。

[数据来源]：MES。

4.4　装置产出侧线逻辑关系

氢气收率、尾气收率、装置加工损失率总和必须等于100%。

5　运行指标

5.1　原料气指标

5.1.1　原料氢气含量[%(体积)]

见《制氢装置》章中“原料氢气含量[%(体积)]”指标定义和指标计算方法。

5.1.2　原料氢气含量[%(质量)]

见《制氢装置》章中“原料氢气含量[%(质量)]”指标定义和指标计算方法。

5.1.3　原料甲烷含量[%(体积)]

[指标定义]：报告期内装置处理化工氢气、重整氢气、制氢转化氢气、加氢低分气等高含氢的混合原料甲烷平均体积分数。

[计算公式]：

$$当月原料甲烷含量[\%(体积)]=\frac{\sum 原料甲烷含量[\%(体积)]}{原料甲烷含量[\%(体积)]样本总数}$$

$$累计原料甲烷含量[\%(体积)]=\frac{\sum 月原料甲烷含量[\%(体积)]}{运行月数}$$

[计算说明]：原料甲烷含量[%(体积)]——报告期内装置处理化工氢气、重整氢气、制氢转化氢气、加氢低分气等高含氢的混合原料气中分析正常甲烷含量[%(体积)]。单位:%(体积)。

原料甲烷含量[%(体积)]样本总数——报告期内装置处理化工氢气、重整氢气、制氢转化氢气、加氢低分气等高含氢的混合干气分析正常甲烷含量[%(体积)]样本总数。

运行月数——报告期内装置累计运行月的数量。

[单　　位]:%(体积)。

[数据来源]：LIMS。

5.1.4　原料≥C_2 含量[%(体积)]

[指标定义]：报告期内装置处理化工氢气、重整氢气、制氢转化氢气、加氢低分气等

高含氢的混合原料气中≥C_2 平均含量[%(体积)]。

[计算公式]:

$$当月原料\geq C_2 含量[\%(体积)] = \frac{\sum 原料\geq C_2 含量[\%(体积)]}{原料\geq C_2 含量[\%(体积)]样本总数}$$

$$累计原料\geq C_2 含量[\%(体积)] = \frac{\sum 月原料\geq C_2 含量[\%(体积)]}{运行月数}$$

[计算说明]:原料≥C_2 含量[%(体积)]——报告期内装置处理化工氢气、重整氢气、制氢转化氢气、加氢低分气等高含氢的混合原料气中分析正常≥C_2 含量总和。单位:%(体积)。

原料≥C_2 含量[%(体积)]样本总数——报告期内装置处理化工氢气、重整氢气、制氢转化氢气、加氢低分气等高含氢的混合原料气分析正常 C_2及 C_2以上组分总和样本总数。

运行月数——报告期内装置累计运行月的数量。

[单　　位]:%(体积)。

[数据来源]:LIMS。

5.2 产品氢指标

5.2.1 产品氢氢纯度[%(体积)]

见《催化重整装置》章中"产品氢氢纯度[%(体积)]"指标定义和指标计算方法。

5.2.2 产品氢甲烷含量[%(体积)]

见《制氢装置》章中"产品氢甲烷含量[%(体积)]"指标定义和指标计算方法。

5.2.3 产品氢≥C_2含量[%(体积)]

见《制氢装置》章中"产品氢≥C_2含量[%(体积)]"指标定义和指标计算方法。

5.2.4 产品氢 CO 含量

见《制氢装置》章中"产品氢气 CO 含量"指标定义和指标计算方法。

5.2.5 产品氢 CO_2含量

见《制氢装置》章中"产品氢气 CO_2含量"指标定义和指标计算方法。

5.2.6 产品氢 CO + CO_2含量

[指标定义]:报告期内装置产出送出界区工业氢中 CO 含量 + CO_2含量总和。

[计算公式]:

$$(CO + CO_2)含量 = 产品氢气 CO 含量 + 产品氢气 CO_2 含量$$

[计算说明]:产品氢气 CO 含量、产品氢气 CO_2含量——见本章"运行指标"中相应指标定义。

[单　　位]:μL/L。

[数据来源]:LIMS。

5.3 尾气指标

5.3.1 尾气氢含量[%(体积)]

见《制氢装置》章中"产品氢氢纯度[%(体积)]"指标定义和指标计算方法。

5.3.2 尾气氢含量[%(质量)]

见《制氢装置》章中"产品氢氢纯度[%(质量)]"指标定义和指标计算方法。

5.3.3 尾气甲烷含量[%(体积)]

见《制氢装置》章中"产品氢甲烷含量[%(体积)]"指标定义和指标计算方法。

5.3.4 尾气≥C_2 含量[%(体积)]

见《制氢装置》章中"产品氢≥C_2 含量[%(体积)]"指标定义和指标计算方法。

5.4　装置正常开工时间点

[指标定义]：在报告期内装置连续收进界区外干气作为新鲜进料的时间点。

5.5　装置正常停工时间点

[指标定义]：在报告期内装置连续停收界区外干气新鲜进料的时间点。

6　综合指标

6.1　纯氢产率

[指标定义]：报告期内装置产出送出界区工业氢中纯氢产量占氢提浓原料气加工量的百分比。

[计算公式]：

$$纯氢产率=\frac{氢气产量\times 产品氢氢纯度[\%(质量)]}{氢提浓原料气加工量}\times 100$$

[计算说明]：氢气产量——见本章“侧线指标”中相应指标定义。单位：t。

氢提浓原料气加工量——见本章“氢提浓原料气加工量”指标中定义。单位：t。

产品氢氢纯度[%(质量)]——见本章“运行指标”中相应指标定义。单位:%。

[单　位]:%。

[数据来源]：内部核算数据。

6.2　纯氢回收率

[指标定义]：报告期内装置提纯氢气中纯氢产量占氢提浓原料气加工量纯氢量比例。

[计算公式]：

$$PSA纯氢回收率=\frac{氢气产量\times 产品氢氢纯度[\%(质量)]}{氢气产量\times 产品氢氢纯度[\%(质量)]+尾气产量\times 尾气氢含量[\%(质量)]}\times 100$$

[计算说明]：氢气产量、尾气产量——见本章“侧线指标”中相应指标定义。单位：t。

产品氢氢纯度[%(质量)]、尾气氢含量[%(质量)]——见本章“运行指标”中相应指标定义。单位:%。

[单　位]:%。

[数据来源]：内部核算数据。

第21章　气体分馏装置

1　装置简介

气体分馏装置主要是以经过催化裂化装置、产品精制装置脱硫后的液化石油气及部分来自罐区的液化石油气为原料，采用精馏方法，分离出丙烯、丙烷等目的产品的工艺过程。

2　装置范围

气体分馏装置主要由脱丙烷塔、脱乙烷塔、丙烯塔(包括两个串联的丙烯塔A和丙烯塔B)等单元组成，个别气体分馏含液化气精制单元。

3 原料指标

3.1 气体分馏液化气加工量

[指标定义]：报告期内装置外收进新鲜液化气的进料总量

[计算公式]：见本章相应指标定义。

[计算说明]：气体分馏液化气加工量——报告期内装置外收进新鲜液化气的进料总量。主要为催化裂化、催化裂解的液化气，个别包含焦化液化气。

[单　　位]：t。

[数据来源]：MES。

3.2 原料中焦化液化气比例

[指标定义]：报告期内焦化液化气进料量占气体分馏液化气加工量的百分比。

[计算公式]：

$$原料中焦化液化气比例=\frac{焦化液化气进料量}{气体分馏液化气加工量}\times 100$$

[计算说明]：焦化液化气进料量——以报告期内延迟焦化装置产出并经净化处理的液化气作为装置进料量。单位：t。

气体分馏液化气加工量——见本章“气体分馏液化气加工量”指标中定义。单位：t。

[单　　位]：%。

[数据来源]：LIMS。

4 侧线指标

4.1 乙烷气收率

[指标定义]：报告期内乙烷气产量与气体分馏液化气加工量的百分比。

[计算公式]：

$$乙烷气收率=\frac{乙烷气产量}{气体分馏液化气加工量}\times 100$$

[计算说明]：乙烷气产量——报告期内装置产出乙烷气产量。单位：t。

气体分馏液化气加工量——见本章“气体分馏液化气加工量”指标中定义。单位：t。

[单　　位]：%

[数据来源]：MES。

4.2 丙烯收率

[指标定义]：报告期内装置产出丙烯产量占气体分馏液化气加工量的百分比。

[计算公式]：

$$丙烯收率=\frac{丙烯产量}{气体分馏液化气加工量}\times 100$$

[计算说明]：丙烯产量——报告期内丙烯的产量。单位：t。

气体分馏液化气加工量——见本章“气体分馏液化气加工量”指标中定义。单位：t。

[单　　位]：%。

[数据来源]：MES。

4.3 丙烷收率

[指标定义]：报告期内丙烷产量占气体分馏液化气加工量的百分比。

[**计算公式**]:

$$丙烷收率=\frac{丙烷产量}{气体分馏液化气加工量}\times 100$$

[**计算说明**]: 丙烷产量——报告期内装置在加工过程中产出丙烷产量，丙烷产量包括粗丙烷、精丙烷。单位：t。

气体分馏液化气加工量——见本章"气体分馏液化气加工量"指标中定义。单位：t。

[**单　　位**]:%。

[**数据来源**]: MES。

4.4　混合碳四收率

[**指标定义**]: 报告期内装置在加工产出混合碳四产量占气体分馏液化气加工量的百分比。

[**计算公式**]:

$$混合碳四收率=\frac{混合碳四产量}{气体分馏液化气加工量}\times 100$$

[**计算说明**]: 混合碳四产量——报告期内装置在加工过程中产出并外送富含碳四组分的混合碳四产量。个别气体分馏装置混合碳四精馏分出轻碳四和重碳四。单位：t。

气体分馏液化气加工量——见本章"气体分馏液化气加工量"指标中定义。单位：t。

[**单　　位**]:%。

[**数据来源**]: MES。

4.4.1　轻碳四收率

[**指标定义**]: 报告期内装置加工中产出轻碳四产量占气体分馏液化气加工量的百分比。

[**计算公式**]:

$$轻碳四收率=\frac{轻碳四产量}{气体分馏液化气加工量}\times 100$$

[**计算说明**]: 轻碳四产量——报告期内装置加工中产出并外送的高纯度碳四组分的轻碳四产量。高纯度碳四分为粗丁烷等。单位：t。

气体分馏液化气加工量——见本章"气体分馏液化气加工量"指标中定义。单位：t。

[**单　　位**]:%。

[**数据来源**]: MES。

4.4.2　重碳四收率

[**指标定义**]: 报告期内装置加工中产出重碳四产量占气体分馏液化气加工量的百分比。

[**计算公式**]:

$$重碳四收率=\frac{重碳四产量}{气体分馏液化气加工量}\times 100$$

[**计算说明**]: 重碳四产量——报告期内装置加工中产出并外送的各混合碳四组分产量。单位：t。

气体分馏液化气加工量——见本章"气体分馏液化气加工量"指标中定义。单位：t。

[**单　　位**]:%。

[**数据来源**]: MES。

4.5　碳五收率

[**指标定义**]: 报告期内碳五产量占气体分馏液化气加工量的百分比。

［计算公式］：

$$碳五收率=\frac{碳五产量}{气体分馏液化气加工量}\times 100$$

［计算说明］：碳五产量——报告期内装置产出并外送的富含碳五组分的碳五产量。单位：t。

气体分馏液化气加工量——见本章“气体分馏液化气加工量”指标中定义。单位：t。

［单　　位］：%。

4.6 装置加工损失率

［指标定义］：报告期装置总投入量与装置总产量差额占气体分馏液化气加工量的百分比。

［计算公式］：

$$装置加工损失率=\frac{装置加工损失量}{气体分馏液化气加工量}\times 100$$

$$装置加工损失量=装置总投入量-装置总产量$$

［计算说明］：装置加工损失量——在报告期内装置总投入量减去装置总产量。加工损失包括装置内的物料在加工、精制、输转、排放过程中的损耗。单位：t。

装置总投入量——报告期内装置收界外新鲜原料进料总量，即为气体分馏液化气加工量。单位：t。

装置总产量——报告期内装置所有产出侧线产出送出界区的量或装置自用消耗的总量，包括乙烷气、丙烷、丙烯、混合碳四、碳五等组分的产量。单位：t。

乙烷气、丙烷、丙烯、混合碳四、碳五产量——见相应指标定义。单位：t。

气体分馏液化气加工量——见本章“气体分馏液化气加工量”指标中定义。单位：t。

［单　　位］：%。

［数据来源］：MES。

4.7 装置产出侧线逻辑关系

乙烷气收率、丙烯收率、丙烷收率、混合碳四收率、碳五收率、装置加工损失率总和必须等于100%。

5 运行指标

5.1 原料丙烯含量

见《催化裂化装置》章中“液化气丙烯含量”指标定义及计算方法。

5.2 原料异丁烯含量

［指标定义］：报告期内液化气原料中异丁烯组分的平均含量。

［计算公式］：

$$当月原料异丁烯含量=\frac{\sum 原料异丁烯含量}{\sum 原料分析异丁烯含量样本总数}$$

$$累计原料异丁烯含量=\frac{\sum 原料异丁烯含量}{运行月数}$$

［计算说明］：原料异丁烯含量——报告期内装置液化气新鲜原料中分析异丁烯含量。单位：%。

原料分析异丁烯含量样本总数——报告期内装置液化气新鲜原料中分析异丁烯含量的样

本总数。

运行月数——报告期内累计运行月数量。

［单　　位］:%。

［数据来源］：LIMS。

5.3　原料总硫含量

［指标定义］：报告期内液化气原料总硫含量的平均值。

［计算公式］：

$$当月原料总硫含量 = \frac{\sum 原料总硫含量}{\sum 原料分析总硫含量样本总数}$$

$$累计原料总硫含量 = \frac{\sum 总硫含量}{运行月数}$$

［计算说明］：原料总硫含量——报告期内装置液化气新鲜原料中分析总硫含量。单位：μg/g。

原料分析总硫含量样本总数——报告期内装置液化气新鲜原料中分析总硫含量的样本总数。

运行月数——报告期内累计运行月数量。

［单　　位］：μg/g。

［数据来源］：LIMS。

5.4　丙烯纯度

见《催化裂化装置》章中"液化气丙烯含量"指标定义及计算方法。

5.5　碳四中丙烯含量

见《催化裂化装置》章中"液化气丙烯含量"指标定义及计算方法。

5.6　低温热占总热源比例

［指标定义］：报告期内装置消耗低温热的能量占装置总热源消耗量的百分比。

［计算公式］：

$$低温热占总热源比例 = \frac{低温热源消耗量}{总热源消耗量} \times 100$$

［计算说明］：低温热源消耗量——装置消耗界区外热水、低品位蒸汽（如等于或小于0.3MPa蒸汽的能源消耗量）。单位：t。

总热源消耗量——装置消耗界区外来的能源量，包括水、电、蒸汽、低温热的能源消耗量。单位：tE。

［单　　位］:%。

［数据来源］：MES。

5.7　蒸汽耗量

［指标定义］：报告期内加工1t新鲜液化气进料量所耗用各品位蒸汽的消耗量。

［计算公式］：

$$蒸汽耗量 = \frac{蒸汽总消耗量}{气体分馏液化气加工量}$$

［计算说明］：蒸汽总消耗量——报告期内装置消耗高压、中压蒸汽的消耗量，不包括低品位蒸汽的消耗量（如等于或小于0.3MPa蒸汽的能源消耗量）。单位：t。

气体分馏液化气加工量——见本章相应指标定义。单位：t。

[单　　位]：t/t。
[数据来源]：MES。

5.8　装置正常开工时间点

[指标定义]：在报告期内连续收进界区外液化气为新鲜进料的时间点。

5.9　装置正常停工时间点

[指标定义]：在报告期内连续停收界区外液化气新鲜进料的时间点。

6　综合指标

丙烯回收率

[指标定义]：报告期内装置产出并外送界区外的丙烯中纯丙烯占新鲜液化气原料中纯丙烯量的百分比。

[计算公式]：

$$丙烯回收率=\frac{丙烯产量\times丙烯纯度}{气体分馏液化气加工量\times原料中丙烯含量}\times100$$

[计算说明]：丙烯产量——见本章“侧线指标”相应指标定义。单位：t。
气体分馏液化气加工量——见本章“气体分馏液化气加工量”指标中定义。单位：t。
丙烯纯度、原料中丙烯含量——见本章“运行指标”相应指标定义。单位：%。
[单　　位]：%。
[数据来源]：内部核算数据。

第22章　电化学精制装置

1　装置简介

电化学精制装置原料主要是经过一、二次加工装置加工后得到的汽油、煤油、柴油，目的是除去油品中的不饱和烃和油品中含有的各种杂质，如硫、氮、氧化合物和胶质、沥青质等非理想组分，电化学精制过程包括酸、碱化学精制及水洗、高压静电分离过程。

2　装置范围

电化学精制装置界区包括电化学精制过程的酸、碱化学精制、水洗、高压静电分离单元。一般分为汽油电化学精制、煤油电化学精制、柴油电化学精制三部分。

3　原料指标

3.1　电化学原料加工量

[指标定义]：报告期内电化学精制装置加工的各类汽煤柴油的进料总量。
[计算说明]：各类汽煤柴油进料一般是汽油、煤油、柴油等进料。
[单　　位]：t。

3.2　汽油电化学原料加工量

[指标定义]：在报告期内装置加工的汽油进料总量。

[计算说明]：若有多路进料，各路汽油进料量要相加。

[单　　位]：t。

3.3　煤油电化学原料加工量

[指标定义]：在报告期内装置加工的煤油进料总量。

[计算说明]：若有多路进料，各路煤油进料量要相加。

[单　　位]：t。

3.4　柴油电化学原料加工量

[指标定义]：在报告期内装置加工的柴油进料总量。

[计算说明]：若有多路进料，各路柴油进料量要相加。

[单　　位]：t。

4　侧线指标

4.1　汽油电化学精制汽油收率

[指标定义]：在报告期内装置产出送界区外精制汽油量占汽油原料加工量的百分比。

[计算公式]：

$$汽油电化学精制汽油收率=\frac{精制汽油产量}{汽油电化学原料加工量}\times 100$$

[计算说明]：精制汽油产量——在报告期内经过装置加工后所得到的精制汽油产量，包含送界区外的汽油产量。单位：t。

汽油电化学原料加工量——见本章“原料指标”中相应指标定义。单位：t。

[单　　位]：%。

4.2　汽油电化学精制损失率

[指标定义]：报告期内装置在加工过程中汽油原料加工量和精制汽油产量的差值与汽油原料加工量的百分比。

[计算公式]：

$$汽油电化学精制损失率=\frac{汽油电化学原料加工量-精制汽油产量}{汽油电化学原料加工量}\times 100$$

[计算说明]：汽油电化学原料加工量——见本章“原料指标”中相应指标定义。单位：t。

精制汽油产量——见本章“侧线指标”中相应指标定义。单位：t。

[单　　位]：%。

4.3　煤油电化学精制煤油收率

[指标定义]：在报告期内装置送界区外精制煤油量占煤油原料加工量的百分比。

[计算公式]：

$$煤油电化学精制煤油收率=\frac{精制煤油产量}{煤油电化学原料加工量}\times 100$$

[计算说明]：精制煤油产量——在报告期内经过装置加工后所得到的精制煤油产量，包含送界区外的煤油产量。单位：t。

煤油电化学原料加工量——见本章“原料指标”中相应指标定义。单位：t。

[单　　位]：%。

4.4　煤油电化学精制加工损失率

[指标定义]：报告期内装置在加工过程中煤油原料加工量和精制煤油产量差值与煤油

原料加工量的百分比。

[计算公式]:

$$煤油电化学精制加工损失率 = \frac{煤油原料加工量 - 精制煤油产量}{煤油原料加工量} \times 100$$

[计算说明]:精制煤油产量——见本章“侧线指标”中相应指标定义。单位:t。

煤油电化学原料加工量——见本章“原料指标”中相应指标定义。单位:t。

[单　　位]:%。

4.5　柴油电化学精制柴油收率

[指标定义]:在报告期内装置送界区外精制柴油产量占柴油原料加工量的百分比。

[计算公式]:

$$柴油电化学精制柴油收率\frac{精制柴油产量}{柴油原料加工量} \times 100$$

[计算说明]:精制柴油产量——在报告期内经过装置加工后所得到的精制柴油产量，包含送界区外的柴油产量。

柴油原料加工量——见本章“原料指标”中相应指标定义。单位:t。

[单　　位]:%。

4.6　柴油电化学精制损失率

[指标定义]:报告期内装置在加工过程中柴油原料加工量和精制柴油产量的差值与柴油原料加工量的百分比。

[计算公式]:

$$柴油电化学精制损失率 = \frac{柴油原料加工量 - 精制柴油产量}{柴油原料加工量} \times 100$$

[计算说明]:精制柴油产量——见本章“侧线指标”中相应指标定义。单位:t。

柴油电化学原料加工量——见本章“原料指标”中相应指标定义。单位:t。

[单　　位]:%

4.7　电化学精制油收率

[指标定义]:报告期内装置在加工过程中各油品精制汽油、煤油、柴油产量与电化学原料加工量的百分比。

[计算公式]:

$$电化学精制油率 = \frac{精制汽油产量 + 精制煤油产量 + 精制柴油产量}{电化学原料加工量} \times 100$$

[计算说明]:精制汽油产量、精制煤油产量、精制柴油产量——见本章“侧线指标”中相应指标定义。单位:t。

电化学原料加工量——见本章“原料指标”中相应指标定义。单位:t。

[单　　位]:%。

4.8　电化学加工损失率

[指标定义]:报告期内装置在加工过程中各油品原料加工量和精制汽油产量的差值与原料加工量的百分比。

[计算公式]:

$$电化学加工损失率 = \frac{电化学原料加工量 - 精制汽油产量 - 精制煤油产量 - 精制柴油产量}{电化学原料加工量} \times 100$$

［计算说明］：精制汽油产量、精制煤油产量、精制柴油产量——见本章“侧线指标”中相应指标定义。单位：t。

电化学原料加工量——见本章“原料指标”中相应指标定义。单位：t。

［单　　位］：%。

5 运行指标

5.1 装置正常开工时间点

［指标定义］：在报告内连续收进界区外汽煤柴油作为原料的时间点。

5.2 装置正常停工时间点

［指标定义］：在报告内连续停收界区外汽煤柴油原料的时间点。

第23章 汽油脱硫醇装置

1 装置简介

汽油脱硫醇装置主要是以经过一次、二次加工装置出来的汽油为原料，经过预碱洗、液-液抽提、催化剂固定床反应器脱硫醇等工艺，脱除汽油中的硫等杂质的工艺过程。

2 装置范围

汽油脱硫醇装置主要包括预碱洗、液－液抽提、催化脱硫醇、精制等单元组分。

3 汽油脱硫醇原料加工量

［指标定义］：报告期内装置处理界区外各类汽油进料总量。

［计算公式］：见指标定义。

［计算说明］：若有多路进料，各路汽油进料量要相加。

［单　　位］：t。

［数据来源］：MES。

4 侧线指标

4.1 二硫化物收率

［指标定义］：报告期内装置在加工过程中产生的二硫化物（酸性气）产量占汽油脱硫醇原料加工量的百分比。

［计算公式］：

$$二硫化物收率=\frac{二硫化物（酸性气）产量}{汽油脱硫醇原料加工量}\times 100$$

［计算说明］：二硫化物（酸性气）产量——报告期内装置在加工过程中产生的二硫化物（酸性气）产量，包含酸性气。若装置产出二硫化物计入商品量，则计入二硫化物（酸性气）产量；若产生的二硫化物不计入商品量，则不能计入二硫化物产量，而计入装置加工损失。单位：t。

汽油脱硫醇原料加工量——见本章“汽油脱硫醇原料加工量”指标中定义。单位：t。

[单　　位]:%

[数据来源]：MES。

4.2　汽油收率

[指标定义]：报告期内装置脱硫醇后精制汽油产量占汽油脱硫醇原料加工量的百分比。

[计算公式]：

$$汽油收率 = \frac{精制汽油产量}{汽油脱硫醇原料加工量} \times 100$$

[计算说明]：精制汽油产量——报告期内装置产出精制汽油的产量。单位：t。

汽油脱硫醇原料加工量——见本章“汽油脱硫醇原料加工量”指标中定义。单位：t。

[单　　位]:%

[数据来源]：MES。

4.3　装置加工损失率

[指标定义]：报告期内装置总投入量与总产量差额占汽油脱硫醇原料加工量的百分比。

[计算公式]：

$$装置加工损失率 = \frac{装置加工损失量}{汽油脱硫醇原料加工量} \times 100$$

$$装置加工损失量 = 装置总投入量 - 装置总产量$$

[计算说明]：装置加工损失量——报告期内装置总投入量减去装置总产量。加工损失包括装置内的物料在加工、输转、排放过程中的损耗。单位：t。

装置总投入量——报告期内装置收界外新鲜原料进料总量，即为汽油脱硫醇原料加工量。单位：t。

装置总产量——报告期内装置所有产出侧线产出送出界区的量或装置自用消耗的总量。包括精制汽油产量、二硫化物(酸性气)产量。单位：t。

精制汽油产量、二硫化物(酸性气)产量——见本章“侧线指标”中相应指标定义。单位：t。

汽油脱硫醇原料加工量——见本章“汽油脱硫醇原料加工量”指标中定义。单位：t。

[单　　位]:%。

[数据来源]：MES。

4.4　装置产出侧线逻辑关系

二硫化物收率、汽油收率、装置加工损失率总和必须等于100%。

5　运行指标

5.1　原料含硫量

见《催化裂化装置》章中“原料含硫量”指标定义及计算方法。

5.2　精制汽油含硫量

见《催化裂化装置》章中“原料含硫量”指标定义及计算方法。

5.3　装置正常开工时间点

[指标定义]：在报告期内连续收进界区外汽油作为进料的时间点。

5.4　装置正常停工时间点

[指标定义]：在报告期内连续停收界区外汽油进料的时间点。

第 24 章　轻烃回收装置

1　装置简介

轻烃回收装置以常减压、加氢精制等装置粗石脑油和粗干气为原料，经过吸收和解吸过程，分离出干气、液化气和石脑油等产品。

2　装置范围

轻烃回收装置范围包括干气提压、汽油吸收、柴油再吸收、解吸、稳定等单元，有的装置不设干气提压、柴油再吸收等单元。

3　原料指标

3.1　轻烃回收原料加工量

［**指标定义**］：报告期内装置收进界区外粗石脑油、粗液化气、粗干气等新鲜进料总量总和。

［**计算公式**］：

轻烃回收原料加工量 = 粗石脑油进料量 + 粗液化气进料量 + 粗干气进料量

［**计算说明**］：轻烃回收原料加工量——报告期内装置收进界区外粗石脑油、粗液化气和粗干气原料进料总量总和。

粗石脑油进料量——报告期内装置收进界区外常减压、加氢等装置粗石脑油进料量总和。

粗液化气进料量——报告期内装置收进界区外加氢装置粗液化气进料量。

粗干气进料量——报告期装置收进界区外常减压、加氢等装置粗干气进料量。

［**单　　位**］：t。

［**数据来源**］：MES。

3.2　原料中干气比例

［**指标定义**］：报告期内装置粗干气进料量占轻烃回收原料加工量的百分比。

［**计算公式**］：

$$原料气比例 = \frac{粗干气进料量}{轻烃回收原料加工量} \times 100$$

［**计算说明**］：粗干气进料量、轻烃回收原料加工量——见本章相应指标定义。单位：t。

［**单　　位**］：%。

［**数据来源**］：LIMS。

4　侧线指标

4.1　干气收率

［**指标定义**］：报告期内装置产出并外送的干气产量占轻烃回收原料加工量的百分比。

［**计算公式**］：

$$干气收率 = \frac{干气产量}{轻烃回收原料加工量} \times 100$$

[**计算说明**]：干气产量——报告期内装置加工过程产生并入炼油厂系统干气产量。若装置外送酸性气量计入干气产量，若酸性气通过胺液、酸性水吸收到下游装置处理后产生，则按酸性气夹带量进行计算。单位：t。

轻烃回收原料加工量——见本章“轻烃回收原料加工量”指标中定义。单位：t。

[**单　　位**]：%。

[**数据来源**]：MES。

4.2　液化气收率

[**指标定义**]：报告期内装置产出并外送的液化气产量占轻烃回收原料加工量的百分比。

[**计算公式**]：

$$液化气收率 = \frac{液化气产量}{轻烃回收原料加工量} \times 100$$

[**计算说明**]：液化气产量——报告期内装置产出并外送的液化气产量。单位：t。

轻烃回收原料加工量——见本章“轻烃回收原料加工量”指标中定义。单位：t。

[**单　　位**]：%。

[**数据来源**]：MES。

4.3　石脑油收率

[**指标定义**]：报告期内装置产出并外送的稳定石脑油产量占轻烃回收原料加工量的百分比。

[**计算公式**]：

$$石脑油收率 = \frac{稳定石脑油产量}{轻烃回收原料加工量} \times 100$$

[**计算说明**]：稳定石脑油产量——报告期内装置外送稳定石脑油产量。单位：t。

轻烃回收原料加工量——见本章“轻烃回收原料加工量”指标中定义。单位：t。

[**单　　位**]：%。

[**数据来源**]：MES。

4.4　装置加工损失率

[**指标定义**]：报告期内装置总投入量与总产量差额占轻烃回收原料加工量的百分比。

[**计算公式**]：

$$装置加工损失率 = \frac{装置加工损失量}{轻烃回收原料加工量} \times 100$$

$$装置加工损失量 = 装置总投入量 - 装置总产量$$

[**计算说明**]：装置加工损失量——报告期内装置总投入量减去装置总产量。加工损失包括装置内的物料在加工、精制、输转、排放过程中的损耗。单位：t。

装置总投入量——报告期内装置收界外新鲜原料进料总量，即为轻烃回收原料加工量。单位：t。

装置总产量——报告期内装置所有产出侧线产出送出界区的量或装置自用消耗的总量。包括干气产量、液化气产量、石脑油产量。单位：t。

轻烃回收原料加工量——见本章“轻烃回收原料加工量”指标中定义。单位：t。

干气产量、液化气产量、石脑油产量——见本章“运行指标”中相应指标定义。单位：t。

［单　　位］:%。

［数据来源］: MES。

4.5　装置产出侧线逻辑关系

干气收率、液化气收率、石脑油收率、装置加工损失率总和必须等于100%。

5　运行指标

5.1　原料气≥C_3 含量

见《催化裂化装置》章中“干气≥C_3 含量”指标定义及计算方法。

5.2　干气≥C_3 含量

见《催化裂化装置》章中“干气≥C_3 含量”指标定义及计算方法。

5.3　液化气≥C_5 含量

［指标定义］: 装置报告期内液化气产品中含大于或等于C_5组分平均含量。

［计算公式］:

$$当月液化气\geq C_5含量 = \frac{\sum 液化气\geq C_5\ 含量}{液化气\geq C_5\ 含量的样本总数}$$

$$累计液化气\geq C_5含量 = \frac{\sum 月液化气\geq C_5\ 含量}{运行月数}$$

［计算说明］: 液化气≥C_5含量——报告期内装置液化气产品中分析正常≥C_5含量。单位:%。

液化气≥C_5含量的样本总数——报告期内装置液化气产品中分析正常的≥C_5的样本总数。

运行月数——报告期内累计运行月的数量。

［单　　位］:%。

［数据来源］: LIMS。

5.4　液化气总硫含量

见《气体分馏装置》章中“原料总硫含量”指标定义及计算方法。

5.5　石脑油产品中C_3+C_4浓度

［指标定义］: 装置报告期内产出稳定石脑油中C_3、C_4体积分数的平均值。

［计算公式］:

当月石脑油产品中C_3+C_4浓度 = 月石脑油产品中C_3浓度 + 月石脑油产品中C_4浓度

$$当月石脑油产品中C_3浓度 = \frac{\sum 石脑油中\ C_3\ 含量}{\sum 石脑油分析\ C_3\ 的样本总数}$$

$$当月石脑油产品中C_4浓度 = \frac{\sum 石脑油中\ C_4\ 含量}{\sum 石脑油分析\ C_4\ 的样本总数}$$

$$累计石脑油产品中C_3+C_4浓度 = \frac{\sum 月石脑油产品中\ C_3、C_4\ 浓度}{运行月数}$$

［计算说明］: 石脑油中C_3含量——报告期内装置产出稳定石脑油产品分析C_3含量。单位:%。

石脑油中C_4含量——报告期内装置产出稳定石脑油产品分析C_4含量。单位:%。

石脑油分析C_3的样本总数——报告期内装置产出稳定石脑油分析C_3含量的样本总数。

石脑油分析C_4的样本总数——报告期内装置产出稳定石脑油分析C_4含量的样本总数。

运行月数——报告期内累计运行月的数量。

[单　　位]:%。

[数据来源]: LIMS。

5.6　装置正常开工时间点

[指标定义]: 在报告期内装置连续收进界区外石脑油为进料的时间点。

5.7　装置正常停工时间点

[指标定义]: 在报告期内装置连续停收界区外石脑油进料的时间点。

第 25 章　MTBE 装置

1　装置简介

MTBE 装置是生产高辛烷值汽油调和组分的重要装置，是以气体分馏混合碳四、化工抽余碳四等含异丁烯的混合碳四为原料，在一定压力、温度和适宜催化剂作用下，混合碳四中的异丁烯与甲醇进行醚化反应，生产甲基叔丁基醚(MTBE)、未反应碳四等产品的生产过程。

2　装置范围

MTBE 装置主要由原料预处理、醚化反应、催化精馏、产品分离、甲醇回收等单元组成。

3　MTBE 原料加工量

[指标定义]: 报告期内装置含异丁烯的混合碳四与甲醇的进料量总和。

[计算公式]:

$$\text{MTBE 原料加工量} = \text{混合碳四进料量} + \text{甲醇进料量}$$

[计算说明]: 混合碳四进料量——报告期内装置直接收取界区外气体分馏装置混合碳四、化工抽余碳四作为原料的进料量。

甲醇进料量——报告期内装置直接收取界区外甲醇作为原料的进料量。若装置设甲醇原料缓冲罐，则以缓冲罐出料量作为装置进料量。

[单　　位]: t。

[数据来源]: MES。

4　侧线指标

4.1　MTBE 收率

[指标定义]: 报告期内装置产出 MTBE 产量占 MTBE 原料加工量的百分比。

[计算公式]:

$$\text{MTBE 收率} = \frac{\text{MTBE 产量}}{\text{MTBE 原料加工量}} \times 100$$

[计算说明]: MTBE 产量——报告期内装置产出并外送界区外 MTBE 产量。单位: t。

MTBE 原料加工量——见本章“MTBE 原料加工量”指标中定义。单位: t。

［单　　位］:%。

［数据来源］: MES。

4.2　未反应碳四收率

［指标定义］: 报告期内装置产出的未反应的醚后碳四产量占 MTBE 原料加工量的百分比。

［计算公式］:

$$未反应碳四收率 = \frac{未反应的醚后碳四产量}{MTBE 原料加工量} \times 100$$

［计算说明］: 未反应的醚后碳四产量——报告期内装置产出并外送界区外未反应的醚后碳四产量，统称为醚后碳四的产量。单位：t。

MTBE 原料加工量——见本章“MTBE 原料加工量”指标中定义。单位：t。

［单　　位］:%。

［数据来源］: MES。

4.3　装置加工损失率

［指标定义］: 报告期内装置总投入量与总产量差额占 MTBE 原料加工量的百分比。

［计算公式］:

$$装置加工损失率 = \frac{装置加工损失量}{MTBE 原料加工量} \times 100$$

$$装置加工损失量 = 装置总投入量 - 装置总产量$$

［计算说明］: 装置加工损失量——报告期内装置总投入量减去装置总产量。加工损失包括装置内的物料在加工、输转、排放过程中的损耗。单位：t。

装置总投入量——报告期内装置收界外新鲜原料进料总量，即为 MTBE 原料加工量。单位：t。

装置总产量——报告期内装置所有产出侧线产出送出界区的量或装置自用消耗的总量。包括 MTBE 产量、未反应的醚后碳四产量。单位：t。

MTBE 产量、未反应的醚后碳四产量——见本章“侧线指标”中相应指标定义。单位：t。

MTBE 原料加工量——见本章“MTBE 原料加工量”指标中定义。单位：t。

［单　　位］:%。

［数据来源］: MES。

4.4　装置产出侧线逻辑关系

二硫化物收率、汽油收率、装置加工损失率总和必须等于 100%。

5　运行指标

5.1　原料碳四异丁烯含量

［指标定义］: 报告期内装置加工混合碳四原料的异丁烯平均含量。

［计算公式］:

$$当月原料碳四异丁烯含量 = \frac{\sum 原料碳四异丁烯含量}{月原料碳四异丁烯含量样本总数}$$

$$累计原料碳四异丁烯含量 = \frac{\sum 月原料碳四异丁烯含量}{运行月数}$$

［计算说明］: 原料碳四异丁烯含量——报告期内装置加工混合碳四原料分析正常异丁

烯含量。单位:%。

原料碳四异丁烯含量样本总数——报告期内装置加工混合碳四原料分析正常异丁烯含量的样本总数。

运行月数——报告期内累计运行月的数量，如到6月份，运行月数为6个月。若出在某月全月停工检修，则从实际运行月数量中扣除。如下类同。

[单　　位]:%。

[数据来源]：LIMS。

5.2　原料碳四总硫含量

见《气体分馏装置》章中“原料总硫含量”指标定义及计算方法。

5.3　原料碳四中纯碳四含量

[指标定义]：报告期内装置加工混合碳四原料的平均纯碳四含量。

[计算公式]：

$$当月原料碳四中纯碳四含量=\frac{\sum 原料碳四中纯碳四含量}{原料碳四中纯碳四含量样本总数}$$

$$累计原料碳四中纯碳四含量=\frac{\sum 月原料碳四中纯碳四含量}{运行月数}$$

[计算说明]：原料碳四中纯碳四含量——报告期内装置加工混合碳四原料分析正常纯碳四含量，如正丁烷、异丁烷、正丁烯、异丁烯、顺丁烯、反丁烯含量。单位:%。

原料碳四中纯碳四含量样本总数——报告期内装置加工混合碳四原料分析正常纯碳四含量的样本总数。

运行月数——报告期内累计运行月的数量。

[单　　位]:%。

[数据来源]：LIMS。

5.4　醚后碳四异丁烯含量

见本章“原料碳四异丁烯含量”的指标定义和指标计算方法。

5.5　醚后碳四总硫含量

见《气体分馏装置》章中“原料总硫含量”指标定义及计算方法。

5.6　MTBE 纯度

[指标定义]：报告期内装置产出 MTBE 中纯 MTBE 平均含量。

[计算公式]：

$$当月\ MTBE\ 纯度=\frac{\sum MTBE\ 纯度}{MTBE\ 纯度样本总数}$$

$$累计\ MTBE\ 纯度=\frac{\sum 月\ MTBE\ 纯度}{运行月数}$$

[计算说明]：MTBE 纯度——报告期内装置产出 MTBE 分析正常纯 MTBE 含量。单位:%。

MTBE 纯度样本总数——报告期内装置产出 MTBE 分析正常纯 MTBE 含量的样本总数。

运行月数——报告期内累计运行月的数量。

[单　　位]:%。

[数据来源]：LIMS。

5.7　MTBE 硫含量

见《气体分馏装置》章中“原料总硫含量”指标定义及计算方法。

5.8 装置正常开工时间点

[指标定义]：在报告期内装置连续收进界区混合碳四原料并 MTBE 产品质量合格分罐的时间点。

5.9 装置正常停工时间点

[指标定义]：在报告期内以装置停收混合碳四原料的时间点。

6 综合指标

6.1 异丁烯转化率

[指标定义]：报告期内装置异丁烯转化为 MTBE 的效率。

[计算公式]：

$$\text{异丁烯转化率} = \left(1 - \frac{\text{混合碳四进料量} \times \text{原料碳四中异丁烯含量} - \text{醚后碳四产量} \times \text{醚后碳四异丁烯含量}}{\text{混合碳四进料量} \times \text{原料碳四中异丁烯含量}}\right) \times 100$$

[计算说明]：混合碳四进料量——见本章“MTBE 原料加工量”指标中定义。单位：t。

MTBE 产量——见本章“运行指标”中相应指标定义。

未反应碳四中异丁烯含量、原料碳四中异丁烯含量——见本章“运行指标”相应指标定义。单位:%。

[单　　位]:%。

[数据来源]：内部核算数据。

6.2 MTBE 负荷率

[指标定义]：报告期内装置实际 MTBE 产量与报告期内产 MTBE 设计能力的比值。

[计算公式]：

$$\text{MTBE 负荷率} = \frac{\text{MTBE 产量}}{\text{报告期内产 MTBE 设计能力}} \times 100$$

$$\text{报告期内产 MTBE 设计能力} = \frac{\text{年设计 MTBE 产出能力}}{\text{年设计运行时间}} \times 24 \times \text{报告期内实际加工天数}$$

[计算说明]：MTBE 产量——见本章“运行指标”中相应指标定义。单位：t。

年设计运行时间、年设计 MTBE 产出能力——参考基础设计数据。

报告期内实际加工天数——报告期内实际加工天数。

[单　　位]:%。

[数据来源]：内部核算数据。

6.3 吨 MTBE 耗折纯碳四

[指标定义]：报告期内装置生产 1tMTBE 产品所消耗的纯碳四进料量。

[计算公式]：

$$\text{吨 MTBE 耗折纯碳四} = \frac{\text{碳四进料量} \times \text{原料碳四中纯碳四含量}}{\text{MTBE 产量}} \times 1000$$

[计算说明]：混合碳四进料量——见本章“MTBE 原料加工量”指标中定义。单位：t。

MTBE 产量——见本章“运行指标”中相应指标定义。单位：t。

原料碳四中纯碳四含量——见本章“运行指标”中相应指标定义。单位:%。

[单　　位]：kg/t。

[数据来源]：内部核算数据。

6.4　吨 MTBE 耗碳四

［指标定义］：报告期内装置生产 1tMTBE 产品所消耗的碳四进料量。

［计算公式］：

$$吨 MTBE 耗碳四 = \frac{混合碳四进料量}{MTBE 产量} \times 1000$$

［计算说明］：混合碳四进料量——见本章“MTBE 原料加工量”指标中定义。单位：t。MTBE 产量——见本章“运行指标”中相应指标定义。单位：t。

［单　　位］：kg/t。

［数据来源］：内部核算数据。

6.5　吨 MTBE 耗甲醇

［指标定义］：报告期内装置生产 1tMTBE 产品所消耗的甲醇进料量。

［计算公式］：

$$吨 MTBE 耗甲醇 = \frac{甲醇进料量}{MTBE 产量} \times 1000$$

［计算说明］：甲醇进料量——见本章“MTBE 原料加工量”指标中定义。单位：t。MTBE 产量——见本章“运行指标”中相应指标定义。单位：t。

［单　　位］：kg/t。

［数据来源］：内部核算数据。

第 26 章　润滑油加氢装置

1　装置简介

润滑油加氢装置是指在高温高压、催化剂条件下，将加氢裂化尾油、减压蜡油与氢气发生加氢改性及精制反应，去除杂质的工艺过程。在炼油加工总流程中，属于润滑油基础油改性装置。

2　装置范围

润滑油加氢装置主要包括原料预热、高压加氢、分馏、氢气升压等单元组分。

3　原料指标

3.1　润滑油加氢原料加工量

［指标定义］：报告期内直接进反应部分处理的加氢裂化尾油、减压蜡油与新鲜氢气进料量的总和。

［计算公式］：

润滑油加氢原料加工量 = 加氢裂化尾油进料量 + 减压蜡油进料量 + 新氢消耗量

［计算说明］：润滑油加氢原料加工量——报告期内直接进反应部分处理的加氢裂化尾油、减压蜡油与氢气进料量的总和。若外收干气等物料作为装置非反应部分进料，则不计入新鲜原料加工量。

加氢裂化尾油进料量——报告期内直接进反应部分处理的加氢裂化尾油进料量。

减压蜡油进料量——报告期内直接进反应部分处理的常减压装置减压蜡油进料量。若装置外收蜡油作为装置非反应部分进料，则不计入新鲜原料加工量。

新氢消耗量——报告期内直接进反应部分处理的界区外新氢进料量。

［单　　位］：t。

［数据来源］：MES。

3.2　润滑油加氢原料油加工量

［指标定义］：报告期内直接进反应部分处理的加氢裂化尾油、减压蜡油等原料油进料量的总和。

［计算公式］：

$$润滑油加氢原料油加工量 = 加氢裂化尾油进料量 + 减压蜡油进料量$$

［计算说明］：润滑油加氢原料加工量、加氢裂化尾油进料量、减压蜡油进料量——见本章“润滑油加氢原料加工量”中相应指标定义。

［单　　位］：t。

［数据来源］：MES。

4　侧线指标

4.1　干气收率

［指标定义］：报告期内装置加工过程产出送出界区外的干气产量占润滑油加氢原料加工量的百分比。

［计算公式］：

$$干气收率 = \frac{干气产量}{润滑油加氢原料加工量} \times 100$$

［计算说明］：干气产量——报告期内装置发生化学反应后，因反应而产出，经分馏塔、脱硫塔、汽提塔、高低分离器等单元产出并入炼厂系统或直接作为装置内部自用的燃料干气产量。外送酸性气量计入干气产量，若酸性气通过胺液吸收到下游溶剂再生装置处理后产生，则按酸性气夹带量进行计算。干气产量包括脱前、脱后干气、富氢，释放气，酸性气，火炬气等在标态下为气体。若装置外收其它装置干气，则从产品气体中等量扣除。单位：t。

润滑油加氢原料加工量——见本章“润滑油加氢原料加工量”中相应指标定义。单位：t。

［单　　位］：%。

［数据来源］：MES。

4.2　液态烃收率

［指标定义］：报告期内装置加工过程产出送出界区外的液态烃产量占润滑油加氢原料加工量的百分比。

［计算公式］：

$$液态烃收率 = \frac{液态烃产量}{润滑油加氢原料加工量} \times 100$$

［计算说明］：液态烃产量——报告期内装置吸收稳定单元分离出来的液态烃出装置界区产量。若装置有其它装置粗液化气进料，则从液态烃产量中等量扣除。若装置不设液态烃抽出侧线，则不设该指标。单位：t。

润滑油加氢原料加工量——见本章“润滑油加氢原料加工量”中相应指标定义。单位：t。

［单　　位］：%。

［数据来源］：MES。

4.3　石脑油收率

［指标定义］：报告期内装置加工过程产出送出界区外的加氢石脑油产量占润滑油加氢原料加工量的百分比。

［计算公式］：

$$石脑油收率=\frac{石脑油产量}{润滑油加氢原料加工量}\times 100$$

［计算说明］：石脑油产量——报告期内装置生产的加氢石脑油出装置界区产量。若装置外排轻污油，则合并计入加氢汽油产量。单位：t。

润滑油加氢原料加工量——见本章“润滑油加氢原料加工量”中相应指标定义。单位：t。

［单　　位］：%。

［数据来源］：MES。

4.4　喷气燃料收率

［指标定义］：报告期内装置加工过程产出送出界区外的加氢煤油产量占润滑油加氢原料加工量的百分比。

［计算公式］：

$$喷气燃料收率=\frac{加氢煤油产量}{润滑油加氢原料加工量}\times 100$$

［计算说明］：加氢煤油产量——报告期内装置产出送出界区外的加氢煤油产量。单位：t。

润滑油加氢原料加工量——见本章“润滑油加氢原料加工量”中相应指标定义。单位：t。

［单　　位］：%。

［数据来源］：MES。

4.5　加氢柴油收率

［指标定义］：报告期内装置加工过程产出送出界区外的加氢柴油产量占润滑油加氢原料加工量的百分比。

［计算公式］：

$$加氢柴油收率=\frac{加氢柴油产量}{润滑油加氢原料加工量}\times 100$$

［计算说明］：加氢柴油产量——报告期内装置产出送出界区的加氢柴油出产量。单位：t。

润滑油加氢原料加工量——见本章“润滑油加氢原料加工量”中相应指标定义。单位：t。

［单　　位］：%。

［数据来源］：MES。

4.6　基础油收率

［指标定义］：报告期内装置加工过程产出送出界区外的基础油产量占润滑油加氢原料加工量的百分比。

［计算公式］：

$$基础油收率=\frac{基础油产量}{润滑油加氢原料加工量}\times 100$$

［计算说明］：基础油产量——报告期内装置产出送出界区的基础油产量。单位：t。

润滑油加氢原料加工量——见本章“润滑油加氢原料加工量”中相应指标定义。单位：t。

［单　　位］:%。

［数据来源］：MES。

4.7　装置加工损失率

［指标定义］：报告期内装置总投入量与总产量差额占润滑油加氢原料加工量的百分比。

［计算公式］：

$$装置加工损失率=\frac{装置加工损失量}{润滑油加氢原料加工量}\times 100$$

装置加工损失量=装置总投入量−装置总产量

装置总产量=干气产量+液态烃产量+石脑油产量+加氢煤油产量+加氢柴油产量+基础油产量

［计算说明］：装置加工损失量——报告期内装置总投入量减去装置总产量。加工损失包括装置内的物料在加工、输转、排放过程中的损耗。单位：t。

装置总投入量——报告期内装置收界外新鲜原料进料总量，即为润滑油加氢原料加工量。单位：t。

装置总产量——报告期内装置所有产出侧线产出送出界区的量或装置自用消耗的总量。包括干气产量、液态烃产量、石脑油产量、加氢煤油产量、加氢柴油产量、基础油产量。单位：t。

干气产量、液态烃产量、石脑油产量、加氢煤油产量、加氢柴油产量、基础油产量——见本章“侧线指标”中相应指标定义。单位：t。

润滑油加氢原料加工量——见本章“润滑油加氢原料加工量”中相应指标定义。单位：t。

［单　　位］:%。

［对应指标］：润滑油加氢装置加工损失率。

［数据来源］：MES。

4.8　装置产出侧线逻辑关系

干气收率、液态烃收率、石脑油收率、喷气燃料收率、柴油收率、基础油收率、装置加工损失率总和必须等于100%。

5　运行指标

5.1　原料运行指标

5.1.1　原料密度

见《催化裂化装置》章中“原料密度”指标定义及计算方法。

5.1.2　原料含硫量

见《催化裂化装置》章中“原料含硫量”指标定义及计算方法。

5.1.3　原料烯烃含量

［指标定义］：报告期内装置反应单元加工加裂尾油、减压蜡油等蜡油新鲜原料油的平均烯烃含量。

［计算公式］：

$$月原料烯烃含量=\frac{\sum 原料烯烃含量}{原料烯烃含量样本总数}$$

$$累计原料烯烃含量=\frac{\sum 月原料烯烃含量}{运行月数}$$

［计算说明］：原料烯烃含量——报告期内装置新鲜原料油分析正常烯烃含量。

单位:%。

原料烯烃含量样本总数——报告期内装置新鲜原料油分析正常烯烃含量的样本总数。

运行月数——报告期内累计运行月的数量。

[单　　位]:%。

[数据来源]: LIMS。

5.1.4　原料蜡含量

[指标定义]: 报告期内装置反应单元加工加裂尾油、减压蜡油等蜡油新鲜原料油的平均蜡含量。

[计算公式]:

$$\text{月原料蜡含量} = \frac{\sum \text{原料蜡含量}}{\text{原料蜡含量样本总数}}$$

$$\text{累计原料蜡含量} = \frac{\sum \text{月原料蜡含量}}{\text{运行月数}}$$

[计算说明]: 原料蜡含量——报告期内装置新鲜原料油分析正常蜡含量。单位:%。

原料蜡含量样本总数——报告期内装置新鲜原料油分析正常蜡含量的样本总数。

运行月数　报告期内累计运行月的数量。

[单　　位]:%。

[数据来源]: LIMS。

5.1.5　原料黏度指数

[指标定义]: 报告期内装置反应单元加工加裂尾油、减压蜡油等蜡油新鲜原料油的平均黏度指数。

[计算公式]:

$$\text{月原料黏度指数} = \frac{\sum \text{原料黏度指数}}{\text{原料黏度指数样本总数}}$$

$$\text{累计原料黏度指数} = \frac{\sum \text{月原料黏度指数}}{\text{运行月数}}$$

[计算说明]: 原料黏度指数——报告期内装置新鲜原料油分析正常黏度指数。单位:%。

原料黏度指数样本总数——报告期内装置新鲜原料油分析正常粘度指数的样本总数。

运行月数——报告期内累计运行月的数量。

[单　　位]:%。

[数据来源]: LIMS。

5.2　基础油运行指标

5.2.1　基础油密度

见《催化裂化装置》章中"原料密度"指标定义及指标计算方法。

5.2.2　基础油含硫量

见《催化裂化装置》章中"原料含硫量"指标定义及指标计算方法。

5.2.3　基础油蜡含量

见本章中"基础油蜡含量"的指标定义和指标计算方法。

5.2.4　基础油黏度指数

见本章"原料黏度指数"的指标定义和指标计算方法。

5.3 干气≥C_3 含量

见《催化裂化装置》章中“干气≥C_3 含量”指标定义及指标计算方法。

5.4 加热炉热效率

见《常减压装置》章中“加热炉热效率”指标定义及指标计算方法。

5.5 新鲜氢气氢纯度[%(体积)]

见《加氢裂化装置》章中“新鲜氢气氢纯度[%(体积)]”指标定义和指标计算方法。

5.6 新鲜氢气氢纯度[%(质量)]

见《加氢裂化装置》章中“新鲜氢气氢纯度[%(质量)]”指标定义和指标计算方法。

5.7 副产氢气氢纯度[%(体积)]

见《加氢裂化装置》章中“副产氢气氢纯度[%(体积)]”指标定义和指标计算方法。

5.8 副产氢气氢纯度[%(质量)]

见《加氢裂化装置》章中“副产氢气氢纯度[%(质量)]”指标定义和指标计算方法。

5.9 循环氢纯度

见《加氢裂化装置》章中“循环氢纯度”指标定义和指标计算方法。

5.10 循环氢流量

见《加氢裂化装置》章中“循环氢流量”指标定义和指标计算方法。

5.11 反应器床层最高温度

见《蜡油加氢装置》章中“反应器床层最高温度”指标定义和指标计算方法。

5.12 反应催化剂平均温度

见《蜡油加氢装置》章中“反应催化剂平均温度”指标定义和指标计算方法。

5.13 反应压力

见《蜡油加氢装置》章中“反应压力”指标定义和指标计算方法。

5.14 反应系统总压降

见《蜡油加氢装置》章中“反应系统总压降”指标定义和指标计算方法。

5.15 加氢反应氢油体积比

见《蜡油加氢装置》章中“加氢反应氢油体积比”指标定义和指标计算方法。

5.16 加氢反应质量空速

见《蜡油加氢装置》章中“加氢反应质量空速”指标定义和指标计算方法。

5.17 装置正常开工时间点

[指标定义]：以装置预氮化结束后切换蜡油新鲜进料的时间为正常开工时间点。

5.18 装置正常停工时间点

[指标定义]：以装置正常停工时开始切断反应进料的时间点为正常停工时间点。

6 综合指标

6.1 实际氢耗

[指标定义]：报告期内装置加工 1t 加裂尾油、直馏蜡油新鲜原料油消耗纯氢数量。

[计算公式]：

$$实际氢耗 = \frac{新鲜氢气消耗量 \times 新鲜氢气氢纯度[\%(质量)]}{加裂尾油进料量 + 直馏蜡油进料量} \times 1000$$

若装置产出富氢，计算公式如下：

实际氢耗

$$=\frac{新鲜氢气消耗量\times新鲜氢气氢纯度[\%(质量)]-富氢产量\times富氢氢纯度[\%(质量)]}{柴油加氢新鲜原料油加工量}\times1000$$

［计算说明］：新鲜氢气氢纯度［%（质量）］、富氢氢纯度［%（质量）］——见本章“运行指标”中相应指标定义。单位：%。

副产氢量——报告期内装置产出富氢并入氢气管网或下游装置作为氢源的产量。单位：t。

新鲜氢气消耗量、润滑油加氢原料油加工量——见本章“润滑油加氢原料加工量”中相应指标定义。单位：t。

［单　　位］：t。

［数据来源］：内部核算数据。

6.2　轻油收率

［指标定义］：报告期内装置在反应过程中产出轻质油占润滑油加氢原料油加工量的百分比。

［计算公式］：

$$轻油收率=\frac{石脑油产量+喷气燃料产量+柴油产量}{润滑油加氢原料油加工量}\times100$$

［计算说明］：石脑油产量、喷气燃料产量、柴油产量——见本章“侧线指标”中相应指标定义。单位：t。

润滑油加氢原料油加工量——见本章“润滑油加氢原料油加工量”中相应指标定义。单位：t。

［单　　位］：%。

［数据来源］：内部核算数据。

6.3　高价值产品收率

［指标定义］：报告期内装置在反应过程产出高价值产品产量占润滑油加氢原料油加工量的百分比。

［计算公式］：

$$高价值产品收率=\frac{高价值产品产量}{润滑油加氢原料油加工量}\times100$$

$$=\frac{液态烃产量+石脑油产量+喷气燃料产量+柴油产量+基础油产量}{润滑油加氢原料油加工量}\times100$$

［计算说明］：液态烃产量、石脑油产量、喷气燃料产量、柴油产量、基础油产量——见本章“侧线指标”中相应指标定义。单位：t。

润滑油加氢原料油加工量——见本章“润滑油加氢原料油加工量”中相应指标定义。单位：t。

［单　　位］：%。

［数据来源］：内部核算数据。

6.4　黏度指数增加值

［指标定义］：报告期内装置在反应过程中黏度指数增加程度。

［计算公式］：

$$黏度指数增加值=\frac{基础油黏度指数}{原料黏度指数}$$

［**计算说明**］：基础油黏度指数、原料黏度指数——见本章“运行指标”中相应指标定义。单位：无。

［**单　　位**］：无。

［**数据来源**］：内部核算数据。

6.5　蜡脱除率

［**指标定义**］：报告期内装置在反应过程中蜡组分的脱除率。

［**计算公式**］：

$$蜡脱除率 = (1 - \frac{基础油产量 \times 基础油蜡含量}{润滑油加氢原料油加工量 \times 原料蜡含量}) \times 100$$

［**计算说明**］：基础油产量——见本章“侧线指标”中相应指标定义。

润滑油加氢原料油加工量——见本章“润滑油加氢原料加工量”中相应指标定义。单位：t。

原料蜡含量、基础油蜡含量——见本章“运行指标”中相应指标定义。单位：%。

［**单　　位**］：%。

［**数据来源**］：内部核算数据。

第27章　溶剂精制装置

1　装置简介

溶剂精制就是利用某些有机溶剂的溶解能力来脱除润滑油中有害的和非理想组分的过程。用溶剂精制润滑油时，系统分为两层：上层称粗制液(提余液)，主要含精制润滑油及少量溶剂；下层称抽出液(提取液)，主要含溶剂及初抽出的不理想组分。溶剂精制主要除去重芳香烃、中芳香烃、胶质、硫化物和环烷酸等化合物。糠醛精制装置以常三线、减二线、减三线、减四线、轻脱油的糠醛原料或酮脱蜡油为原料。溶剂精制装置以糠醛或苯酚为溶剂，通过萃取和溶剂回收、干燥操作，生产精制油和抽出油，而糠醛溶剂回收后循环使用，消耗部分由新鲜糠醛补充。

2　装置范围

溶剂精制装置范围包括原料脱气、溶剂抽提、溶剂回收、溶剂干燥等单元。

3　溶剂精制原料加工量

［**指标定义**］：报告期内装置收界区外的常减压装置窄馏减压侧线及溶剂脱沥青轻脱油等糠醛原料新鲜进料总和。

［**计算公式**］：

$$溶剂精制原料加工量 = 常三线糠醛原料量 + 减一线糠醛原料量 + 减二线糠醛原料量 + 减三线糠醛原料量 + 减四线糠醛原料量 + 轻脱油糠醛原料量$$

［**计算说明**］：溶剂精制原料加工量——报告期内装置收界区外的常减压装置窄馏减压侧线及溶剂脱沥青轻脱油等糠醛原料新鲜进料总和，主要包含常减压装置的常三线、减一线、减二线、减三线、减四线糠醛原料和溶剂脱沥青的轻脱油糠醛原料。

常三线糠醛原料量——报告期内装置外收界区常三线糠醛原料的进料量。

减一线糠醛原料量——报告期内装置外收界区减一线糠醛原料的进料量。

减二线糠醛原料量——报告期内装置外收界区减二线糠醛原料的进料量。

减三线糠醛原料量——报告期内装置外收界区减三线糠醛原料的进料量。

减四线糠醛原料量——报告期内装置外收界区减四线糠醛原料的进料量。

轻脱油糠醛原料量——报告期内装置外收界区轻脱油糠醛原料的进料量。

[单　　位]：t。

[数据来源]：MES。

4　侧线指标

4.1　精制油收率

[指标定义]：报告期内装置在加工过程产出送出界区的精制油总产量占溶剂精制原料加工量的百分比。

[计算公式]：

$$\text{精制油收率}=\frac{\text{精制油总产量}}{\text{溶剂精制原料加工量}}\times 100$$

$$=\text{常三线精制油收率}+\text{减一线精制油收率}+\text{减二线精制油收率}+\text{减三线精制油收率}+\text{减四线精制油收率}+\text{轻脱油精制油收率}$$

[计算说明]：精制油总产量——报告期内装置在加工过程产出送出界区的精制油总产量，主要包含常三线、减一线、减二线、减三线、减四线、轻脱油的精制油产量。单位：t。

溶剂精制原料加工量——见本章“溶剂精制原料加工量”指标中定义。单位：t。

[单　　位]：%。

[数据来源]：MES。

4.1.1　常三线精制油收率

[指标定义]：报告期内装置在加工过程产出送出界区的常三线精制油产量占常三线糠醛原料量的百分比。

[计算公式]：

$$\text{常三线精制油收率}=\frac{\text{常三线精制油产量}}{\text{常三线糠醛原料量}}\times 100$$

[计算说明]：常三线精制油产量——报告期内装置在加工过程产出送出界区的常三线精制油产量。单位：t。

常三线糠醛原料量——见本章“溶剂精制原料加工量”指标中定义。单位：t。

[单　　位]：%。

[数据来源]：MES。

4.1.2　减一线精制油收率

[指标定义]：报告期内装置在加工过程产出送出界区的减一线精制油产量占减一线糠醛原料量的百分比。

[计算公式]：

$$\text{减一线精制油收率}=\frac{\text{减一线精制油产量}}{\text{减一线糠醛原料量}}\times 100$$

[计算说明]：减一线精制油产量——报告期内装置在加工过程产出送出界区的减一线

精制油产量。单位：t。

减一线糠醛原料量——见本章“溶剂精制原料加工量”指标中定义。单位：t。

[单　　位]:%。

[数据来源]：MES。

4.1.3　减二线精制油收率

[指标定义]：报告期内装置在加工过程产出送出界区的减二线精制油产量占减二线糠醛原料量的百分比。

[计算公式]：

$$\text{减二线精制油收率} = \frac{\text{减二线精制油产量}}{\text{减二线糠醛原料量}} \times 100$$

[计算说明]：减二线精制油产量——报告期内装置在加工过程产出送出界区的减二线精制油产量。单位：t。

减二线糠醛原料量——见本章“溶剂精制原料加工量”指标中定义。单位：t。

[单　　位]:%。

[数据来源]：MES。

4.1.4　减三线精制油收率

[指标定义]：报告期内装置在加工过程产出送出界区的减三线精制油产量占减三线糠醛原料量的百分比。

[计算公式]：

$$\text{减三线精制油收率} = \frac{\text{减三线精制油产量}}{\text{减三线糠醛原料量}} \times 100$$

[计算说明]：减三线精制油产量——报告期内装置在加工过程产出送出界区的减三线精制油产量。单位：t。

减三线糠醛原料量——见本章“溶剂精制原料加工量”指标中定义。单位：t。

[单　　位]:%。

[数据来源]：MES。

4.1.5　减四线精制油收率

[指标定义]：报告期内装置在加工过程产出送出界区的减四线精制油产量占减四线糠醛原料量的百分比。

[计算公式]：

$$\text{减四线精制油收率} = \frac{\text{减四线精制油产量}}{\text{减四线糠醛原料量}} \times 100$$

[计算说明]：减四线精制油产量——报告期内装置在加工过程产出送出界区的减四线精制油产量。单位：t。

减四线糠醛原料量——见本章“溶剂精制原料加工量”指标中定义。单位：t。

[单　　位]:%。

[数据来源]：MES。

4.1.6　轻脱油精制油收率

[指标定义]：报告期内装置在加工过程产出送出界区的轻脱油精制油产量占轻脱油糠醛原料量的百分比。

[计算公式]：

$$轻脱油精制油收率=\frac{轻脱油精制油产量}{轻脱油糠醛原料量}\times 100$$

[计算说明]：轻脱油精制油产量——报告期内装置在加工过程产出送出界区的轻脱油精制油产量。单位：t。

轻脱油糠醛原料量——见本章“溶剂精制原料加工量”指标中定义。单位：t。

[单　　位]：%。

[数据来源]：MES。

4.2　抽出油收率

[指标定义]：报告期内装置在加工过程产出送出界区或装置自用燃料的抽出油产量占溶剂精制原料加工量的百分比。

[计算公式]：

$$抽出油收率=\frac{抽出油产量}{溶剂精制原料加工量}\times 100$$

[计算说明]：抽出油产量——报告期内装置在加工过程产出送出界区或装置自用燃料的抽出油产量。单位：t。

溶剂精制原料加工量——见本章“溶剂精制原料加工量”指标中定义。单位：t。

[单　　位]：%。

[数据来源]：MES。

4.3　装置加工损失率

[指标定义]：报告期内装置总投入量与装置总产量差额占溶剂精制原料加工量的百分比。

[计算公式]：

$$装置加工损失率=\frac{装置加工损失量}{溶剂精制原料加工量}\times 100$$

$$装置加工损失量=装置总投入量-装置总产量$$

[计算说明]：装置加工损失量——报告期内装置总投入量减去装置总产量的差值。加工损失包括装置内的物料在加工、输转、排放过程中的损耗。因装置消耗的化工辅料有部分串入侧线产品中，装置加工损失量一般为零。单位：t。

装置总投入量——报告期内装置收界外新鲜原料进料总量，即为溶剂精制原料加工量。单位：t。

装置总产量——报告期内装置所有产出侧线产出送出界区的量或装置自用消耗的总量。包括精制油总产量、抽出油产量。单位：t。

溶剂精制原料加工量——见本章“溶剂精制原料加工量”指标中定义。单位：t。

精制油总产量、抽出油产量——见本章“侧线指标”中相应指标定义。单位：t。

[单　　位]：%。

[数据来源]：MES。

4.4　装置产出侧线逻辑关系

精制油收率、抽出油收率、装置加工损失率总和必须等于100%。

5　运行指标

5.1　溶剂单耗

[指标定义]：报告期内装置加工1t溶剂精制原料加工量耗糠醛等溶剂的数量。

[计算公式]：

$$溶剂单耗 = \frac{\sum 溶剂消耗量}{溶剂精制原料加工量} \times 1000$$

[计算说明]：溶剂消耗量——报告期内装置消耗糠醛等溶剂的数量。单位：t。

溶剂精制原料加工量——见本章“溶剂精制原料加工量”指标中定义。单位：t。

[单　　位]：kg/t。

[数据来源]：MES。

5.2　原料运行指标

5.2.1　原料密度

见《催化裂化装置》章中“原料密度”指标定义及计算方法。

5.2.2　原料残炭

见《催化裂化装置》章中“原料残炭”指标定义及计算方法。

5.2.3　原料含硫量

见《催化裂化装置》章中“原料含硫量”指标定义及计算方法。

5.2.4　原料平均碱氮

[指标定义]：报告期内装置加工常减压装置窄馏减压侧线及溶剂脱沥青轻脱油等糠醛原料新鲜原料油的平均碱氮。

[计算公式]：

$$当月原料平均碱氮 = \frac{\sum 原料碱氮}{原料碱氮的样本总数}$$

$$累计原料平均碱氮 = \frac{\sum 月原料碱氮}{运行月束}$$

[计算说明]：原料平均碱氮——报告期内装置加工常减压装置窄馏减压侧线及溶剂脱沥青轻脱油等糠醛原料新鲜原料油分析碱氮含量。单位：μg/g。

原料平均碱氮的样本总数——报告期内装置加工常减压装置窄馏减压侧线及溶剂脱沥青轻脱油等糠醛原料新鲜原料油分析正常的碱氮含量样本总数。

运行月数——报告期内装置累计运行月的数量。

[单　　位]：μg/g。

[数据来源]：LIMS。

5.2.5　原料平均酸值

[指标定义]：报告期内装置加工常减压装置窄馏减压侧线及溶剂脱沥青轻脱油等糠醛原料新鲜原料油的平均酸值。

[计算公式]：

$$当月原料平均酸值 = \frac{\sum 原料平均酸值}{原料平均酸值的样本总数}$$

$$累计原料平均酸值 = \frac{\sum 月原料平均酸值}{运行月数}$$

[计算说明]：原料平均酸值——报告期内装置加工常减压装置窄馏减压侧线及溶剂脱沥青轻脱油等糠醛原料新鲜原料油分析酸值含量。单位：mgKOH/g。

原料平均酸值的样本总数——报告期内装置加工常减压装置窄馏减压侧线及溶剂脱沥青轻脱油等糠醛原料新鲜原料油分析正常的酸值含量样本总数。

运行月数——报告期内装置累计运行月的数量。

[单　　位]：mgKOH/g。

[数据来源]：LIMS。

5.2.6　原料黏度指数

见《润滑油加氢装置》章中“原料黏度指数”的指标定义和指标计算方法。

5.3　精制油指标

5.3.1　精制油密度

见《催化裂化装置》章中“原料密度”指标定义及计算方法。

5.3.2　精制油残炭

见《催化裂化装置》章中“原料残炭”指标定义及计算方法。

5.3.3　精制油含硫量

见《催化裂化装置》章中“原料含硫量”指标定义及计算方法。

5.3.4　精制油倾点

[指标定义]：报告期内装置加工过程产出送出界区的精制油的平均倾点。

[计算公式]：

$$当月精制油倾点=\frac{\sum 精制油倾点}{精制油倾点样本总数}$$

$$累计精制油倾点=\frac{\sum 月精制油倾点}{运行月数}$$

[计算说明]：精制油倾点——报告期内装置加工过程产出送出界区的精制油分析正常倾点。单位：℃。

精制油倾点样本总数——报告期内装置加工过程产出送出界区的精制油分析正常倾点的样本总数，

运行月数——报告期内装置累计运行月的数量。

[单　　位]：℃。

[数据来源]：LIMS。

5.3.5　精制油碱氮

见本章“原料碱氮”的指标定义和指标计算方法。

5.3.6　精制油酸值

见本章“原料酸值”的指标定义和指标计算方法。

5.3.7　精制油黏度指数

见《润滑油加氢装置》章中“原料黏度指数”的指标定义和指标计算方法。

5.4　加热炉热效率

见《常减压装置》章中“加热炉热效率”指标定义及计算方法。

5.5　装置正常开工时间点

[指标定义]：报告期内装置连续收界区外糠醛新鲜原料油并切断装置内循环的时间点。

5.6　装置正常停工时间点

[指标定义]：报告期内装置停收界区外糠醛新鲜原料油的时间点。

6 综合指标

6.1 黏度指数增加值

[指标定义]：报告期内装置在加工过程中黏度指数增加程度。

[计算公式]：

$$黏度指数增加值=\frac{精制油黏度指数}{原料油黏度指数}$$

[计算说明]：精制油黏度指数、原料油黏度指数——见本章“运行指标”相应指标定义。

[单　　位]：无。

[数据来源]：内部核算数据。

6.2 原料轻质化指数

[指标定义]：报告期内糠醛新鲜原料油经溶剂精制后原料变成轻组分的转化程度。用物料的密度比值来表示。

[计算公式]：

$$原料轻质化指数=\frac{精制油密度}{原料油密度}$$

[计算说明]：精制油密度、原料油密度——见本章“运行指标”相应指标定义。单位：kg/m^3。

[单　　位]：无。

[数据来源]：内部核算数据。

6.3 脱碳率

[指标定义]：报告期内糠醛新鲜原料油经溶剂精制后原料残炭的脱除程度。

[计算公式]：

$$脱碳率=(1-\frac{精制油总产量\times 精制油残炭}{溶剂精制原料油加工量\times 原料残炭})\times 100$$

[计算说明]：制精油总产量——见本章“侧线指标”相应指标定义。单位：t。

溶剂精制原料油加工量——见本章“溶剂精制原料加工量”指标中定义。单位：t。

精制油残炭、原料油残炭——见本章“运行指标”相应指标定义。单位：%。

[单　　位]：%。

[数据来源]：内部核算数据。

6.4 脱硫率

[指标定义]：报告期内糠醛新鲜原料油经溶剂精制后原料硫的脱除程度。

[计算公式]：

$$脱硫率=(1-\frac{精制油总产量\times 精制油含硫量}{溶剂精制原料油加工量\times 原料含硫量})\times 100$$

[计算说明]：制精油总产量——见本章“侧线指标”相应指标定义。单位：t。

溶剂精制原料油加工量——见本章“溶剂精制原料加工量”指标中定义。单位：t。

精制油含硫量、原料含硫量——见本章“运行指标”相应指标定义。单位：μg/g。

[单　　位]：%。

[数据来源]：内部核算数据。

6.5 脱酸率

[指标定义]：报告期内糠醛新鲜原料油经溶剂精制后原料酸值的脱除程度。

[计算公式]：

$$脱酸率=(1-\frac{精制油总产量\times 精制油酸值}{溶剂精制新鲜原料油加工量\times 原料酸值})\times 100$$

[计算说明]：制精油总产量、溶剂精制原料油加工量——见本章"溶剂精制原料加工量"指标中定义。单位：t。

精制油酸值、原料酸值——见本章相应指标定义，单位：mgKOH/g。

[单　　位]：%。

[数据来源]：内部核算数据。

第 28 章　溶剂脱蜡装置

1　装置简介

溶剂脱蜡是润滑油加工的工艺过程之一。溶剂脱蜡是采用具有选择溶解能力的溶剂，在冷冻条件下脱除润滑油原料中蜡的过程。蜡不是纯化合物，是常温下为固态的高熔点烃类的复杂混合物。石蜡为板状或带状结晶，存在于润滑油馏分中。地蜡为细小的针状结晶，存在于残渣润滑油中。在减压蒸馏的最重馏分中存在石蜡和地蜡的混合物。润滑油中的油与蜡是互溶的，随温度降低，溶液中蜡达饱和就开始结晶析出。但低温下油的黏度增大，不利于蜡结晶扩散长成大的结晶体，造成油蜡分离困难。若用溶剂稀释润滑油，使其黏度降低，经低温冷冻就能形成蜡的大晶体，使用过滤分离。溶剂脱蜡装置以常三线、减二线、减三线、减四线、轻脱油的糠醛脱蜡油为原料。溶剂脱蜡装置都以丙酮、丁酮、甲苯为混合溶剂，以液氨作制冷剂，通过一段脱蜡、两段脱油操作，生产脱蜡油、脱油蜡和蜡下油。甲苯、丁酮混合溶剂经回收后循环使用，消耗部分由溶剂补充。

2　装置范围

溶剂精制装置范围包括脱蜡结晶系统、脱油结晶系统、冷冻系统、真空过滤系统、溶剂回收等系统、安全气系统、燃料系统等单元。有的装置不设脱油结晶系统。

3　溶剂脱蜡原料加工量

[指标定义]：报告期内装置收界区外的各窄馏减压侧线、溶剂脱沥青轻脱油等溶剂精制油或蜡油进料总和。

[计算公式]：

溶剂脱蜡原料加工量＝常三线溶剂脱蜡进料量＋减一线溶剂脱蜡进料量＋减二线溶剂脱蜡进料量＋减三线溶剂脱蜡进料量＋减四线溶剂脱蜡进料量＋轻脱溶剂脱蜡进料量

[计算说明]：溶剂脱蜡原料加工量——报告期内装置收界区外的常减压装置窄馏减压侧线、溶剂脱沥青轻脱油等溶剂精制油或蜡油进料总和，主要包含常三线、减一线、减二线、减三线、减四线、轻脱油溶剂精制油或蜡油原料。

常三线溶剂脱蜡进料量——报告期内装置收界区外常三线溶剂精制油或蜡油进料量。

减一线溶剂脱蜡进料量——报告期内装置收界区外减一线溶剂精制油或蜡油进料量。

减二线溶剂脱蜡进料量——报告期内装置收界区外减二线溶剂精制油或蜡油进料量。

减三线溶剂脱蜡进料量——报告期内装置收界区外减三线溶剂精制油或蜡油进料量。

减四线溶剂脱蜡进料量——报告期内装置收界区外减四线溶剂精制油或蜡油进料量。

轻脱油溶剂脱蜡进料量——报告期内装置收界区外轻脱油溶剂精制油或蜡油进料量。

[单　　位]：t。

[数据来源]：MES。

4　侧线指标

4.1　脱蜡油收率

[指标定义]：报告期内装置在加工过程产出送出界区的脱蜡油总产量占溶剂脱蜡原料加工量的百分比。

[计算公式]：

$$脱蜡油收率 = \frac{脱蜡油总产量}{溶剂脱蜡原料加工量} \times 100$$

$$= 常三线脱蜡油收率 + 减一线脱蜡油收率 + 减二线脱蜡油收率 + 减三线脱蜡油收率 + 减四线脱蜡油收率 + 轻脱油脱蜡油收率$$

[计算说明]：脱蜡油总产量——报告期内装置在加工过程产出送出界区的脱蜡油总产量，主要包含常三线、减一线、减二线、减三线、减四线、轻脱油的脱蜡油产量。单位：t。

溶剂脱蜡原料加工量——见本章“溶剂脱蜡原料加工量”指标中定义。单位：t。

常三线脱蜡油收率、减一线脱蜡油收率、减二线脱蜡油收率、减三线脱蜡油收率、减四线脱蜡油收率、轻脱油脱蜡油收率——见本章相应指标定义。单位：%。

[单　　位]：%

[数据来源]：MES。

4.1.1　常三线脱蜡油收率

[指标定义]：报告期内装置加工过程产出送出界区的常三线脱蜡油产量占常三线溶剂脱蜡进料量的百分比。

[计算公式]：

$$常三线脱蜡油收率 = \frac{常三线脱蜡油产量}{常三线溶剂脱蜡进料量} \times 100$$

[计算说明]：常三线脱蜡油产量——报告期内装置加工过程产出送出界区的常三线脱蜡油产量。单位：t。

常三线溶剂脱蜡进料量——见本章“溶剂脱蜡原料加工量”指标中定义。单位：t。

[单　　位]：%。

[数据来源]：MES。

4.1.2　减一线脱蜡油收率

[指标定义]：报告期内装置加工过程产出送出界区的减一线脱蜡油产量占减一线溶剂脱蜡进料量的百分比。

[计算公式]：

$$减一线脱蜡油收率 = \frac{减一线脱蜡油产量}{减一线溶剂脱蜡进料量} \times 100$$

［计算说明］：减一线脱蜡油产量——报告期内装置加工过程产出送出界区的减一线脱蜡油产量。单位：t。

减一线溶剂脱蜡进料量——见本章“溶剂脱蜡原料加工量”指标中定义。单位：t。

［单　　位］：%。

［数据来源］：MES。

4.1.3　减二线脱蜡油收率

［指标定义］：报告期内装置加工过程产出送出界区的减二线脱蜡油产量占减二线溶剂脱蜡进料量的百分比。

［计算公式］：

$$减二线脱蜡油收率=\frac{减二线脱蜡油产量}{减二线溶剂脱蜡进料量}\times 100$$

［计算说明］：减二线脱蜡油产量——报告期内装置加工过程产出送出界区的减二线脱蜡油产量。单位：t。

减二线溶剂脱蜡进料量——见本章“溶剂脱蜡原料加工量”指标中定义。单位：t。

［单　　位］：%。

［数据来源］：MES。

4.1.4　减三线脱蜡油收率

［指标定义］：报告期内装置加工过程产出送出界区的减三线脱蜡油产量占减三线溶剂脱蜡进料量的百分比。

［计算公式］：

$$减三线脱蜡油收率=\frac{减三线脱蜡油产量}{减三线溶剂脱蜡进料量}\times 100$$

［计算说明］：减三线脱蜡油产量——报告期内装置加工过程产出送出界区的减三线脱蜡油产量。单位：t。

减三线溶剂脱蜡进料量——见本章“溶剂脱蜡原料加工量”指标中定义。单位：t。

［单　　位］：%。

［数据来源］：MES。

4.1.5　减四线脱蜡油收率

［指标定义］：报告期内装置加工过程产出送出界区的减四线脱蜡油产量占溶剂脱蜡进料量的百分比。

［计算公式］：

$$减四线脱蜡油收率=\frac{减四线脱蜡油产量}{减四线溶剂脱蜡进料量}\times 100$$

［计算说明］：减四线脱蜡油产量——报告期内装置加工过程产出送出界区的减四线脱蜡油产量。单位：t。

溶剂脱蜡进料量——见本章“溶剂脱蜡原料加工量”指标中定义。单位：t。

［单　　位］：%。

［数据来源］：MES。

4.1.6　轻脱油脱蜡油收率

［指标定义］：报告期内装置加工过程产出送出界区的轻脱油脱蜡油产量占轻脱油溶剂脱蜡进料量的百分比。

［计算公式］：

$$轻脱油脱蜡油收率 = \frac{轻脱油脱蜡油产量}{轻脱油溶剂脱蜡进料量} \times 100$$

［计算说明］：轻脱油脱蜡油产量——报告期内装置加工过程产出送出界区的轻脱油脱蜡油产量。单位：t。

轻脱油溶剂脱蜡进料量——见本章“溶剂脱蜡原料加工量”指标中定义。单位：t。

［单　　位］：%。

［数据来源］：MES。

4.2　脱油蜡收率

［指标定义］：报告期内装置加工过程产出送出界区的脱油蜡产量占溶剂脱蜡原料加工量的百分比。

［计算公式］：

$$脱油蜡收率 = \frac{脱油蜡产量}{溶剂脱蜡原料加工量} \times 100$$

［计算说明］：脱油蜡产量——报告期内装置加工过程产出送出界区的脱油蜡产量。装置不设脱油蜡结晶系统的装置，不设该指标。单位：t。

溶剂脱蜡原料加工量——见本章“溶剂脱蜡原料加工量”指标中定义。单位：t。

［单　　位］：%。

［数据来源］：MES。

4.3　蜡下油收率

［指标定义］：报告期内装置在加工过程产出送出界区的蜡下油产量占溶剂脱蜡原料加工量的百分比。

［计算公式］：

$$蜡下油收率 = \frac{蜡下油产量}{溶剂脱蜡原料加工量} \times 100$$

［计算说明］：蜡下油产量——报告期内装置在加工过程产出送出界区的蜡下油产量。装置不设脱油蜡结晶系统的装置，不设该指标。单位：t。

溶剂脱蜡原料加工量——见本章“溶剂脱蜡原料加工量”指标中定义。单位：t。

［单　　位］：%。

［数据来源］：MES。

4.4　含油蜡收率

［指标定义］：报告期内装置在加工过程产出送出界区的含油蜡产量占溶剂脱蜡原料加工量的百分比。

［计算公式］：

$$含油蜡收率 = \frac{含油蜡产量}{溶剂脱蜡原料加工量} \times 100$$

［计算说明］：含油蜡产量——报告期内装置加工过程产出送出界区的含油蜡产量。装置不设脱油蜡结晶系统的装置，设该指标。单位：t。

溶剂脱蜡原料加工量——见本章“溶剂脱蜡原料加工量”指标中定义。单位：t。

［单　　位］：%。

［数据来源］：MES。

4.5 装置加工损失率

[指标定义]：报告期内装置总投入量与装置总产量差额占溶剂脱蜡原料加工量的百分比。

[计算公式]：

$$装置加工损失率 = \frac{装置加工损失量}{溶剂脱蜡原料加工量} \times 100$$

$$装置加工损失量 = 装置总投入量 - 装置总产量$$

[计算说明]：装置加工损失量——报告期内装置总投入量减去装置总产量的差值。加工损失包括装置内的物料在加工、输转、排放过程中的损耗。因装置消耗的化工辅料有部分串入侧线产品中，装置加工损失量一般为零。单位：t。

装置总投入量——报告期内装置收界外新鲜原料进料总量，即为溶剂脱蜡原料加工量。单位：t。

装置总产量——报告期内装置所有产出侧线产出送出界区的量或装置自用消耗的总量。包括脱蜡油总产量、脱油蜡产量、蜡下油产量、含油蜡产量。单位：t。

脱蜡油总产量、脱油蜡产量、蜡下油产量、含油蜡产量——见本章"侧线指标"相应指标中定义。单位：t。

溶剂脱蜡原料加工量——见本章"溶剂脱蜡原料加工量"指标中定义。单位：t。

因装置消耗的化工辅料有部分串入侧线产品中，装置加工损失量一般为零。

[单　　位]：%。

[数据来源]：MES。

4.6 装置产出侧线逻辑关系

脱蜡油收率、脱油蜡收率、蜡下油收率、含油蜡收率、装置加工损失率总和必须等于100%。

5 运行指标

5.1 溶剂单耗

[指标定义]：报告期内装置加工1t溶剂脱蜡原料消耗丙酮、丁酮、甲苯等溶剂的数量。

[计算公式]：

$$溶剂单耗 = \frac{\sum 溶剂消耗量}{溶剂脱蜡原料加工量} \times 1000$$

[计算说明]：溶剂消耗量——报告期内装置消耗丙酮、丁酮、甲苯等溶剂的数量。单位：t。

溶剂脱蜡原料加工量——见本章"溶剂脱蜡原料加工量"指标中定义。单位：t。

[单　　位]：kg/t。

[数据来源]：MES。

5.2 酮苯单耗

[指标定义]：报告期内装置加工1t溶剂脱蜡原料耗丙酮、丁酮、甲苯等酮苯的数量。

[计算公式]：

$$酮苯单耗 = \frac{\sum 酮苯消耗量}{溶剂脱蜡原料加工量} \times 1000$$

[计算说明]：酮苯消耗量——报告期内装置消耗丙酮、丁酮、甲苯等酮苯的数量。单位：t。

溶剂脱蜡原料加工量——见本章“溶剂脱蜡原料加工量”指标中定义。单位：t。

［单　　位］：kg/t。

［数据来源］：MES。

5.3　原料油指标

5.3.1　原料密度

见《催化裂化装置》章中“原料密度”指标定义及计算方法。

5.3.2　原料残炭

见《催化裂化装置》章中“原料残炭”指标定义及计算方法。

5.3.3　原料蜡含量

见《溶剂精制装置》章中“原料蜡含量”的指标定义和指标计算方法。

5.3.4　原料平均凝点

［指标定义］：报告期内装置加工各窄馏减压侧线、溶剂脱沥青油等溶剂精制油或蜡油原料油的平均凝点。

［计算公式］：

$$当月原料平均凝点=\frac{\sum 原料平均凝点}{原料平均凝点的样本总数}$$

$$累计原料平均凝点=\frac{\sum 月原料平均凝点}{运行月数}$$

［计算说明］：原料平均凝点——报告期内装置加工各窄馏减压侧线、溶剂脱沥青轻脱油等溶剂精制油或蜡油分析凝点。单位：℃。

原料平均凝点的样本总数——报告期内装置加工各窄馏减压侧线、溶剂脱沥青轻脱油等溶剂精制油或蜡油原料油分析正常的凝点样本总数。

运行月数——报告期内装置累计运行月的数量。

［单　　位］：℃。

［数据来源］：LIMS。

5.3.5　原料酸值

见《溶剂精制装置》章中“原料酸值”的指标定义和指标计算方法。

5.4　脱蜡油指标

5.4.1　脱蜡油密度

见《催化裂化装置》章中“原料密度”指标定义及计算方法。

5.4.2　脱蜡油残炭

见《催化裂化装置》章中“原料残炭”指标定义及计算方法。

5.4.3　脱蜡油凝点

［指标定义］：报告期内装置加工过程产出送出界区的脱蜡油的平均凝点。

［计算公式］：

$$当月脱蜡油凝点=\frac{\sum 脱蜡油凝点}{脱蜡油凝点样本总数}$$

$$累计脱蜡油凝点=\frac{\sum 月脱蜡油凝点}{运行月数}$$

［计算说明］：脱蜡油凝点——报告期内装置加工过程产出送出界区的脱蜡油分析正常凝点。单位：℃。

脱蜡油凝点样本总数——报告期内装置加工过程产出送出界区的脱蜡油分析正常凝点的样本总数。

运行月数——报告期内装置累计运行月的数量。

[单　　位]：℃。

[数据来源]：LIMS。

5.4.4　脱蜡油含溶剂

[指标定义]：报告期内装置加工过程产出送出界区的脱蜡油的平均酮苯等溶剂含量。

[计算公式]：

$$当月脱蜡油溶剂含量=\frac{\sum 脱蜡油酮苯等溶剂含量}{脱蜡油酮苯等溶剂含量样本总数}$$

$$累计脱蜡油溶剂含量=\frac{\sum 月脱蜡油溶剂含量}{运行月数}$$

[计算说明]：脱蜡油酮苯等溶剂含量——报告期内装置加工过程产出送出界区的脱蜡油分析正常酮苯等溶剂含量。单位：μg/g。

脱蜡油酮苯等溶剂含量样本总数——报告期内装置加工过程产出送出界区的脱蜡油分析正常酮苯等溶剂含量的样本总数。

运行月数——报告期内装置累计运行月的数量。

[单　　位]：μg/g。

[数据来源]：LIMS。

5.5　脱油蜡指标

5.5.1　脱油蜡含油量

[指标定义]：报告期内装置加工过程产出送出界区的脱油蜡的平均含油量。

[计算公式]：

$$当月脱油蜡含油量=\frac{\sum 脱油蜡含油量}{脱油蜡含油量样本总数}$$

$$累计脱油蜡含油量=\frac{\sum 月脱油蜡含油量}{运行月数}$$

[计算说明]：脱油蜡含油量——报告期内装置加工过程产出送出界区的脱油蜡分析正常含油量。单位:%。

脱油蜡含油量样本总数——报告期内装置加工过程产出送出界区的脱油蜡分析正常含油量的样本总数。

运行月数——报告期内装置累计运行月的数量。

[单　　位]:%。

[数据来源]：LIMS

5.5.2　脱油蜡含蜡量

见《溶剂精制装置》章中“原料蜡含量”的指标定义和指标计算方法。

5.5.3　脱油蜡含溶剂

见本章“脱蜡油含溶剂”的指标定义和指标计算方法。

5.6　含油蜡或蜡下油指标

5.6.1　含油蜡或蜡下油含油量

见本章“脱油蜡含油量”的指标定义和指标计算方法。

5.6.2 含油蜡或蜡下油含蜡量

见《溶剂精制装置》章中"原料蜡含量"的指标定义和指标计算方法。

5.6.3 含油蜡或蜡下油含溶剂

见本章"脱蜡油含溶剂"的指标定义和指标计算方法。

5.7 加热炉热效率

见《常减压装置》章中"加热炉热效率"指标定义及计算方法。

5.8 装置正常开工时间点

[指标定义]：报告期内装置连续收界区外原料油并切断装置内循环的时间点。

5.9 装置正常停工时间点

[指标定义]：报告期内装置停收界区外原料油的时间点。

6 综合指标

6.1 装置竞赛指标

[指标定义]：报告期内装置产出送出界区脱蜡油和脱油蜡产量总和占溶剂脱蜡原料加工量的百分比。

[计算公式]：

$$装置竞赛指标 = \frac{脱蜡油总产量 + 脱油蜡产量}{溶剂脱蜡原料加工量} \times 100$$

[计算说明]：脱蜡油总产量、脱油蜡产量——见本章"侧线指标"中相应指标定义。单位：t。

溶剂脱蜡原料加工量——见本章"溶剂脱蜡原料加工量"指标中定义。单位：t。

[单　　位]:%。

[数据来源]：内部核算数据。

6.2 石蜡回收率

[指标定义]：报告期内装置纯石蜡产量占溶剂脱蜡混合原料中含蜡量的百分比。

[计算公式]：

$$石蜡回收率 = \frac{脱油蜡产量 \times 脱油蜡含蜡量}{溶剂脱蜡原料加工量 \times 原料含蜡量} \times 100$$

[计算说明]：脱油蜡含蜡量、原料含蜡量————见本章"运行指标"中相应指标定义。单位:%。

脱油蜡产量——见本章"侧线指标"中相应指标定义。单位：t。

溶剂脱蜡原料加工量——见本章"溶剂脱蜡原料加工量"指标中定义。单位：t。

[单　　位]:%。

[数据来源]：内部核算数据。

第29章　润滑油白土精制装置

1 装置简介

为了确保基础油的抗氧化安定性、光安定性、腐蚀性、抗乳化性和颜色、透光度等质量指标合格，必须进一步精制将影响这些指标的有害杂质去除。白土精制就是利用白土的吸附选择性，在一定温度下用活性白土处理油料，吸附而除掉极性杂质，降低油品的残炭值及酸值(或酸度)，改善油品的颜色及安定性。白土精制装置主要以常三线、减一线、减二线、减三线、减四线、轻脱油的溶剂脱蜡油或溶剂精制油为原料，以白土为吸附剂，通过原料与白土混合、接触精制以及过滤分离，生产出润滑油基础油，而白土渣经过滤机过滤后排出装置。

2　装置范围

润滑油白土精制装置范围包括原料预热、原料与白土混合、过滤、脱气等单元。

3　润滑油白土原料加工量

[指标定义]：报告期内装置外收界区各组分的溶剂脱蜡油或溶剂精制油等基础油进料总和。

[计算公式]：

润滑油白土原料加工量 = 常三线精制油进料量 + 减一线精制油进料量 + 减二线精制油进料量 + 减三线精制油进料量 + 减四线精制油进料量 + 轻脱精制油进料量

[计算说明]：润滑油白土原料加工量——报告期内装置外收界区各组分的溶剂脱蜡油或溶剂精制油等基础油进料总和，主要包含常三线、减一线、减二线、减三线、减四线、轻脱油的溶剂脱蜡油或溶剂精制油。

常三线精制油进料量——报告期内装置外收界区常三线溶剂脱蜡油或溶剂精制油的进料量。

减一线精制油进料量——报告期内装置外收界区减一线溶剂脱蜡油或溶剂精制油的进料量。

减二线精制油进料量——报告期内装置外收界区减二线溶剂脱蜡油或溶剂精制油的进料量。

减三线精制油进料量——报告期内装置外收界区减三线溶剂脱蜡油或溶剂精制油的进料量。

减四线精制油进料量——报告期内装置外收界区减四线溶剂脱蜡油或溶剂精制油的进料量。

轻脱精制油进料量——报告期内装置外收界区轻脱油溶剂脱蜡油或溶剂精制油的进料量。

[单　　位]：t。

[数据来源]：MES。

4　侧线指标

4.1　精制基础油收率

[指标定义]：报告期内装置在加工过程产出并送出界区的精制基础油总产量占润滑油白土原料加工量的百分比。

[计算公式]：

$$\text{精制基础油收率} = \frac{\text{精制基础油总产量}}{\text{润滑油白土原料加工量}} \times 100$$

= 常三线精制基础油收率 + 减一线精制基础油收率 + 减二线精制基础油收率 + 减三线精制基础油收率 + 减四线精制基础油收率 + 轻脱油精制基础油收率

[计算说明]：精制基础油总产量——报告期内装置在加工过程产出并送出界区的精制基础油总产量，主要包含常三、减一、减二、减三、减四、轻脱油的精制基础油产量。单位：t。

润滑油白土原料加工量——见本章"润滑油白土原料加工量"指标中定义。单位：t。

[单　　位]：%。

[数据来源]：MES。

4.1.1　常三线精制基础油收率

[指标定义]：报告期内装置在加工过程产出并送出界区的常三线精制基础油产量占常三线精制油进料量的百分比。

[计算公式]：

$$常三线精制基础油收率 = \frac{常三线精制基础油产量}{常三线精制油进料量} \times 100$$

[计算说明]：常三线精制基础油产量——报告期内装置在加工过程产出并送出界区的常三线精制基础油产量。单位：t。

润滑油白土原料加工量——见本章"润滑油白土原料加工量"指标中定义。单位：t。

[单　　位]：%。

[数据来源]：MES。

4.1.2　减一线精制基础油收率

[指标定义]：报告期内装置在加工过程产出并送出界区的减一线精制基础油产量占减一线精制油进料量的百分比。

[计算公式]：

$$减一线精制基础油收率 = \frac{减一线精制基础油产量}{减一线精制油进料量} \times 100$$

[计算说明]：减一线精制基础油总产量——报告期内装置在加工过程产出并送出界区的减一线精制基础油产量。单位：t。

润滑油白土原料加工量——见本章"润滑油白土原料加工量"指标中定义。单位：t。

[单　　位]：%。

[数据来源]：MES。

4.1.3　减二线精制基础油收率

[指标定义]：报告期内装置在加工过程产出并送出界区的减二线精制基础油产量占减二线精制油进料量的百分比。

[计算公式]：

$$减二线精制基础油收率 = \frac{减二线精制基础油产量}{减二线精制油进料量} \times 100$$

[计算说明]：减二线精制基础油产量——报告期内装置在加工过程产出并送出界区的减二线精制基础油产量。单位：t。

润滑油白土原料加工量——见本章"润滑油白土原料加工量"指标中定义。单位：t。

[单　　位]：%。

[数据来源]：MES。

4.1.4 减三线精制基础油收率

[指标定义]：报告期内装置在加工过程产出并送出界区的减三线精制基础油产量占减三线精制油进料量的百分比。

[计算公式]：

$$减三线精制基础油收率=\frac{减三线精制基础油产量}{减三线精制油进料量}\times 100$$

[计算说明]：减三线精制基础油产量——报告期内装置在加工过程产出并送出界区的减三线精制基础油产量。单位：t。

润滑油白土原料加工量——见本章“润滑油白土原料加工量”指标中定义。单位：t。

[单　　位]：%。

[数据来源]：MES。

4.1.5 减四线精制基础油收率

[指标定义]：报告期内装置在加工过程产出并送出界区的减四线精制基础油产量占减四线精制油进料量的百分比。

[计算公式]：

$$减四线精制基础油收率=\frac{减四线精制基础油产量}{减四线精制油进料量}\times 100$$

[计算说明]：减四线精制基础油产量——报告期内装置在加工过程产出并送出界区的减四线精制基础油产量。单位：t。

润滑油白土原料加工量——见本章“润滑油白土原料加工量”指标中定义。单位：t。

[单　　位]：%。

[数据来源]：MES。

4.1.6 轻脱油精制基础油收率

[指标定义]：报告期内装置在加工过程产出并送出界区的轻脱油精制基础油产量占轻脱油精制油进料量的百分比。

[计算公式]：

$$轻脱油精制基础油收率=\frac{轻脱油精制基础油产量}{轻脱油精制油进料量}\times 100$$

[计算说明]：轻脱油精制基础油产量——报告期内装置在加工过程产出并送出界区的轻脱油精制基础油产量。单位：t。

润滑油白土原料加工量——见本章“润滑油白土原料加工量”指标中定义。单位：t。

[单　　位]：%。

[数据来源]：MES。

4.2 装置加工损失率

[指标定义]：报告期内润滑油白土原料加工量与精制基础油总产量差额占润滑油白土原料加工量的百分比。

[计算公式]：

$$装置加工损失率=\frac{润滑油白土原料加工量-精制基础油总产量}{润滑油白土原料加工量}\times 100$$

[计算说明]：精制基础油总产量——见本章“侧线指标”中相应指标定义。单位：t。

润滑油白土原料加工量——见本章“润滑油白土原料加工量”指标中定义。单位：t。

[单　　位]：%。

[数据来源]：MES。

4.3 装置产出侧线逻辑关系

精制基础油收率、装置加工损失率总和必须等于100%。

5 运行指标

5.1 吨油耗白土

[指标定义]：报告期内装置加工1t润滑油白土原料耗白土的数量。

[计算公式]：

$$吨油耗白土=\frac{\sum 白土消耗量}{润滑油白土原料加工量}\times 1000$$

[计算说明]：白土消耗量——报告期内装置消耗白土的数量。单位：t。

润滑油白土原料加工量——见本章“润滑油白土原料加工量”指标中定义。单位：t。

[单　　位]：kg/t。

[数据来源]：MES。

5.2 吨油耗滤布

[指标定义]：报告期内装置加工1t润滑油白土原料耗滤布的数量。

[计算公式]：

$$吨油耗滤布=\frac{\sum 滤布消耗量}{润滑油白土原料加工量}$$

[计算说明]：滤布消耗量——报告期内装置消耗滤布的数量。单位：张。若滤布单位为m，则按一张为1m的换算原则进行处理。

润滑油白土原料加工量——见本章“润滑油白土原料加工量”指标中定义。单位：t。

[单　　位]：张/t。

[数据来源]：MES。

5.3 吨油耗吸附剂

[指标定义]：报告期内装置加工1t润滑油白土原料耗吸附剂的数量。

[计算公式]：

$$吨油耗吸附剂=\frac{\sum 吸附剂消耗量}{润滑油白土原料加工量}\times 1000$$

[计算说明]：吸附剂消耗量——报告期内装置消耗吸附剂的数量。单位：t。

石润滑油白土原料加工量——见本章“润滑油白土原料加工量”指标中定义。单位：t。

[单　　位]：kg/t。

[数据来源]：MES。

5.4 吨油耗脱氮剂

[指标定义]：报告期内装置加工1t润滑油白土原料耗脱氮剂的数量。

[计算公式]：

$$吨油耗脱氮剂=\frac{\sum 脱氮剂消耗量}{润滑油白土原料加工量}\times 1000$$

[计算说明]：脱氮剂消耗量——报告期内装置消耗脱氮剂的数量。单位：t。

石润滑油白土原料加工量——见本章“润滑油白土原料加工量”指标中定义。单位：t。

[单　　位]：kg/t。

[数据来源]：MES。

5.5　原料运行指标

5.5.1　原料密度

见《催化裂化装置》章中“原料密度”指标定义及计算方法。

5.5.2　原料残炭

见《催化裂化装置》章中“原料残炭”指标定义及计算方法。

5.5.3　原料黏度指数

见《润滑油加氢装置》章中“原料黏度指数”的指标定义和指标计算方法。

5.6　精制基础油运行指标

5.6.1　精制基础油密度

见《催化裂化装置》章中“原料密度”指标定义及计算方法。

5.6.2　精制基础油残炭

见《催化裂化装置》章中“原料残炭”指标定义及计算方法。

5.6.3　精制基础油黏度指数

见《润滑油加氢装置》章中“原料黏度指数”的指标定义和指标计算方法。

5.7　加热炉热效率

见《常减压装置》章中“加热炉热效率”指标定义及计算方法。

5.8　装置正常开工时间点

[指标定义]：报告期内装置连续收界区外润滑油原料并切断装置内循环的时间点。

5.9　装置正常停工时间点

[指标定义]：报告期内装置停收界区外润滑油原料的时间点。

6　综合指标

6.1　黏度指数增加值

[指标定义]：报告期内装置在加工过程中黏度指数增加程度。

[计算公式]：

$$黏度指数增加值=\frac{精制基础油黏度指数}{原料黏度指数}$$

[计算说明]：精制基础油黏度指数、原料黏度指数——见本章“运行指标”中相应指标定义。单位：无。

[单　　位]：无。

[数据来源]：内部核算数据。

6.2　原料轻质化指数

[指标定义]：报告期内润滑油原料经白土精制后原料变成轻组分的转化程度。用物料的密度比值来表示。

[计算公式]：

$$原料轻质化指数=\frac{精制基础油密度}{原料密度}$$

[计算说明]：精制基础油密度、原料密度——见本章“运行指标”中相应指标定义。单位：

kg/m^3。

[单　　位]：无。

[数据来源]：内部核算数据。

6.3　脱碳率

[指标定义]：报告期内润滑油原料经白土精制后原料残炭的脱除程度。

[计算公式]：

$$脱碳率 = (1 - \frac{精制基础油总产量 \times 精制基础油残炭}{润滑油白土原料油加工量 \times 原料残炭}) \times 100$$

[计算说明]：精制基础油总产量——见本章“运行指标”中相应指标定义。单位：t。

润滑油白土原料加工量——见本章“润滑油白土原料加工量”指标中定义。单位：t。

精制基础油残炭、原料残炭——见本章“运行指标”中相应指标定义。单位：%。

[单　　位]：%。

[数据来源]：内部核算数据。

第30章　润滑油加氢补充精制装置

1　装置简介

润滑油加氢补充精制装置是指一定温度、压力及催化剂条件下，将基础油原料与氢气发生加氢改性及精制作用，去除杂质的工艺过程。在炼油加工总流程中，属于润滑油精制装置。

2　装置范围

润滑油加氢补充精制装置的范围包括原料预热、加氢、氢气升压等单元部分。

3　原料指标

3.1　润滑油加氢补充精制原料加工量

[指标定义]：报告期内装置直接进反应部分处理的各侧线基础油原料与氢气进料量的总和。

[计算公式]：

润滑油加氢补充精制原料加工量 = 各侧线基础油进料量 + 新氢消耗量。

[计算说明]：润滑油加氢补充精制原料加工量——报告期内装置直接进反应部分处理的各侧线基础油原料与氢气进料量的总和。

各侧线基础油进料量——报告期内装置直接进反应部分处理的各侧线基础油进料量。若装置外收基础油作为装置非反应部分进料，则不计入基础油进料量。

新氢消耗量——报告期内装置直接进反应部分处理的界区外新鲜氢气进料量。

[单　　位]：t。

[数据来源]：MES。

3.2　润滑油加氢补充精制原料油加工量

[指标定义]：报告期内装置直接进反应部分处理的各侧线基础油原料进料量的总和。

［计算公式］：

润滑油加氢补充精制原料油加工量＝各侧线基础油进料量

［计算说明］：润滑油加氢补充精制原料油加工量——报告期内装置直接进反应部分处理的各侧线基础油原料的总和。

各侧线基础油进料量——报告期内装置直接进反应部分处理的各侧线基础油进料量。若装置外收基础油作为装置非反应部分进料，则不计入基础油进料量。

［单　　位］：t。

［数据来源］：MES。

4　侧线指标

4.1　干气收率

［指标定义］：报告期内装置加工过程产出干气产量占润滑油加氢补充精制原料加工量的百分比。

［计算公式］：

$$干气收率=\frac{干气产量}{润滑油加氢补充精制原料加工量}\times 100$$

［计算说明］：干气产量——报告期内装置发生化学反应后，因反应而产出并入炼厂系统或直接作为装置内部自用燃料的干气产量。单位：t。

润滑油加氢补充精制原料加工量——见本章“原料指标”中相应指标定义。单位：t。

［单　　位］：%。

［数据来源］：MES。

4.2　基础油收率

［指标定义］：报告期内装置加工过程产出精制基础油产量占润滑油加氢补充精制原料加工量的百分比。

［计算公式］：

$$基础油收率=\frac{精制基础油产量}{润滑油加氢补充精制原料加工量}\times 100$$

［计算说明］：精制基础油产量——报告期内装置加工过程产出送出界区外的精制基础油产量。单位：t。

润滑油加氢补充精制原料加工量——见本章“原料指标”中相应指标定义。单位：t。

［单　　位］：%。

［数据来源］：MES。

4.3　装置加工损失率

［指标定义］：报告期内装置总投入量与总产量差额占润滑油加氢补充精制原料加工量的百分比。

［计算公式］：

$$装置加工损失率=\frac{装置加工损失量}{润滑油加氢补充精制原料加工量}\times 100$$

$$装置加工损失量=装置总投入量-装置总产量$$

［计算说明］：装置加工损失量——报告期内装置总投入量减去装置总产量的差值。加工损失包括装置内的物料在加工、输转、排放过程中的损耗。单位：t。

装置总投入量——报告期内装置收界外新鲜原料进料总量，即为润滑油加氢补充精制原料加工量。单位：t。

装置总产量——报告期内装置所有产出侧线产出送出界区的量或装置自用消耗的总量。包括干气产量、精制基础油产量。单位：t。

干气产量、精制基础油产量——见本章“运行指标”中相应指标定义。单位：t。

润滑油加氢补充精制原料加工量——见本章“原料指标”中相应指标定义。单位：t。

[单　　位]：%。

[数据来源]：MES。

4.4　装置产出侧线逻辑关系

干气收率、基础油收率、装置加工损失率总和必须等于100%。

5　运行指标

5.1　原料运行指标

5.1.1　原料密度

见《催化裂化装置》章中“原料密度”指标定义及计算方法。

5.1.2　原料含硫量

见《催化裂化装置》章中“原料含硫量”指标定义及计算方法。

5.1.3　原料碱氮含量

见《溶剂精制装置》章中“原料碱氮含量”的指标定义和指标计算方法。

5.1.4　原料残炭

见《催化裂化装置》章中“原料残炭”指标定义及计算方法。

5.1.5　原料黏度指数

见《润滑油加氢装置》章中“原料黏度指数”的指标定义和指标计算方法。

5.2　精制基础油运行指标

5.2.1　精制基础油含硫量

见《催化裂化装置》章中“原料含硫量”指标定义及计算方法。

5.2.2　精制基础油碱氮量

见《溶剂精制装置》章中“原料碱氮”的指标定义和指标计算方法。

5.2.3　精制基础油残炭

见《催化裂化装置》章中“原料残炭”指标定义及计算方法。

5.2.4　精制基础油黏度指数

见《润滑油加氢装置》章中“原料黏度指数”的指标定义和指标计算方法。

5.3　加热炉热效率

见《常减压装置》章中“加热炉热效率”指标定义及计算方法。

5.4　新鲜氢气氢纯度[%(体积)]

见《加氢裂化装置》章中“新鲜氢气氢纯度[%(体积)]”指标定义和指标计算方法。

5.5　新鲜氢气氢纯度[%(质量)]

见《加氢裂化装置》章中“新鲜氢气氢纯度[%(质量)]”指标定义和指标计算方法。

5.6　循环氢纯度

见《加氢裂化装置》章中“循环氢纯度”指标定义和指标计算方法。

5.7　循环氢流量

见《加氢裂化装置》章中“循环氢流量”指标定义和指标计算方法。

5.8　反应器床层最高温度

见《蜡油加氢装置》章中“反应器床层最高温度”指标定义和指标计算方法。

5.9　反应催化剂平均温度

见《蜡油加氢装置》章中“反应催化剂平均温度”指标定义和指标计算方法。

5.10　反应压力

见《蜡油加氢装置》章中“反应压力”指标定义和指标计算方法。

5.11　反应系统总压降

见《蜡油加氢装置》章中“反应系统总压降”指标定义和指标计算方法。

5.12　加氢反应氢油体积比

见《蜡油加氢装置》章中“加氢反应氢油体积比”指标定义和指标计算方法。

5.13　加氢反应质量空速

见《蜡油加氢装置》章中“加氢反应质量空速”指标定义和指标计算方法。

5.14　装置正常开工时间点

[指标定义]：报告期内以装置预氮化结束后切换基础油新鲜进料的时间为正常开工时间点。

5.15　装置正常停工时间点

[指标定义]：报告期内以装置正常停工时开始切断反应进料的时间点为正常停工时间点。

6　综合指标

6.1　实际氢耗

[指标定义]：报告期内装置加工1t基础油新鲜原料油消耗纯氢数量。

[计算公式]：

$$实际氢耗=\frac{新鲜氢气消耗量\times 新鲜氢气氢纯度[\%(质量)]}{润滑油加氢补充精制原料油加工量}\times 1000$$

[计算说明]：新鲜氢气消耗量、润滑油加氢补充精制原料油加工量——见本章“原料指标”中相应指标定义。单位：t。

新鲜氢气氢纯度[%(质量)]——见本章“运行指标”中相应指标定义。单位:%。

[单　　位]：kg/t。

[数据来源]：内部核算数据。

6.2　黏度指数增加值

[指标定义]：报告期内装置在反应过程中黏度指数增加程度。

[计算公式]：

$$黏度指数增加值=\frac{基础油黏度指数}{原料黏度指数}$$

[计算说明]：基础油黏度指数、原料黏度指数——见本章“运行指标”中相应指标定义。单位：无。

[单　　位]：无。

[数据来源]：内部核算数据。

第31章 石蜡白土精制装置

1 装置简介

为了确保石蜡的抗氧化安定性、光安定性、腐蚀性、抗乳化性和颜色、透光度等质量指标合格，必须进一步精制将这些有害杂质去除。石蜡白土精制就是利用白土的吸附选择性，在一定温度下用活性白土处理石蜡，吸附而除掉极性杂质，降低石蜡的残炭值及酸值(或酸度)，改善石蜡的颜色及安定性。石蜡白土精制装置主要以溶剂脱蜡装置的脱油蜡或含蜡油为原料，以白土为吸附剂，通过原料与白土混合、接触精制以及过滤分离，生产出精制石蜡，而白土渣经过滤机过滤后排出装置。

2 装置范围

石蜡白土精制装置范围包括原料预热、原料与白土混合、过滤、脱气等单元。

3 石蜡白土原料加工量

[指标定义]：报告期内装置收界区外各组分的溶剂脱蜡装置的脱油蜡或含蜡油新鲜进料总和。

[计算公式]：

$$石蜡白土原料加工量 = 脱油蜡进料量 + 含蜡油进料量$$

[计算说明]：石蜡白土原料加工量——报告期内装置外收界区溶剂脱蜡装置的脱油蜡或含蜡油新鲜进料总和，主要包含溶剂脱蜡装置的脱油蜡、含蜡油，也有部分不合格加氢精制石蜡回炼。

脱蜡油进料量——报告期内装置收界区外溶剂脱蜡装置的蜡脱油单元产出的脱油蜡的进料量。

含油蜡进料量——报告期内装置收界区外溶剂脱蜡装置的油脱蜡单元产出的含油蜡油的进料量。

[单　　位]：t。

[数据来源]：MES。

4 侧线指标

4.1 精制蜡收率

[指标定义]：报告期内装置在加工过程产出并送出界区的精制蜡总产量占石蜡白土原料加工量的百分比。

[计算公式]：

$$精制蜡收率 = \frac{精制蜡总产量}{润滑油白土原料加工量} \times 100$$

[计算说明]：精制蜡总产量——报告期内装置在加工过程产出并送出界区的精制石蜡、精制含油蜡产量总和。单位：t。

石蜡白土原料加工量——见本章“原料指标”中相应指标定义。单位：t。

[单　　位]:%。

[数据来源]: MES。

4.2　装置加工损失率

[指标定义]: 报告期内石蜡白土原料加工量与精制蜡总产量差额占石蜡白土原料加工量的百分比。

[计算公式]:

$$装置加工损失率 = \frac{石蜡白土原料加工量 - 精制蜡总产量}{石蜡白土原料加工量} \times 100$$

[计算说明]: 精制蜡总产量——见本章“运行指标”中相应指标定义。单位: t。

石蜡白土原料加工量——见本章“原料指标”中相应指标定义。单位: t。

[单　　位]:%。

[数据来源]: MES。

4.3　装置产出侧线逻辑关系

精制蜡收率、装置加工损失率总和必须等于100%。

5　运行指标

5.1　吨油耗白土

[指标定义]: 报告期内装置加工1t石蜡白土新鲜原料油耗白土的数量。

[计算公式]:

$$吨油耗白土 = \frac{\sum 白土消耗量}{石蜡白土原料加工量} \times 1000$$

[计算说明]: 白土消耗量——报告期内装置消耗白土的数量。单位: t。

石蜡白土原料加工量——见本章“原料指标”中相应指标定义。单位: t。

[单　　位]: kg/t。

[数据来源]: MES。

5.2　吨油耗滤布

[指标定义]: 报告期内装置加工1t石蜡白土新鲜原料油耗滤布的数量。

[计算公式]:

$$吨油耗滤布 = \frac{\sum 滤布消耗量}{石蜡白土原料加工量}$$

[计算说明]: 滤布消耗量——报告期内装置消耗滤布的数量。单位: 张。若滤布单位为米, 则按一张为1m的换算原则进行处理。

石蜡白土原料加工量——见本章“原料指标”中相应指标定义。单位: t。

[单　　位]: 张/t。

[数据来源]: MES。

5.3　装置正常开工时间点

[指标定义]: 报告期内装置开始连续收界区外新鲜石蜡原料的时间点。

5.4　装置正常停工时间点

[指标定义]: 报告期内装置停收界区外石蜡白土新鲜原料的时间点。

第32章 分子筛脱蜡装置

1 装置简介

利用分子筛的选择吸附特性从汽油、喷气燃料以及柴油等馏分中脱除正构烷烃的过程。因此，它既是炼油厂石油产品精制的重要手段，又是液体石蜡(见石油蜡)的重要生产方法。分子筛脱蜡装置早期用于提高汽油的辛烷值，以后发展到用于降低喷气燃料的冰点和制取液体石油蜡，以及生产低凝点柴油。现有装置主要用于生产液体石油蜡(作为洗涤剂的原料)。

在汽油、煤油和柴油等馏分所含的烃类中，正构烷烃的辛烷值最低而冰点(或凝点)最高，其分子直径(4.9μm)比异构烷烃、环烷烃及芳烃等组分的小。因此，采用5μm 分子筛(微孔孔径为5.2μm)，可选择性地从混合烃类中吸附正构烷烃，从而达到分离的目的。

2 装置范围

分子筛脱蜡装置范围包括吸附和脱附等单元。

3 分子筛脱蜡原料加工量

[**指标定义**]：报告期内装置收界区外汽油、煤油和柴油等馏分和氢气、轻质烷烃等脱附剂新鲜进料总和。

[**计算公式**]：

分子筛脱蜡新鲜原料加工量 = 汽油、煤油和柴油等馏分进料量 + 脱附剂进料量

[**计算说明**]：分子筛脱蜡新鲜原料加工量——报告期内装置收界区外汽油、煤油和柴油等馏分和氢气、轻质烷烃等脱附剂新鲜进料总和。

汽油、煤油和柴油等馏分进料量——报告期内装置收界区外汽油、煤油和柴油等馏分进料量。

脱附剂进料量——报告期内装置收界区外氢气、轻质烷烃等脱附剂新鲜进料量。

[**单　　位**]：t。

[**数据来源**]：MES。

4 侧线指标

4.1 干气收率

[**指标定义**]：报告期内装置在加工过程产出送出界区或装置自用的干气量与分子筛脱蜡原料加工量的百分比。

[**计算公式**]：

$$干气收率 = \frac{干气产量}{分子筛脱蜡原料加工量} \times 100$$

[**计算说明**]：干气产量——报告期内装置在加工过程产出送出界区或装置自用的干气量。若装置不产出干气，则不设该侧线。单位：t。

分子筛脱蜡原料加工量——见本章“原料指标”中相应指标定义。单位：t。

[**单　　位**]：%。

[数据来源]：MES。

4.2　脱蜡油收率

[指标定义]：报告期内装置产出送出界区脱蜡油产量占分子筛脱蜡原料加工量的百分比。

[计算公式]：

$$脱蜡油收率=\frac{脱蜡油产量}{分子筛脱蜡原料加工量}\times 100$$

[计算说明]：脱蜡油产量——报告期内装置产出送出界区脱蜡油产量，包括汽油、煤油、柴油等馏分的脱蜡油。单位：t。

分子筛脱蜡原料加工量——见本章“原料指标”中相应指标定义。单位：t。

[单　　位]：%。

[数据来源]：MES。

4.3　含油蜡收率

[指标定义]：报告期内装置产出送出界区含油蜡产量占分子筛脱蜡原料加工量的百分比。

[计算公式]：

$$含油蜡收率=\frac{含油蜡产量}{分子筛脱蜡原料加工量}\times 100$$

[计算说明]：含油蜡产量——报告期内装置产出送出界区含油蜡产量。单位：t。

分子筛脱蜡原料加工量——见本章“原料指标”中相应指标定义。单位：t。

[单　　位]：%。

[数据来源]：MES。

4.4　装置加工损失率

[指标定义]：报告期内装置总投入量与装置总产量差额占分子筛脱蜡原料加工量的百分比。

[计算公式]：

$$装置加工损失率=\frac{装置加工损失量}{分子筛脱蜡原料加工量}\times 100$$

$$装置加工损失量=装置总投入量-装置总产量$$

[计算说明]：装置加工损失量——报告期内装置总投入量减去装置总产量的差值。加工损失包括装置内的物料在加工、输转、排放过程中的损耗。单位：t。

装置总投入量——报告期内装置收界区外新鲜原料进料总量，即为分子筛脱蜡原料加工量。单位：t。

装置总产量——报告期内装置所有产出侧线产出送出界区的量或装置自用消耗的总量。包括干气产量、脱蜡油产量、含油蜡产量。单位：t。

分子筛脱蜡原料加工量——见本章“原料指标”中相应指标定义。单位：t。

干气产量、脱蜡油产量、含油蜡产量——见本章“侧线指标”中指标定义。单位：t。

[单　　位]：%。

[数据来源]：MES。

4.5　装置产出侧线逻辑关系

干气收率、脱蜡油收率、含油蜡收率、装置加工损失率总和必须等于100%。

5 运行指标

5.1 吨油耗分子筛

[**指标定义**]：报告期内装置加工 1t 汽油、煤油和柴油等馏分进料量消耗分子筛的量。

[**计算公式**]：

$$吨油耗分子筛=\frac{\sum 分子筛消耗量}{汽油、煤油和柴油等馏分进料量}\times 1000$$

[**计算说明**]：分子筛消耗量——报告期内装置加工过程中消耗分子筛的量。单位：t。

汽油、煤油和柴油等馏分进料量——见本章“原料指标”中相应指标定义。单位：t。

[**单　　位**]：kg/t。

[**数据来源**]：MES。

5.2 加热炉热效率

见《常减压装置》章中“加热炉热效率”指标定义及计算方法。

5.3 装置正常开工时间点

[**指标定义**]：报告期内装置开始连续收界区外汽油、煤油和柴油等馏分新鲜原料的时间点。

5.4 装置正常停工时间点

[**指标定义**]：报告期内装置停收界区外汽油、煤油和柴油等馏分新鲜原料的时间点。

第33章　石蜡加氢装置

1 装置简介

石蜡加氢装置是指在一定温度、压力及催化剂条件下，将石蜡中间原料与氢气发生加氢改性及精制，去除杂质的工艺过程。在炼油加工总流程中，属于石蜡精制装置。

2 装置范围

石蜡加氢装置的范围包括原料预热、加氢、汽提、氢气升压等单元部分。

3 石蜡加氢原料加工量

[**指标定义**]：装置报告期内直接进反应部分处理的石蜡中间原料与氢气进料量的总和。

[**计算公式**]：

$$石蜡加氢原料加工量=石蜡中间原料量+新氢消耗量$$

[**计算说明**]：石蜡加氢原料加工量——报告期内装置直接进反应部分处理的石蜡中间原料与氢气进料量的总和。

石蜡中间原料——报告期内装置直接进反应部分处理的石蜡中间原料。若装置外收石蜡中间原料作为装置非反应部分进料，则不计入石蜡中间原料进料量。

新氢消耗量——报告期内装置直接进反应部分处理的界区外新鲜氢气进料量。

[**单　　位**]：t。

[**数据来源**]：MES。

4 侧线指标

4.1 干气收率

[指标定义]：报告期内装置加工过程产出送出界区外的干气产量占石蜡加氢原料加工量的百分比。

[计算公式]：

$$干气收率 = \frac{干气产量}{石蜡加氢原料加工量} \times 100$$

[计算说明]：干气产量——报告期内装置发生化学反应后，因反应而产出并入炼油厂系统或直接作为装置内部自用的燃料干气产量。单位：t。

石蜡加氢原料加工量——见本章“石蜡加氢原料加工量”指标中定义。单位：t。

[单　　位]：%。

[数据来源]：MES。

4.2 精制石蜡收率

[指标定义]：报告期内装置加工过程产出送出界区外的精制石蜡产量占石蜡加氢原料加工量的百分比。

[计算公式]：

$$精制石蜡收率 = \frac{精制石蜡产量}{石蜡加氢原料加工量} \times 100$$

[计算说明]：精制石蜡产量——报告期内装置加工过程产出送出界区外的精制石蜡产量。单位：t。

石蜡加氢原料加工量——见本章“石蜡加氢原料加工量”指标中定义。单位：t。

[单　　位]：%。

[数据来源]：MES。

4.3 装置加工损失率

[指标定义]：报告期内装置总投入量与总产量差额占石蜡加氢原料加工量的百分比。

[计算公式]：

$$装置加工损失率 = \frac{装置加工损失量}{石蜡加氢原料加工量} \times 100$$

$$装置加工损失量 = 装置总投入量 - 装置总产量$$

[计算说明]：装置加工损失量——报告期内装置总投入量减去装置总产量。加工损失包括装置内的物料在加工、输转、排放过程中的损耗。单位：t。

装置总投入量——报告期内装置收界区外新鲜原料进料总量，即为石蜡加氢原料加工量。单位：t。

装置总产量——报告期内装置所有产出侧线产出送出界区的量或装置自用消耗的总量。包括干气产量、精制石蜡产量。单位：t。

干气产量、精制石蜡产量——见本章“石蜡加氢原料加工量”指标中定义。单位：t。

石蜡加氢原料加工量——见本章“石蜡加氢原料加工量”指标中定义。单位：t。

[单　　位]：%。

[数据来源]：MES。

4.4 装置产出侧线逻辑关系

干气收率、精制石蜡收率、装置加工损失率总和必须等于100%。

5 运行指标

5.1 原料蜡含油量

[指标定义]：报告期内装置反应单元加工石蜡中间新鲜原料蜡的平均含油量。

[计算公式]：

$$当月原料蜡含油量=\frac{\sum 原料蜡含油量}{原料蜡含油量的样本总数}$$

$$累计原料蜡含油量=\frac{\sum 月原料蜡含油量}{运行月数}$$

[计算说明]：原料蜡含油量——报告期内装置反应单元加工石蜡中间料新鲜原料蜡分析正常含油量，分析按分析频率从LIMS中抽取。单位:%。

原料蜡含油量的样本总数——报告期内装置反应单元加工石蜡中间料新鲜原料蜡分析正常含油量的样本总数。

运行月数——报告期内累计运行月的数量，如到6月份，运行月数为6个月。若出在某月全月停工检修，则从实际运行月数量中扣除。如下类同。

[单　　位]:%。

[数据来源]：LIMS。

5.2 精制石蜡含油量

[指标定义]：报告期内装置加工过程产生的石蜡的平均含油量。

[计算公式]：

$$当月精制石蜡含油量=\frac{\sum 精制石蜡含油量}{精制石蜡含油量的样本总数}$$

$$累计精制石蜡含油量=\frac{\sum 月精制石蜡含油量}{运行月数}$$

[计算说明]：精制石蜡含油量——报告期内装置加工过程产生的精制石蜡分析正常含油量。单位:%。

精制石蜡含油量的样本总数——报告期内装置加工过程产生的石蜡分析正常含油量的样本总数。

运行月数——报告期内累计运行月的数量。

[单　　位]:%。

[数据来源]：LIMS。

5.3 加热炉热效率

见《常减压装置》章中“加热炉热效率”指标定义及计算方法。若装置不设分馏炉，则直接用反应炉的热效率计算。

[单　　位]:%。

[数据来源]：LIMS。

5.4 新鲜氢气氢纯度[%(体积)]

见《加氢裂化装置》章中“新鲜氢气氢纯度[%(体积)]”指标定义和指标计算方法。

5.5 新鲜氢气氢纯度[%(质量)]

见《加氢裂化装置》章中“新鲜氢气氢纯度[%(质量)]”指标定义和指标计算方法。

5.6 循环氢纯度

见《加氢裂化装置》章中“循环氢纯度”指标定义和指标计算方法。

5.7 循环氢流量

见《加氢裂化装置》章中“循环氢流量”指标定义和指标计算方法。

5.8 反应器床层最高温度

见《蜡油加氢装置》章中“反应器床层最高温度”指标定义和指标计算方法。

5.9 反应催化剂平均温度

见《蜡油加氢装置》章中“反应催化剂平均温度”指标定义和指标计算方法。

5.10 反应压力

见《蜡油加氢装置》章中“反应压力”指标定义和指标计算方法。

5.11 反应系统总压降

见《蜡油加氢装置》章中“反应系统总压降”指标定义和指标计算方法。

5.12 加氢反应氢油体积比

见《蜡油加氢装置》章中“加氢反应氢油体积比”指标定义和指标计算方法。

5.13 加氢反应质量空速

见《蜡油加氢装置》章中“加氢反应质量空速”指标定义和指标计算方法。

5.14 装置正常开工时间点

[指标定义]：以装置预氮化结束后切换石蜡新鲜进料的时间为正常开工时间点。

5.15 装置正常停工时间点

[指标定义]：以装置正常停工时开始切断反应进料的时间点为正常停工时间点。

6 综合指标

实际氢耗

[指标定义]：报告期内装置加工1t石蜡新鲜原料消耗纯氢数量。

[计算公式]：

$$实际氢耗=\frac{新鲜氢气消耗量\times新鲜氢气氢纯度[\%(质量)]}{石蜡中间原料}\times1000$$

[计算说明]：新鲜氢气消耗量、石蜡中间原料——见本章“石蜡加氢原料加工量”指标中定义。单位：t。

新鲜氢气氢纯度[%(质量)]——见本章“运行指标”指标中定义。单位:%(质量)。

[单　　位]：kg/t。

[数据来源]：内部核算数据。

第34章　石蜡发汗装置

1 装置简介

石蜡发汗是将熔化的含油蜡送到发汗罐的壳程内，管程通入冷却水，使蜡冷却结晶。然后再向管程内通入热水，慢慢加热、升温。这时油和一些熔点比较低的蜡渐渐熔化成为液体，顺着蜡晶体间的缝隙流出，由于这个过程类似出汗一样，所以指这一工艺叫发汗。整个发汗过程是间歇操作。

2 装置范围

石蜡发汗装置范围包括含油蜡结晶、蜡油分离等单元。

3 石蜡发汗原料加工量

[**指标定义**]：报告期内装置收界区外含油蜡新鲜进料量。

[**计算公式**]：见指标定义。

[**计算说明**]：石蜡发汗原料加工量——报告期内装置收界区外含油蜡新鲜进料量。

[**单　　位**]：t。

[**数据来源**]：MES

4 侧线指标

4.1 石蜡收率

[**指标定义**]：报告期内装置产出送出界区的石蜡产量占石蜡发汗原料加工量的百分比。

[**计算公式**]：

$$石蜡收率=\frac{石蜡产量}{石蜡发汗原料加工量}\times 100$$

[**计算说明**]：石蜡产量——报告期内装置产出送出界区石蜡产量。单位：t。

石蜡发汗原料加工量——见本章“石蜡发汗原料加工量”指标中定义。单位：t。

[**单　　位**]：%。

[**数据来源**]：MES。

4.2 蜡下油收率

[**指标定义**]：报告期内装置产出送出界区的蜡下油产量占石蜡发汗原料加工量的百分比。

[**计算公式**]：

$$蜡下油收率=\frac{蜡下油产量}{石蜡发汗原料加工量}\times 100$$

[**计算说明**]：蜡下油产量——报告期内装置产出送出界区的蜡下油产量。单位：t。

石蜡发汗原料加工量——见本章“石蜡发汗原料加工量”指标中定义。单位：t。

[**单　　位**]：%。

[**数据来源**]：MES。

4.3 装置加工损失率

[**指标定义**]：报告期内装置总投入量与装置总产量差额占石蜡发汗原料加工量的百分比。

[**计算公式**]：

$$装置加工损失率=\frac{装置加工损失量}{石蜡发汗原料加工量}\times 100$$

$$装置加工损失量=装置总投入量-装置总产量$$

[计算说明]：装置加工损失量——报告期内装置总投入量减去装置总产量的差值。加工损失包括装置内的物料在加工、精制、输转、排放过程中的损耗。单位：t。

装置总投入量——报告期内装置收界区外新鲜原料进料总量，即为石蜡发汗原料加工量。单位：t。

装置总产量——报告期内装置所有产出侧线产出送出界区的量或装置自用消耗的总量。包括石蜡产量、蜡下油产量。单位：t。石蜡发汗原料加工量——见本章“石蜡发汗原料加工量”指标中定义。单位：t。

石蜡产量、蜡下油产量——见本章“侧线指标”指标中定义。单位：t。

[单　　位]：%。

[数据来源]：MES。

4.4 装置产出侧线逻辑关系

石蜡率、蜡下油收率、装置加工损失率总和必须等于100%。

5 运行指标

5.1 原料含蜡量

见《溶剂精制装置》章中“原料蜡含量”的指标定义和指标计算方法。

5.2 脱油蜡含蜡量

见《溶剂精制装置》章中“原料蜡含量”的指标定义和指标计算方法。

5.3 装置正常开工时间点

[指标定义]：报告期内装置开始连续收界区外含油蜡新鲜原料的时间点。

5.4 装置正常停工时间点

[指标定义]：报告期内装置停收界区外含油蜡新鲜原料的时间点。

6 综合指标

石蜡回收率

[指标定义]：报告期内装置纯石蜡产量占含油蜡混合原料中含蜡量的百分比。

[计算公式]：

$$石蜡回收率=\frac{石蜡产量\times 脱油蜡含蜡量}{石蜡发汗原料加工量\times 原料含蜡量}\times 100$$

[计算说明]：石蜡产量——见本章“侧线指标”指标中定义。单位：t。

石蜡发汗原料加工量——见本章“石蜡发汗原料加工量”指标中定义。单位：t。

脱油蜡含蜡量、原料含蜡量————见本章“运行指标”指标中定义。单位：%。

[单　　位]：%。

[数据来源]：内部核算数据。

第35章　石蜡成型装置

1 装置简介

石蜡成型的生产原料为石蜡加氢精制石蜡和微晶蜡，以液氨为制冷冻剂，通过冷冻、成型、包装过程，生产包括56#、58#、60#等系列全精、半精蜡和70#、80#微晶蜡、橡胶防护蜡。

2 装置范围

石蜡成型装置范围包括冷冻系统和成型系统等单元。

3 石蜡成型原料加工量

［**指标定义**］：报告期内装置收界区外加氢或白土精制石蜡进料总和。

［**计算公式**］：

$$\text{石蜡成型原料加工量} = \text{加氢精制石蜡进料量} + \text{白土精制石蜡进料量}$$

［**计算说明**］：石蜡成型原料加工量——报告期内装置收界区外精制石蜡进料总和，主要包含白土精制石蜡、加氢精制石蜡。

加氢精制石蜡进料量——报告期内装置收界区外石蜡加氢精制装置产出精制石蜡的进料量。

白土精制石蜡进料量——报告期内装置收界区外石蜡白土精制装置产出精制石蜡的进料量。

［**单　　位**］：t。

［**数据来源**］：MES。

4 侧线指标

4.1 成品蜡收率

［**指标定义**］：报告期内装置成型的成品蜡产量占石蜡成型原料加工量的百分比。

［**计算公式**］：

$$\text{成品蜡收率} = \frac{\text{成品蜡产量}}{\text{石蜡成型原料加工量}} \times 100$$

［**计算说明**］：成品蜡产量——报告期内装置成型的成品蜡产量。单位：t。

石蜡成型原料加工量——见本章“石蜡成型原料加工量”指标中定义。单位：t。

［**单　　位**］：%。

［**数据来源**］：MES。

4.2 装置加工损失率

［**指标定义**］：报告期内石蜡成型原料加工量与成型的成品蜡产量差额占石蜡成型原料加工量的百分比。

［**计算公式**］：

$$\text{装置加工损失率} = \frac{\text{石蜡成型原料加工量} - \text{成品蜡产量}}{\text{石蜡成型原料加工量}} \times 100$$

［**计算说明**］：石蜡成型原料加工量——见本章“原料指标”相应指标中定义。单位：t。

成品蜡产量——见本章“侧线指标”相应指标中定义。单位：t。

［**单　　位**］：%。

［**数据来源**］：MES。

4.3 装置产出侧线逻辑关系

成品蜡收率、装置加工损失率总和必须等于100%。

5　运行指标

5.1　吨蜡耗氨

[指标定义]：报告期内加工 1t 石蜡原料消耗液氨的量。

[计算公式]：

$$吨蜡耗氨 = \frac{\sum 液氨消耗量}{石蜡成型原料加工量} \times 1000$$

[计算说明]：液氮消耗——报告期内装置冷却系统消耗液氨的量。单位：t。

石蜡成型原料加工量——见本章“原料指标”相应指标中定义。单位：t。

[单　　位]：kg/t。

[数据来源]：MES。

5.2　装置正常开工时间点

[指标定义]：报告期内装置开始连续收界区外石蜡原料的时间点。

5.3　装置正常停工时间点

[指标定义]：报告期内装置停收界区外石蜡原料的时间点

第 36 章　H_2SO_4 烷基化装置

1　装置简介

H_2SO_4烷基化装置以催化裂化和延迟焦化的液化气为原料，在硫酸催化作用下进行加成反应，经过脱硫、碱洗、脱丙烷塔、脱正丁烷塔、异丁烷与丁烯加成反应、反应产物分馏、产品精制等工艺过程，生产高辛烷值的轻、重烷基化油，副产丙烷、正丁烷等产品。

2　装置范围

H_2SO_4烷基化装置主要包括脱硫、碱洗、脱丙烷塔、脱正丁烷塔、异丁烷与丁烯加成反应、反应产物分馏、产品精制等单元。有的装置设丙烯塔分离单元。

3　H_2SO_4烷基化原料加工量

[指标定义]：报告期内装置处理界区外送入催化裂化产出混合碳四和延迟焦化液化气的进料总量总和。

[计算公式]：

$$H_2SO_4烷基化原料加工量 = 催化液化气进料量 + 焦化液化气进料量$$

[计算说明]：催化液化气进料量——报告期内装置处理界区外催化裂化液化气新鲜进料量。包括催化裂化液化气经过气体分离装置产出混合碳四。

焦化液化气进料量——报告期内装置处理界区外延迟焦化液化气新鲜进料量。

[单　　位]：t。

[数据来源]：MES。

4 侧线指标

4.1 丙烷馏分收率

[**指标定义**]：报告期内装置在加工过程中产生的丙烷馏分产量占 H_2SO_4烷基化原料加工量的百分比。

[**计算公式**]：

$$丙烷馏分收率 = \frac{丙烷产量}{H_2SO_4\ 烷基化原料加工量} \times 100$$

[**计算说明**]：丙烷产量——报告期内装置在加工过程产出丙烷馏分产量。单位：t。

H_2SO_4烷基化原加工量——见本章"原料指标"相应指标中定义。单位：t。

[**单　　位**]：%。

[**数据来源**]：MES。

4.2 丙烯收率

[**指标定义**]：报告期内装置在加工过程中产生的丙烯馏分产量占 H_2SO_4烷基化新鲜原料加工量的百分比。

[**计算公式**]：

$$丙烯收率 = \frac{丙烯产量}{H_2SO_4\ 烷基化原料加工量} \times 100$$

[**计算说明**]：丙烯产量——报告期内装置在加工过程产出丙烯馏分产量。单位：t。

H_2SO_4烷基化原料加工量——见本章"原料指标"指标中定义。单位：t。

[**单　　位**]：%。

[**数据来源**]：MES。

4.3 丁烷收率

[**指标定义**]：报告期内装置在加工过程中产生的丁烷馏分产量占 H_2SO_4烷基化新鲜原料加工量的百分比。

[**计算公式**]：

$$丁烷收率 = \frac{丁烷产量}{H_2SO_4\ 烷基化原料加工量} \times 100$$

[**计算说明**]：丁烷产量——报告期内装置在加工过程中产出丁烷馏分产量，包括正丁烷和异丁烷的产量。单位：t。

H_2SO_4烷基化原料加工量——见本章"原料指标"相应指标中定义。单位：t。

[**单　　位**]：%。

[**数据来源**]：MES。

4.4 烷基化油收率

[**指标定义**]：报告期内装置在加工过程中产生的轻、重烷基化油产量占 H_2SO_4 烷基化新鲜原料加工量的百分比。

[**计算公式**]：

$$烷基化油收率 = \frac{烷基化油产量}{H_2SO_4\ 烷基化原料加工量} \times 100$$

$$= \frac{轻烷基化油产量}{H_2SO_4\ 烷基化原料加工量} \times 100 + \frac{重烷基化油产量}{H_2SO_4\ 烷基化原料加工量} \times 100$$

[计算说明]：烷基化油产量——报告期内装置在加工过程中产生的轻烷基化油产量，等于轻烷基化油产量和重烷基化油产量总和。单位：t。

轻烷基化油产量——报告期内装置在加工过程中产出轻烷基化油产量。单位：t。

重烷基化油产量——报告期内装置在加工过程中产出重烷基化油产量。单位：t。

H_2SO_4烷基化原料加工量——见本章“原料指标”相应指标中定义。单位：t。

[单　　位]：%。

[数据来源]：MES。

4.5　装置加工损失率

[指标定义]：报告期内装置总投入量与总产量差额占 H_2SO_4烷基化原料加工量的百分比。

[计算公式]：

$$\text{装置加工损失率} = \frac{\text{装置加工损失量}}{H_2SO_4\ \text{烷基化原料加工量}} \times 100$$

$$\text{装置加工损失量} = \text{装置总投入量} - \text{装置总产量}$$

[计算说明]：装置加工损失量——报告期内装置总投入量减去装置总产量的差值。加工损失包括装置内的物料在加工、精制、输转、排放过程中的损耗。单位：t。

装置总投入量——报告期内装置收界外新鲜原料进料总量，即为 H_2SO_4烷基化原料加工量。单位：t。

装置总产量——报告期内装置所有产出侧线产出送出界区的量或装置自用消耗的总量。包括丙烷产量、丙烯产量、丁烷产量、烷基化油产量。单位：t。

H_2SO_4烷基化原料加工量——见本章“原料指标”相应指标中定义。单位：t。

丙烷产量、丙烯产量、丁烷产量、烷基化油产量——见本章“侧线指标”相应指标中定义。单位：t。

[单　　位]：%。

[数据来源]：MES。

4.6　装置产出侧线逻辑关系

丙烷收率、丙烯收率、丁烷收率、烷基化油收率、装置加工损失率总和必须等于100%。

5　运行指标

5.1　产吨烷基化油耗硫酸

[指标定义]：报告期内装置生产1t轻重烷基化油消耗硫酸量。

[计算公式]：

$$\text{产吨烷基化油耗硫酸} = \frac{\text{硫酸消耗量}}{\text{轻烷基化油产量} + \text{重烷基化油产量}} \times 1000$$

[计算说明]：硫酸消耗量——报告期内装置在加工过程中消耗硫酸量。单位：t。

轻烷基化油产量、重烷基化油产量——见本章“侧线指标”相应指标中定义。单位：t。

[单　　位]：kg/t。

[数据来源]：MES。

5.2　产吨烷基化油耗氯化钙

[指标定义]：报告期内装置生产1t轻重烷基化油消耗氯化钙量。

[计算公式]：

$$产吨烷基化油耗氯化钙 = \frac{氯化钙消耗量}{轻烷基化油产量 + 重烷基化油产量} \times 1000$$

[计算说明]：氯化钙消耗量——报告期内装置在加工过程中消耗氯化钙量。单位：t。

轻烷基化油产量、重烷基化油产量——见本章"侧线指标"相应指标中定义。单位：t。

[单　　位]：kg/t。

[数据来源]：MES。

5.3　产吨烷基化油耗液碱

[指标定义]：报告期内装置生产1t轻重烷基化油消耗液碱量。

[计算公式]：

$$产吨烷基化油耗液碱 = \frac{液碱消耗量}{轻烷基化油产量 + 重烷基化油产量} \times 1000$$

[计算说明]：液碱消耗量——报告期内装置在加工过程中消耗纯液碱量。若液碱不是纯液碱，则换算为纯碱。单位：t。

轻烷基化油产量、重烷基化油产量——见本章"侧线指标"相应指标中定义。单位：t。

[单　　位]：kg/t。

[数据来源]：MES。

5.4　产吨烷基化油耗液氨

[指标定义]：报告期内装置生产1t轻重烷基化油消耗液氨量。

[计算公式]：

$$产吨烷基化油耗液氨 = \frac{液氨消耗量}{轻烷基化油产量 + 重烷基化油产量} \times 1000$$

[计算说明]：液氨消耗量——报告期内装置在加工过程中消耗纯液氨量。若液氨不是纯液氨，则换算为纯液氨。单位：t。

轻烷基化油产量、重烷基化油产量——见本章"侧线指标"相应指标中定义。单位：t。

[单　　位]：kg/t。

[数据来源]：MES。

5.5　装置正常开工时间点

[指标定义]：在报告期内连续收进界区外液化气新鲜进料的时间点。

5.6　装置正常停工时间点

[指标定义]：在报告期内连续停收界区外液化气新鲜进料的时间点。

第37章　HF烷基化装置

1　装置简介

HF烷基化装置以异丁烷与丙丁戊烯为原料，在氢氟酸催化作用下发生加成反应，经过异丁烷与丙丁戊烯的加成反应、沉降、反应物汽提、氢氟酸再生、脱丙烷、产品精制等工艺过程，生产高辛烷值的烷基化油，副产丙烷、正丁烷、酸性油等产品。

2　装置范围

HF 烷基化装置范围包括异丁烷与丙丁戊烯的加成反应、沉降、反应物汽提、氢氟酸再生、脱丙烷、产品精制等单元。有的装置设正丁烷塔分离单元。

3　HF 烷基化原料加工量

[指标定义]：报告期内装置处理界区外异丁烷和丙丁戊烯的混合烯烃的新鲜进料总量。

[计算公式]：

$$\text{HF 烷基化原料加工量} = \text{异丁烷进料量} + \text{丙丁戊烯进料量}$$

[计算说明]：催异丁烷进料量——报告期内装置处理界区外异丁烷新鲜进料量。

丙丁戊烯进料量——报告期内装置处理界区外丙烯、丁烯、戊烯的混合烯烃进料量。

[单　　位]：t。

[数据来源]：MES。

4　侧线指标

4.1　丙烷收率

[指标定义]：报告期内装置在加工过程中产生的丙烷产量占 HF 烷基化原料加工量的百分比。

[计算公式]：

$$\text{丙烷收率} = \frac{\text{丙烷产量}}{\text{HF 烷基化原料加工量}} \times 100$$

[计算说明]：丙烷产量——报告期内装置在加工过程中产生的丙烷产量。单位：t。

HF 烷基化原加工量——见本章“原料指标”指标中定义。单位：t。

[单　　位]：%。

[数据来源]：MES。

4.2　正丁烷收率

[指标定义]：报告期内装置在加工过程中产生的正丁烷产量占 HF 烷基化原料加工量的百分比。

[计算公式]：

$$\text{正丁烷收率} = \frac{\text{正丁烷产量}}{\text{HF 烷基化原料加工量}} \times 100$$

[计算说明]：正丁烷产量——报告期内装置在加工过程产出正丁烷产量。单位：t。

HF 烷基化原料加工量——见本章“原料指标”相应指标中定义。单位：t。

[单　　位]：%。

[数据来源]：MES。

4.3　烷基化油收率

[指标定义]：报告期内装置在加工过程中产生的烷基化油产量占 HF 烷基化原料加工量的百分比。

[计算公式]：

$$\text{烷基化油收率} = \frac{\text{烷基化油产量}}{\text{HF 烷基化原料加工量}} \times 100$$

[计算说明]：烷基化油产量——报告期内装置在加工产出烷基化油产量。单位：t。

HF 烷基化原料加工量——见本章“原料指标”相应指标中定义。单位：t。

[单　　位]：%。

[数据来源]：MES。

4.4　酸性油收率

[指标定义]：报告期内装置在加工过程中产生的重质聚合物的酸性油产量占 HF 烷基化原料加工量的百分比。

[计算公式]：

$$酸性油收率 = \frac{酸性油产量}{HF\ 烷基化原料加工量} \times 100$$

[计算说明]：酸性油产量——报告期内装置在加工过程中产生的重质聚合物的酸性油产量。单位：t。

HF 烷基化原料加工量——见本章“原料指标”相应指标中定义。单位：t。

[单　　位]：%。

[数据来源]：MES。

4.5　装置加工损失率

[指标定义]：报告期内装置总投入量与总产量差额占 HF 烷基化原料加工量的百分比。

[计算公式]：

$$装置加工损失率 = \frac{装置加工损失量}{HF\ 烷基化原料加工量} \times 100$$

$$装置加工损失量 = 装置总投入量 - 装置总产量$$

[计算说明]：装置加工损失量——报告期内装置总投入量减去装置总产量。加工损失包括装置内的物料在加工、输转、排放过程中的损耗。单位：t。

装置总投入量——报告期内装置收界外新鲜原料进料总量，即为 HF 烷基化原料加工量。单位：t。

装置总产量——报告期内装置所有产出侧线产出送出界区的量或装置自用消耗的总量。包括丙烷产量、正丁烷产量、烷基化油产量、酸性油产量。单位：t。

HF 烷基化原料加工量——见本章“原料指标”相应指标中定义。单位：t。

丙烷产量、正丁烷产量、烷基化油产量、酸性油产量——见本章“侧线指标”指标中定义。单位：t。

[单　　位]：%。

[数据来源]：MES。

4.6　装置产出侧线逻辑关系

丙烷收率、正丁烷收率、烷基化油收率、酸性油收率、装置加工损失率总和必须等于 100%。

5　运行指标

5.1　产吨烷基化油耗氢氟酸

[指标定义]：报告期内装置生产 1t 烷基化油消耗氢氟量。

[计算公式]：

$$产吨烷基化油耗氢氟酸 = \frac{硫酸消耗量}{烷基化油产量} \times 1000$$

[计算说明]：氢氟酸消耗量——报告期内装置在加工过程消耗氢氟酸量。单位：t。

烷基化油产量——见本章“侧线指标”相应指标中定义。单位：t。

[单　　位]：kg/t。

[数据来源]：MES。

5.2　产吨烷基化油耗氯化钙

[指标定义]：报告期内装置生产 1t 轻重烷基化油消耗氯化钙量。

[计算公式]：

$$产吨烷基化油耗氯化钙 = \frac{氯化钙消耗量}{烷基化油产量} \times 1000$$

[计算说明]：氯化钙消耗量——报告期内装置在加工过程消耗氯化钙量。单位：t。

烷基化油产量——见本章“侧线指标”相应指标中定义。单位：t。

[单　　位]：kg/t。

[数据来源]：MES。

5.3　产吨烷基化油耗液碱

[指标定义]：报告期内装置生产 1t 轻重烷基化油消耗液碱量。

[计算公式]：

$$产吨烷基化油耗液碱 = \frac{液碱消耗量}{烷基化油产量} \times 1000$$

[计算说明]：液碱消耗量——报告期内装置在加工过程消耗纯液碱量。若液碱不是纯液碱，则换算为纯碱。单位：t。

烷基化油产量——见本章“侧线指标”相应指标中定义。单位：t。

[单　　位]：kg/t。

[数据来源]：MES。

5.4　产吨烷基化油耗液氨

[指标定义]：报告期内装置生产 1t 轻重烷基化油消耗液氨量。

[计算公式]：

$$产吨烷基化油耗液氨 = \frac{液氨消耗量}{烷基化油产量} \times 1000$$

[计算说明]：液氨消耗量——报告期内装置在加工过程中消耗纯液氨量。单位：t。若液氨不是纯液氨，则换算为纯液氨。

烷基化油产量——见本章“侧线指标”相应指标中定义。单位：t。

[单　　位]：kg/t。

[数据来源]：MES。

5.5　装置正常开工时间点

[指标定义]：在报告期内连续收进界区外液化气新鲜进料的时间点。

5.6　装置正常停工时间点

[指标定义]：在报告期内连续停收界区外液化气新鲜进料的时间点。

第38章　异构化装置

1　装置简介

异构化装置以轻石脑油、芳烃抽余油、醚后碳四为原料，在催化作用下发生异构反应，经过异构反应、分馏、产品精制等工艺过程提高轻质石脑油辛烷值，生产改质汽油和改质液化气等产品。

2　装置范围

异构化装置主要包括异构反应、分馏、产品精制等单元组分。

3　原料指标

3.1　异构化原料加工量

［**指标定义**］：报告期内装置处理界区外轻石脑油、芳烃抽余油、醚后碳四的新鲜原料油与新鲜氢气进料总量。

［**计算公式**］：

异构化原料加工量 = 石脑油进料量 + 抽余油进料量 + 醚后碳四进料量 + 新氢进料量

［**计算说明**］：石脑油进料量——报告期内装置处理界区外常减压和加氢的轻石脑油的新鲜进料量。

抽余油进料量——报告期内装置处理界区外化工芳烃抽余油的新鲜进料量。

醚后碳四进料量——报告期内装置处理界区外 MTBE 的醚后碳四的新鲜进料量。

新氢进料量——报告期内装置直接进反应部分处理的界区外新氢进料量。

［**单　　位**］：t。

［**数据来源**］：MES。

3.2　异构化原料油加工量

［**指标定义**］：报告期内装置处理界区外石脑油、芳烃抽余油、醚后碳四的原料油进料总量。

［**计算公式**］：

异构化原料油加工量 = 石脑油进料量 + 芳烃抽余油进料量 + 醚后碳四进料量

［**计算说明**］：石脑油进料量、芳烃抽余油进料量、醚后碳四进料量——见本章“原料指标”指标中定义。单位：t。

［**单　　位**］：t。

［**数据来源**］：MES。

3.3　轻石脑油比例

［**指标定义**］：报告期内装置轻石脑油进料量占新鲜原料油加工量的比例。

［**计算公式**］：

$$轻石脑油比例 = \frac{石脑油进料量}{异构化原料油加工量} \times 100$$

［**计算说明**］：石脑油进料量、异构化原料油加工量——见本章“原料指标”相应指标中

定义。单位：t。

［单　　位］:%。

［数据来源］：MES。

3.4　抽余油比例

［指标定义］：报告期内装置芳烃抽余油进料量占新鲜原料油加工量的比例。

［计算公式］：

$$轻石脑油比例=\frac{抽余油进料量}{异构化原料油加工量}\times 100$$

［计算说明］：抽余油进料量、异构化原料油加工量——见本章“原料指标”相应指标中定义。单位：t。

［单　　位］:%。

［数据来源］：MES。

3.5　醚后碳四比例

［指标定义］：报告期内装置醚后碳四进料量占新鲜原料油加工量的比例。

［计算公式］：

$$醚后碳四比例=\frac{醚后碳四进料量}{新鲜原料油加工量}\times 100$$

［计算说明］：醚后碳四进料量、异构化原料油加工量——见本章“原料指标”相应指标中定义。单位：t。

［单　　位］:%。

［数据来源］：MES。

3.6　原料比例逻辑关系

轻石脑油比例、抽余油比例、醚后碳四比例总和必须等于100%。

4　侧线指标

4.1　干气收率

［指标定义］：报告期内装置在加工过程中产生的干气产量占异构化原料加工量的百分比。

［计算公式］：

$$干气收率=\frac{干气产量}{异构化原料加工量}\times 100$$

［计算说明］：干气产量——报告期内装置在加工过程中产生的干气产量。若装置产出富氢并入氢气管网，则计入干气产量。外送酸性气量计入干气产量，若酸性气通过胺液、酸性水吸收到下游装置处理后产生，则按酸性气夹带量进行计算。若装置外收其它装置干气，则从产品气体中等量扣除。单位：t。

异构化原料加工量——见本章“原料指标”相应指标中定义。单位：t。

［单　　位］:%

［数据来源］：MES。

4.2　改质液化气收率

［指标定义］：报告期内装置在加工过程中产生的改质液化气产量占异构化原料加工量的百分比。

［计算公式］：

$$改质液化气收率 = \frac{改质液化气产量}{异构化原料加工量} \times 100$$

[计算说明]：改质液化气产量——报告期内装置在加工过程中产生的改质液化气产量。单位：t。

异构化原料加工量——见本章“原料指标”相应指标中定义。单位：t。

[单　　位]：%。

[数据来源]：MES。

4.3　改质汽油收率

[指标定义]：报告期内装置在加工过程中产生的改质汽油产量占异构化原料加工量的百分比。

[计算公式]：

$$改质汽油收率 = \frac{改质汽油产量}{异构化原料加工量} \times 100$$

[计算说明]：改质汽油产量——报告期内装置在加工过程中产生的改质汽油产量。单位：t。

异构化原料加工量——见本章“原料指标”相应指标中定义。单位：t。

[单　　位]：%。

[数据来源]：MES。

4.4　装置加工损失率

[指标定义]：报告期内装置总投入量与总产量差额占异构化原料加工量的百分比。

[计算公式]：

$$装置加工损失率 = \frac{装置加工损失量}{异构化原料加工量} \times 100$$

$$装置加工损失量 = 装置总投入量 - 装置总产量$$

[计算说明]：装置加工损失量——报告期内装置总投入量减去装置总产量。加工损失包括装置内的物料在加工、输转、排放过程中的损耗。单位：t。

装置总投入量——报告期内装置收界外新鲜原料进料总量，即为异构化原料加工量。单位：t。

装置总产量——报告期内装置所有产出侧线产出送出界区的量或装置自用消耗的总量。包括干气产量、改质液化气产量、改质汽油产量。单位：t。

异构化原料加工量——见本章“原料指标”相应指标中定义。单位：t。

干气产量、改质液化气产量、改质汽油产量——见本章“侧线指标”相应指标中定义。单位：t。

[单　　位]：%。

[数据来源]：MES。

4.5　装置产出侧线逻辑关系

干气收率、改质液化气收率、改质汽油收率、装置加工损失率总和必须等于100%。

5　运行指标

5.1　催化剂单耗

[指标定义]：报告期内装置加工1t新鲜原料油消耗各种催化剂量总和。

[计算公式]：

$$催化剂单耗 = \frac{各种催化剂消耗量}{异构化原料油加工量} \times 1000$$

[计算说明]：各种催化剂消耗量——报告期内装置在加工过程中消耗各种催化剂量总和。单位：t。

异构化原料加工量——见本章“原料指标”相应指标中定义。单位：t。

[单　　位]：kg/t。

[数据来源]：MES。

5.2　加热炉热效率

见《常减压装置》章中“加热炉热效率”指标定义及计算方法。若装置不设分馏炉，则直接用反应炉的热效率计算。

5.3　新鲜氢气氢纯度[%(体积)]

见《加氢裂化装置》章中“新鲜氢气氢纯度[%(体积)]”指标定义和指标计算方法。

5.4　新鲜氢气氢纯度[%(质量)]

见《加氢裂化装置》章中“新鲜氢气氢纯度[%(质量)]”指标定义和指标计算方法。

5.5　装置正常开工时间点

[指标定义]：在报告期内连续收进界区外新鲜原料油的时间点。

5.6　装置正常停工时间点

[指标定义]：在报告期内连续停收界区外新鲜原料油的时间点。

6　综合指标

6.1　汽油转化率

[指标定义]：报告期内装置在加工过程中产生的改质汽油产量占异构化原料油加工量的百分比。

[计算公式]：

$$汽油转化率 = \frac{改质汽油产量}{异构化原料油加工量} \times 100$$

[计算说明]：异构化原料油加工量——见本章“原料指标”相应指标中定义。单位：t。

改质汽油产量——见本章“侧线指标”相应指标中定义。单位：t。

[单　　位]:%。

[数据来源]：内部核算数据。

6.2　实际氢耗

[指标定义]：报告期内装置加工1t柴油加氢新鲜原料油消耗纯氢数量。

[计算公式]：

$$实际氢耗 = \frac{新鲜氢气消耗量 \times 新鲜氢气氢纯度[\%(质量)]}{异构化原料油加工量} \times 1000$$

[计算说明]：新鲜氢气氢纯度[%(质量)]——见本章“运行指标”相应指标中定义。

新鲜氢气消耗量、异构化原料油加工量——见本章“原料指标”相应指标中定义。单位：t。

[单　　位]：kg/t。

[数据来源]：内部核算数据。

6.3　综合液收

[指标定义]：报告期内装置在加工过程中产生的改质液化气和汽油产量占异构化原料油油加工量的百分比。

[计算公式]：

$$综合液收 = \frac{改质液化气 + 改质汽油产量}{异构化原料油加工量} \times 100$$

[计算说明]：改质液化气产量、改质汽油产量——见本章"侧线指标"相应指标中定义。单位：t。

异构化原料油加工量——见本章"原料指标"相应指标中定义。单位：t。

[单　　位]：%。

[数据来源]：内部核算数据。

第39章　干气提浓装置

1　装置简介

干气提浓装置是利用炼油催化裂化、延迟焦化等装置的净化干气作为原料，通过变压吸附、半产品气压缩、脱硫脱碳、脱氧干燥等工艺，得到富含乙烯的产品气。

2　装置范围

干气提浓装置范围包括吸附、产品气压缩、精制等单元。

3　原料干气加工量

[指标定义]：报告期内装置收进界区外干气的新鲜进料总量。

[计算公式]：见指标定义。

[单　　位]：t。

[数据来源]：MES。

4　侧线指标

4.1　富乙烯气收率

[指标定义]：报告期内装置产出并外送的富乙烯干气产量占原料干气加工量的百分比。

[计算公式]：

$$富乙烯气收率 = \frac{富乙烯干气产量}{原料干气加工量} \times 100$$

[计算说明]：富乙烯干气产量——报告期内装置产出并外送的富乙烯干气产量。单位：t。

原料干气加工量——见本章"原料干气加工量"相应指标中定义。单位：t。

[单　　位]：%。

[数据来源]：MES。

4.2　吸附干气收率

[指标定义]：报告期内装置收界区外干气经过原料吸附、精制等工序得到有效富含乙

烯的产品气后剩余的干气产量占原料干气加工量的百分比。

[计算公式]：

$$吸附干气收率 = \frac{脱附干气产量}{原料干气加工量} \times 100$$

[计算说明]：脱附干气产量——报告期内装置界区外干气原料经过变压吸附，脱硫脱碳、脱氧干燥等工序，得到 C_2^+ 组分富含乙烯的产品气后剩余的干气产量。若富乙烯干气并入干气，则计入脱附干气的产量。单位：t。

原料干气加工量——见本章"原料干气加工量"指标中定义。单位：t。

[单　　位]：%。

[数据来源]：MES。

4.3　液化气收率

[指标定义]：报告期内装置收界区外干气原料经过吸附、精制等工序产生液化气的产量占原料干气加工量的百分比。

[计算公式]：

$$液化气收率 = \frac{液化气产量}{原料干气加工量} \times 100$$

[计算说明]：液化气产量——报告期内装置收界区外干气原料经过吸附、精制等工序产生的液化气产量。包括精石脑油的组分。单位：t。

原料干气加工量——见本章"原料干气加工量"相应指标中定义。单位：t。

[单　　位]：%。

[数据来源]：MES。

4.4　装置加工损失收率

[指标定义]：报告期内装置总投入量与总产量差额占原料干气加工量的百分比。

[计算公式]：

$$装置加工损失收率 = \frac{原料干气加工量 - 富乙烯气产量 - 吸收干气产量 - 液化气产量}{原料干气加工量} \times 100$$

[计算说明]：装置加工损失量——报告期内装置总投入量减去装置总产量。加工损失包括装置内的物料在加工、精制、输转、排放过程中的损耗。单位：t。

富乙烯干气产量、脱附干气产量、液化气产量——见本章"侧线指标"相应指标中定义。单位：t。

原料干气加工量——见本章"原料干气加工量"相应指标中定义。单位：t。

[单　　位]：%。

[数据来源]：MES。

4.5　装置产出侧线逻辑关系

富乙烯气收率、吸附干气收率、液化气收率、装置加工损失率总和必须等于100%。

5　运行指标

5.1　富乙烯气碳二含量

[指标定义]：报告期内装置富乙烯干气中乙烷、乙烯体积含量的平均值。

[计算公式]：

$$当月富乙烯气碳二含量 = \frac{\sum 富乙烯干气乙烷含量 + \sum 富乙烯干气乙烷含量}{\sum 富乙烯干气的样本总数}$$

$$累计富乙烯气碳二含量=\frac{\sum 富乙烯气碳二含量}{运行月数}$$

[计算说明]：富乙烯干气乙烷含量——报告期内装置产出富乙烯干气分析正常乙烷含量。单位:%。

富乙烯干气乙烯含量——报告期内装置产出富乙烯干气分析正常乙烯含量。单位:%。

富乙烯干气的样本总数——报告期内装置产出富乙烯干气分析正常乙烷、乙烯含量的样本总数。

运行月数——报告期内累计运行月的数量。

[单　　位]:%。

[数据来源]：LIMS。

5.2　富乙烯气甲烷含量

[指标定义]：报告期内装置富乙烯干气中甲烷体积含量的平均值。

[计算公式]：

$$当月富乙烯气甲烷含量=\frac{\sum 富乙烯干气甲烷含量}{富乙烯干气甲烷含量的样本总数}$$

$$累计富乙烯气甲烷含量=\frac{\sum 月富乙烯气甲烷含量}{运行月数}$$

[计算说明]：富乙烯干气甲烷含量——报告期内装置产出富乙烯干气分析正常甲烷含量。单位:%。

富乙烯干气甲烷含量的样本总数——报告期内产出富乙烯干气分析正常甲烷含量的样本总数。

运行月数——报告期内累计运行月的数量。

[单　　位]:%。

[数据来源]：LIMS。

5.3　富乙烯气氧含量

[指标定义]：报告期内装置富乙烯干气中氧含量的平均值。

[计算公式]：

$$当月富乙烯气氧含量=\frac{\sum 富乙烯气氧含量}{富乙烯气氧含量的样本总数}$$

$$累计富乙烯气氧含量=\frac{\sum 月富乙烯气氧含量}{运行月数}$$

[计算说明]：富乙烯干气氧含量——报告期内装置产出富乙烯干气分析正常氧含量。单位：μL/L。

富乙烯干气氧含量的样本总数——报告期内产出富乙烯干气分析正常氧含量的样本总数。

运行月数——报告期内累计运行月的数量。

[单　　位]：μL/L。

[数据来源]：LIMS。

5.4　原料气碳二含量

[指标定义]：报告期内装置原料混合干气乙烯、乙烷体积含量的平均值。

[计算公式]：

$$当月原料气碳二含量 = 月原料干气乙烷含量 + 月原料干气乙烯含量$$

$$当月原料气乙烷含量 = \frac{\sum 原料干气乙烷含量}{\sum 原料干气乙烷的样本总数}$$

$$当月原料气乙烯含量 = \frac{\sum 原料干气乙烯含量}{\sum 原料干气乙烯的样本总数}$$

$$累计原料气碳二含量 = \frac{\sum 月原料干气碳二含量}{运行月数}$$

[计算说明]：原料干气乙烯含量——报告期内原料混合干气中分析正常乙烯含量。单位:%。

原料干气乙烷含量——报告期内原料混合干气中分析正常乙烷含量。单位:%。

原料干气乙烷含量的样本总数——报告期内原料混合干气分析正常乙烷含量的样本总数。

原料干气乙烯含量的样本总数——报告期内原料混合干气分析正常乙烯含量的样本总数。

运行月数——报告期内累计运行月的数量。

[单　　位]:%。

[数据来源]：LIMS

5.5　装置正常开工时间点

[指标定义]：报告期内连续收进界区外干气作为新鲜进料的时间点。

5.6　装置正常停工时间点

[指标定义]：报告期内连续停收界区外干气新鲜进料的时间点。

6　综合指标

碳二回收率

[指标定义]：报告期内装置碳二组分的回收率。

[计算公式]：

$$碳二回收率 = \frac{富乙烯干气产量 \times 富乙烯干气碳二含量}{原料干气加工量 \times 原料气碳二含量} \times 100$$

[计算说明]：富乙烯干气产量——见本章“侧线指标”中相应指标定义。单位：t。

原料干气加工量——见本章“原料干气加工量”指标中定义。单位：t。

富乙烯干气碳二含量、原料气碳二含量——见本章“运行指标”相应指标定义。单位:%。

[单　　位]:%。

[数据来源]：内部核算数据。

第40章　干气脱硫装置

1　装置简介

干气脱硫装置主要是以原油加工过程中产生的干气为原料，经过胺洗、碱洗等工艺，脱除干气中的无机硫、有机硫、二氧化碳的工艺过程。

2 装置范围

干气脱硫装置主要包括进料冷凝、脱硫反应、胺再生等单元。有的装置不设胺再生单元，胺再生单元属于下游溶剂集中再生装置。

3 干气脱硫加工量

［指标定义］：报告期内装置收进界区外干气进料总和。

［计算公式］：见指标定义。

［计算说明］：干气脱硫加工量——报告期内装置收进界区外干气进料总和。干气中二氧化碳由催化裂化烧焦产生，不能计入干气进料量。

［单　　位］：t。

［数据来源］：MES。

4 侧线指标

4.1 净化干气收率

［指标定义］：报告期内装置在加工过程中产生并外送的净化干气量占干气脱硫加工量的百分比。

［计算公式］：

$$\text{净化干气收率}=\frac{\text{净化干气产量}}{\text{干气脱硫加工量}}\times 100$$

［计算说明］：净化干气产量——报告期内装置在加工过程中产生并外送的净化干气量。二氧化碳属于催化烧焦产生，已计入烧焦中，不能计入净化干气产量。单位：t。

干气脱硫加工量——见本章“干气脱硫加工量”指标中定义。单位：t。

［单　　位］：%。

［数据来源］：MES。

4.2 酸性气收率

［指标定义］：报告期内装置在加工后产生的酸性气量与干气脱硫加工量的百分比。

［计算公式］：

$$\text{酸性气收率}=\frac{\text{酸性气产量}}{\text{干气脱硫加工量}}\times 100$$

［计算说明］：酸性气产量——报告期内装置在加工过程中产生并外送的酸性气量。若酸性气通过胺液吸收到下游溶剂再生装置处理后产生，则按硫化氢进行计算。单位：t。

干气脱硫加工量——见本章“干气脱硫加工量”指标中定义。单位：t。

［单　　位］：%。

［数据来源］：MES。

4.3 装置加工损失率

［指标定义］：报告期内装置总投入量与总产量差额占干气脱硫加工量的百分比。

［计算公式］：

$$\text{装置加工损失率}=\frac{\text{装置加工损失量}}{\text{干气脱硫加工量}}\times 100$$

装置加工损失量 = 装置总投入量 - 装置总产量

[计算说明]：装置加工损失量——报告期内装置总投入量减去装置总产量。加工损失包括装置内的物料在加工、输转、排放过程中的损耗。单位：t。

装置总投入量——报告期内装置收界外新鲜原料进料总量，即为干气脱硫加工量。单位：t。

装置总产量——报告期内装置所有产出侧线产出送出界区的量或装置自用消耗的总量。包括净化干气产量、酸性气产量。单位：t。

干气脱硫加工量——见本章“干气脱硫加工量”相应指标中定义。单位：t。

净化干气产量、酸性气产量——见本章“侧线指标”相应指标中定义。单位：t。

[单　　位]：%。

[数据来源]：MES。

4.4 装置产出侧线逻辑关系

净化干气收率、酸性气收率、装置加工损失率总和必须等于100%。

5 运行指标

5.1 溶剂单耗

[指标定义]：报告期内加工1t干气原料消耗脱硫溶剂量。

[计算公式]：

$$溶剂单耗 = \frac{溶剂消耗量}{干气脱硫加工量} \times 1000$$

[计算说明]：溶剂消耗量——报告期内装置加工过程中所消耗脱硫溶剂量。若装置不设溶剂再生单元，则不设该指标。单位：t。

干气脱硫加工量——见本章“干气脱硫加工量”相应指标中定义。单位：t。

[单　　位]：kg/t。

[数据来源]：MES。

5.2 装置正常开工时间点

[指标定义]：在报告期内连续收进界区外干气作为新鲜进料的时间点。

5.3 装置正常停工时间点

[指标定义]：在报告期内连续停收界区外干气新鲜进料的时间点。

第41章　天然气脱硫装置

1 装置简介

天然气脱硫装置主要是以天然气为原料，经过胺洗、碱洗等工艺，再脱除天然气中的无机硫、有机硫、二氧化碳的工艺过程。

2 装置范围

天然气脱硫装置主要包括进料冷凝、脱硫反应、胺再生、加压等单元。有的装置不设胺再生、加压单元，胺再生、加压单元属于下游装置。

3 天然气加工量

[指标定义]：报告期内装置外收界区天然气进料总和。

[计算公式]：见指标定义。

[计算说明]：天然气加工量——报告期内装置外收界区天然气进料总和。

[单　　位]：t。

[数据来源]：MES。

4 侧线指标

4.1 净化干气收率

[指标定义]：报告期内装置在加工过程中产生并外送的净化天然气量占天然气加工量的百分比。

[计算公式]：

$$净化干气收率=\frac{净化天然气产量}{天然气加工量}\times 100$$

[计算说明]：净化天然气产量——报告期内装置在加工过程中产生并外送的净化天然气量。单位：t。

天然气加工量——见本章“天然气加工量”相应指标中定义。单位：t。

[单　　位]：%。

[数据来源]：MES。

4.2 酸性气收率

[指标定义]：天然气脱硫装置在加工后产生的酸性气量与天然气加工量的百分比。

[计算公式]：

$$酸性气收率=\frac{酸性气产量}{天然气加工量}\times 100$$

[计算说明]：酸性气产量——报告期内装置在加工过程中产生并外送的酸性气量，包括硫化氢、二氧化碳。若酸性气通过胺液吸收到下游溶剂再生装置处理后产生的，则按硫化氢、二氧化碳带出量进行计算。单位：t。

天然气加工量——见本章“天然气加工量”相应指标中定义。单位：t。

[单　　位]：%。

[数据来源]：MES。

4.3 装置加工损失率

[指标定义]：装置总投入量与总产量差额占天然气加工量的百分比。

[计算公式]：

$$装置加工损失率=\frac{装置加工损失量}{天然气加工量}\times 100$$

$$装置加工损失量=装置总投入量-装置总产量$$

[计算说明]：装置加工损失量——装置在报告期内总投入量减去装置总产量。加工损失包括装置内的物料在加工、输转、排放过程中的损耗。单位：t。

装置总投入量——报告期内装置收界区外新鲜原料进料总量，即为天然气加工量。单位：t。

装置总产量——报告期内装置所有产出侧线产出送出界区的量或装置自用消耗的总量。包括净化天然气产量、酸性气产量。单位：t。

天然气加工量——见本章“天然气加工量”相应指标中定义。单位：t。

净化天然气产量、酸性气产量——见本章“侧线指标”中相应指标定义。单位：t。

[单　　位]：%。

[数据来源]：MES。

4.4　装置产出侧线逻辑关系

净化干气收率、酸性气收率、装置加工损失率总和必须等于100%。

5　运行指标

5.1　溶剂单耗

[指标定义]：报告期内加工1t天燃气原料消耗脱硫溶剂量。

[计算公式]：

$$溶剂单耗=\frac{溶剂消耗量}{天然气加工量}\times 1000$$

[计算说明]：溶剂消耗量——报告期内装置加工过程中所消耗脱硫溶剂量。若装置不设溶剂再生单元，则不设该指标。单位：t。

天然气加工量——见本章“天然气加工量”相应指标中定义。单位：t。

[单　　位]：kg/t。

[数据来源]：MES。

5.2　装置正常开工时间点

[指标定义]：在报告期内连续收进界区外天然气作为新鲜进料的时间点。

5.3　装置正常停工时间点

[指标定义]：在报告期内连续停收界区外天然气新鲜进料的时间点。

第42章　液化气脱硫醇

1　装置简介

液化气脱硫醇装置主要是以延迟焦化、催化裂化、轻烃回收等装置的液化气为原料，经过胺洗、碱洗等工艺，脱除液态烃中的无机硫和有机硫的工艺过程。

2　装置范围

液化气脱硫醇装置界区主要包括胺洗、碱洗等单元。有的装置不设碱洗单元。有的延迟焦化、催化裂化、轻烃回收装置内设有液化气脱硫醇单元，不能计入液化气脱硫醇装置。

3　液化气加工量

[指标定义]：报告期内装置收界区外各类新鲜液化气原料总和。

[计算公式]：见指标定义。

[计算说明]：液化气加工量——报告期内装置收界区外各类新鲜液化气原料总和，注

意不能包括装置界区内循环量。

[单　　位]：t。

[数据来源]：MES。

4　侧线指标

4.1　二硫化物收率

[指标定义]：报告期内装置在加工过程产生并送界区外作商品外卖的二硫化物量占液化气加工量的百分比。

[计算公式]：

$$二硫化物收率 = \frac{二硫化物产量}{液化气加工量} \times 100$$

[计算说明]：二硫化物产量——报告期内装置在加工过程产生并送界区外作商品外卖的二硫化物量。单位：t。

液化气加工量——见本章“液化气加工量”相应指标中定义。单位：t。

[单　　位]：%。

[数据来源]：MES。

4.2　酸性气收率

[指标定义]：报告期内装置在加工过程产生并送界区外的酸性气产量与液化气加工量的百分比。

[计算公式]：

$$酸性气收率 = \frac{酸性气产量}{液化气加工量} \times 100$$

[计算说明]：酸性气产量——报告期内装置在加工过程产生并送界区外的酸性气产量。若酸性气通过胺液吸收到下游溶剂再生装置处理后产生，则按酸性气带出进行计算。若装置设胺洗单元，则有酸性气产量。单位：t。

液化气加工量——见本章“液化气加工量”相应指标中定义。单位：t。

[单　　位]：%。

[数据来源]：MES。

4.3　精制液化气收率

[指标定义]：报告期内装置在加工过程产生并送界区外的精制液化气产量与液化气加工量的百分比。

[计算公式]：

$$精制液化气收率 = \frac{精制液化气产量}{液化气加工量} \times 100$$

[计算说明]：精制液化气产量——报告期内装置在加工过程产生并送界区外的精制液化气产量。单位：t。

液化气加工量——见本章“液化气加工量”相应指标中定义。单位：t。

[单　　位]：%。

[数据来源]：MES。

4.4　装置加工损失率

[指标定义]：报告期内装置总投入量与总产量差额占液化气加工量的百分比。

［计算公式］：

$$装置加工损失率 = \frac{装置加工损失量}{液化气加工量} \times 100$$

$$装置加工损失量 = 装置总投入量 - 装置总产量$$

［计算说明］：装置加工损失量——报告期内装置总投入量减去装置总产量。加工损失包括装置内的物料在加工、输转、排放过程中的损耗。单位：t。

装置总投入量——报告期内装置收界区外新鲜原料进料总量，即为液化气加工量。单位：t。

装置总产量——报告期内装置所有产出侧线产出送出界区的量或装置自用消耗的总量。包括二硫化物产量、酸性气产量、精制液化气产量。单位：t。

二硫化物产量、酸性气产量、精制液化气产量——见本章“侧线指标”相应指标定义。单位：t。

液化气加工量——见本章“液化气加工量”相应指标中定义。单位：t。

［单　　位］：%。

［数据来源］：MES。

4.5　装置产出侧线逻辑关系

二硫化物收率、酸性气收率、精制液化气收率、装置加工损失率总和必须等于100%。

5　运行指标

5.1　溶剂单耗

［指标定义］：报告期内加工1t液化气原料消耗脱硫溶剂量。

［计算公式］：

$$溶剂单耗 = \frac{溶剂消耗量}{液化气加工量} \times 1000$$

［计算说明］：溶剂消耗量——报告期内装置加工过程中所消耗脱硫溶剂量。若装置不设溶剂再生单元，则不设该指标。单位：t

液化气加工量——见本章“液化气加工量”相应指标中定义。单位：t。

［单　　位］：kg/t。

［数据来源］：MES。

5.2　纯碱单耗

［指标定义］：报告期内加工1t液化气原料消耗纯碱量。

［计算公式］：

$$纯碱单耗 = \frac{纯碱消耗量}{液化气加工量} \times 1000$$

$$纯碱消耗量 = 碱液消耗量 \times 碱液浓度$$

［计算说明］：纯碱消耗量——报告期内装置加工过程中所消耗纯碱量。单位：t。

液化气加工量——见本章“液化气加工量”相应指标中定义。单位：t。

［单　　位］：kg/t。

［数据来源］：MES。

5.3　原料液化气总硫量

见《气体分馏装置》章中“原料总硫含量”指标定义及计算方法。

5.4 产品液化气总硫量

见《气体分馏装置》章中"原料总硫含量"指标定义及计算方法。

5.5 装置正常开工时间点

[指标定义]：报告期内装置连续收进界区外液化气原料并切断装置内循环的时间点。

5.6 装置正常停工时间点

[指标定义]：报告期内装置停收界区外液化气原料的时间点。

6 综合指标

硫脱除率

[指标定义]：报告期内装置加工液化气的硫的脱除率。

[计算公式]：

$$硫脱除率=\frac{精制液化气产量\times 产品液化气总硫量}{液化气加工量\times 原料液化气总硫量}\times 100$$

[计算说明]：精制液化气产量——见本章"侧线指标"中相应指标定义。单位：t。

液化气加工量——见本章"液化气加工量"指标中定义。单位：t。

产品液化气总硫量、原料液化气总硫量——见本章"运行指标"中相应指标定义。单位:%。

[单　　位]:%。

[数据来源]：内部核算数据。

第43章　氧化沥青装置

1 装置简介

氧化沥青装置主要是以减压渣油为原料，在一定的温度和停留时间下，采用吹空气的方法生产沥青，通称为氧化沥青。

2 装置范围

氧化沥青装置的主要范围包括氧化、调合、成型、装车等部分。

3 氧化沥青原料加工量

[指标定义]：报告期内装置加工减压渣油的新鲜原料进料总量。

[计算公式]：见指标定义。

[计算说明]：氧化沥青装置原料是减压渣油，故进料量即为减压渣油进料量。空气进料不能计入氧化沥青新鲜原料加工量。

[单　　位]：t。

[数据来源]：MES。

4　侧线指标

4.1　产品收率

［指标定义］：报告期内装置在加工过程中产出送出界区的建筑沥青或道路沥青量与氧化沥青新鲜原料加工量的百分比。

［计算公式］：

$$产品收率=\frac{沥青产品产量}{氧化沥青原料加工量}\times 100$$

［计算说明］：沥青产品产量——报告期内装置实际产出送出界区的建筑沥青或道路沥青的量。单位：t。

氧化沥青原料加工量——见本章“氧化沥青原料加工量”相应中指标定义。单位：t。

［单　　位］:%

［数据来源］：MES。

4.2　装置加工损失率

［指标定义］：报告期内装置总投入量与装置总产量差额占氧化沥青原料加工量的百分比。

［计算公式］：

$$装置加工损失率=\frac{装置加工损失量}{氧化沥青原料加工量}\times 100$$

$$装置加工损失量=装置总投入量-装置总产量$$

［计算说明］：装置加工损失量——报告期内装置总投入量减去装置总产量的差值。加工损失包括装置内的物料在加工、精制、输转、排放过程中的损耗。单位：t。

装置总投入量——报告期内装置收界区外新鲜原料进料总量，即为氧化沥青原料加工量。单位：t。

装置总产量——报告期内装置所有产出侧线产出送出界区的量或装置自用消耗的总量。本装置只有沥青产品产量。单位：t。

沥青产品产量——见本章“侧线指标”相应中指标定义。单位：t。

氧化沥青原料加工量——见本章“氧化沥青原料加工量”相应中指标定义。单位：t。

［单　　位］:%。

［数据来源］：MES。

4.3　装置产出侧线逻辑关系

产品收率、装置加工损失率总和必须等于100%。

5　运行指标

5.1　氧化温度

［指标定义］：报告期内装置原料在氧化塔内发生氧化反应时的平均温度。

［计算公式］：

$$当月氧化温度=\frac{\sum 氧化温度}{氧化温度样本总数}$$

$$累计氧化温度=\frac{\sum 月氧化温度}{运行月数}$$

[计算说明]：氧化温度——报告期内装置加工过程中原料在氧化塔内发生氧化反应时的温度，每天按整点时间(一小时一次)采集氧化温度作为计算数据源。单位:℃。

氧化温度样本总数——报告期内采集装置加工过程中原料在氧化塔内发生氧化反应时的温度的样本总数。

运行月数——报告期内装置累计运行月的数量。

[单　　位]:℃。

[数据来源]：LIMS。

5.2　反应时间

[指标定义]：报告期内装置原料在氧化塔内的停留时间。

[计算公式]：

$$反应时间=\frac{塔内物料体积}{塔进料量}$$

[计算说明]：塔内物料体积——液面所在高度的塔容积。

塔进料量——报告期内装置原料进氧化塔内的减压渣油进料流量。单位：m^3/h。计算公式如下：

$$当月塔进料量=\frac{\sum 塔进料量}{塔进料量样本总数}$$

$$累计塔进料量=\frac{\sum 月塔进料量}{运行月数}$$

式中　塔进料量——报告期内装置进氧化塔内的减压渣油进料流量，每天按整点时间(一小时一次)采集氧化温度作为计算数据源，m^3/h；

塔进料量样本总数——报告期内采集装置进氧化塔内的进料流量的样本总数；

运行月数——报告期内装置累计运行月的数量。

[单　　位]：h。

[数据来源]：LIMS。

5.3　配风比

[指标定义]：报告期内装置氧化塔通风量与进料量之比。

[计算公式]：

$$配风比=\frac{氧化塔通风量}{塔进料量}\times 100$$

[计算说明]：氧化塔通风量——报告期内装置每小时吹入氧化塔内的空气量。单位：m^3/t。

塔进料量——见本章相应指标定义。单位：m^3/t。

[单　　位]:%。

[数据来源]：实时数据库。

5.4　加热炉热效率

见《常减压装置》章中“加热炉热效率”指标定义及计算方法。

5.5　装置正常开工时间点

[指标定义]：报告期内装置连续收界区外减压渣油新鲜原料并切断装置内循环的时间点。

5.6　装置正常停工时间点

[指标定义]：报告期内装置停收界区外减压渣油等重油组分新鲜原料的时间点。

第 44 章　SBS 改性沥青装置

1　装置简介

SBS 改性沥青装置是以基质沥青为原料，加入一定比例的 SBS 聚合物，通过剪切、搅拌等方法使 SBS 均匀地分散于沥青中，形成 SBS 共混材料，利用 SBS 良好的物理性能对沥青做改性处理。

2　装置范围

SBS 改性沥青装置的主要范围包括胶体磨组、化工原材料添加、成品储运等部分。

3　SBS 改性沥青原料加工量

[指标定义]：报告期内装置加工的 SBS 改性沥青产品消耗基质沥青、SBS 聚合物、化学稳定剂、相容剂的进料量。

[计算公式]：

SBS 改性沥青原料加工量 = 基质沥青进料量 + SBS 聚合物进料量 + 化学稳定剂加添量 + 相容剂加入量

[计算说明]：SBS 改性沥青原料加工量——报告期内装置加工的 SBS 改性沥青产品消耗基质沥青原料、SBS 聚合物原料量和化学稳定剂、相容剂的进料量。

基质沥青进料量——报告期内装置加工的 SBS 改性沥青产品消耗基质沥青进料量。

SBS 聚合物进料量——报告期内装置加工的 SBS 改性沥青产品消耗 SBS 聚合物进料量。

化学稳定剂添加量——报告期内装置加工的 SBS 改性沥青的产品化学稳定剂添加量。

相容剂加入量——报告期内装置加工的 SBS 改性沥青的产品相容剂加入量。

[单　　位]：t。

[数据来源]：MES。

4　侧线指标

4.1　产品收率

[指标定义]：报告期内 SBS 改性沥青装置在加工过程中产出送出界区的 SBS 改性沥青产品量占 SBS 改性沥青原料加工量的百分比。

[计算公式]：

$$产品收率 = \frac{SBS\ 改性沥青产量}{SBS\ 改性沥青原料加工量} \times 100$$

[计算说明]：SBS 改性沥青产量——报告期内 SBS 改性沥青装置在加工过程中产出送出界区的 SBS 改性沥青产品量。单位：t。

SBS 改性沥青原料加工量——见本章“原料指标”中指标定义。单位：t。

[单　　位]：%。

[数据来源]：MES。

4.2　装置加工损失率

[指标定义]：报告期内 SBS 改性沥青装置在加工过程中总投入量与总产量差值占 SBS

改性沥青原料加工量的百分比。

[计算公式]：

$$装置加工损失率=\frac{SBS改性沥青原料加工量-SBS改性沥青产量}{改性沥青装置原料加工量}\times 100$$

[计算说明]：装置加工损失量——报告期内装置总投入量减去装置总产量的差值。加工损失包括装置内的物料在加工、精制、输转、排放过程中的损耗。单位：t。

SBS改性沥青产量——本章“侧线指标”中指标定义。单位：t。

SBS改性沥青原料加工量——见本章“原料指标”中指标定义。单位：t。

[单　　位]：%。

[数据来源]：MES。

4.3 装置产出侧线逻辑关系

产品收率、装置加工损失率总和必须等于100%。

5 运行指标

5.1 SBS加入比例

[指标定义]：报告期内SBS改性沥青装置加工过程中加入的SBS改性剂的比例

[计算公式]：

$$SBS加入比例=\frac{SBS聚合物进料量}{SBS改性沥青原料加工量}\times 100$$

[计算说明]：SBS聚合物进料量——本章“侧线指标”中指标定义。单位：t。

SBS改性沥青原料加工量——见本章“原料指标”中指标定义。单位：t。

[单　　位]：%。

[数据来源]：MES。

5.2 化学稳定剂加入比例

[指标定义]：报告期内SBS改性沥青装置加工过程中加入的化学稳定剂的比例

[计算公式]：

$$化学稳定剂加入比例=\frac{化学稳定剂添加量}{SBS改性沥青原料加工量}\times 100$$

[计算说明]：化学稳定剂添加量——本章“侧线指标”中指标定义。单位：t。

SBS改性沥青原料加工量——见本章“原料指标”中指标定义。单位：t。

[单　　位]：%。

[数据来源]：MES。

5.3 相容剂加入比例

[指标定义]：报告期内SBS改性沥青装置加工过程中加入的相容剂的比例。

[计算公式]：

$$相容剂加入比例=\frac{相容剂加入量}{SBS改性沥青原料加工量}\times 100$$

[计算说明]：相容剂加入量——本章“侧线指标”中指标定义。单位：t。

SBS改性沥青原料加工量——见本章“原料指标”中指标定义。单位：t。

[单　　位]：%。

[数据来源]：MES。

5.4　装置正常开工时间点

[指标定义]：在报告期内装置连续收进界区外基质沥青作为新鲜进料的时间点。

5.5　装置正常停工时间点

[指标定义]：在报告期内装置连续停收界区基质沥青作为新鲜进料的时间点。

第45章　聚丙烯装置

1　装置简介

聚丙烯装置是使丙烯单体在适宜温度、压力和 Ziegler - Natta 催化剂体系的条件下发生聚合反应，得到聚丙烯粉料，然后通过分离、汽蒸、干燥等一系列化工过程，最后通过挤压造粒得到聚丙烯本色粒料的生产过程。炼厂聚丙烯装置是炼化企业中重要的二次加工装置，主要是对富含丙烯的炼厂气进行深加工，来源于催化裂化、延迟焦化装置液化气，丙烯含量最高可达30%(质量)左右，它经过气体净化(脱硫化氢、脱硫醇)、气体分馏后，可获得高纯度丙烯。

2　装置范围

聚丙烯装置主要包括原料精制、催化剂制备、反应、回收、汽蒸干燥、挤压造粒等单元。

3　原料指标

3.1　聚丙烯原料加工量

[指标定义]：报告期内聚丙烯装置收进界区外新鲜丙烯、乙烯、氢气进料的总和。

[计算公式]：

$$聚丙烯原料加工量 = 丙烯进料量 + 乙烯进料量 + 新氢消耗量$$

[计算说明]：聚丙烯原料加工量——报告期内收装置外丙烯、乙烯、氢气进料总和。

丙烯进料量——报告期内装置收界区外新鲜丙烯进料量。

乙烯进料量——报告期内装置收界区外新鲜乙烯进料量。

新氢消耗量——报告期内装置收界区外新鲜氢气消耗量。

[单　　位]：t。

[数据来源]：MES。

3.2　丙烯加工量

[指标定义]：报告期内聚丙烯装置收进界区外新鲜丙烯进料的总和。

[计算公式]：见指标定义。

[计算说明]：内烯加工量——报告期内装置收进界区外新鲜丙烯进料总和。

[单　　位]：t。

[数据来源]：MES。

4 侧线指标

4.1 尾气收率

[指标定义]：报告期内装置产出尾气产量占聚丙烯原料加工量的百分比。

[计算公式]：

$$尾气收率 = \frac{尾气产量}{聚丙烯原料加工量} \times 100$$

[计算说明]：尾气产量——报告期内内装置产出含丙烯、乙烯、氢气等组分的闪蒸尾气产量。单位：t。

聚丙烯原料加工量——见本章“聚丙烯原料加工量”相应指标中定义。单位：t。

[单　　位]：%。

[数据来源]：MES。

4.2 聚丙烯收率

[指标定义]：报告期内装置产出聚丙烯产品产量占聚丙烯原料加工量的百分比。

[计算公式]：

$$聚丙烯收率 = \frac{聚丙烯产量}{聚丙烯原料加工量} \times 100$$

[计算说明]：聚丙烯产量——报告期内装置产出聚丙烯产品产量，若装置有料仓，聚丙烯产量中包括装置报告期内的料仓库存差。单位：t。

聚丙烯原料加工量——见本章“聚丙烯原料加工量”相应指标中定义。单位：t。

[单　　位]：%。

[数据来源]：MES。

4.3 装置加工损失率

[指标定义]：报告期内装置总投入量与总产量差额占聚丙烯原料加工量的百分比。

[计算公式]：

$$装置加工损失率 = \frac{装置加工损失量}{聚丙烯原料加工量} \times 100$$

$$装置加工损失量 = 装置总投入量 - 装置总产量$$

[计算说明]：装置加工损失量——报告期内装置总投入量减去装置总产量的差值。加工损失包括装置内的物料在加工、精制、输转、排放过程中的损耗。单位：t。

装置总投入量——报告期内装置收界区外新鲜原料进料总量，即为聚丙烯原料加工量。单位：t。

装置总产量——报告期内装置所有产出侧线产出送出界区的量或装置自用消耗的总量。包括尾气产量、聚丙烯产量。单位：t。

尾气产量、聚丙烯产量——见本章“侧线指标”相应指标中定义。单位：t。

聚丙烯原料加工量——见本章“聚丙烯原料加工量”相应指标中定义。单位：t。

[单　　位]：%。

[数据来源]：MES。

4.4 装置产出侧线逻辑关系

尾气收率、聚丙烯收率、装置加工损失率总和必须等于100%。

5 运行指标

5.1 原料丙烯丙烯纯度

见《催化裂化装置》章中“液化气丙烯含量”指标定义及计算方法。

5.2 原料丙烯 CO 含量

[指标定义]：报告期内装置新鲜丙烯进料中所含 CO 平均含量。

[计算公式]：

$$当月原料丙烯CO含量 = \frac{\sum 原料丙烯中CO含量}{原料丙烯中CO含量的样本总数}$$

$$累计原料丙烯中CO含量 = \frac{\sum 月原料丙烯中CO含量}{运行月数}$$

[计算说明]：原料丙烯中 CO 含量——报告期内装置新鲜丙烯进料分析正常 CO 含量。单位：mL/m^3。

原料丙烯中 CO 含量的样本总数——报告期内装置新鲜丙烯进料分析正常 CO 含量样本总数。

运行月数——报告期内装置累计运行月的数量。如下类同。

[单　　位]：μL/m^3

[指标用途]：反映聚丙烯装置丙烯原料性质的重要指标，聚丙烯级丙烯原料要求 CO 含量不得大于 100μL/m^3。

[数据来源]：LIMS 系统。

5.3 原料丙烯微量水含量

[指标定义]：报告期内装置新鲜丙烯进料中所含微量水平均含量。

[计算公式]：

$$当月原料丙烯微量水含量 = \frac{\sum 原料丙烯微量水含量}{原料丙烯微量水含量样本总数}$$

$$累计原料丙烯微量水含量 = \frac{\sum 月原料丙烯微量水含量}{运行月数}$$

[计算说明]：原料丙烯微量水含量——报告期内装置新鲜丙烯进料分析正常微量水含量。单位：mg/kg。

原料丙烯微量水含量样本总数——报告期内装置新鲜丙烯进料分析正常微量水含量样本总数。

运行月数——报告期内装置累计运行月的数量。

[单　　位]：μL/L。

[指标用途]：反映聚丙烯装置丙烯原料性质的重要指标，聚丙烯级丙烯原料要求微量水含量不得大于 10μL/L。

[数据来源]：LIMS 系统。

5.4 原料丙烯微量砷含量

[指标定义]：报告期内装置新鲜丙烯进料中所含微量砷平均含量。

[计算公式]：

$$当月原料丙烯微量砷含量 = \frac{\sum 原料丙烯微量砷含量}{原料丙烯微量砷含量样本总数}$$

$$累计原料丙烯微量砷含量 = \frac{\sum 月原料丙烯微量砷含量}{运行月数}$$

[**计算说明**]：原料丙烯微量砷含量——报告期内装置新鲜丙烯进料分析正常微量砷含量。单位：μg/kg。

原料丙烯微量砷含量样本总数——报告期内装置新鲜丙烯进料分析正常微量砷含量样本总数。

运行月数——报告期内装置累计运行月的数量。

[**单　　位**]：μg/kg

[**指标用途**]：反映聚丙烯装置丙烯原料性质的重要指标，聚丙烯级丙烯原料要求微量砷质量含量不得大于35μg/kg。

[**数据来源**]：LIMS 系统。

5.5　原料丙烯硫含量

[**指标定义**]：报告期内装置新鲜丙烯进料中所含硫平均含量。

[**计算公式**]：

$$当月原料丙烯硫含量 = \frac{\sum 原料丙烯硫含量}{原料丙烯硫含量样本总数}$$

$$累计原料丙烯硫含量 = \frac{\sum 月原料丙烯硫含量}{运行月数}$$

[**计算说明**]：原料丙烯硫含量——报告期内装置新鲜丙烯进料分析正常硫含量。单位：μg/g。

原料丙烯硫含量样本总数——报告期内装置新鲜丙烯进料分析正常硫含量样本总数。

运行月数——报告期内装置累计运行月的数量。

[**单　　位**]：μg/g

[**指标用途**]：反映聚丙烯装置丙烯原料性质的重要指标，聚丙烯级丙烯原料要求丙烯原料中含硫化合物的质量分数不大于5μg/g。

[**数据来源**]：LIMS 系统。

5.6　原料丙烯 COS 含量

[**指标定义**]：报告期内装置新鲜丙烯进料中所含 COS 平均含量。

[**计算公式**]：

$$当月原料丙烯\ COS\ 含量 = \frac{\sum 原料丙烯\ COS\ 含量}{原料丙烯\ COS\ 含量样本总数}$$

$$累计原料丙烯\ COS\ 含量 = \frac{\sum 月原料丙烯\ COS\ 含量}{运行月数}$$

[**计算说明**]：原料丙烯 COS 含量——报告期内装置新鲜丙烯进料分析正常 COS 含量。单位：μL/L。

原料丙烯 COS 含量样本总数——报告期内装置新鲜丙烯进料分析正常 COS 含量样本总数。

运行月数——报告期内装置累计运行月的数量。

[**单　　位**]：μL/L

[**指标用途**]：反映聚丙烯装置丙烯原料性质的重要指标，聚丙烯级丙烯原料要求微量 COS 体积分数不得大于0.9μL/L。

［数据来源］：LIMS 系统。

5.7 尾气中丙烯含量

见《催化裂化装置》章中“液化气丙烯含量”指标定义及计算方法。

5.8 新鲜氢气氢纯度［%（体积）］

见《加氢裂化装置》章中“新鲜氢气氢纯度［%（体积）］”指标定义和指标计算方法。

5.9 新鲜氢气氢纯度［%（质量）］

见《加氢裂化装置》章中“新鲜氢气氢纯度［%（质量）］”指标定义和指标计算方法。

5.10 环管密度

［指标定义］：报告期内装置环管中聚丙烯浆料每立方米的平均质量。

［计算公式］：

$$当月环管密度 = \frac{\sum 环管密度}{环管密度的样本总数}$$

$$累计环管密度 = \frac{\sum 月环管密度}{运行月数}$$

［计算说明］：环管密度——报告期内装置环管中聚丙烯浆料分析正常环管密度。单位：kg/m^3。

环管密度的样本总数——报告期内装置环管中聚丙烯浆料分析正常环管密度的样本总数。

运行月数——报告期内装置累计运行月的数量。

［单　　位］：kg/m^3。

［数据来源］：LIMS 系统。

5.11 氢气浓度

［指标定义］：报告期内装置环管进料丙烯中氢气的摩尔分数。

［计算公式］：

$$氢气浓度 = \frac{氢气的摩尔数}{进料丙烯的摩尔数} \times 100$$

［计算说明］：氢气的摩尔数——报告期内装置环管进料注入氢气的摩尔数。

进料丙烯的摩尔数——报告期内装置环管进料丙烯的摩尔分数。氢气和丙烯计算单位要注意一致。

［单　　位］：%（摩尔）。

［指标用途］：调节产品熔融指数的重要操作参数，熔融指数偏低，通常要提高氢气浓度。

［数据来源］：LIMS。

5.12 催化剂流量

［指标定义］：报告期内聚丙烯装置单位时间内注入环管的催化剂量。

［计算公式］：

$$当月催化剂流量 = \frac{\sum 催化剂流量}{催化剂流量样本总数}$$

$$累计催化剂流量 = \frac{\sum 月催化剂流量}{运行月数}$$

［计算说明］：催化剂流量——报告期内装置加工过程中催化剂气的瞬时流量，按整点

时间(一小时一次)采集正常开工时催化剂流量作为计算数据源。单位:℃。

催化剂流量样本总数——报告期内装置加工过程中催化剂流量的样本总数。

运行月数——报告期内装置累计运行月的数量。

[单　　位]: kg/h。

[指标用途]: 用于监测主催化剂活性好坏的过程参数。

[数据来源]: 实时数据库。

5.13　主催化剂活性

[指标定义]: 指报告期内聚丙烯装置单位质量的主催化剂参与聚合反应生成的聚丙烯质量。

[计算公式]:

$$主催化剂活性 = \frac{单位时间的聚丙烯产量}{单位时间消耗的主催化剂量}$$

[计算说明]: 单位时间聚丙烯产量——通常指聚丙烯平均生产负荷。

单位时间消耗的催化剂量——催化剂每小时平均流量。

[单　　位]: kg/kg。

[指标用途]: 反映聚丙烯装置主催化剂活性的好坏，活性越高，消耗的主催化剂越少。

[数据来源]: 实时数据库。

5.14　环管浆料聚丙烯浓度

[指标定义]: 报告期内聚丙烯装置环管内单位体积的聚丙烯浆料中聚丙烯质量分数。

[计算公式]:

$$环管浆料聚丙烯浓度 = \frac{9 \times 环管密度 - 3600}{5 \times 环管密度} \times 100$$

[计算说明]: 环管密度——见本章相应指标定义。单位: kg/m^3。

[单　　位]:%。

[指标用途]: 反映聚丙烯装置环管内聚丙烯浆料浓度高低的重要参数，浆料流动性会随浓度的提高而降低。

[数据来源]: 内部核算数据。

5.15　装置正常开工时间点

[指标定义]: 报告期内装置连续收进界区外丙烯新鲜进料的时间点。

5.16　装置正常停工时间点

[指标定义]: 报告期内装置连续停收界区外丙烯新鲜进料的时间点。

6　综合指标

6.1　丙烯单耗

[指标定义]: 指报告期内聚丙烯装置生产1t聚丙烯所消耗的纯丙烯原料量。

[计算公式]:

$$丙烯单耗 = \frac{(丙烯加工量 - 尾气产量 \times 尾气中丙烯含量/100)}{聚丙烯产量} \times 1000$$

[计算说明]: 丙烯加工量——见本章“丙烯加工量”指标中定义。单位: t。

尾气产量、聚丙烯产量——见本章“侧线指标”中相应指标定义。单位: t。

尾气中丙烯含量——见本章“运行指标”中相应指标定义。单位:%。

［单　　位］：kg/t。

［指标用途］：反映聚丙烯装置在加工原料过程中的消耗丙烯程度，丙烯单耗越高，丙烯损失量越大，是装置的一个重要经济技术指标。

［数据来源］：MES。

6.2　主催化剂单耗

［指标定义］：指报告期内聚丙烯装置生产1t聚丙烯所消耗的主催化剂数量。

［计算公式］：

$$主催化剂单耗=\frac{主催化剂消耗量}{聚丙烯产量}\times 1000$$

［计算说明］：主催化剂消耗量——指报告期内聚丙烯装置消耗主催化剂的量，单位：t。

聚丙烯产量——见本章“侧线指标”中相应指标定义。单位：t。

［单　　位］：kg/t。

［指标用途］：反映聚丙烯装置主催化剂消耗程度的重要指标。

［数据来源］：MES。

6.3　实际氢耗

［指标定义］：报告期内装置加工1t聚丙烯产品所消耗纯氢数量。

［计算公式］：

$$实际氢耗=\frac{新鲜氢气消耗量\times 新鲜氢气氢纯度[\%(质量)]}{聚丙烯产量}\times 1000$$

［计算说明］：新鲜氢气氢纯度［%（质量）］——见本章“运行指标”中相应指标定义。单位:%。

新鲜氢气消耗量——见本章“原料指标”中相应指标定义。单位：t。

聚丙烯产量——见本章“侧线指标”中相应指标定义。单位：t。

［单　　位］：kg/t。

［数据来源］：内部数据核算。

第46章　硫黄回收装置

1　装置简介

硫黄回收指将含硫化氢等有毒含硫气体中的硫化物转变为单质硫，从而变废为宝，保护环境的化工过程。硫黄回收通常采用一种叫做“克劳斯”的工艺来实现。首先将酸性气与空气或氧气在一台称为燃烧炉的设备中燃烧，严格控制空气或氧气量，使燃烧产物中硫化氢与二氧化硫气体体积比为2∶1，之后燃烧气体被冷却，气体中的硫黄冷凝回收，剩余气体经加热后进入一台克劳斯反应器进行反应，反应主要是硫化氢与二氧化硫生产硫黄和水。这一反应需使用催化剂才能实现，反应完后的气体同样需冷却回收硫黄，然后剩余气体再经二级、三级反应，通常硫黄回收装置的硫回收率可达95%～98%。如果需要进一步提高硫黄回收率，则需在装置后附加尾气处理装置。目前最好的SCOT类尾气处理装置可将硫回收率提高到99.9%。

2 装置范围

硫黄回收装置范围包括酸性气燃烧、常规克劳斯、尾气处理、尾气焚烧、液硫处理等单元。有的硫黄回收装置不设尾气处理单元。

3 硫回收原料加工量

[指标定义]：报告期内装置收进界区外酸性气和管网氢气的新鲜进料总和。

[计算公式]：

硫黄回收原料加工量 = 酸性气新鲜进料量 + 新鲜氢气消耗量

[计算说明]：硫黄回收原料加工量——报告期内装置收进界区外酸性气和管网氢气的新鲜进料总和。

酸性气新鲜进料量——报告期内装置收进界区外溶剂再生胺酸性气量、污水汽提酸性气及其它酸性气。

新鲜氢气消耗量——报告期内装置消耗界区外管网新鲜氢气量。若装置有氢气排入炼油氢气系统，则从新鲜氢气进料中等量扣除，若排入干气则不考虑。

[单　　位]：t。

[数据来源]：MES。

4 侧线指标

4.1 干气收率

[指标定义]：以氢气消耗量来表示，是指报告期内装置消耗氢气量占硫黄回收原料加工量的百分比。

[计算公式]：

$$干气收率 = \frac{氢气消耗量}{硫黄回收原料加工量} \times 100$$

[计算说明]：氢气消耗量、硫黄回收原料加工量——见本章“硫黄回收原料加工量”指标中定义。单位：t。

[单　　位]：%。

[数据来源]：MES。

4.2 硫黄收率

[指标定义]：报告期内装置产出送出界区的液体硫黄产量占硫黄回收原料加工量的百分比。

[计算公式]：

$$硫黄收率 = \frac{液体硫黄产量}{硫黄回收原料加工量} \times 100$$

[计算说明]：液体硫黄产量——报告期内装置产出送出界区的液体硫黄产量。若装置的酸性气外销，则从硫黄回收原料加工量中等扣除。单位：t。

硫黄回收原料加工量——见本章“硫黄回收原料加工量”指标中定义。单位：t。

[单　　位]：%。

[数据来源]：MES。

4.3 装置加工损失率

[**指标定义**]：报告期内装置总投入量与装置总产量差额占硫黄回收原料加工量的百分比。

[**计算公式**]：

$$装置加工损失率 = \frac{装置加工损失量}{硫黄回收原料加工量} \times 100$$

$$装置加工损失量 = 装置总投入量 - 装置总产量$$

[**计算说明**]：装置加工损失量——报告期内装置总投入量减去装置总产量的差值。加工损失包括装置内的物料在加工、精制、输转、排放过程中的损耗。单位：t。

装置总投入量——报告期内装置收界外新鲜原料进料总量，即为硫黄回收原料加工量。单位：t。

装置总产量——报告期内装置所有产出侧线产出送出界区的量或装置自用消耗的总量。包括干气产量、硫黄产量。单位：t。

硫黄回收原料加工量——见本章“硫黄回收原料加工量”指标中定义。单位：t。

干气产量、硫黄产量——见本章“侧线指标”中相应指标定义。单位：t。

[**单　　位**]：%。

[**数据来源**]：MES。

4.4 装置产出侧线逻辑关系

干气收率、硫黄收率、装置加工损失率总和必须等于100%。

5 运行指标

5.1 酸性气中 H_2S 含量

[**指标定义**]：报告期内装置加工酸性气进料中硫化氢平均含量。

[**计算公式**]：

$$当月酸性气中 H_2S 含量 = \frac{\sum 酸性气中 H_2S 含量}{酸性气中 H_2S 含量样本总数}$$

$$累计酸性气中 H_2S 含量 = \frac{\sum 月酸性气中 H_2S 含量}{运行月数}$$

[**计算说明**]：酸性气 H_2S 含量——报告期内装置加工酸性气进料分析正常硫化氢含量。单位：%。

酸性气 H_2S 含量样本总数——报告期内装置加工酸性气进料分析正常硫化氢含量的样本总数。

运行月数——报告期内装置累计运行月的数量。如下类同。

[**单　　位**]：%。

[**数据来源**]：LIMS。

5.2 酸性气中氨含量

[**指标定义**]：报告期内装置加工酸性气进料中氨平均含量。

[**计算公式**]：

$$当月酸性气中氨含量 = \frac{\sum 酸性气中氨含量}{酸性气中氨含量样本总数}$$

$$累计酸性气中氨含量 = \frac{\sum 月酸性气中氨含量}{运行月数}$$

[计算说明]：酸气中氨含量——报告期内装置加工酸性气进料分析正常氨含量。单位:%。

酸气中氨含量样本总数——报告期内装置加工酸性气进料分析正常氨含量的样本总数。

运行月数——报告期内装置累计运行月的数量。

[单　　位]:%.

[数据来源]：LIMS

5.3 酸性气中烃含量

[指标定义]：报告期内装置加工酸性气进料中烃组分平均含量。

[计算公式]：

$$当月酸性气中烃含量 = \frac{酸性气中烃含量}{酸性气中烃含量样本总数}$$

$$累计酸性气中烃含量 = \frac{\sum 月酸性气中烃含量}{运行月数}$$

[计算说明]：酸性气中烃含量——报告期内装置加工酸性气进料分析正常烃含量。单位:%。

酸性气中烃含量样本总数——报告期内装置酸性气进料分析正常烃含量的样本总数。

运行月数——报告期内装置累计运行月的数量。

[单　　位]:%。

[数据来源]：LIMS。

5.4 酸性气中硫含量

[指标定义]：报告期内装置加工酸性气进料中硫元素平均质量含量。

[计算公式]：

$$酸性气中硫含量 = \frac{酸性气中硫化氢含量 \times 32}{酸性气中硫化氢含量 \times 34 + 酸性气中氮含量 \times 17 + 酸性气中烃含量 \times 30} \times 100$$

[计算说明]：酸性气中硫化氢含量、酸性气中氨含量、酸性气中烃含量——见本章“运行指标”中相应指标定义。单位:%。

[单　　位]:%。

[数据来源]：LIMS。

5.5 吸收塔净化后尾气硫化氢含量

[指标定义]：报告期内装置吸收塔净化后尾气中硫化氢平均含量。

[计算公式]：

$$当月吸收塔净化后尾气中硫化氢含量 = \frac{\sum 吸收塔净化后尾气中硫化氢含量}{吸收塔净化后尾气中硫化氢含量样本总数}$$

$$累计吸收塔净化后尾气中硫化氢含量 = \frac{\sum 月吸收塔净化后尾气中硫化氢含量}{运行月数}$$

[计算说明]：吸收塔净化后尾气中硫化氢含量——报告期内装置吸收塔净化后尾气分析正常硫化氢含量。单位：mg/m^3。

吸收塔净化后尾气中硫化氢含量样本总数——报告期内装置吸收塔净化后尾气分析正常硫化氢含量的样本总数。

运行月数——报告期内装置累计运行月的数量。

[单　　位]：mg/m^3

[数据来源]：LIMS。

5.6　新鲜氢气氢纯度[%(体积)]

见《加氢裂化装置》章中“新鲜氢气氢纯度[%(体积)]”指标定义和指标计算方法。

5.7　新鲜氢气氢纯度[%(质量)]

见《加氢裂化装置》章中“新鲜氢气氢纯度[%(质量)]”指标定义和指标计算方法。

5.8　尾气排放二氧化硫含量

[指标定义]：报告期内装置排放尾气中二氧化硫平均含量。

[计算公式]：

$$当月尾气排放二氧化硫含量=\frac{\sum 尾气排放二氧化硫含量}{尾气排放二氧化硫含量样本总数}$$

$$累计尾气排放二氧化硫含量=\frac{\sum 月尾气排放二氧化硫含量}{运行月数}$$

[计算说明]：尾气排放二氧化硫含量——报告期内装置排放尾气分析正常二氧化硫含量。若有数采数据，则从每天按整点时间(一小时一次)采集尾气排放二氧化硫含量作为计算数据源(单位：mg/m^3)。若数采中没有数据，则按分析频率从LIMS中抽取。单位：mg/m^3。

尾气排放二氧化硫含量样本总数——报告期内装置排放尾气分析正常二氧化硫含量的样本总数。

运行月数——报告期内装置累计运行月的数量。

[单　　位]：mg/m^3。

[数据来源]：LIMS。

5.9　尾气排放合格率

[指标定义]：报告期内装置排放尾气二氧化硫达标样本个数与排放尾气二氧化硫总样本的比例。

[计算公式]：

$$当月尾气排放合格率=\frac{尾气排放达标样本数}{尾气排放样本总数}\times 100$$

$$累计尾气排放合格率=\frac{\sum 月尾气排放合格率}{运行月数}$$

[计算说明]：尾气排放达标样本数——报告期内装置排放尾气二氧化硫(正常值)低于标准样本个数。若有数采数据，则从每天按整点时间(一小时一次)采集尾气排放二氧化硫含量作为计算数据源。若数采中没有数据，则按分析频率从LIMS中抽取。单位：mg/m^3

尾气排放样本总数——报告期内装置排放尾气二氧化硫(正常值)样本总数。若有数采数据，则从每天按整点时间(一小时一次)采集尾气排放二氧化硫含量作为计算数据源。单位：mg/m^3。若数采中没有数据，则按分析频率从LIMS中抽取。

运行月数——报告期内装置累计运行月的数量。

[单　　位]：%。

[数据来源]：LIMS。

5.10　尾气排放流量

[指标定义]：报告期内装置尾气平均排放量。

[计算公式]：

$$尾气排放流量 = 燃烧炉配风流量 + 焚烧炉配风流量$$

$$当月燃烧炉配风流量 = \frac{\sum 燃烧炉配风流量}{燃烧炉配风流量样本总数}$$

$$当月焚烧炉配风流量 = \frac{\sum 焚烧炉配风流量}{焚烧炉配风流量样本总数}$$

$$累计燃烧炉配风流量 = \frac{\sum 月燃烧炉配风流量}{运行月数}$$

$$累计焚烧炉配风流量 = \frac{\sum 月焚烧炉配风流量}{运行月数}$$

[计算说明]：燃烧炉配风流量——报告期内装置燃烧炉配风平均流量，每天按整点时间(一小时一次)采集燃烧炉配风流量作为计算数据源。单位：m^3/h。

焚烧炉配风流量——报告期内装置焚烧炉配风平均流量，每天按整点时间(一小时一次)采集焚烧炉配风流量作为计算数据源。单位：m^3/h。

燃烧炉配风流量样本总数——报告期内装置燃烧炉配风正常流量的样本总数。

焚烧炉配风流量样本总数——报告期内装置焚烧炉配风正常流量的样本总数。

运行月数——报告期内装置累计运行月的数量。

[单　　位]：m^3/h。

[数据来源]：实时数据库。

5.11 装置正常开工时间点

[指标定义]：在报告期内装置连续收进界区外酸性气作为进料的时间点。

5.12 装置正常停工时间点

[指标定义]：在报告期内装置连续停收界区外酸性气进料的时间点。

6 综合指标

6.1 硫黄3.5MPa蒸汽自产率

[指标定义]：报告期内装置产出送出界区1t液体硫黄产出3.5MPa蒸汽量。

[计算公式]：

$$硫黄3.5MPa蒸汽自产率 = \frac{硫黄3.5MPa蒸汽自产量}{液体硫黄产量} \times 1000$$

[计算说明]：硫黄3.5MPa蒸汽自产量——报告期内装置产出3.5MPa蒸汽量，包括内部消耗3.5MPa蒸汽量。单位：t。

液体硫黄产量——见本章“侧线指标”中相应指标定义。单位：t。

[单　　位]：kg/t。

[数据来源]：LIMS。

6.2 硫黄纯氢单耗

[指标定义]：报告期内装置产出送出界区1t液体硫黄所消耗的纯氢数量。

[计算公式]：

$$硫黄纯氢单耗 = \frac{氢气消耗量 \times 氢气氢纯度[\%(质量)]}{液体硫黄产量} \times 1000$$

[计算说明]：氢气消耗量——见本章“原料指标”中相应指标定义。单位：t。

液体硫黄产量——见本章“侧线指标”中相应指标定义。单位：t。

氢气氢纯度[%(质量)]——见本章“运行指标”中相应指标定义。单位:%(质量)。

[单　　位]：kg/t。

[数据来源]：内部核算数据。

6.3　二氧化硫排放量

[指标定义]：报告期内装置二氧化硫排放量。

[计算公式]：

$$二氧化硫排放量=\frac{尾气排放流量\times 尾气排放二氧化硫含量\times 24\times 开工天数}{1000000000}$$

[计算说明]：二氧化硫排放量——报告期内装置二氧化硫排放量。

尾气排放流量——见本章“运行指标”中相应指标定义。单位：m^3/h。

尾气排放二氧化硫含量——见本章“运行指标”中相应指标定义。单位：t。

开工天数——报告期内装置开工日历天数。

[单　　位]：t。

[数据来源]：内部核算数据。

6.4　硫回收率

[指标定义]：报告期内装置液体硫黄产量占酸性气原料中含硫总量的百分数。

[计算公式]：

$$硫回收率=\frac{液体硫黄产量}{酸性气进料量\times 原料酸性气中硫含量}\times 100$$

[计算说明]：液体硫黄产量——见本章“侧线指标”中相应指标定义。单位：t。

酸性气进料量——见本章“原料指标”中相应指标定义。单位：t。

酸性气中硫含量——见本章“运行指标”中相应指标定义。单位：t。

[单　　位]:%。

[数据来源]：内部核算数据。

第47章　污水汽提装置

1　装置简介

污水汽提装置是利用炼油厂一次、二次、三次加工装置产生的含硫含氨酸性污水为原料，通过汽提工艺，分离出氨和硫化氢，氨制成液氨外卖，硫化氢送硫黄回收装置生产硫黄，实现变废为宝的目的，是炼油厂配套环保装置。

2　装置范围

污水汽提装置主要包括原料预处理、硫化氢汽提、氨汽提塔和氨精制等单元。

3　原料污水加工量

[指标定义]：报告期内装置收进界区外含硫含氨酸性污水新鲜进料总量。

[计算公式]：见指标定义

[计算说明]：原料污水加工量——报告期内装置收进界区外含硫含氨酸性污水量。
[单　　位]：t。
[数据来源]：MES。

4　侧线指标

4.1　净化水产率

[指标定义]：报告期内装置产出送出界区的净化水产量占原料污水加工量的百分比。
[计算公式]：

$$净化水产率 = \frac{净化水产量}{原料污水加工量} \times 100$$

[计算说明]：净化水产量——报告期内装置产出送出界区净化水产量。单位：t。
原料污水加工量——见本章相应指标定义。单位：t。
[单　　位]：%。
[数据来源]：MES。

4.2　液氨产率

[指标定义]：报告期内装置产出送出界区的液氨产量占原料污水加工量的百分比。
[计算公式]：

$$液氨产率 = \frac{液氨产量}{原料污水加工量} \times 100$$

[计算说明]：液氨产量——报告期内装置产出送出界区液氨产量。若装置产出氨水，则按氨浓度换算为液氨。单位：t。
原料污水加工量——见本章相应指标定义。单位：t。
[单　　位]：%。
[数据来源]：MES。

4.3　回收污油收率

[指标定义]：报告期内装置回收送出界区的污油产量占原料污水加工量的百分比。
[计算公式]：

$$回收污油收率 = \frac{污油回收量}{原料污水加工量} \times 100$$

[计算说明]：污油回收量——报告期内装置回收送出界区污油量。单位：t。
原料污水加工量——见本章相应指标定义。单位：t。
[单　　位]：%。
[数据来源]：MES。

4.4　酸性气收率

[指标定义]：报告期内装置产出送出界区的酸性气产量占原料污水加工量的百分比。
[计算公式]：

$$酸性气收率 = \frac{酸性气产量}{原料污水加工量} \times 100$$

[计算说明]：原料污水加工量——见本章相应指标中定义。单位：t。
酸性气产量——报告期内装置产出送出界区的酸性气产量。单位：t。
[单　　位]：%。

[数据来源]：MES。

4.5 装置加工损失收率

[指标定义]：报告期内装置总投入量与装置总产量差额占原料污水加工量的百分比。

[计算公式]：

$$装置加工损失收率 = \frac{装置加工损失量}{原料污水加工量} \times 100$$

$$装置加工损失量 = 装置总投入量 - 装置总产量$$

[计算说明]：装置加工损失量——报告期内装置总投入量减去装置总产量的差值。加工损失包括装置内的物料在加工、精制、输转、排放过程中的损耗。单位：t。

装置总投入量——报告期内装置收界区外新鲜原料进料总量，即为原料污水加工量。单位：t。

装置总产量——报告期内装置所有产出侧线产出送出界区的量或装置自用消耗的总量。包括净化水产量、氨产量、回收污油量、酸性气产量。单位：t。

净化水产量、氨产量、回收污油量、酸性气产量——见本章“侧线指标”中相应指标定义。单位：t。

原料污水加工量——见本章“原料污水加工量”的指标中定义。单位：t。

[单　　位]：%。

[数据来源]：MES。

4.6 装置产出侧线逻辑关系

净化水产率、液氨产量、回收污油收率、酸性气收率、装置加工损失率总和必须等于100%。

5 运行指标

5.1 原料氨含量

[指标定义]：报告期内装置加工新鲜原料污水中氨组分平均含量。

[计算公式]：

$$当月原料氨含量 = \frac{\sum 原料氨含量}{原料氨含量的样本总数}$$

$$累计原料氨含量 = \frac{\sum 月原料氨含量}{运行月数}$$

[计算说明]：原料氨含量——报告期内装置加工新鲜原料污水分析正常氨组分含量。单位：%。

原料氨含量的样本总数——报告期内装置加工新鲜原料污水分析正常的氨组分含量的样本总数。

运行月数——报告期内装置累计运行月的数量。如下类同。

[单　　位]：%。

[数据来源]：LIMS。

5.2 原料中 H_2S 含量

[指标定义]：报告期内装置加工新鲜原料污水中 H_2S 组分平均含量。

[计算公式]：

$$当月原料中H_2S含量=\frac{\sum 原料中H_2S含量}{原料中H_2S含量的样本总数}$$

$$累计原料中H_2S含量=\frac{\sum 月原料中H_2S含量}{运行月数}$$

[**计算说明**]：原料 H_2S 含量——报告期内装置加工新鲜原料污水分析正常 H_2S 组分含量。单位：%。

原料中 H_2S 含量的样本总数——报告期内装置加工新鲜原料污水分析正常的 H_2S 组分含量的样本总数。

运行月数——报告期内装置累计运行月的数量。

[**单　　位**]：%。

[**数据来源**]：LIMS。

5.3　原料中烃含量

[**指标定义**]：报告期内装置加工新鲜原料污水中烃组分平均含量。

[**计算公式**]：

$$当月原料烃含量=\frac{\sum 原料烃含量}{原料烃含量的样本总数}$$

$$累计原料烃含量=\frac{\sum 月原料烃含量}{运行月数}$$

[**计算说明**]：原料烃含量——报告期内装置加工新鲜原料污水分析正常烃含量。单位：%。

原料烃含量的样本总数——报告期内装置加工新鲜原料污水分析正常的烃组分含量的样本总数。

运行月数——报告期内装置累计运行月的数量。

[**单　　位**]：%。

[**数据来源**]：LIMS。

5.4　净化水氨含量

[**指标定义**]：报告期内装置产出送出界区净化水中氨组分平均含量。

[**计算公式**]：

$$当月净化水氨含量=\frac{\sum 净化水氨组分含量}{净化水氨组分含量的样本总数}$$

$$累计净化水氨含量=\frac{\sum 月净化水氨含量}{运行月数}$$

[**计算说明**]：净化水氨组分含量——报告期内装置产出送出界区净化水分析正常氨组分含量。单位：%。

净化水氨组分含量的样本总数——报告期内装置产出送出界区净化水分析正常的氨组分含量的样本总数。

运行月数——报告期内装置累计运行月的数量。

[**单　　位**]：%。

[**数据来源**]：LIMS。

5.5　净化水 H_2S 含量

[**指标定义**]：报告期内装置产出送出界区净化水中 H_2S 组分平均含量。

[计算公式]：

$$当月净化水H_2S含量=\frac{\sum 净化水H_2S含量}{净化水H_2S含量的样本总数}$$

$$累计净化水H_2S含量=\frac{\sum 月净化水H_2S含量}{运行月数}$$

[计算说明]：净化水 H_2S 含量——报告期内装置产出送出界区净化水分析正常 H_2S 组分含量。单位:%。

净化水 H_2S 含量的样本总数——报告期内装置产出送出界区净化水分析正常的 H_2S 组分含量样本总数。

运行月数——报告期内装置累计运行月的数量。

[单　　位]:%。

[数据来源]：LIMS。

5.6　酸性气中 H_2S 含量

见《硫黄回收装置》章中"酸性气中 H_2S 含量"指标定义和指标计算方法。

5.7　酸性气中烃含量

见《硫黄回收装置》章中"酸性气中烃含量"指标定义和指标计算方法。

5.8　酸性气中烃含量

见《硫黄回收装置》章中"酸性气中烃含量"指标定义和指标计算方法。

5.9　蒸汽单耗

[指标定义]：报告期内装置处理1t新鲜原料污水所消耗的1.0MPa蒸汽总量。

[计算公式]：

$$蒸汽单耗=\frac{1.0MPa蒸汽消耗量}{原料污水加工量}$$

[计算说明]：1.0MPa蒸汽消耗量——报告期内装置所消耗的1.0MPa蒸汽总量。若消耗0.6MPa以下蒸汽，则按热值换算为1.0MPa蒸汽量。单位：t。

原料污水加工量——见本章"原料污水加工量"的指标定义。t。

[单　　位]：t/t。

[数据来源]：MES。

5.10　净化水COD含量

[指标定义]：报告期内装置产出送出界区净化水中平均COD含量。

[计算公式]：

$$当月净化水平均COD含量=\frac{\sum 净化水COD含量}{净化水COD含量的样本总数}$$

$$累计净化水平均COD含量=\frac{\sum 月净化水平均COD含量}{运行月数}$$

[计算说明]：净化水COD含量——报告期内装置产出送出界区净化水分析正常COD。单位:%。

净化水COD含量的样本总数——报告期内装置产出送出界区净化水分析正常的COD组分含量的样本总数。

运行月数——报告期内装置累计运行月的数量。

[单　　位]:%。

[数据来源]：LIMS。

5.11　装置正常开工时间点

[指标定义]：报告期内装置连续收进界区外新鲜原料污水的时间点。

5.12　装置正常停工时间点

[指标定义]：报告期内装置连续停收界区外新鲜原料污水的时间点。

第 48 章　溶剂再生装置

1　装置简介

来自上游装置富胺液经过换热及富液闪蒸罐脱除其中的气态烃，再经过溶剂再生工艺，分离出酸性气及贫液，贫液循环返回上游装置，酸性气送硫黄回收装置生产硫黄，实现变废为宝的目的，是炼油厂配套环保装置。

2　装置范围

溶剂再生装置范围包括原料预热单元、闪蒸单元、再生、纯化等单元。

3　富胺液进料量

[指标定义]：报告期内装置收进界区外上游装置富胺液的新鲜进料总量。

[计算公式]：见指标定义。

[计算说明]：富胺液进料量——报告期内装置收进界区外上游装置富胺液的新鲜进料总量。

[单　　位]：t。

[数据来源]：MES。

4　侧线指标

4.1　酸性气收率

[指标定义]：报告期内装置产出送出界区的酸性气产量占富胺液进料量的百分比。

[计算公式]：

$$酸性气收率 = \frac{酸性气产量}{富胺液进料量} \times 100$$

[计算说明]：酸性气产量——报告期内装置产出送出界区的酸性气产量。单位：t。

富胺液进料量——见本章“富胺液进料量”相应指标中定义。单位：t。

[单　　位]：%。

[数据来源]：MES。

4.2　贫液收率

[指标定义]：报告期内装置产出送出界区的贫液产量占新鲜富胺液进料量的百分比。

[计算公式]：

$$贫液收率 = \frac{贫液产量}{富胺液进料量} \times 100$$

[计算说明]：贫液产量——报告期内装置产出送出界区的贫液产量。单位：t。

富胺液进料量——见本章“富胺液进料量”相应指标中定义。单位：t。

[单　　位]:%。

[数据来源]：MES。

4.3　装置加工损失率

[指标定义]：报告期内装置总投入量与总产量差额占富胺液进料量的百分比。

[计算公式]：

$$装置加工损失率 = \frac{装置加工损失量}{富胺液进料量} \times 100$$

[计算说明]：装置加工损失量——报告期内装置总投入量减去装置总产量的差值。加工损失包括装置内的物料在加工、精制、输转、排放过程中的损耗。单位：t。

装置总投入量——报告期内装置收界区外新鲜原料进料总量，即为富胺液进料量。单位：t。

装置总产量——报告期内装置所有产出侧线产出送出界区的量或装置自用消耗的总量。包括酸性气产量、贫液产量。单位：t。

富胺液进料量——见本章“富胺液进料量”相应指标中定义。单位：t。

酸性气产量、贫液产量——见本章“侧线指标”相应指标中定义。单位：t。

[单　　位]:%。

[数据来源]：MES。

4.4　装置产出侧线逻辑关系

酸性气收率、贫液收率、装置加工损失率总和必须等于100%。

5　运行指标

5.1　富胺液 H_2S 含量

[指标定义]：报告期内装置加工界区外新鲜富胺液进料的平均 H_2S 含量。

[计算公式]：

$$当月富胺液 H_2S 含量 = \frac{\sum 富胺液 H_2S 含量}{富胺液 H_2S 含量的样本总数}$$

$$累计富胺液 H_2S 含量 = \frac{\sum 月富胺液 H_2S 含量}{运行月数}$$

[计算说明]：富胺液 H_2S 含量——报告期内装置加工界区外新鲜富胺液进料分析正常 H_2S 含量。单位:%。

富胺液 H_2S 含量的样本总数——报告期内装置加工界区外新鲜富胺液进料分析正常的 H_2S 含量样本总数。

运行月数——报告期内装置累计运行月的数量。如下类同。

[单　　位]:%。

[数据来源]：LIMS。

5.2　贫液 H_2S 含量

[指标定义]：报告期内装置产出送出界区贫液的平均 H_2S 含量。

[计算公式]：

$$\text{月贫液 }H_2S\text{ 含量}=\frac{\sum\text{贫液 }H_2S\text{ 含量}}{\text{贫液 }H_2S\text{ 含量的样本总数}}$$

$$\text{累计贫液 }H_2S\text{ 含量}=\frac{\sum\text{月贫液 }H_2S\text{ 含量}}{\text{运行月数}}$$

[**计算说明**]：贫液 H_2S 含量——报告期内装置产出送出界区贫液分析正常 H_2S 含量。单位:%。

贫液 H_2S 含量的样本总数——报告期内装置产出送出界区贫液分析正常的 H_2S 含量样本总数。

运行月数——报告期内装置累计运行月的数量。

[**单　　位**]:%。

[**数据来源**]：LIMS

5.3 酸性气中 H_2S 含量

见《硫黄回收装置》章中“酸性气中 H_2S 含量”指标定义和指标计算方法。

5.4 酸性气中烃含量

见《硫黄回收装置》章中“酸性气中烃含量”指标定义和指标计算方法。

5.5 吨油耗溶剂

[**指标定义**]：报告期内装置处理 1t 富胺液进料所消耗的溶剂数量。

[**计算公式**]：

$$\text{吨油耗溶剂}=\frac{\text{溶剂消耗量}}{\text{富胺液进料量}}\times 1000$$

[**计算说明**]：溶剂消耗量——报告期内装置消耗的溶剂总量。

富胺液进料量——见本章“富胺液进料量”中相应指标定义。单位：t。

[**单　　位**]：kg/t。

[**数据来源**]：LIMS。

5.6 装置正常开工时间点

[**指标定义**]：报告期内装置连续收进界区外富胺液作为新鲜进料的时间点。

5.7 装置正常停工时间点

[**指标定义**]：报告期内装置连续停收界区外富胺液新鲜进料的时间点。

6 综合指标

6.1 脱硫化氢率

[**指标定义**]：报告期内装置富胺液原料经闪蒸、再生等工艺后硫化氢脱除程度。

[**计算公式**]：

$$\text{脱硫化氢率}=(1-\frac{\text{酸性气产量}\times\text{酸性气 }H_2S\text{ 含量}}{\text{富胺液进料量}\times\text{富胺液 }H_2S\text{ 含量}})\times 100$$

[**计算说明**]：酸性气产量——见本章“侧线指标”中相应指标定义。单位：t。

富胺液进料量——见本章“富胺液进料量”中相应指标定义，单位：t。

酸性气 H_2S 含量、富胺液 H_2S 含量——见本章相应指标定义。

[**单　　位**]:%。

[**数据来源**]：MES。

6.2 吨酸性气能耗

[指标定义]：报告期内装置产出 1t 酸性气所消耗的能源量。

[计算公式]：

$$吨酸性气能耗 = \frac{能源消耗量}{酸性气产量} \times 1000$$

[计算说明]：能源消耗量——报告期内装置加工过程中消耗的能源总量。单位：t 标油。

酸性气产量——见本章“侧线指标”中相应指标定义。单位：t。

[单　　位]：kg 标油/t。

[数据来源]：MES。

第 49 章　污水处理装置

1　装置简介

污水处理装置分为炼油污水处理装置、生活污水处理装置及达标污水处理装置。炼油污水处理装置主要是将炼油各装置及油罐区，排洪干渠的污水收集起来经隔油池、浮选池、浮选机、一级生化曝气池、二级生化鼓曝池、二沉池、A/O 系统处理，处理合格后的污水自流至暴雨调节池，再经过提升泵进行外排。生活污水处理装置主要是将生活区的生活污水收集起来经自清洗过滤器过滤后，再经沉砂池、厌氧池、缺氧池、好氧池、膜池进行生物脱氮、除磷、降解 COD 等处理，然后由抽吸泵打至清水池，经紫外线杀毒器，最后由回用水泵送至生产装置回用。达标污水处理装置主要处理炼油暴雨池、炼油污水处理装置处理的净化水的部分来水，通过 BAF 等单元处理达标后送到生产装置回用。

2　装置范围

炼油污水处理装置包括：浮选池、浮选机、一级生化曝气池、二级生化鼓曝池、二沉池、A/O 等系统。

生活污水处理装置包括：沉砂池、厌氧池、缺氧池、好氧池、膜池等系统。

3　污水处理量

3.1　含油污水处理量

[指标定义]：报告期内炼油污水处理装置收界区外含油污水量的总和。

[计算公式]：见指标定义。

[计算说明]：含油污水处理量——报告期内炼油污水处理装置收界区外含油污水量的总和。若炼油污水处理装置设有碱渣处理单元，则计入含油污水处理量中。

[单　　位]：t。

[指标用途]：是评判炼油污水处理装置处理来水能力的指标。

3.2　生活污水处理量

[指标定义]：报告期内生活污水处理装置收进界区外生活污水量的总和。

[计算公式]：见指标定义。

［计算说明］：见指标定义。

［单　　位］：t。

［指标用途］：是评判生活污水处理装置处理来水能力的指标。

3.3　回用污水处理量

［指标定义］：报告期内污水处理装置回用污水量的总和。

［计算公式］：见指标定义。

［计算说明］：回用污水处理量——报告期内达标污水处理装置处理炼油暴雨池或边沟来水水量的总和。若装置含油污水处理后的净化污处理作为回用污水进料，则从回用污水处理量中等量扣除。

［单　　位］：t。

［指标用途］：是评判达标污水处理装置处理来水能力的指标。

3.4　污水总处理量

［指标定义］：报告期内污水处理装置处理含油污水、生活污水、暴雨池和边沟非含油污水的处理量的总和。

［计算公式］：

污水总处理量 = 含油污水处理量 + 生活污水处理量 + 回用污水处理量

［计算说明］：污水总处理量——报告期内污水处理装置处理含油污水、生活污水、暴雨池和边沟非含油污水的处理量的总和。

含油污水处理量、生活污水处理量、回用污水处理量——见本章“原料指标”相应指标定义。

［单　　位］：t。

［指标用途］：是评判达标污水处理装置处理来水能力的指标。

4　污水处理产量

4.1　外排污水量

［指标定义］：报告期内经污水处理后直接外排厂外的净化污水量总和。

［计算公式］：见本章相应指标定义。

［计算说明］：含油污水处理量——报告期内经污水处理后直接外排厂的外净化污水量总和。若作为回用水装置处理净化水污水，则不计入外排污水量。

［单　　位］：t。

4.2　回用污水量

［指标定义］：报告期内经污水处理达标处理单元后送到上游装置回用的污水量的总和。

［计算公式］：见本章相应指标定义。

［计算说明］：回用污水量——报告期内经污水处理达标处理单元后送到上游装置回用的污水量的总和。

［单　　位］：t。

4.3　浮渣产量

［指标定义］：报告期内经污水处理产出浮渣产量。

［计算公式］：

浮渣产量 = 浮渣回用量 + 浮渣外送量

[计算说明]：浮渣产量——报告期内经污水处理产出浮渣产量。

浮渣回用量——报告期内经污水处理产出浮渣作为焦化等装置回炼浮渣量。

浮渣外送量——报告期内经污水处理产出浮渣直接送厂区外的浮渣量。

[单　　位]：t。

4.4 污泥产量

[指标定义]：报告期内经污水处理产出污泥产量。

[计算公式]：

$$污泥产量 = 污泥回用量 + 污泥外送量$$

[计算说明]：污泥产量——报告期内经污水处理产出浮渣产量。

污泥回用量——报告期内经污水处理产出污泥作为焦化等装置回炼污泥量。

污泥外送量——报告期内经污水处理产出污泥直接送厂区外的污泥量。

[单　　位]：t。

4.5 回收污油量

[指标定义]：报告期内经污水处理产出污油产量。

[计算公式]：见本章相应指标定义。

[计算说明]：见本章相应指标定义。

[单　　位]：t。

5 装置处理效率

5.1 炼油污水处理效率

5.1.1 隔油池除油率

[指标定义]：报告期内隔油池水中被除去的油的量占进入该装置前水中油含量的比例。

[计算公式]：

$$隔油池除油率 = \frac{总进口(巴氏槽)含油量 - 斜板出水污水含油量}{总进口(巴氏槽)含油量} \times 100$$

[计算说明]：总进口(巴氏槽)含油量——报告期内总进口(巴氏槽)含油污水分析正常含油量。单位：μg/g。

斜板出水污水含油量——报告期内装置隔油池出水污水分析正常含油量。单位：μg/g。

[单　　位]：%。

[指标用途]：反映炼油污水处理装置隔油池的运行状况。

[数据来源]：LIMS 系统或分析数据结果。

5.1.2 罐中罐处理除油率

[指标定义]：报告期内罐中罐处理水中被除去的油的量占进入该装置前水中油含量的比例。

[计算公式]：

$$罐中罐处理除油率 = \frac{斜板出水污水含油量 - 罐中罐出水污水含油量}{斜板出水污水含油量} \times 100$$

[计算说明]：正常工况下罐中罐处理隔油池来水，否则该公式无效。

斜板出水污水含油量——报告期内装置隔油池出水污水分析正常的含油量。单位：μg/g。

罐中罐出水污水含油量——报告期内装置罐中罐出水污水分析正常的含油量。单位：

μg/g。

[单　　位]:%。

[指标用途]：反映炼油污水处理装置罐中罐的运行状况。

[数据来源]：LIMS 系统或分析数据结果。

[对应指标]：炼油污水处理装置罐中罐除油率。

5.1.3 涡凹气浮机处理除油率

[指标定义]：报告期内涡凹气浮机处理水中被除去的油的量占进入该装置前水中油含量的比例。

[计算公式]：

$$涡凹气浮机处理除油率=\frac{罐中罐出水污水含油量-涡凹气浮机处理出水含油量}{罐中罐出水污水含油量}\times 100$$

[计算说明]：正常工况下涡凹气浮机处理罐中罐来水，否则该公式无效。

罐中罐出水污水含油量——报告期内装置罐中罐出水污水分析正常的含油量。单位：μg/g。

涡凹气浮机处理出水含油量——报告期内装置涡凹气浮机处理出水污水分析正常的含油量。单位：μg/g。

[单　　位]:%。

[指标用途]：反映炼油污水处理装置涡凹气浮机的运行状况。

[数据来源]：LIMS 系统或分析数据结果。

[对应指标]：炼油污水处理装置涡凹气浮机除油率。

5.1.4 溶气浮选处理除油率

[指标定义]：报告期内溶气浮选处理水中被除去的油的量占进入该装置前水中油含量的比例。

[计算公式]：

$$溶气浮选处理除油率=\frac{涡凹气浮机处理出水含油量-溶气浮选处理出水含油量}{涡凹气浮机处理出水含油量}\times 100$$

[计算说明]：正常工况下溶气浮选装置处理涡凹气浮机来水，否则该公式无效。

溶气浮选处理出水含油量——报告期内装置溶气浮选处理出水污水分析正常的含油量。单位：μg/g。

涡凹气浮机处理出水含油量——报告期内装置涡凹气浮机处理出水污水分析正常的含油量。单位：μg/g。

[单　　位]:%。

[指标用途]：反映炼油污水处理装置溶气浮选装置的运行状况。

[数据来源]：LIMS 系统或分析数据结果。

[对应指标]：炼油污水处理装置溶气浮选装置除油率。

5.1.5 三级浮选处理除油率

[指标定义]：报告期内三级浮选水中被除去的油的量占进入该装置前水中油含量的比例。

[计算公式]：

$$三级浮选处理除油率=\frac{溶气浮选处理出水含油量-三级浮选出水含油量}{溶气浮选处理出水含油量}\times 100$$

［计算说明］：正常工况下三级浮选处理均质罐来水，否则该公式无效。

溶气浮选处理出水含油量——报告期内装置溶气浮选处理出水污水分析正常的含油量。单位：μg/g。

三级浮选出水含油量——报告期内装置三级浮选出水污水分析正常的含油量。单位：μg/g。

［单　　位］：%。

［指标用途］：反映炼油污水处理装置三级浮选装置的运行状况。

［数据来源］：LIMS 系统或分析数据结果。

［对应指标］：炼油污水处理装置三级浮选装置除油率。

5.1.6　一级生化处理 COD 去除率

［指标定义］：报告期内一级生化处理水中被除去的 COD 的量占进入该装置前水中 COD 含量的比例。

［计算公式］：

$$一级生化处理COD去除率=\frac{三级浮选出水COD含量-一级生化处理出水COD含量}{三级浮选出水COD含量}\times 100$$

［计算说明］：正常工况下一级生化处理三级浮选来水，否则该公式无效。

三级浮选出水 COD 含量——报告期内装置三级浮选出水污水分析正常 COD 含量。单位：mg/L。

一级生化处理出水 COD 含量——报告期内装置一级生化处理出水污水分析正常 COD 含量。单位：mg/L。

［单　　位］：%。

［指标用途］：反映炼油污水处理装置一级生化的运行状况。

［数据来源］：LIMS 系统或分析数据结果。

［对应指标］：炼油污水处理装置一级生化 COD 去除率。

5.1.7　一级生化处理挥发酚去除率

［指标定义］：报告期内一级生化处理水中被除去的挥发酚的量占进入该装置前水中挥发酚含量的比例。

［计算公式］：

$$挥发酚去除率=\frac{三级浮选出水挥发酚含量-一级生化处理出水挥发酚含量}{三级浮选出水挥发酚含量}\times 100$$

［计算说明］：正常工况下一级生化处理三级浮选来水，否则该公式无效。

三级浮选出水挥发酚含量——报告期内装置三级浮选处理出水污水分析正常的挥发酚的含量。单位：mg/L。

一级生化处理出水挥发酚含量——报告期内装置一级生化处理出水污水分析正常挥发酚的含量。单位：mg/L。

［单　　位］：%。

［指标用途］：反映炼油污水处理装置一级生化的运行状况。

［数据来源］：LIMS 系统或分析数据结果。

［对应指标］：炼油污水处理装置一级生化挥发酚去除率。

5.1.8　二级生化处理 COD 去除率

［指标定义］：报告期内二级生化处理水中被除去的 COD 的量占进入该装置前水中 COD

含量的比例。

[计算公式]：

$$二级生化COD去除率=\frac{一级生化处理出水COD含量-二级生化处理出水COD含量}{一级生化处理出水COD含量}\times 100$$

[计算说明]：正常工况下二级生化处理一级生化来水，否则该公式无效。

一级生化处理出水 COD 含量——报告期内装置一级生化处理出水污水分析正常 COD 的含量。单位：mg/L。

二级生化处理出水 COD 含量——报告期内装置二级生化处理出水污水分析正常 COD 的含量。单位：mg/L。

[单　　位]：%。

[指标用途]：反映炼油污水处理装置二级生化的运行状况。

[数据来源]：LIMS 系统或分析数据结果。

[对应指标]：炼油污水处理装置二级生化 COD 去除率。

5.1.9　二级生化处理挥发酚去除率

[指标定义]：报告期内二级生化处理水中被除去的挥发酚的量占进入该装置前水中挥发酚的含量比例。

[计算公式]：

$$二级生化处理挥发酚去除率=\frac{一级生化处理出水挥发酚含量-二级生化处理出水挥发酚含量}{一级生化处理出水挥发酚含量}\times 100$$

[计算说明]：正常工况下二级生化处理一级生化来水，否则该公式无效。

一级生化处理出水挥发酚含量——报告期内装置一级生化处理出水污水分析正常挥发酚的含量。单位：mg/L。

二级生化处理出水 COD 含量——报告期内装置二级生化处理出水污水分析正常挥发酚的含量。单位：mg/L。

[单　　位]：%。

[指标用途]：反映炼油污水处理装置二级生化的运行状况。

[数据来源]：LIMS 系统或分析数据结果。

[对应指标]：炼油污水处理装置二级生化挥发酚去除率。

5.1.10　A/O 系统处理 COD 去除率

[指标定义]：报告期内 A/O 系统处理水中被除去的 COD 的量占进入该装置前水中 COD 含量的比例。

[计算公式]：

$$A/O系统处理COD去除率=\frac{二沉池出水COD含量-A/O出水COD含量}{二沉池出水COD含量}\times 100$$

[计算说明]：正常工况下 A/O 系统处理二沉池来水，否则该公式无效。

二沉池出水 COD 含量——报告期内装置二沉池出水污水分析正常 COD 的含量。单位：mg/L。

A/O 出水 COD 含量——报告期内装置 A/O 系统处理出水污水分析正常 COD 的含量。单位：mg/L。

[单　　位]：%。

[指标用途]：反映炼油污水处理装置 A/O 系统的运行状况。

[数据来源]：LIMS 系统或分析数据结果。

5.1.11　A/O 系统处理挥发酚去除率

[指标定义]：报告期内 A/O 系统处理水中被除去的挥发酚的量占进入该装置前水中挥发酚的含量比例。

[计算公式]：

$$A/O\text{系统处理挥发酚去除率}=\frac{\text{二沉池出水挥发酚含量}-A/O\text{出水挥发酚含量}}{\text{二沉池出水挥发酚含量}}\times 100$$

[计算说明]：正常工况下 A/O 系统处理二沉池来水，否则该公式无效。

二沉池出水挥发酚含量——报告期内装置二沉池出水污水分析正常挥发酚的含量。单位：mg/L。

A/O 出水挥发酚含量——报告期内装置 A/O 系统处理出水污水分析正常挥发酚的含量。单位：mg/L。

[单　　位]：%。

[指标用途]：反映炼油污水处理装置 A/O 系统的运行状况。

[数据来源]：LIMS 系统或分析数据结果。

5.1.12　A/O 系统处理氨氮去除率

[指标定义]：报告期内 A/O 系统处理水中被除去的氨氮的量占进入该装置前水中氨氮含量的比例。

[计算公式]：

$$A/O\text{系统处理氨氮去除率}=\frac{\text{二沉池出水氨氮含量}-A/O\text{出水氨氮含量}}{\text{二沉池出水氨氮含量}}\times 100$$

[计算说明]：正常工况下 A/O 系统处理二沉池来水，否则该公式无效。

二沉池出水氨氮含量——报告期内装置二沉池出水污水分析正常氨氮的含量。单位：mg/L。

A/O 出水氨氮含量——报告期内装置 A/O 系统处理出水污水分析正常氨氮的含量。单位：mg/L。

[单　　位]：%。

[指标用途]：反映炼油污水处理装置 A/O 系统的运行状况。

[数据来源]：LIMS 系统或分析数据结果。

5.2　生活污水处理效率

5.2.1　生活污水处理 COD 去除率

[指标定义]：报告期内水中被除去的 COD 的量占进入该装置前水中 COD 含量的比例。

[计算公式]：

$$\text{生活污水处理}COD\text{去除率}=\frac{\text{沉砂池出水}COD\text{含量}-\text{清水池出水}COD\text{含量}}{\text{沉砂池出水}COD\text{含量}}\times 100$$

[计算说明]：沉砂池出水 COD 含量——报告期内装置沉砂池出水污水分析正常 COD 的含量。单位：mg/L。

清水池出水 COD 含量——报告期内装置清水池出水污水分析正常 COD 的含量。单位：mg/L。

[单　　位]：%。

[指标用途]：反映生活污水处理装置的运行状况。

［数据来源］：LIMS 系统或分析数据结果。

5.2.2　生活污水处理氨氮去除率

［指标定义］：报告期内水中被除去的氨氮的量占进入该装置前水中氨氮含量的比例。

［计算公式］：

$$生活污水处理氨氮去除率 = \frac{沉砂池出水氨氮含量 - 清水池出水氨氮含量}{沉砂池出水氨氮含量} \times 100$$

［计算说明］：沉砂池出水氨氮含量——报告期内装置沉砂池出水污水分析正常氨氮的含量。单位：mg/L。

清水池出水氨氮含量——报告期内装置清水池出水污水分析正常氨氮的含量。单位：mg/L。

［单　　位］：%。

［指标用途］：反映生活污水处理装置的运行状况。

［数据来源］：LIMS 系统或分析数据结果。

［对应指标］：生活污水处理装置氨氮去除率。

5.2.3　生活污水处理总磷去除率

［指标定义］：报告期内水中被除去的总磷的量占进入该装置前水中总磷含量的比例。

［计算公式］：

$$生活污水处理总磷去除率 = \frac{沉砂池出水总磷含量 - 清水池出水总磷含量}{沉砂池出水总磷含量} \times 100$$

［计算说明］：沉砂池出水总磷含量——报告期内装置沉砂池出水污水分析正常总磷的含量。单位：mg/L。

清水池出水总磷含量——报告期内装置清水池出水污水分析正常总磷的含量。单位：mg/L。

［单　　位］：%。

［指标用途］：反映生活污水处理装置的运行状况。

［数据来源］：LIMS 系统或分析数据结果。

5.3　达标污水处理效率

5.3.1　达标污水处理 COD 去除率

［指标定义］：报告期内水中被除去的 COD 的量占进入该装置前水中 COD 含量的比例。

［计算公式］：

$$COD 去除率 = \frac{BAF 池进水 COD 含量 - BAF 池出水 COD 含量}{BAF 池进水 COD 含量} \times 100$$

［计算说明］：BAF 池进水 COD 含量——报告期内装置 BAF 池进水污水分析正常 COD 的含量。单位：mg/L。

BAF 池出水 COD 含量——报告期内装置 BAF 池出水污水分析正常 COD 的含量。单位：mg/L。

［单　　位］：%。

［指标用途］：反映达标污水处理装置的运行状况。

［数据来源］：LIMS 系统或分析数据结果。

5.3.2　达标污水处理氨氮去除率

［指标定义］：报告期内水中被除去的氨氮的量占进入该装置前水中氨氮含量的比例。

[计算公式]：

$$达标污水处理氨氮去除率=\frac{三级浮选出水氨氮含量-一级生化处理出水氨氮含量}{三级浮选出水氨氮含量}\times100$$

[计算说明]：BAF 池进水氨氮含量——报告期内装置 BAF 池进水污水分析正常氨氮的含量。单位：mg/L。

BAF 池出水氨氮含量——报告期内装置 BAF 池出水污水分析正常氨氮的含量。单位：mg/L。

[单　　位]：%。

[指标用途]：反映达标污水处理装置的运行状况。

[数据来源]：LIMS 系统或分析数据结果。

5.3.3　达标污水处理除油率

[指标定义]：报告期内水中被除去的油的量占进入该装置前水中含油量的比例。

[计算公式]：

$$达标污水处理除油率=\frac{三级浮选出水含油量-一级生化处理出水含油量}{三级浮选出水含油量}\times100$$

[计算说明]：BAF 池进水含油量——报告期内装置 BAF 池进水污水分析正常的含油量。单位：mg/L。

BAF 池出水含油量——报告期内装置 BAF 池出水污水分析正常的含油量。单位：mg/L。

[单　　位]：%。

[指标用途]：反映达标污水处理装置的运行状况。

[数据来源]：LIMS 系统或分析数据结果。

6　运行指标

6.1　炼油污水处理装置运行指标

6.1.1　最大处理能力

[指标定义]：报告期内炼油污水处理装置实际运行中最大处理能力，含最大月处理能力、最大日处理能力、最大小时处理能力。

[计算公式]：

最大小时处理能力(单位：t/h)见定义。

最大日处理能力=最大小时处理能力×24(单位：t/d)。

最大月处理能力=最大日处理能力×当月实际天数(单位：t/y)。

[计算说明]：月实际天数——标当月实际运行天数，大月 31 天，小月 30 天，二月闰年 29 天，其它 28 天。

[指标用途]：反映炼油污水处理装置最大处理能力状况。

[数据来源]：基础设计数据。

6.1.2　三级浮选出水含油合格率

[指标定义]：报告期内炼油污水处理装置三级浮选出水含油量合格的次数占总分析次数的比例。

[计算公式]：

$$三级浮选出水含油合格率 = \frac{三级浮选出水含油量合格次数}{三级浮选出水含油量分析的样本总数} \times 100$$

［计算说明］：三级浮选出水含油量合格次数——报告期内装置三级浮选出水分析正常含油量超过装置三级浮选的合格样本个数。

三级浮选出水含油量分析的样本总数——报告期内装置三级浮选出水分析正常含油量的样本总数。

［指标用途］：反映炼油污水处理装置除油状况。

［数据来源］：LIMS 系统或分析数据结果。

6.1.3　一级生化出水 COD 合格率

［指标定义］：报告期内炼油污水处理装置一级生化出水 COD 含量合格的次数占总分析次数的比例。

［计算公式］：

$$一级生化出水 COD 合格率 = \frac{一级生化出水 COD 含量合格次数}{一级生化出水 COD 含量分析的样本总数} \times 100$$

［计算说明］：一级生化出水 COD 含量合格次数——报告期内装置一级生化出水分析正常 COD 含量超过装置三级浮选的合格样本个数。

一级生化出水 COD 含量分析的样本总数——报告期内装置一级生化出水分析正常 COD 含量的样本总数。

［指标用途］：反映炼油污水处理装置一级生化 COD 去除状况。

［数据来源］：LIMS 系统或分析数据结果。

6.1.4　二级生化出水 COD 合格率

［指标定义］：报告期内炼油污水处理装置二级生化出水 COD 含量合格的次数占总分析次数的比例。

［计算公式］：

$$二级生化出水 COD 合格率 = \frac{二级生化出水 COD 含量合格次数}{二级生化出水 COD 含量分析的样本总数} \times 100$$

［计算说明］：二级生化出水 COD 含量合格次数——报告期内装置二级生化出水分析正常 COD 含量超过装置三级浮选的合格样本个数。

二级生化出水 COD 含量分析的样本总数——报告期内装置二级生化出水分析正常 COD 含量的样本总数。

［指标用途］：反映炼油污水处理装置二级生化 COD 去除状况。

［数据来源］：LIMS 系统或分析数据结果。

6.1.5　A/O 系统出水 COD 合格率

［指标定义］：报告期内炼油污水处理装置 A/O 系统出水 COD 含量合格的次数占总分析次数的比例。

［计算公式］：

$$A/O 系统出水 COD 合格率 = \frac{A/O 系统 COD 含量合格次数}{A/O 系统出水 COD 含量分析的样本总数} \times 100$$

［计算说明］：A/O 系统出水 COD 含量合格次数——报告期内装置 A/O 系统出水分析正常 COD 含量超过装置 A/O 系统的合格样本个数。

A/O 系统出水 COD 含量分析的样本总数——报告期内装置 A/O 系统出水分析正常 COD

含量的样本总数。

[指标用途]：反映炼油污水处理装置 A/O 系统 COD 去除状况。

[数据来源]：LIMS 系统或分析数据结果。

6.1.6　炼油暴雨池出水(外排水)合格率

[指标定义]：报告期内炼油污水处理装置炼油暴雨调节池出水各污染因子合格的次数占总分析次数的比例。

[计算公式]：

$$炼油暴雨池出水(外排水)合格率=\frac{暴雨调节池污染因子合格次数}{暴雨调节池污染因子分析的样本总数}\times 100$$

[计算说明]：暴雨调节池污染因子合格次数——报告期内装置暴雨调节池出水分析正常污染因子超过暴雨调节池的合格样本个数。

暴雨调节池污染因子分析的样本总数——报告期内装置暴雨调节池出水分析正常污染因子的样本总数。

[指标用途]：反映炼油污水处理装置运行状况。

[数据来源]：LIMS 系统或分析数据结果。

6.2　生活污水处理装置运行指标

6.2.1　最大处理能力

[指标定义]：报告期内生活污水处理装置实际运行中最大处理能力，含最大月处理能力、最大日处理能力、最大小时处理能力。

[计算公式]：

最大小时处理能力(单位：t/h)见定义。

最大日处理能力=最大小时处理能力×24(单位：t/d)。

最大月处理能力=最大日处理能力×当月实际天数(单位：t/y)。

[计算说明]：月实际天数——标当月实际运行天数，大月 31 天，小月 30 天，二月闰年 29 天，其它 28 天。

[指标用途]：反映生活污水处理装置最大处理能力状况。

[数据来源]：基础设计数据。

6.2.2　清水池出水 COD 合格率

[指标定义]：报告期内生活污水处理装置清水池出水 COD 含量合格的次数占总分析次数的比例。

[计算公式]：

$$清水池出水\ COD\ 合格率=\frac{清水池出水\ COD\ 含量合格次数}{清水池出水\ COD\ 含量分析的样本总数}\times 100$$

[计算说明]：清水池出水 COD 含量合格次数——报告期内装置清水池出水分析正常 COD 含量超过清水池的合格样本个数。单位：mg/L。

清水池出水 COD 含量分析的样本总数——报告期内装置清水池出水分析正常 COD 含量的样本总数。单位：mg/L。

[指标用途]：反映生活污水处理装置 COD 去除状况。

[数据来源]：LIMS 系统或分析数据结果。

6.2.3　清水池出水氨氮合格率

[指标定义]：报告期内生活污水处理装置清水池出水氨氮含量合格的次数占总分析次

数的比例。

[**计算公式**]：

$$清水池出水氨氮合格率=\frac{清水池出水氨氮含量合格次数}{清水池出水氨氮含量分析的样本总数}\times 100$$

[**计算说明**]：清水池出水氨氮含量合格次数——报告期内装置清水池出水分析正常氨氮含量超过清水池的合格样本个数。单位：mg/L。

清水池出水氨氮含量分析的样本总数——报告期内装置清水池出水分析正常氨氮含量的样本总数。单位：mg/L。

[**指标用途**]：反映生活污水处理装置氨氮去除状况。

[**数据来源**]：LIMS 系统或分析数据结果。

6.3 达标污水处理装置运行指标

6.3.1 最大处理能力

[**指标定义**]：报告期内达标污水处理装置实际运行中最大处理能力，含最大月处理能力、最大日处理能力、最大小时处理能力。

[**计算公式**]：

最大小时处理能力(单位：t/h)见定义。

最大日处理能力＝最大小时处理能力×24(单位：t/d)。

最大月处理能力＝最大日处理能力×当月实际天数(单位：t/月)。

[**计算说明**]：月实际天数——标当月实际运行天数，大月 31 天，小月 30 天，二月闰年 29 天，其它 28 天。

[**指标用途**]：反映达标污水处理装置最大处理能力状况。

[**数据来源**]：基础设计数据。

6.3.2 BAF 池出水 COD 合格率

[**指标定义**]：报告期内达标污水处理装置 BAF 池出水 COD 含量合格的次数占总分析次数的比例。

[**计算公式**]：

$$BAF池出水COD合格率=\frac{BAF池出水COD含量合格次数}{BAF池出水COD含量分析的样本总数}\times 100$$

$$\frac{BAF池出水COD含量合格次数}{BAF池出水COD总分析次数}\times 100\%$$

[**计算说明**]：BAF 池出水 COD 含量合格次数——报告期内装置 BAF 池出水分析正常 COD 含量超过 BAF 池的合格样本个数。单位：mg/L。

BAF 池出水 COD 含量分析的样本总数——报告期内装置 BAF 池出水分析正常 COD 含量的样本总数。单位：mg/L。

[**指标用途**]：反映达标污水处理装置 COD 去除状况。

[**数据来源**]：LIMS 系统或分析数据结果。

6.3.3 BAF 池出水氨氮合格率

[**指标定义**]：报告期内达标污水处理装置 BAF 池出水氨氮含量合格的次数占总分析次数的比例。

[**计算公式**]：$BAF池出水氨氮合格率=\frac{BAF池出水氨氮含量合格次数}{BAF池出水氨氮含量分析的样本总数}\times 100$

[计算说明]：BAF 池出水氨氮含量合格次数——报告期内装置 BAF 池出水分析正常氨氮含量超过 BAF 池的合格样本个数。单位：mg/L。

BAF 池出水氨氮含量分析的样本总数——报告期内装置 BAF 池出水分析正常 BAF 池含量的样本总数。单位：mg/L。

[指标用途]：反映达标污水处理装置氨氮去除状况。

[数据来源]：LIMS 系统或分析数据结果。

6.3.4 BAF 池出水油含量合格率

[指标定义]：报告期内达标污水处理装置 BAF 池出水油含量合格的次数占总分析次数的比例。

[计算公式]：

$$\text{BAF 池出水油含量合格率} = \frac{\text{BAF 池出水油含量合格次数}}{\text{BAF 池出水油含量分析的样本总数}} \times 100$$

[计算说明]：BAF 池出水油含量合格次数——报告期内装置 BAF 池出水分析正常油含量超过 BAF 池的合格样本个数。单位：mg/L。

BAF 池出水油含量分析的样本总数——报告期内装置 BAF 池出水分析正常油含量的样本总数。单位：mg/L。

[指标用途]：反映达标污水处理装置油的去除状况。

[数据来源]：LIMS 系统或分析数据结果。

7 操作指标

7.1 炼油污水处理装置操作指标

7.1.1 总进口(巴氏槽)来水 pH 值

[指标定义]：报告期内炼油污水处理装置总进口来水的酸碱程度。

[计算公式]：见本章相应指标定义。

[计算说明]：见本章相应指标定义。

[单　　位]：无。

[指标用途]：反映炼油污水处理装置总进口来水的平稳程度。

[数据来源]：LIMS 系统或分析数据结果。

[对应指标]：炼油污水处理装置总进口(巴氏槽)来水 pH 值。

7.1.2 总进口来水量

[指标定义]：报告期内炼油污水处理装置总进口来水的大小。

[计算公式]：见本章相应指标定义。

[计算说明]：见本章相应指标定义。

[单　　位]：m^3/h。

[指标用途]：反映炼油污水处理装置总进口来水的平稳程度。

[数据来源]：DCS 操作系统。

[对应指标]：炼油污水处理装置总进口(巴氏槽)来水量大小。

7.1.3 生化溶解氧大小

[指标定义]：报告期内生化系统污水中溶解氧的大小。

[计算公式]：见本章相应指标定义。

[计算说明]：见本章相应指标定义。

[单　　位]：mg/L。
[指标用途]：反映生化系统中污泥的性能状况，反应活性污泥系统的稳定性。
[数据来源]：LIMS 系统或分析数据结果。
[对应指标]：生化系统污水溶解氧的大小。

7.1.4　生化活性污泥浓度大小

[指标定义]：报告期内生化系统活性污泥浓度的大小。
[计算公式]：见本章相应指标定义。
[计算说明]：见本章相应指标定义。
[单　　位]：mg/L。
[指标用途]：实际操作中常以它作为相对计量活性污泥微生物量的指标。
[数据来源]：LIMS 系统或分析数据结果。
[对应指标]：生化系统活性污泥数量的多少。

7.1.5　生化污泥负荷大小

[指标定义]：报告期内生化系统单位质量的活性污泥在单位时间内去除的污染物的量。
[计算公式]：

$$生化污泥负荷 = \frac{进水量 \times COD}{暴气池有效容积 \times 污泥浓度}$$

[计算说明]：
[单　　位]：kgCOD(BOD)/(kg 污泥 · d)。
[指标用途]：用以指导污水处理中水量及污染物的控制，提高生化的运行效率。
[数据来源]：LIMS 系统或分析数据结果。
[对应指标]：生化系统单位质量的活性污泥在单位时间内去除的污染物的量。

7.1.6　生化容积负荷大小

[指标定义]：报告期内生化系统每立方米池容积每天负担的有机物的量。
[计算公式]：污泥负荷 × 混合液污泥浓度
[计算说明]：见本章相应指标定义。
[单　　位]：kgCOD(BOD)/(m^3 · d)。
[指标用途]：用容积负荷来评价生化装置实际处理负荷及相同条件下操作管理的优劣。
[数据来源]：LIMS 系统或分析数据结果。
[对应指标]：生化系统每立方米池容积每天负担的有机物的量。

7.2　生活污水处理装置操作指标

7.2.1　好氧池溶解氧大小

[指标定义]：报告期内生活污水处理装置好氧池溶解氧的大小。
[计算公式]：见本章相应指标定义。
[计算说明]：见本章相应指标定义。
[单　　位]：mg/L。
[指标用途]：反映生活污水处理装置鼓风机的平稳程度。
[数据来源]：DCS 操作系统。
[对应指标]：生活污水处理装置好氧池溶解氧的大小。

7.2.2　好氧池活性污泥浓度大小

[指标定义]：报告期内好氧池活性污泥浓度的大小。

[计算公式]：见本章相应指标定义。

[计算说明]：见本章相应指标定义。

[单　　位]：mg/L。

[指标用途]：实际操作中常以它作为相对计量活性污泥微生物量的指标。

[数据来源]：LIMS 系统或分析数据结果。

[对应指标]：好氧池活性污泥数量的多少。

7.2.3　好氧池污泥负荷大小

[指标定义]：报告期内好氧池单位质量的活性污泥在单位时间内去除的污染物的量。

[计算公式]：

$$好氧池污泥负荷大小=\frac{进水量\times COD}{暴气池有效容积\times 污泥浓度}$$

[计算说明]：

[单　　位]：kgCOD(BOD)/(kg 污泥・d)。

[指标用途]：用以指导污水处理中水量及污染物的控制，提高好氧池的运行效率。

[数据来源]：LIMS 系统或分析数据结果。

[对应指标]：好氧池单位质量的活性污泥在单位时间内去除的污染物的量。

7.2.4　好氧池容积负荷大小

[指标定义]：报告期内好氧池每立方米池容积每天负担的有机物的量。

[计算公式]：污泥负荷×混合液污泥浓度

[计算说明]：

[单　　位]：kgCOD(BOD)/(m^3・d)。

[指标用途]：用容积负荷来评价好氧池实际处理负荷及相同条件下操作管理的优劣。

[数据来源]：LIMS 系统或分析数据结果。

[对应指标]：好氧池每立方米池容积每天负担的有机物的量。

8　综合指标

8.1　装置负荷率

[指标定义]：报告期内污水处理装置总进口来水量与当期设计能力的比例。

[计算公式]：

$$装置负荷率=\frac{污水总处理量}{当期设计能力}\times 100$$

[计算说明]：污水总处理量——见本章“污水处理量”相应指标定义。单位：t。

当期设计能力——见《炼油装置公用指标体系》章中“当期设计能力”指标定义。单位：t。

[单　　位]：%。

[指标用途]：反映污水处理装置处理来水的负荷。

[数据来源]：DCS 操作系统。

8.2　吨水电单耗

[指标定义]：报告期内装置用电单耗。

[计算公式]：

$$吨水电单耗 = \frac{用电量}{污水总处理量} \times 100$$

[计算说明]：用电量——报告期内装置用电量。数据来源 MES 的能源管理模块。单位：kW · h。

污水总处理量——见本章"污水处理量"相应指标定义。单位：t。

[单　　位]：kW · h/t。

[指标用途]：反映污水处理装置用电状况。

[对应指标]：污水处理装置处理一吨污水耗电。

8.3　吨水标准蒸汽单耗

[指标定义]：报告期内装置处理 1t 污水消耗标准蒸汽量。

[计算公式]：

$$吨水标准蒸汽单耗 = \frac{标准蒸汽消耗量}{污水总处理量} \times 100$$

[计算说明]：标准蒸汽消耗量——当期装置消耗标准蒸汽量。数据来源 MES 的能源管理模块。单位：t。

污水总处理量——见本章"污水处理量"相应指标定义。单位：t。

[单　　位]：t/t。

[指标用途]：反映污水处理装置消耗蒸汽状况。

[对应指标]：污水处理装置处理一吨污水消耗蒸汽的量。

8.4　吨水蒸汽(标油)单耗

[指标定义]：报告期内装置处理 1t 污水消耗标油蒸汽量。

[计算公式]：

$$吨水蒸汽(标油)单耗 = \frac{蒸汽标油消耗量}{污水总处理量} \times 100$$

[计算说明]：蒸汽标油消耗量——当期装置各等级蒸汽转换为标油后的蒸汽标油消耗量。高压蒸汽、中压蒸汽、低压蒸汽、低低压蒸汽、超低压蒸汽标油换算单位分别为 kg 标油/t。数据来源 MES 的能源管理模块。

污水总处理量——见本章"污水处理量"相应指标定义。单位：t。

[单　　位]：kg 标油/t。

[指标用途]：反映污水处理装置蒸汽(标油)消耗状况。

[对应指标]：无。

8.5　综合能耗(标油)

[指标定义]：报告期内污水处理装置处理 1t 污水综合消耗的各种能源的总和。

[计算公式]：

$$综合能耗(标油) = \frac{\sum 各能源介质耗能}{污水总处理量} \times 100$$

[计算说明]：$\sum$各能源介质耗能 = 水耗能 + 电耗能 + 蒸汽耗能 + 燃料油耗能 + 燃料气耗能 + 热能输入输出耗能。

各能源介质耗能 = 各能源消耗量 × 折算系数

水耗能——循环水耗量 ×0.1 + 新鲜水耗量 ×0.17 + 除盐水耗量 ×2.3

电耗能——用电耗量 ×0.23

蒸汽耗能——1.0 蒸汽用量 ×76 - 1.0 蒸汽供量 ×76 + 0.35 蒸汽用量 ×66

燃料油耗能——燃料油消耗量 ×1000

燃料气耗能——燃料气单耗 ×950

热能输入输出耗能——热能输入输出量

污水总处理量——见本章“污水处理量”相应指标定义。单位：t。

[单　　位]：kg 标油/t。

[指标用途]：反映污水处理装置能源消耗状况。

[对应指标]：污水处理装置处理 1t 污水综合能耗(标油)。

第 50 章　碱渣处理装置

1　装置简介

碱渣分为两种，一种是常减压侧线碱渣(主要为柴油碱渣)，另一种是混合碱渣(包含汽油、液态烃碱渣)。对常减压侧线碱渣，用硫酸通过管道中和的方法，在反应罐中回收碱渣中有价值的化工原料—环烷酸，反应生成的硫酸钠溶液排至污水中和罐(pH 值 2 ~ 5)，罐内酸性污水送至排水车间含酚污水罐，中和罐内产品定期进行回收。对混合碱渣，先采取缓和湿式氧化脱臭，再用硫酸通过管道中和的方法，反应生成的硫酸钠溶液排至污水中和罐(pH 值 2 ~ 5)，罐内酸性污水送至排水车间含酚污水罐，中和罐内产品定期进行回收。

2　装置范围

碱渣处理装置主要包括环烷酸回收、缓和湿式氧化、混合碱渣处理等单元。

3　碱渣总加工量

[指标定义]：报告期内处理液态烃、汽油、柴油碱渣的进料量总和。

[计算公式]：

碱渣总加工量 = 液态烃碱渣加工量 + 汽油碱渣加工量 + 柴油碱渣加工量

[计算说明]：液态烃碱渣加工量——报告期内装置处理液态烃精制产生碱渣量总和。主要包括催化液态烃碱渣、焦化液态烃碱渣、轻烃液态烃碱渣等。

汽油碱渣加工量——报告期内装置处理催化汽油精制产生碱渣量总和。

柴油碱渣加工量——报告期内装置处理常减压煤油、柴油精制产生碱渣量总和。

[单　　位]：t。

[指标用途]：是评判环烷酸装置处理能力的指标。

[数据来源]：MES 统计平衡。

4　侧线指标

4.1　环烷酸产率

[指标定义]：报告期内环烷酸装置产出环烷酸产量占柴油碱渣加工量的百分比。

[计算公式]：

$$环烷酸产率 = \frac{环烷酸产量}{柴油碱渣加工量} \times 100$$

[计算说明]：环烷酸产量——报告期内装置产出外送环烷酸的商品量。单位：t。

柴油碱渣加工量——见本章“碱渣总加工量”中相应指标定义。单位：t。

[单　　位]：%。

[指标用途]：反映环烷酸收率状况。

[数据来源]：MES 统计平衡。

[对应指标]：环烷酸装置环烷酸收率。

4.2　粗酚产率

[指标定义]：报告期内装置产出粗酚产量占碱渣加工量的百分比。

[计算公式]：

$$粗酚产率 = \frac{粗酚产量}{减渣总加工量} \times 100$$

[计算说明]：粗酚产量——报告期内装置产出送出界区粗酚的产量，单位：t。

碱渣总加工量——见本章“碱渣总加工量”中相应指标定义。单位：t。

[单　　位]：%。

[指标用途]：反映粗酚收率状况。

[数据来源]：MES 统计平衡。

[对应指标]：混合减渣装置粗酚收率。

5　运行指标

5.1　硫离子去除率

[指标定义]：报告期内缓和湿式氧化装置原料混合碱渣中的硫离子量与脱后混合碱渣的硫离子量之差，占原料混合碱渣中的硫离子量的比例。

[计算公式]：

$$硫离子去除率 = \frac{原料混合减渣的硫含量 - 脱后混合减渣硫含量}{原料混合减渣的硫含量} \times 100$$

[计算说明]：原料混合减渣的硫含量——报告期内装置加工混合减渣新鲜进料分析正常硫含量的。单位：mg/L。

脱后混合减渣硫含量——报告期内装置加工后混合减渣分析正常硫含量的。单位：mg/L。

[单　　位]：%。

[指标用途]：反映缓和湿式氧化装置对硫离子的处理状况。

[数据来源]：LIMS 数据。

5.2　COD 去除率

[指标定义]：报告期内缓和湿式氧化装置原料混合碱渣中的 COD 量与脱后混合碱渣的 COD 量之差，占原料混合碱渣中的 COD 量的比例。

[计算公式]：

$$COD去除率 = \frac{原料混合减渣的COD含量 - 脱后混合减渣COD含量}{原料混合减渣的COD含量} \times 100$$

[计算说明]：原料混合减渣的 COD 含量——报告期内装置加工混合减渣新鲜进料分析正常 COD 含量的。单位：mg/L。

脱后混合减渣 COD 含量——报告期内装置加工后混合减渣分析正常 COD 含量的。单位：mg/L。

［单　　位］:%。

［指标用途］：反映缓和湿式氧化装置对 COD 的处理状况。

［数据来源］：LIMS 数据。

5.3　反应温度

［指标定义］：报告期内湿式氧化装置氧化反应器顶部出口温度。

［计算公式］：

$$反应温度=\frac{\sum 氧化反应器顶部出口温度}{氧化反应器顶部出口温度样本总数}$$

［计算说明］：氧化反应器顶部出口温度——报告期内装置氧化反应器顶部出口温度，每天按整点时间(一小时一次)采集反应器顶部出口温度作为计算数据源。单位:℃。

氧化反应器顶部出口温度样本总数——报告期内装置氧化反应器顶部出口温度的样本总数。

［单　　位］:℃。

［指标用途］：反映湿式氧化装置反应苛刻度高低的标志。

［数据来源］：实时数据库。

5.4　空气过剩量

［指标定义］：报告期内湿式氧化装置实际供给反应器的空气量与理论空气量的比值。

［计算公式］：

$$空气过剩量=\frac{\sum 实际供给氧化反应器的空气量}{理论空气量}$$

［计算说明］：实际供给氧化反应器的空气量——报告期内装置氧化反应器消耗空气流量的，每天按整点时间(一小时一次)采集反应器顶部出口温度作为计算数据源(单位:℃)，单位：m^3/h。

理论空气量——报告期内设计理论空气消耗量。单位：m^3/h。

［单　　位］：无。

［指标用途］：控制湿式氧化装置氧化反应程度的重要指标。

［数据来源］：实时数据库。

5.5　反应压力

［指标定义］：报告期内湿式氧化装置氧化反应器顶部出口压力。

［计算公式］：

$$反应压力=\frac{\sum 氧化反应器顶部出口压力}{氧化反应器顶部出口压力样本总数}$$

［计算说明］：氧化反应器顶部出口压力——报告期内装置氧化反应器顶部出口压力，每天按整点时间(一小时一次)采集反应器顶部出口压力作为计算数据源(单位:℃)。

氧化反应器顶部出口压力样本总数——报告期内装置氧化反应器顶部出口压力的样本总数。

［单　　位］：MPa。

［指标用途］：反映湿式氧化装置反应苛刻度高低的标志。

［数据来源］：实时数据库。

5.6 液体空速

[指标定义]：报告期内湿式氧化装置单位时间里通过反应器的混合碱渣体积流量。

[计算公式]：

$$液体空速 = \frac{反应器容积}{混合碱渣体积流量}$$

[计算说明]：氧化反应品容积——参考设备基础设计资料。单位：m^3。

混合碱渣体积流量——通过反应器的混合碱渣体积流量，每天按整点时间(一小时一次)采集混合碱渣体积流量作为计算数据源。单位：m^3/h。

[单　　位]：h^{-1}。

[指标用途]：反映湿式氧化装置的处理能力。

[数据来源]：实时数据库。

5.7 装置正常开工时间点

[指标定义]：报告期内装置连续收进界区外混合碱渣新鲜进料的时间点。

5.8 装置正常停工时间点

[指标定义]：报告期内装置连续停收界区外混合碱渣新鲜进料的时间点

第51章　油气回收装置

1 装置简介

在石油、石化等领域因汽油等轻质类油品在储存、运输过程中不能实现全密闭式的储存和装卸，容易挥发而产生严重的损耗。油气回收技术可回收油品在储运、装卸过程中排放的油气，防止油气挥发造成的大气污染，消除安全隐患，通过提高对能源的利用率来减小经济损失，从而得到可观的效益回报。主要有以下几种工艺：活性炭吸附法、贫油吸收法、冷凝法、膜分离法等。

2 装置范围

油气回收装置主要包括油气提压、油气吸收、油气粗制等单元。

3 运行指标

3.1 油气蒸发(挥发)损耗率

[指标定义]：报告期内油品在储存运行作业中产生蒸发(挥发)损失量与作业量的比例。

[计算公式]：

$$油气蒸发(挥发)损耗率 = \frac{挥发损失量}{运行作业量} \times 100$$

[计算说明]：挥发损失量——报告期内油品进入油罐车后开始挥发从关口溢出发生的损失量。相对于油台而言。单位：t。

运行作业量——报告期内全部进入油罐车的油品总量，单位：t。

油气蒸发(挥发)损耗率经验数据在0.13%左右。

[单　　位]：%。

［指标用途］：用于评估油品挥发性，估算装车作业中挥发损失量。

［数据来源］：MES 统计平衡。

3.2　原料油气浓度［%（质量）］

［指标定义］：报告期内装置吸收前的混合油气中平均含烃量质量分数。

［计算公式］：

$$当月原料油气浓度[\%(质量)]=\frac{\sum 原料油气浓度[\%(质量)]}{原料油气浓度的样本总数}$$

$$累计原料油气浓度[\%(质量)]=\frac{\sum 月原料油气浓度[\%(质量)]}{运行月数}$$

［计算说明］：原料油气浓度［%（质量）］——报告期内装置新鲜油气进料分析正常含烃量质量分数。单位：%（质量）。

原料油气浓度的样本总数——报告期内装置新鲜油气进料分析正常含烃量质量分数的样本总数。

运行月数——报告期内累计运行月的数量。

［单　　位］：%（质量）。

［指标用途］：油气回收装置入口油气浓度反映油品在运行作业中挥发状况，油气回收装置尾气排放油气浓度反映压装置处理性能状况。GB 16297—1997 规定的尾气排放混合烃含量 $<150mg/m^3$。

［数据来源］：LIMS。

3.3　净化油气浓度［%（质量）］

［指标定义］：报告期内装置吸收后的净化油气中平均含烃量质量分数。

［计算公式］：

$$当月净化油气浓度[\%(质量)]=\frac{\sum 净化油气浓度[\%(质量)]}{净化油气浓度的样本总数}$$

$$累计净化油气浓度[\%(质量)]=\frac{\sum 月净化油气浓度[\%(质量)]}{运行月数}$$

［计算说明］：净化油气浓度［%（质量）］——报告期内装置吸收后的净化油气中分析正常含烃量质量分数。单位：%（质量）。

净化油气浓度的样本总数——报告期内装置吸收后的净化油气中分析正常含烃量质量浓度的样本总数。

运行月数——报告期内累计运行月的数量。

［单　　位］：%（质量）。

［数据来源］：LIMS。

4　装置正常开工时间点

［指标定义］：报告期内装置开始连续收进界区外油气的时间点。

5　装置正常停工时间点

［指标定义］：报告期内装置开始连续停收界区外油气的时间点。

6 综合指标

6.1 质量回收率

[**指标定义**]：报告期内对混合油气进行回收处理时回收量与挥发损失量的比例。

[**计算公式**]：

$$质量回收率=\frac{\sum 原料油气浓度[\%(质量)]-净化油气浓度[\%(质量)]}{原料油气浓度[\%(质量)]}\times 100$$

[**计算说明**]：原料油气浓度[%(质量)]、净化油气浓度[%(质量)]——见本章“运行指标”中相应指标定义。单位：%(质量)。

若装置出入口的油气分析浓度为体积分数，质量回收率公式如下：

$$质量回收率=(1-\frac{48.97}{65.51}\times\frac{C_{out}\times(1-C_{in})}{C_{in}\times(1-C_{out})})\times 100$$

式中 C_{in}——装置入口油气体积分数，%(体积)；

C_{out}——装置出口油气体积分数，%(体积)。

[**单　　位**]：%。

[**指标用途**]：反映油气回收装置技术方法处理性能状况。

[**数据来源**]：LIMS 和 MES 统计平衡。

6.2 油气回收量

[**指标定义**]：报告期内装置运行累计回收油气的总量。

[**计算公式**]：

$$油气回收量=油气损耗总量\times 质量回收率$$

$$油气损耗总量=\frac{\mu\times G_1\times C_p\times P}{z\times R\times T\times\rho(1-C_p)}$$

式中 G_1——油品装车量，t；

C_p——装车排放口油气体积平均浓度，mg/m^3；

ρ——汽油密度，kg/m^3；

μ——平均油气摩尔质量，65.5kg/kmol；

P——油罐车气体空间压力，103.3kPa；

z——平均油气压缩因子，$z=0.95$；

R——气体常数，8.31kJ/(kmol·K)；

T——储油容器气体空间温度，$T=293K$。

[**单　　位**]：t。

[**指标用途**]：反应油气回收装置处理能力及运行量。

[**数据来源**]：LIMS 和 MES 统计平衡。

第 52 章　瓦斯回收装置

1 装置简介

瓦斯回收装置主要将炼油生产装置产生大量的低压瓦斯气通过气柜、压缩机回收瓦斯作为炼油生产装置燃料，若生产装置突发事情大量排低压瓦斯气，无法回收的瓦期将通过水封排入火炬燃烧。

2 装置范围

瓦斯回收装置主要包括气柜、压缩机、水封、火炬、脱硫等单元组成。有的装置不设含脱硫单元。

3 瓦斯回收量

［指标定义］：报告期内装置回收瓦斯量。

［计算公式］：见指标定义。

［计算说明］：瓦斯回收量——报告期内装置回收瓦斯量，包括回收酸性气量。

［单　　位］：t。

［数据来源］：MES。

4 瓦斯跑损量

［指标定义］：报告期内装置瓦斯损失总量总和。

［计算公式］：

瓦斯跑损量 = 瓦斯排入火炬量 + 酸性气排入火炬量 + 火炬长明灯燃料消耗量

［计算说明］：瓦斯跑损量——报告期内装置瓦斯损失总量总和。计入炼油板块加工损失中的“瓦斯跑损”项。

瓦斯排入火炬量——报告期内装置低压瓦斯排入火炬燃烧的量。若低压瓦斯排入火炬燃烧有流量表，采用流量表进行计量；不设流量计或流量计失灵，采用冲水封时间计算。

酸性气排入火炬量——报告期内装置酸性气排入火炬燃烧的量。若酸性气排入火炬燃烧有流量表，采用流量表进行计量；若不设流量计或流量计失灵，采用酸性气放空时间进行计算。

火炬长明灯燃料消耗量——报告期内装置火炬长明灯燃料消耗量。若火炬长明灯燃料气设流量表，采用流量表进行计量；若不设流量计或流量计失灵，采用火炬长明灯点火时间进行计算。

［单　　位］：%。

［数据来源］：MES。

5 运行指标

5.1 瓦斯气中氢气含量

［指标定义］：报告期内回收瓦斯气中氢气平均体积含量。

［计算公式］：

$$当月瓦斯气中氢气含量 = \frac{\sum 瓦斯气中氢气含量}{瓦斯气中氢气含量的样本总数}$$

$$累计瓦斯气中氢气含量 = \frac{\sum 月瓦斯气中氢气含量}{运行月数}$$

［计算说明］：瓦斯气中氢气含量——报告期内回收瓦斯气中分析正常氢气体积含量。单位：%。

瓦斯气中氢气含量的样本总数——报告期内回收瓦斯气中分析正常氢气体积含量的样本总数。

运行月数——报告期内装置累计运行月的数量。

[单　　位]:%(体积)。

[数据来源]: LIMS。

5.2　瓦斯气中≥C_3 含量

[指标定义]: 报告期内回收瓦斯气中≥C_3 平均体积含量。

[计算公式]:

$$当月瓦斯气中\geqslant C_3 含量=\frac{\sum 瓦斯气中\geqslant C_3 含量}{瓦斯气中\geqslant C_3 含量的样本总数}$$

$$累计瓦斯气中\geqslant C_3 含量=\frac{\sum 月瓦斯气中\geqslant C_3 含量}{运行月数}$$

[计算说明]: 瓦斯气中≥C_3 含量——报告期内回收瓦斯气中分析正常≥C_3 体积含量。单位:%。

瓦斯气中≥C_3 含量的样本总数——报告期内回收瓦斯气中分析正常≥C_3 体积含量的样本总数。

运行月数——报告期内装置累计运行月的数量。

[单　　位]:%(体积)。

[数据来源]: LIMS。

5.3　瓦斯气中总硫含量

[指标定义]: 报告期内回收瓦斯气中总硫平均体积含量。

[计算公式]:

$$当月瓦斯气中总硫含量=\frac{\sum 瓦斯气中总硫含量}{瓦斯气中总硫含量的样本总数}$$

$$累计瓦斯气中总硫含量=\frac{\sum 月瓦斯气中\geqslant C_3 含量}{运行月数}$$

[计算说明]: 瓦斯气中总硫含量——报告期内回收瓦斯气中分析正常总硫体积含量。单位:%。

瓦斯气中总硫含量的样本总数——报告期内回收瓦斯气中分析正常总硫体积含量的样本总数。

运行月数——报告期内装置累计运行月的数量。

[单　　位]:%(体积)。

[数据来源]: LIMS。

6　综合指标

6.1　瓦斯回收率

[指标定义]: 报告期内装置对低压瓦斯气的回收效率。

[计算公式]:

$$瓦斯回收率=\frac{\sum 瓦斯回收量}{瓦斯回收量+瓦斯跑损量}\times 100$$

[计算说明]: 瓦斯回收量——见本章相应指标定义。单位: t。

[单　　位]:%。

[数据来源]：MES。

6.2　瓦斯冲水封时间

[指标定义]：报告期内瓦斯冲水封时间总和。

[计算公式]：

$$瓦斯冲水封时间 = 瓦斯放空时间 + 酸性气放空时间$$

[计算说明]：瓦斯冲水封时间——报告期内装置低压瓦斯排入火炬燃烧时间。若设有多条瓦斯火炬线，则按单瓦斯火炬线计算排放时间。

酸性气放空时间——报告期内装置酸性气排入火炬燃烧的时间。若设有多条酸性气火炬线，则按单酸性气火炬线计算排放时间。

[单　　位]：h。

[数据来源]：MES。

6.3　开机率

[指标定义]：报告期内装置所有压缩机的运行效率。

[计算公式]：

$$开机率 = \frac{\sum 压缩机开机时间}{运行天数 \times 24 \times 压缩机数} \times 100$$

[计算说明]：压缩机开机时间——报告期内装置压缩的开机时间总和。单位：h。

运行天数——报告期内装置实际运行天的数量。

压缩机数——报告期内装置压缩机的数量

[单　　位]:%。

[指标用途]：反应油气回收装置处理能力及运行量。

[数据来源]：LIMS 和 MES 统计平衡。

第 53 章　CFB 锅炉装置

1　装置简介

CFB 锅炉装置原料主要是煤、石油焦等燃料和除盐水，燃料经破碎后由给煤机送入炉膛，燃烧后放出热量传热给水侧介质，底渣由冷渣器、滚筒除渣器等设备排至低渣库，飞灰由除尘设备收集至灰斗，气力输送至飞灰库；二级除盐水经除氧后进入锅炉加热，产出符合温度、压力等级的蒸汽。

2　装置范围

装置范围包括循环流化床锅炉、汽轮发电机组、燃料破碎和输送系统、飞灰和底渣输送系统、除尘系统、烟气脱硫系统、空气压缩系统、加药系统、冷却水系统等单元组成。有的装置不设烟气脱硫系统。

3　CFB 锅炉装置给水量

[指标定义]：报告期内进入装置的除盐水总量。

[计算公式]：见指标定义。

[计算说明]：CFB锅炉装置给水量是指报告期内直接进入界区的除盐水消耗量，包括界区的蒸汽凝结水。

[单　　位]：t。

4　CFB锅炉装置燃料耗量

[指标定义]：报告期内进入装置各套CFB锅炉的各种燃料消耗总量。

[计算公式]：

CFB锅炉装置燃料耗量 = 气体燃料耗量 + 液体燃料耗量 + 固体燃料耗量

[计算说明]：CFB锅炉燃料耗量——报告期内进入装置各套CFB锅炉的各种燃料消耗总量。燃料包括气体、液体、固体燃料。

气体燃消耗量——报告期内进入装置各套CFB锅炉的干气、天然气等气体燃料消耗量。

液体燃料耗量——报告期内进入装置各套CFB锅炉的液化气、柴油、重油等液体燃料消耗量。

固体燃料耗量——报告期内进入装置各套CFB锅炉的煤、石油焦、油页岩、含油的白土渣或油泥等固体燃料消耗量。

[单　　位]：t。

5　CFB锅炉装置自产汽量

[指标定义]：报告期内装置CFB锅炉自产蒸汽总量。

[计算公式]：见指标定义。

[计算说明]：CFB锅炉装置自产汽量——报告期内装置CFB锅炉单元产出的蒸汽总量，包括CFB锅炉各等级蒸汽量。

[单　　位]：t。

[指标用途]：反映出CFB锅炉装置产汽能力大小。

6　CFB锅炉装置发电量

[指标定义]：报告期内装置各发电机组的发电量总和。

[计算公式]：见指标定义。

[计算说明]：CFB锅炉装置发电量——报告期内装置各发电机组的发电量总和。

[单　　位]：t。

[指标用途]：反映出CFB锅炉装置发电能力大小。

7　运行指标

7.1　装置负荷率

[指标定义]：报告期内装置CFB锅炉实际总产汽量与设计额定产汽量之比。

[计算公式]：

$$装置负荷率 = \frac{装置自产汽量}{设计额定产汽量} \times 100$$

[计算说明]：装置负荷率——报告期内装置CFB锅炉实际总产汽量与设计额定产汽量之比，反映出实际运行能力。单位:%。

装置自产汽量——见本章相应指标定义。单位：t。

设计额定产汽量——报告期内装置各套 CFB 锅炉设计额定产汽量。计算公式如下：

设计额定产汽量 = ∑(CFB 锅炉设计额定小时产汽量 × 报告期内运行时间)

[单　　位]:%。

7.2 燃料运行指标

7.2.1 燃料中钠离子含量

[指标定义]：报告期内装置投入 CFB 锅炉燃料中的钠离子含量。

[计算公式]：

$$当月燃料中钠离子含量=\frac{\sum 燃料中钠离子含量}{燃料中钠离子含量样本总数}$$

$$累计燃料中钠离子含量=\frac{\sum 月燃料中钠离子含量}{运行月数}$$

[计算说明]：燃料中钠离子含量——报告期内装置投入 CFB 锅炉燃料分析正常钠离子含量。单位:%。

燃料中钠离子含量样本总数——报告期内装置投入 CFB 锅炉燃料分析正常钠离子含量的样本总数。

运行月数——报告期内装置累计运行月的数量。如下类同。

[单　　位]：mg/kg。

7.2.2 燃料中钾离子含量

[指标定义]：报告期内装置投入 CFB 锅炉燃料中的钾离子含量。

[计算公式]：

$$当月燃料中钾离子含量=\frac{\sum 燃料中钾离子含量}{燃料中钾离子含量样本总数}$$

$$累计燃料中钾离子含量=\frac{\sum 月燃料中钾离子含量}{运行月数}$$

[计算说明]：燃料中钾离子含量——报告期内装置投入 CFB 锅炉燃料分析正常钾离子含量。单位:%。

燃料中钾离子含量样本总数——报告期内装置投入 CFB 锅炉燃料分析正常钾离子含量的样本总数。

运行月数——报告期内装置累计运行月的数量。

[单　　位]：mg/kg。

7.2.3 燃料中镍离子含量

[指标定义]：报告期内装置投入 CFB 锅炉燃料中的镍离子含量。

[计算公式]：

$$当月燃料中镍离子含量=\frac{\sum 燃料中镍离子含量}{燃料中镍离子含量样本总数}$$

$$累计燃料中镍离子含量=\frac{\sum 月燃料中镍离子含量}{运行月数}$$

[计算说明]：燃料中镍离子含量——报告期内装置投入 CFB 锅炉燃料分析正常镍离子含量。单位:%。

燃料中镍离子含量样本总数——报告期内装置投入 CFB 锅炉燃料分析正常镍离子含量

的样本总数。

运行月数——报告期内装置累计运行月的数量。

[单　　位]：mg/kg。

7.2.4　燃料中钒离子含量

[**指标定义**]：报告期内装置投入CFB锅炉燃料中的钒离子含量。

[**计算公式**]：

$$当月燃料中钒离子含量=\frac{\sum 燃料中钒离子含量}{燃料中钒离子含量样本总数}$$

$$累计燃料中钒离子含量=\frac{\sum 月燃料中钒离子含量}{运行月数}$$

[**计算说明**]：燃料中钒离子含量——报告期内装置投入CFB锅炉燃料分析正常钒离子含量。单位:%。

燃料中钒离子含量样本总数——报告期内装置投入CFB锅炉燃料分析正常钒离子含量的样本总数。

运行月数——报告期内装置累计运行月的数量。

[单　　位]：mg/kg。

7.2.5　燃料中镁离子含量

[**指标定义**]：报告期内装置投入CFB锅炉燃料中的镁离子含量。

[**计算公式**]：

$$当月燃料中镁离子含量=\frac{\sum 燃料中镁离子含量}{燃料中镁离子含量样本总数}$$

$$累计燃料中镁离子含量=\frac{\sum 月燃料中镁离子含量}{运行月数}$$

[**计算说明**]：燃料中镁离子含量——报告期内装置投入CFB锅炉燃料分析正常镁离子含量。单位:%。

燃料中镁离子含量样本总数——报告期内装置投入CFB锅炉燃料分析正常镁离子含量的样本总数。

运行月数——报告期内装置累计运行月的数量。

[单　　位]：mg/kg。

7.2.6　燃料中全水分

[**指标定义**]：报告期内装置投入CFB锅炉燃料中的全水分，也称为全水。

[**计算公式**]：

$$当月燃料中全水分=\frac{\sum 燃料中全水分}{燃料中全水分样本总数}$$

$$累计燃料中全水分=\frac{\sum 月燃料中全水分}{运行月数}$$

[**计算说明**]：燃料中全水分——报告期内装置投入CFB锅炉燃料分析正常全水分。单位:%。

燃料中全水分样本总数——报告期内装置投入CFB锅炉燃料分析正常全水分的样本总数。

运行月数——报告期内装置累计运行月的数量。

[单　　位]:%。

7.2.7　燃料中收到基灰分

[指标定义]：报告期内装置投入 CFB 锅炉燃料中的收到基灰分，也称为灰分。

[计算公式]：

$$当月燃料中收到基灰分 = \frac{\sum 燃料中收到基灰分}{燃料中收到基灰分样本总数}$$

$$累计燃料中收到基灰分 = \frac{\sum 月燃料中收到基灰分}{运行月数}$$

[计算说明]：燃料中收到基灰分——报告期内装置投入 CFB 锅炉燃料分析正常收到基灰分。单位:%。

燃料中收到基灰分样本总数——报告期内装置投入 CFB 锅炉燃料分析正常收到基灰分的样本总数。

运行月数——报告期内装置累计运行月的数量。

[单　　位]:%。

7.2.8　燃料中全硫含量

[指标定义]：报告期内装置投入 CFB 锅炉燃料中的全硫含量，也称全硫。

[计算公式]：

$$当月燃料中全硫含量 = \frac{\sum 燃料中全硫含量}{燃料中全硫含量样本总数}$$

$$累计燃料中全硫含量 = \frac{\sum 月燃料中全硫含量}{运行月数}$$

[计算说明]：燃料中全硫含量——报告期内装置投入 CFB 锅炉燃料分析正常全硫含量。单位:%。

燃料中全硫含量样本总数——报告期内装置投入 CFB 锅炉燃料分析正常全硫含量的样本总数。

运行月数——报告期内装置累计运行月的数量。

[单　　位]:%。

7.2.9　燃料中干燥无灰基挥发分

[指标定义]：报告期内装置投入 CFB 锅炉燃料中的干燥无灰基挥发分。

[计算公式]：

$$当月燃料中干燥无灰基挥发分 = \frac{\sum 燃料中干燥无灰基挥发分}{燃料中干燥无灰基挥发分样本总数}$$

$$累计燃料中干燥无灰基挥发分 = \frac{\sum 月燃料中干燥无灰基挥发分}{运行月数}$$

[计算说明]：燃料中干燥无灰基挥发分——报告期内装置投入 CFB 锅炉燃料分析正常干燥无灰基挥发分。单位:%。

燃料中干燥无灰基挥发分样本总数——报告期内装置投入 CFB 锅炉燃料分析正常干燥无灰基挥发分的样本总数。

运行月数——报告期内装置累计运行月的数量。

[单　　位]:%。

7.2.10　燃料中收到基低位热值

[指标定义]：报告期内装置投入 CFB 锅炉燃料中的收到基低位热值。

［计算公式］：

$$当月燃料中收到基低位热值=\frac{\sum 燃料中收到基低位热值}{燃料中收到基低位热值样本总数}$$

$$累计燃料中收到基低位热值=\frac{\sum 月燃料中收到基低位热值}{运行月数}$$

［计算说明］：燃料中收到基低位热值——报告期内装置投入 CFB 锅炉燃料分析正常收到基低位热值。单位:%。

燃料中收到基低位热值样本总数——报告期内装置投入 CFB 锅炉燃料分析正常收到基低位热值的样本总数。

运行月数——报告期内装置累计运行月的数量。

［单　　位］：kJ/kg。

7.3　蒸汽压力

［指标定义］：报告装置 CFB 锅炉产出蒸汽的平均压力。

［计算公式］：

$$当月蒸汽压力=\frac{\sum 蒸汽压力}{蒸汽压力的样本总数}$$

$$累计蒸汽压力=\frac{\sum 月蒸汽压力}{运行月数}$$

［计算说明］：蒸汽压力——报告装置 CFB 锅炉产出蒸汽压力，每天按整点时间(一小时一次)采集 CFB 锅炉产出蒸汽压力作为计算数据源。

蒸汽压力样本总数——报告装置 CFB 锅炉产出蒸汽温度的样本总数。

运行月数——报告期内装置累计运行月的数量，如到 6 月份，运行月数为 6 个月。若出在某月全月停工检修，则从实际运行月数量中扣除。

［单　　位］：MPa。

7.4　蒸汽温度

［指标定义］：报告装置 CFB 锅炉产出蒸汽的平均温度。

［计算公式］：

$$当月蒸汽温度=\frac{\sum 蒸汽温度}{蒸汽温度的样本总数}$$

$$累计蒸汽温度=\frac{\sum 月蒸汽温度}{运行月数}$$

［计算说明］：蒸汽温度——报告装置 CFB 锅炉产出蒸汽温度，每天按整点时间(一小时一次)采集 CFB 锅炉产出蒸汽温度作为计算数据源。

蒸汽温度样本总数——报告装置 CFB 锅炉产出蒸汽温度的样本总数。

运行月数——报告期内装置累计运行月的数量，如到 6 月份，运行月数为 6 个月。若出在某月全月停工检修，则从实际运行月数量中扣除。

［单　　位］：℃。

7.5　锅炉给水合格率

［指标定义］：报告期内装置投入 CFB 锅炉给水的平均合格率。

［计算公式］：

$$当月锅炉给水合格率=\frac{\sum 锅炉给水合格次数}{锅炉给水合格率的样本总数}\times 100$$

$$累计 CFB 锅炉给水合格率 = \frac{\sum 月锅炉给水合格率}{运行月数}$$

[计算说明]：锅炉给水合格次数——报告期内装置投入 CFB 锅炉给水分析合格次数。单位:%。

锅炉给水的样本总数——报告期内装置投入 CFB 锅炉锅炉给水分析正常样本总数。

运行月数——报告期内装置累计运行月的数量。

[单　　位]:%。

7.6　锅炉炉水合格率

[指标定义]：报告期内装置投入 CFB 锅炉炉水的平均合格率。

[计算公式]：

$$当月锅炉炉水合格率 = \frac{\sum 锅炉炉水合格次数}{锅炉炉水合格率样本总数} \times 100\%$$

$$累计 CFB 锅炉炉水合格率 = \frac{\sum 月锅炉炉水合格率}{运行月数}$$

[计算说明]：锅炉炉水合格次数——报告期内装置投入 CFB 锅炉水分析合格次数。单位:%。

锅炉炉水的样本总数——报告期内装置投入 CFB 锅炉水分析正常样本总数。

运行月数——报告期内装置累计运行月的数量。

[单　　位]:%。

7.7　饱和蒸汽合格率

[指标定义]：报告期内装置投入 CFB 锅炉饱和蒸汽的平均合格率。

[计算公式]：

$$当月饱和蒸汽合格率 = \frac{\sum 饱和蒸汽合格次数}{饱和蒸汽合格率样本总数} \times 100$$

$$累计 CFB 锅炉饱和蒸汽合格率 = \frac{\sum 月饱和蒸汽合格率}{运行月数}$$

[计算说明]：饱和蒸汽合格次数——报告期内装置投入 CFB 锅炉饱和蒸汽分析合格次数。单位：次。

饱和蒸汽的样本总数——报告期内装置投入 CFB 锅炉饱和蒸汽分析正常样本总数。

运行月数——报告期内装置累计运行月的数量。

[单　　位]:%。

7.8　过热蒸汽合格率

[指标定义]：报告期内装置投入 CFB 锅炉过热蒸汽的平均合格率。

[计算公式]：

$$当月过热蒸汽合格率 = \frac{\sum 过热蒸汽合格次数}{过热蒸汽合格率样本总数} \times 100$$

$$累计 CFB 锅炉过热蒸汽合格率 = \frac{\sum 月过热蒸汽合格率}{运行月数}$$

[计算说明]：过热蒸汽合格次数——报告期内装置投入 CFB 锅炉过热蒸汽分析合格次数。单位：次。

过热蒸汽的样本总数——报告期内装置投入 CFB 锅炉过热蒸汽分析正常样本总数。

运行月数——报告期内装置累计运行月的数量。

[单　　位]:%。

7.9　燃料消耗折标煤

[**指标定义**]：报告期内装置燃料耗量折算为标准煤量。

[**计算公式**]：

$$燃料消耗折标煤=\frac{\sum(某燃料量\times该种燃料的低位发热量)}{标准煤的低位发热量}$$

[**计算说明**]：某燃料量——也就是CFB锅炉装置燃料耗量，见“CFB锅炉装置燃料耗量”指标定义。单位：t。

该种燃料的低位发热量——也就是燃料收到基低位发热值，见“燃料收到基低位发热值”指标定义。单位：kJ/kg。

低位发热量——燃料经完全燃烧，但燃烧物中的水蒸气仍以气态存在时的反应热，它不包括燃料中生成的水蒸气放出的凝结热。燃料在燃烧中，蒸汽的凝结热难以被利用，所以我国规定燃料的热值统一按低位发热量计算。单位：kJ/kg。

标准煤的低位发热量——也称为标准煤的收到基低位发热值，是指热值为7000kcal/kg(即29308kJ/kg)发热量的标准燃料，单位：kJ/kg。

[单　　位]：kg。

7.10　总供热量

[**指标定义**]：报告期内装置在发电的同时，对外供出的热量(不含装置自用部分)。

[**计算公式**]：

$$\begin{aligned}总供热量&=炉直供热+汽机供热+减温减压器供热\\&=有效供热量+供热管道热损失量\end{aligned}$$

$$有效供热量=供给集团非上市热量+供给股份公司热量+其它外供热量$$

[**计算说明**]：总供热量——报告期内装置在发电的同时，对外供出的热量(不含装置自用部分)。

炉直供热量——报告期内装置CFB锅炉直供界区的蒸汽转换的热量。

汽机供热——报告期内装置汽机组发电后直供界区的蒸汽转换的热量。

减温减压器供热——报告期内装置减温减压器后直供界区的蒸汽转换的热量。

注意：蒸汽热量$=\sum$(蒸汽直供量×蒸汽转换系数)

各等级蒸汽转换系数参与总部生产经营处统计处发报的转换系数。

[单　　位]：GJ。

8　综合指标

8.1　汽水品质合格率

[**指标定义**]：报告期内装置给水、炉水、饱和蒸汽及过热蒸汽等各项指标的平均合格率。

[**计算公式**]：

$$汽水品质合格率=\frac{锅炉给水合格率+锅炉炉水合格率+饱和蒸汽合格率+过热蒸汽合格率}{4}$$

[**计算说明**]：汽水品质合格率——汽水品质分析项目范围内的所有项目的平均合格率，反映出汽水侧原料的品质控制水平。

锅炉给水合格率、锅炉炉水合格率、饱和蒸汽合格率、过热蒸汽合格——见本章相应指标定义。

[单　　位]:%。

8.2　燃料中重金属含量

[指标定义]：报告期内装置消耗燃料中的钠、钾、镍、钒、镁等重金属离子含量总和。

[计算公式]：

$$燃料中重金属含量 = 燃料中钠离子含量 + 燃料中钾离子含量 + 燃料中镍离子含量 + 燃料中钒离子含量 + 燃料中镁离子含量$$

[计算说明]：燃料中钠离子含量、燃料中钾离子含量、燃料中镍离子含量、燃料中钒离子含量、燃料中镁离子含量——见本章相应指标定义。

[单　　位]:%。

8.3　供热比

[指标定义]：报告期内装置总供热量与炉总产热量的比值。

[计算公式]：

$$供热比 = \frac{总供热量}{炉总产热量} \times 100$$

[计算说明]：供热比——报告期内装置总供热量与炉总产热量的比值。

总供热量——见本章相应指标定义。单位：GJ。

炉总产热量——报告期装置 CFB 锅炉蒸汽的总产热量。单位：GJ。计算公式如下：

$$蒸汽热量 = \sum(蒸汽产量 \times 蒸汽转换系数)$$

注：炉总产热量、总供热量不包括锅炉补给水(汽)、返回冷凝水含热量。炉总产汽量与炉总产热量没有严格的数量对应关系。

[单　　位]:%。

8.4　发电标煤耗

[指标定义]：报告期内装置每发 1kW·h(一度)电平均耗用的标准煤量。

[计算公式]：

$$发电标煤耗 = \frac{发电标准煤量}{自发电量} \times 100$$

[计算说明]：发电标煤耗——报告期内装置每发 1kW·h(一度)电平均耗用的标准煤量。

发电标准煤量——报告期内装置发电折算为标准煤量。单位：t。计算公式如下：

$$发电标准煤量 = 自发电量 \times 电标煤换算系数$$

自发电量——报告期内装置汽轮机发电总量。单位：10^4kW·h。

[单　　位]：g/(kW·h)

[指标用途]：反映出供电煤耗水平，是衡量锅炉运行水平的主要指标之一。

8.5　供电标煤耗

[指标定义]：报告期内装置每供出 1kW·h 电能平均耗用的标准煤量。它是综合计算了发电煤耗及厂用电率水平的消耗指标。

[计算公式]：

$$供电标煤耗 = \frac{供电标准煤量}{自发电量 - 锅炉用电量} \times 100$$

$$= \frac{耗标准煤量 \times (1 - 供热比)}{自发电量 - 锅炉用电量} \times 1000$$

［计算说明］：供电标准煤量、耗标准煤量——见本章相应指标定义。单位：t。

自发电量——见本章相应指标定义。单位：10^4kW·h。

供热比——见本章相应指标定义。单位：%。

锅炉用电量——报告期内装置自用电总量。单位：10^4kW·h。

［单　　位］：g/(kW·h)

8.6 供热标煤耗

［指标定义］：报告期内装置供热用标煤耗量与总供热量之比。

［计算公式］：

$$供热标煤耗 = \frac{供热标准煤量}{总供热量} \times 1000$$

$$= \frac{耗标准煤量 \times 供热比}{总供热量} \times 1000$$

［计算说明］：供热标煤耗——报告期内装置供热用标煤耗量与供热量之比。

耗标准煤量——见本章相应指标定义。单位：t。

供热比——见本章相应指标定义。单位：%。

总供热量——见本章相应指标定义。单位：GJ。

［单　　位］：kg/GJ。

8.7 装置电自用率

［指标定义］：装置生产电能过程中消耗的电量（称装置用电量）与自发电量的比率，也称为发电厂用电率。

［计算公式］：

$$装置电自用率 = \frac{装置用电量}{自发电量} \times 100$$

［计算说明］：装置用电量——报告期内装置各单元耗电量，包括锅炉给水泵、热水泵、循环水泵等耗电量。单位：kW·h。

自发电量——见本章相应指标定义。单位：kW·h。

［单　　位］：%。

8.8 供热厂用电率

［指标定义］：报告期内装置供热用电量与总供热量之比。

［计算公式］：

$$供热厂用电率 = \frac{装置供热用电量}{总供热量} \times 10000$$

$$装置供热用电量 = 总自用电量 \times 供热比$$

［计算说明］：供热厂用电率——报告期内装置供热用电量与总供热量之比，反映出供热用自用电量水平。

自用电量——见本章相应指标定义。单位：10^4kW·h。

供热比——见本章相应指标定义。单位：%。

［单　　位］：kW·h/GJ。

8.9 热电比

［指标定义］：报告期内装置供热用电量与总供热量之比。

［计算公式］：

$$热电比 = \frac{总供热量 - 炉直供热 - 减温减压器供热}{发电量}$$

[计算说明]：热电比——报告期内装置供热用电量与总供热量之比，反映出供热用自用电量水平。

总供热量、炉直供热、减温减压器供热——见本章相应指标定义。单位：GJ。

发电量——见本章相应指标定义。单位：10^4kW · h。

[单　　位]：GJ/(10^4kW · h)

第 54 章　动力锅炉装置

1　装置简介

动力锅炉是一种把煤炭、石油或者天然气等能源储藏的化学能转变为蒸汽的热能的重要设备。锅的原义是指在火上加热的盛水容器，炉是指燃烧燃料的场所，锅炉包括锅和炉两大部分。锅炉中产生的热水或蒸汽可直接为工业生产和人民生活提供所需要的热能，也可通过蒸汽动力装置转换为机械能，或再通过发电机将机械能转换为电能。动力锅炉在炼油生产中起着至关重要作用。

2　装置范围

装置范围主要包括锅炉、汽轮发电机组、除尘系统、烟气脱硫系统、空气压缩系统、加药系统、冷却水系统等单元组成。有的装置不设烟气脱硫系统。

3　动力锅炉装置给水量

[指标定义]：报告期内进入装置的除盐水总量。

[计算公式]：见本章相应指标定义。

[计算说明]：动力锅炉装置给水量是指报告期内直接进入界区的除盐水消耗量，包括界区外的蒸汽凝结水。

[单　　位]：t。

4　动力锅炉装置燃料耗量

[指标定义]：报告期内进入装置各套动力锅炉的各种燃料消耗总量。

[计算公式]：

动力锅炉装置燃料耗量 = 气体燃料耗量 + 液体燃料耗量 + 固体燃料耗量

[计算说明]：动力锅炉燃料耗量——报告期内各套动力锅炉的各种燃料消耗总量。燃料包括气体、液体、固体燃料。

气休燃消耗量——报告期内各套动力锅炉的干气、天然气等气体燃料消耗量。

液体燃料耗量——报告期内各套动力锅炉液化气、柴油、重油等液体燃料消耗量。

固体燃料耗量——报告期内各套动力锅炉的煤、石油焦、油页岩、含油的白土渣或油泥等固体燃料消耗量。

[单　　位]：t。

5 动力锅炉装置自产汽量

[指标定义]：报告期内装置动力锅炉自产蒸汽总量。

[计算公式]：见本章相应指标定义。

[计算说明]：动力锅炉装置自产汽量——报告期内装置动力锅炉单元产出的蒸汽总量，包括动力锅炉各等级蒸汽量。

[单　　位]：t。

[指标用途]：反映出动力锅炉装置产汽能力大小。

6 动力锅炉装置发电量

[指标定义]：报告期内装置各发电机组的发电量总和。

[计算公式]：见本章相应指标定义。

[计算说明]：动力锅炉装置发电量——报告期内装置各发电机组的发电量总和。

[单　　位]：t。

[指标用途]：反映出动力锅炉装置发电能力大小。

7 运行指标

7.1 装置负荷率

[指标定义]：报告期内装置动力锅炉实际总产汽量与设计额定产汽量之比。

[计算公式]：

$$装置负荷率 = \frac{装置自产汽量}{设计额定产汽量} \times 100$$

[计算说明]：装置负荷率——报告期内装置动力锅炉实际总产汽量与设计额定产汽量之比，反映出实际运行能力。单位:%。

装置自产汽量——见本章相应指标定义。单位：t。

设计额定产汽量——报告期内装置各套动力锅炉设计额定产汽量。计算公式如下：

设计额定产汽量 = ∑（动力锅炉设计额定小时产汽量 × 报告期内运行时间）

[单　　位]:%。

7.2 燃料中全硫含量

[指标定义]：报告期内装置投入动力锅炉燃料中的全硫含量，也称全硫。

[计算公式]：

$$当月燃料中全硫含量 = \frac{\sum 燃料中全硫含量}{燃料中全硫含量样本总数}$$

$$累计燃料中全硫含量 = \frac{\sum 月燃料中全硫含量}{运行月数}$$

[计算说明]：燃料中全硫含量——报告期内装置投入动力锅炉燃料分析正常全硫含量。单位:%。

燃料中全硫含量样本总数——报告期内装置投入动力锅炉燃料分析正常全硫含量的样本总数。

运行月数——报告期内装置累计运行月的数量。

[单　　位]:%。

7.3 蒸汽压力

[**指标定义**]：报告装置动力锅炉产出蒸汽的平均压力。

[**计算公式**]：

$$当月蒸汽压力=\frac{\sum 蒸汽压力}{蒸汽压力的样本总数}$$

$$累计蒸汽压力=\frac{\sum 月蒸汽压力}{运行月数}$$

[**计算说明**]：蒸汽压力——报告装置动力锅炉产出蒸汽压力，每天按整点时间(一小时一次)采集动力锅炉产出蒸汽压力作为计算数据源。

蒸汽压力样本总数——报告装置动力锅炉产出蒸汽温度的样本总数。

运行月数——报告期内装置累计运行月的数量，如到6月份，运行月数为6个月。若出在某月全月停工检修，则从实际运行月数量中扣除。

[**单　　位**]：MPa。

7.4 蒸汽温度

[**指标定义**]：报告装置动力锅炉产出蒸汽的平均温度。

[**计算公式**]：

$$当月蒸汽温度=\frac{\sum 蒸汽温度}{蒸汽温度的样本总数}$$

$$累计蒸汽温度=\frac{\sum 月蒸汽温度}{运行月数}$$

[**计算说明**]：蒸汽温度——报告装置动力锅炉产出蒸汽温度，每天按整点时间(一小时一次)采集动力锅炉产出蒸汽温度作为计算数据源。

蒸汽温度样本总数——报告装置动力锅炉产出蒸汽温度的样本总数。

运行月数——报告期内装置累计运行月的数量，如到6月份，运行月数为6个月。若出在某月全月停工检修，则从实际运行月数量中扣除。

[**单　　位**]:℃。

7.5 锅炉炉水合格率

[**指标定义**]：报告期内装置投入动力锅炉炉水的平均合格率。

[**计算公式**]：

$$当月锅炉炉水合格率=\frac{\sum 锅炉炉水合格次数}{锅炉炉水合格率样本总数}\times 100\%$$

$$累计动力锅炉炉水合格率=\frac{\sum 月锅炉炉水合格率}{运行月数}$$

[**计算说明**]：锅炉炉水合格次数——报告期内装置投入动力锅炉水分析合格次数。单位:%。

锅炉炉水的样本总数——报告期内装置投入动力锅炉水分析正常样本总数。

运行月数——报告期内装置累计运行月的数量。

[**单　　位**]:%。

7.6 饱和蒸汽合格率

[**指标定义**]：报告期内装置动力锅炉产出饱和蒸汽的平均合格率。

[**计算公式**]：

$$当月饱和蒸汽合格率 = \frac{\sum 饱和蒸汽合格次数}{饱和蒸汽合格率样本总数} \times 100$$

$$累计动力锅炉饱和蒸汽合格率 = \frac{\sum 月饱和蒸汽合格率}{运行月数}$$

[**计算说明**]：饱和蒸汽合格次数——报告期内动力锅炉产出饱和蒸汽分析合格次数。单位:%。

饱和蒸汽的样本总数——报告期内动力锅炉产出饱和蒸汽分析正常样本总数。

运行月数——报告期内装置累计运行月的数量。

[**单　　位**]:%。

7.7　过热蒸汽合格率

[**指标定义**]：报告期内装置动力锅炉产出过热蒸汽的平均合格率。

[**计算公式**]：

$$当月过热蒸汽合格率 = \frac{\sum 过热蒸汽合格次数}{过热蒸汽合格率样本总数} \times 100$$

$$累计动力锅炉过热蒸汽合格率 = \frac{\sum 月过热蒸汽合格率}{运行月数}$$

[**计算说明**]：过热蒸汽合格次数——报告期内装置动力锅炉产出过热蒸汽分析合格次数。单位:%。

过热蒸汽的样本总数——报告期内动力锅炉产出过热蒸汽分析正常样本总数。

运行月数——报告期内装置累计运行月的数量。

[**单　　位**]:%。

7.8　燃料消耗折标煤

[**指标定义**]：报告期内装置燃料耗量折算为标准煤量。

[**计算公式**]：

$$燃料消耗折标煤 = \frac{\sum (某燃料量 \times 该种燃料的低位发热量)}{标准煤的低位发热量}$$

[**计算说明**]：某燃料量——也就是动力锅炉装置燃料耗量，见“动力锅炉装置燃料耗量”指标定义。单位：t。

该种燃料的低位发热量——也就是燃料收到基低位发热值，见“燃料收到基低位发热值”指标定义。单位：kJ/kg。

低位发热量——燃料经完全燃烧，但燃烧物中的水蒸气仍以气态存在时的反应热，它不包括燃料中生成的水蒸气放出的凝结热。燃料在燃烧中，蒸汽的凝结热难以被利用，所以我国规定燃料的热值统一按低位发热量计算。单位：kJ/kg。

标准煤的低位发热量——也称为标准煤的收到基低位发热值，是指热值为7000kcal/kg(即29308kJ/kg)发热量的标准燃料，单位：kJ/kg。

[**单　　位**]：kg。

7.9　总供热量

[**指标定义**]：报告期内装置在发电的同时，对外供出的热量(不含装置自用部分)。

[**计算公式**]：

$$\begin{aligned}总供热量 &= 炉直供热 + 汽机供热 + 减温减压器供热 \\ &= 有效供热量 + 供热管道热损失量\end{aligned}$$

有效供热量 = 供给集团非上市热量 + 供给股份公司热量 + 其它外供热量

[计算说明]：总供热量——报告期内装置在发电的同时，对外供出的热量（不含装置自用部分）。

炉直供热量——报告期内装置动力锅炉直供界区的蒸汽转换的热量。

汽机供热——报告期内装置汽机组发电后直供界区的蒸汽转换的热量。

减温减压器供热——报告期内装置减温减压器后直供界区的蒸汽转换的热量。

注意：蒸汽热量 = ∑（蒸汽直供量 × 蒸汽转换系数）

各等级蒸汽转换系数参与总部生产经营处统计处发报的转换系数。

[单　　位]：GJ。

8　综合指标

8.1　汽水品质合格率

[指标定义]：报告期内装置给水、炉水、饱和蒸汽及过热蒸汽等各项指标的平均合格率。

[计算公式]：

$$汽水品质合格率 = \frac{锅炉炉水合格率 + 饱和蒸汽合格率 + 过热蒸汽合格率}{4}$$

[计算说明]：锅炉炉水合格率、饱和蒸汽合格率、过热蒸汽合格——见本章“运行指标”相应指标定义。

[单　　位]：%。

8.2　供热比

[指标定义]：报告期内装置总供热量与炉总产热量的比值。

[计算公式]：

$$供热比 = \frac{总供热量}{炉总产热量} \times 100$$

[计算说明]：供热比——报告期内装置总供热量与炉总产热量的比值。

总供热量——见本章相应指标定义。单位：GJ。

炉总产热量——报告期装置动力锅炉蒸汽的总产热量。单位：GJ。计算公式如下：

蒸汽热量 = ∑（蒸汽产量 × 蒸汽转换系数）

注：炉总产热量、总供热量不包括锅炉补给水（汽）、返回冷凝水含热量。炉总产汽量与炉总产热量没有严格的数量对应关系。

[单　　位]：%。

8.3　发电标煤耗

[指标定义]：报告期内装置每发 1kW·h（一度）电平均耗用的标准煤量。

[计算公式]：

$$发电标煤耗 = \frac{发电标准煤量}{自发电量} \times 100$$

[计算说明]：发电标煤耗——报告期内装置每发 1kW·h（一度）电平均耗用的标准煤量。

发电标准煤量——报告期内装置发电折算为标准煤量。单位：t。计算公式如下：

发电标准煤量 = 自发电量 × 电标煤换算系数

自发电量——报告期内装置汽轮机发电总量。单位：10^4kW·h。

[单　　位]：g/(kW·h)

[指标用途]：反映出供电煤耗水平，是衡量锅炉运行水平的主要指标之一。

8.4　供电标煤耗

[指标定义]：报告期内装置每供出1kW·h电能平均耗用的标准煤量。它是综合计算了发电煤耗及厂用电率水平的消耗指标。

[计算公式]：

$$供电标煤耗 = \frac{供电标准煤量}{自发电量 - 锅炉用电量} \times 100$$

$$= \frac{耗标准煤量 \times (1 - 供热比)}{自发电量 - 锅炉用电量} \times 1000$$

[计算说明]：供电标准煤量、耗标准煤量——见本章相应指标定义。单位：t。

自发电量——见本章相应指标定义。单位：10^4kW·h。

供热比——见本章相应指标定义。单位:%。

锅炉用电量——报告期内装置自用电总量。单位：10^4kW·h。

[单　　位]：g/(kW·h)。

8.5　供热标煤耗

[指标定义]：报告期内装置供热用标煤耗量与总供热量之比。

[计算公式]：

$$供热标煤耗 = \frac{供热标准煤量}{总供热量} \times 1000$$

$$= \frac{耗标准煤量 \times 供热比}{总供热量} \times 1000$$

[计算说明]：供热标煤耗——报告期内装置供热用标煤耗量与供热量之比。

耗标准煤量——见本章相应指标定义。单位：t。

供热比——见本章相应指标定义。单位:%。

总供热量——见本章相应指标定义。单位：GJ。

[单　　位]：kg/GJ。

8.6　装置用电自用率

[指标定义]：装置生产电能过程中消耗的电量(称装置用电量)与自发电量的比率，也称为发电厂用电率。

[计算公式]：

$$装置电自用率 = \frac{装置用电量}{自发电量} \times 100$$

[计算说明]：装置用电量——报告期内装置各单元耗电量，包括锅炉给水泵、热水泵、循环水泵等耗电量。单位：kW·h。

自发电量——见本章相应指标定义。单位：kW·h。

[单　　位]:%。

8.7　供热厂用电率

[指标定义]：报告期内装置供热用电量与总供热量之比。

[计算公式]：

$$供热厂用电率=\frac{装置供热用电量}{总供热量}\times 10000$$

$$装置供热用电量=总自用电量\times 供热比$$

［计算说明］：供热厂用电率——报告期内装置供热用电量与总供热量之比，反映出供热用自用电量水平。

自用电量——见本章相应指标定义。单位：10^4kW·h。

供热比——见本章相应指标定义。单位:%。

［单　　位］：kW·h/GJ

8.8　热电比

［指标定义］：报告期内装置供热用电量与总供热量之比。

［计算公式］：

$$热电比=\frac{总供热量-炉直供热-减温减压器供热}{发电量}$$

［计算说明］：热电比——报告期内装置供热用电量与总供热量之比，反映出供热用自用电量水平。

总供热量、炉直供热、减温减压器供热——见本章相应指标定义。单位：GJ。

发电量——见本章相应指标定义。单位：10^4kW·h。

［单　　位］：GJ/(10^4kW·h)。

第55章　除盐水装置

1　装置简介

从水源汲取的水经加药混凝、澄清等预处理，原水进入生水箱经生水泵提压、无阀滤池或多阀滤池过滤，送入清水箱，然后再经清水泵、机械过滤器或者高效过滤器预处理，除去水中的胶体、固体悬浮物等杂质后，送到化水处理系统。阴、阳离子交换器的形式有固定床和浮动床，再生方式有逆流再生和顺流再生。原水经过滤器预处理后，进入阳离子交换器，除去水中的钙、镁等阳离子，然后进入除碳器除去水中的游离二氧化碳气体，进入中间水箱，再经中间水泵提压，进入阴离子交换器，除去水中的氯离子、碳酸氢根离子、钠离子，最后再经二级除盐装置，混合离子交换器进行深度处理，除盐水箱内的合格成品水经除盐水泵送入汽机凝汽器，中间再经加氨处理，使得除盐水的pH值为8.3~9.3。

2　酸碱单耗

［指标定义］：生产1t除盐水所消耗的酸碱量。

［计算公式］：

$$酸碱单耗=\frac{酸碱消耗量}{化学水水量}\times 1000$$

［计算说明］：酸碱消耗量是指报告期内装置新鲜水进水量。单位：t。

化学水水量——报告期内装置产出化学水水量。单位：t。

［单　　位］：kg/t。

[指标用途]：反映化水装置酸碱消耗状况。

3 化学水制取系数

[指标定义]：单位时间内生产的除盐水与消耗的新鲜水的比例。

[计算公式]：

$$化学水制取系数 = \frac{制化学水取水量}{化学水水量} \times 100$$

[计算说明]：制化学水取水量——报告期内装置新鲜水进水量。单位：t。

化学水水量——报告期内装置产出化学水水量。单位：t。

[单　　位]：无。

[指标用途]：反映化水装置运行状况。

4 装置正常开工时间点

[指标定义]：装置生水泵启动的时间点。

5 装置正常停工时间点

[指标定义]：装置除盐水泵停运的时间点。

第 56 章　循环水装置

1 装置简介

循环水以新鲜水(生产净水)作为补充水，注入集水池，再由循环水泵从吸水井中抽吸提升，送往各生产装置换热器，进入换热器的循环冷水通过管(壳)壁与化工物料进行热交换后，从换热器出来变成循环热水，所有循环热水再由管网汇集送回循环水场内，约 95% 的循环热水进入冷却塔上部，从冷却塔上部喷淋而下，在塔内经过蒸发散热、接触散热、辐射散热后落入集水池中，而另外约 5% 的循环热水进入旁滤池，经过滤后直接进入集水池。进入集水池的循环水根据工艺需要，又经过加药、加氯等处理后再次由循环水泵从吸水井中抽吸提升，送往各生产装置换热器，循环往复。

2 装置范围

循环水装置主要包括循环水冷却、旁滤、加剂、提压等单元组成。

3 循环水系统水量平衡

在敞开式循环冷却水系统中，热水通过冷却塔被冷却，部分水被蒸发从空气中散失，蒸发损失的水没有带走盐分，水不断循环，含盐量不断增加，故使循环水中的盐分被浓缩。为了维持系统的水量平衡，就必须不断地向循环水系统中补充新鲜水，同时排掉一部分循环冷却水，以保持循环水中含盐量稳定在允许的浓度范围内。根据水量平衡，可得出下式：

$$M = E + B + D$$

式中 M——补充水量，m^3/h；

B——排污水量，m^3/h；

D——冷却塔风吹损失水量和渗漏损失水量，m^3/h；

E——蒸发损失水量，m^3/h。

蒸发损失水量 E 与循环冷却水量、进出塔水温、蒸发潜热及空气的湿度和温度等因素有关，一般按下式计算：

$$E = \frac{\alpha R \Delta t}{100}$$

式中 α——蒸发潜热及空气的湿度；

R——循环冷却水量，t；

Δt——进出塔水温；℃。

4 浓缩倍数

[指标定义]：循环冷却水通过冷却塔时水分不断蒸发，因为蒸发掉的水中不含盐分，所以随着蒸发的进行，循环水中的溶解盐类不断被浓缩，含盐量不断增加。为了将循环水中含盐量维持在某一个浓度，必须排掉一部分冷却水，同时要维持循环过程中的水量平衡，维持就要不断地补充新鲜水。经过浓缩过程的循环水和补充的新鲜水的含盐量是不相同的，两者的比值 N 称为浓缩倍数。

[计算公式]：

$$浓缩倍数(N) = \frac{循环水含盐量}{补充水含盐量}$$

[计算说明]：用含盐量计算浓缩倍数比较麻烦，一般选用水中比较稳定的离子来计算，通常选用 SiO_2、K^+ 及电导率来计算浓缩倍数，有时也可采用几种离子所测定的浓缩倍数的平均值来作倍数的基准。总之，浓缩倍数的计算基准的选择需根据不同系统的水质情况确定。

[单　　位]：无。

[指标用途]：浓缩倍数越高，循环水节水效果越好。

[数据来源]：LIMS 水质化验数据。

5 循环水单位电耗

[指标定义]：报告期内循环水装置在运行过程中输送循环水，对应的管网压力下输送 $1000m^3$ 水量所消耗的电量。

[计算公式]：

$$循环水单位电耗 = \frac{循环水耗电量}{循环水总量}$$

[计算说明]：参照《企业供水电耗分等》(JB/T 5719—91)。

循环水总量——报告期内循环水系统供水泵房送出的循环冷却水量。单位：t。

循环水耗电量——报告期内循环水系统为提供循环冷却水产品而消耗的电量，包括供水泵站和凉水塔风机等循环水设备耗电。单位：kW · h。

[单　　位]：kW · h/t

[指标用途]：反映循环水装置能耗水平。

[数据来源]：MES 统计平衡。

6 循环水标准补新水率

[指标定义]：报告期内循环水装置在运行过程中，为了保持整个系统的水量平衡，必须不断地向系统补充新鲜水的量占循环水量的比例。

[计算公式]：

$$循环水标准补新水率=\frac{循环水补充新鲜水量}{循环水总量}\times 1000$$

[计算说明]：参照集团公司《节水减排考核指标和回用水质控制指标》。

循环水补充新水量——报告期内循环水系统因吹散、蒸发、排污等损失而需要补充的新鲜水量。单位：t。

循环水总量——报告期内循环水系统供水泵房送出的循环冷却水量。单位：t。

[单　　位]：‰。

[指标用途]：反映循环水装置消耗新鲜水量的大小及循环水重复利用率。

[数据来源]：MES 统计平衡。

第 57 章　炼油装置公用指标体系

1 负荷率

[指标定义]：报告期内装置原料加工量与当期设计能力的比例。

[计算公式]：

$$负荷率=\frac{原料加工量}{当期加工能力}\times 100$$

[计算说明]：原料加工量——报告期内装置原料加工量。若各类型装置原料加工量采用附件一《炼油各类型装置原料加工量一览表》。单位：t。

当期加工能力——见本章相应指标定义。单位：t。

[单　　位]：%。

[指标用途]：反映装置加工能力利用状况。

[数据来源]：MES。

2 能源指标

2.1 吨油电单耗

[指标定义]：报告期内装置加工 1t 原料消耗电量。

[计算公式]：

$$吨油电单耗=\frac{装置用电量}{原料加工量}$$

[计算说明]：装置用电量——报告期内装置加工过程中消耗电量。单位：kW·h。

原料加工量——报告期内装置原料加工量。各类型装置原料加工量采用附件一《炼油各类型装置原料加工量一览表》。单位：t。

［单　　位］：kW·h/t

［指标用途］：反映装置加工1t原料消耗电状况。

［数据来源］：MES。

2.2　吨油蒸汽单耗

［指标定义］：报告期内装置加工1t原料消耗蒸汽单耗。

［计算公式］：

$$吨油蒸汽单耗 = \frac{装置蒸汽总用量 - 装置蒸汽总产量}{原料加工量}$$

［计算说明］：装置蒸汽总产量——报告期内装置加工过程中产出并送界区外各等级蒸汽量总和，包括超高压蒸汽、高压蒸汽、中压蒸汽、低压蒸汽。单位：t。

装置蒸汽总用量——报告期内装置加工过程中消耗界区外各等级蒸汽量总和，包括超高压蒸汽、高压蒸汽、中压蒸汽、低压蒸汽。单位：t。

原料加工量——报告期内装置原料加工量。各类型装置原料加工量采用附件一《炼油各类型装置原料加工量一览表》。单位：t。

［单　　位］：t/t。

［指标用途］：反映装置加工1t原料消耗蒸汽状况。

［数据来源］：MES。

2.2.1　吨油超高压蒸汽单耗

［指标定义］：报告期内装置加工1t原料油消耗超高压蒸汽量。

［计算公式］：

$$吨油超高压蒸汽单耗 = \frac{装置超高压蒸汽消耗量 - 装置超高压蒸汽产量}{原料加工量}$$

［计算说明］：装置超高压蒸汽产量——报告期内装置加工过程中产出并外送界区超高压蒸汽（$P \geqslant 4.5\text{MPa}$）。单位：t。

装置超高压蒸汽消耗量——报告期内装置加工过程中消耗界区外超高压蒸汽（$P \geqslant 4.5\text{MPa}$）。单位：t。

原料加工量——报告期内装置原料加工量。若各类型装置原料加工量采用附件一《炼油各类型装置原料加工量一览表》。单位：t。

［单　　位］：t/t。

［指标用途］：反映装置加工1t原料消耗超高压蒸汽（$P \geqslant 4.5$）状况。

［数据来源］：MES。

2.2.2　吨油高压蒸汽单耗

［指标定义］：报告期内装置加工1t原料油消耗高压蒸汽量。

［计算公式］：

$$吨油高压蒸汽单耗 = \frac{装置高压蒸汽消耗量 - 装置高压蒸汽产量}{原料加工量}$$

［计算说明］：装置高压蒸汽产量——报告期内装置加工过程中产出并外送界区高压蒸汽（$4.5\text{MPa} > P \geqslant 3\text{MPa}$）。单位：t。

装置高压蒸汽消耗量——报告期内装置加工过程中消耗界区外高压蒸汽（$4.5\text{MPa} > P \geqslant 3\text{MPa}$）。单位：t。

原料加工量——报告期内装置原料加工量。各类型装置原料加工量采用附件一《炼油各类型装置原料加工量一览表》。单位：t。

［单　　位］：t/t。

［指标用途］：反映装置加工1t原料消耗高压蒸汽（4.5MPa > P≥3MPa）状况。

［数据来源］：MES。

2.2.3　吨油中压蒸汽单耗

［指标定义］：报告期内装置加工1t原料油消耗中压蒸汽量。

［计算公式］：

$$吨油中压蒸汽单耗 = \frac{装置中压蒸汽消耗量 - 装置中压蒸汽产量}{原料加工量}$$

［计算说明］：装置中压蒸汽产量——报告期内装置加工过程中产出并外送界区中压蒸汽（2MPa > P≥0.8MPa）。单位：t。

装置中压蒸汽消耗量——报告期内装置加工过程中消耗界区外中压蒸汽（2MPa > P≥0.8MPa）。单位：t。

原料加工量——报告期内装置原料加工量。各类型装置原料加工量采用附件一《炼油各类型装置原料加工量一览表》。单位：t。

［单　　位］：t/t。

［指标用途］：反映装置加工1t原料消耗中压蒸汽（2MPa > P≥0.8MPa）状况。

［数据来源］：MES。

2.2.4　吨油低压蒸汽单耗

［指标定义］：报告期内装置加工1t原料油消耗低压蒸汽量。

［计算公式］：

$$吨油低压蒸汽单耗 = \frac{装置低压蒸汽消耗量 - 装置低压蒸汽产量}{原料加工量}$$

［计算说明］：装置低压蒸汽产量——报告期内装置加工过程中产出并外送界区低压蒸汽（P < 0.8MPa）。单位：t。

装置低压蒸汽消耗量——报告期内装置加工过程中消耗界区外低压蒸汽（P < 0.8MPa）。单位：t。

原料加工量——报告期内装置原料加工量，各类型装置原料加工量采用附件一《炼油各类型装置原料加工量一览表》。单位：t。

［单　　位］：t/t。

［指标用途］：反映装置加工1t原料消耗中压蒸汽（P < 0.8MPa）状况。

［数据来源］：MES。

2.3　吨油耗燃料

［指标定义］：报告期内装置加工1t原料油消耗燃料油、燃料气的量。

［计算公式］：

$$吨油耗燃料 = \frac{燃料油消耗量}{原料加工量} \times 1000$$

［计算说明］：燃料油消耗量——报告期内装置加工过种中消耗燃料油、燃料气的量。单位：t。

原料加工量——报告期内装置原料加工量，各类型装置原料加工量采用附件一《炼油各类型装置原料加工量一览表》。单位：t

[单　　位]：kg/t。

[指标用途]：反映常减压装置燃料消耗状况。

[数据来源]：MES。

2.3.1　吨油耗燃料油

[指标定义]：报告期内装置加工1t原料油消耗燃料油量。

[计算公式]：

$$吨油耗燃料油=\frac{燃料油消耗量}{原料加工量}\times1000$$

[计算说明]：燃料油消耗量——报告期内装置燃料油消耗量。燃料油包括柴油、蜡油、重油、渣油组分，也包括装置自产自用燃料油消耗量和系统燃料油消耗量。单位：kg。

原料加工量——报告期内装置原料加工量，各类型装置原料加工量采用附件一《炼油各类型装置原料加工量一览表》。单位：t。

[单　　位]：kg/t。

[指标用途]：反映常减压装置燃料油消耗状况。

[对应指标]：常减压蒸馏加工1t原油耗燃料油。

[数据来源]：MES。

2.3.2　吨油耗燃料气

[指标定义]：报告期内装置加工1t原料油消耗燃料气量。

[计算公式]：

$$吨油耗燃料气=\frac{燃料气消耗量}{原料加工量}\times1000$$

[计算说明]：燃料气消耗量——报告期内装置燃料气消耗量，包括天然气、甲烷氢、气化液化气、气化拔头油等干气组分量，也包括装置自产自用燃料气消耗量和系统燃料气消耗量。数据来源MES的统计平衡模块。单位：kg。

原料加工量——报告期内装置原料加工量，各类型装置原料加工量采用附件一《炼油各类型装置原料加工量一览表》。单位：t。

[单　　位]：kg/t。

[指标用途]：反映常减压装置燃料气消耗状况。

[对应指标]：常减压蒸馏加工1t原油耗燃料气。

[数据来源]：MES。

2.4　综合能耗(标油)

[指标定义]：报告期内装置加工1t原料综合消耗的各种能源的总和。

[计算公式]：

$$综合能耗=\frac{\sum 各能源介质耗能}{原料加工量}\times1000$$

[计算说明]：各能源介质耗标油能——报告期内装置消耗水、电、汽、燃料油、燃料气及热能输入输出的耗标油能量。计算公式如下：

$\sum$各能源介质耗标油能=水耗能+电耗能+蒸汽耗能+燃料油耗能+燃料气耗能+热能输入输出耗能。单位：kg标油。

各能源介质耗能=各能源消耗量×折算系数

水耗能——循环水耗量×0.1+新鲜水耗量×0.17+除盐水耗量×2.3；

电耗能——用电耗量×0.23；

蒸汽耗能——高压蒸汽用量×8－高压蒸汽供量×88＋中压蒸汽用量×76－中压蒸汽供量×76＋低压蒸汽用量×66；

燃料油耗能——燃料油消耗量×1000；

燃料气耗能——燃料气单耗×950；

热能输入输出耗能——低温热的热能输入输出量。

原料加工量——报告期内装置原料加工量，各类型装置原料加工量采用附件一《炼油各类型装置原料加工量一览表》。单位：t。

[单　　位]：kg 标油/t。

[指标用途]：反映常减压装置能源消耗状况。

[对应指标]：常减压蒸馏加工 1t 原油综合能耗(标油)。

[数据来源]：MES。

3　能力指标

3.1　当期加工能力

[指标定义]：报告期装置原料加工量的设计加工能力，含年加工能力、月加工能力、日加工能力、小时加工能力。

[计算公式]：

$$小时加工能力=\frac{年加工能力}{年设计运行时间}(单位：t/h)$$

$$日加工能力=小时加工能力\times24(单位：t/d)$$

$$月加工能力=日加工能力\times当月实际天数(单位：t/y)$$

[计算说明]：年加工能力——见基础设计数据。单位：t/a。

年设计运行时间——参考基础设计数据。一般为 8000h 或 8400h。

月实际天数——标当月实际运行天数，注意扣除停工天数。

[指标用途]：反映装置当期加工能力状况。

[数据来源]：基础设计数据。

3.2　最大加工能力

[指标定义]：报告期装置原料加工量的实际运行中最大加工能力，含最大月加工能力、最大日加工能力、最大小时加工能力。

[计算公式]：

$$最大日加工能力=最大小时加工能力\times24(单位：t/d)$$

$$最大月加工能力=最大日加工能力\times当月实际天数(单位：t/y)$$

[计算说明]：最大小时加工能力——装置原料加工量的实际运行中最大小时加工能力。单位：t/h。

月实际天数——标当月实际运行天数，注意扣除停工天数。

[指标用途]：反映渣油加氢装置最大加工能力状况。

[数据来源]：基础设计数据，技措改造数据。

3.3　最小加工能力

[指标定义]：报告期装置原料加工量的实际运行中最小加工能力，含最小月加工能力、最小日加工能力、最小小时加工能力。

[计算公式]：

最小日加工能力＝最小小时加工能力×24（单位：t/d）

最小月加工能力＝最小日加工能力×当月实际天数（单位：t/y）

[计算说明]：最小小时加工能力——装置原料加工量的实际运行中最小小时加工能力。单位：t/h。

月实际天数——标当月实际运行天数，注意扣除停工天数。

[指标用途]：反映渣油加氢装置最小加工能力状况。

[数据来源]：基础设计数据。

4 长周期指标

4.1 机械耐用度

[指标定义]：考虑大修和一般维修造成的计划停工时间，衡量设备的可靠性。

[计算公式]：

$$机械耐用度=\frac{当期运行时间-计划停工时间}{当期实际时间}\times 100$$

[计算说明]：当期运行时间——报告期内实际运行时间，如3月份有31天，3月份当期实际时间为31×24＝744h。

计划停工时间——见本章相应指标定义。

[单　　位]：%。

[指标用途]：反映常减压装置的长周期运行能力。

[数据来源]：手工录入。

4.2 装置运行指数

[指标定义]：考虑大修、一般维修、法规性/工艺性和其它所有原因造成的停工，衡量设备运转情况。

[计算公式]：

$$装置运行指数=\frac{当期实际时间-计划停工时间-非计划停工时间}{当期实际时间}\times 100$$

[计算说明]：当期实际时间——报告期内实际运行时间，如3月份有31天，3月份当期实际时间为31×24＝744(h)。

计划停工时间、非计划停工时间——见本章相应指标定义。

[单　　位]：%。

[指标用途]：反映常减压装置的长周期运行能力。

[数据来源]：手工录入。

[对应指标]：开工率。

4.3 计划停工时间

[指标定义]：股份公司总部、分(子)公司批准的计划内的大检修或非检修的中、小修停工时间。

[计算公式]：见本章相应指标定义。

[计算说明]：若装置出现阶段性停工待料，则计入计划停工时间。如果当5日15:30时装置停工，当月8日10:10时装置开工，装置的停工时间为66小时40分或66.67小时。

[单　　位]：h

[数据来源]：手工录入。

4.4 计划停工次数

[指标定义]：股份公司总部、分(子)公司批准的计划内的年度大检修或非检修年的中、小修停工次数。

[计算公式]：见本章相应指标定义。

[计算说明]：若装置出现价段性停工待料，则计入计划停工次数。

[单　　位]：次。

[数据来源]：手工录入。

4.5 非计划停工时间

[指标定义]：除股份公司总部、分(子)公司批准的大检修或非检修年的中、小修以外非生产平衡需要的停工时间。

[计算公式]：见本章相应指标定义。

[计算说明]：如果当5日15:30时装置停工，当月8日10:10时装置开工，装置的停工时间为66小时40分或66.67小时。

[单　　位]：h。

[数据来源]：手工录入。

4.6 非计划停工次数

[指标定义]：除股份公司总部、分(子)公司批准的年度大检修或非检修年的中、小修以外非生产平衡需要的停工次数。

[计算公式]：见指标定义。

[单　　位]：次。

[数据来源]：手工录入。

4.7 非计划损失 EDC

4.8 停工时间

[指标定义]：报告期内装置实际停工时间。

[计算公式]：

$$停工时间 = 计划停工时间 + 非计划停工时间$$

[计算说明]：计划停工时间、非计划停工时间——见本章相应指标定义。

[单　　位]：h。

[数据来源]：手工录入。

4.9 停工次数

[指标定义]：报告期内装置实际停工次数。

[计算公式]：

$$停工时间次数 = 计划停工次数 + 非计划停工次数$$

[计算说明]：计划停工次数、非计划停工次数——见本章相应指标定义。

[单　　位]：次数。

[数据来源]：手工录入。

4.10 运行时间

[指标定义]：报告期内装置正常生产时间。

[计算公式]：

$$运行时间 = 当期运行时间 - 停工时间$$

[计算说明]：当期运行时间、停工时间——见本章相应指标定义。

[单　　位]：h。

[数据来源]：手工录入。

4.11　停工天数

[指标定义]：报告期内装置每次计划、非计划的停工天数总和。

[计算公式]：

$$停工天数 = \sum(\frac{单次停工时间}{24})$$

[计算说明]：停工天数——报告期内装置各次计划、非计划的停工时间除以24h后的向下整取数总和。

单次停工时间——装置每次计划、非计划的停工时间。

[单　　位]：天。

[数据来源]：手工录入。

4.12　开工天数

[指标定义]：报告期内装置实际加工处理运行天数。

[计算公式]：

$$开工天数 = 当期运行天数 - 停工天数$$

[计算说明]：当期运行天数、停工天数——见本章相应指标定义。

[单　　位]：天。

[数据来源]：手工录入。

附件一　炼油各类型装置原料加工量定义一览表

序号	装置	加工量指标	备注
1	常减压	常减压原料加工量	
2	催化裂化	催化裂化原料加工量	蜡渣油原料
3	延迟焦化	焦化原料加工量	蜡渣油原料
4	重整预分馏	重整预处理原料油加工量	石脑油原料
5	连续重整	重整原料油加工量	石脑油原料
6	固定床重整	重整原料油加工量	石脑油原料
7	芳烃抽提	抽提原料加工量	重整汽油
8	加氢裂化	加氢裂化原料油加工量	蜡油原料
9	渣油加氢	渣油加氢原料油加工量	蜡渣油原料
10	蜡油加氢	蜡油加氢原料油加工量	蜡油原料
11	焦化汽油加氢	焦化汽油加氢原料油加工量	反应石脑油进料
12	催化汽油后加氢	催化汽油后加氢原料油加工量	反应汽油进料
13	喷气燃料加氢	喷气燃料加氢原料油加工量	反应煤油进料
14	柴油加氢	柴油加氢原料油加工量	反应汽煤柴油进料
15	制氢	氢气产量	纯氢产量
16	MTBE 装置	MTBE 原料加工量	反应汽油进料
17	S Zorb	S Zorb 原料油加工量	
18	气体分馏	气体分馏液化气加工量	
19	硫回收	硫黄产量	液硫产量
20	污水汽提	新鲜原料污水加工量	
21	溶剂再生	新鲜富胺液进料量	
22	减黏裂化	减黏原料油加工量	
23	干气提浓	新鲜原料干气量	
24	轻烃回收	轻烃回收原料加工量	
25	电化学精制	电化学原料加工量	
26	汽油脱硫醇	汽油脱硫醇原料加工量	
27	H_2SO_4 烷基化	H_2SO_4 烷基化原料加工量	
28	HF 烷基化	HF 烷基化原料加工量	
29	异构化	异构化原料加工量	
30	PSA	氢气产量	纯氢产量
31	膜分离	氢气产量	纯氢产量
32	炼油型聚丙烯	聚丙烯产量	
33	干气脱硫	干气进料量	

续表

序号	装置	加工量指标	备注
34	天然气脱硫	天然气进料量	
35	液化气脱硫	液化气进料量	
36	对二甲苯(PX)	对二甲苯原料加工量	
37	溶剂脱沥青	溶剂脱沥青原料加工量	
38	溶剂精制	溶剂精制原料加工量	
39	溶剂脱蜡	溶剂脱蜡原料加工量	
40	分子筛脱蜡	分子筛脱蜡原料加工量	
41	石蜡发汗	石蜡发汗原料加工量	
42	石蜡加氢	石蜡加氢原料油加工量	石蜡原料
43	润滑油加氢	润滑油加氢原料油加工量	蜡油原料
44	润滑油加氢精制	润滑油加氢补充精制原料油加工量	
45	润滑油白土精制	润滑油白土原料加工量	
46	石蜡白土精制	新鲜原料加工量	
47	石蜡成型	石蜡成型原料加工量	
48	环烷酸	新鲜原料加工量	
49	溶剂脱沥青	溶剂脱沥青原料加工量	
50	氧化沥青	氧化沥青新鲜原料加工量	
51	改性沥青	SBS 改性沥青原料加工量	
52	污水处理场	炼油原油及外购原料加工量	
53	瓦斯回收系统	瓦斯回收量	

注：引用加工量指标见相应类型装置的定义。

附件二　原料、燃料的折算标准煤换算系数表

能源名称	单位	参考折标系数
无烟煤	t	0.9
炼焦烟煤	t	0.9
一般烟煤	t	0.7143
褐煤	t	0.4286
洗精煤	t	0.9
其它洗煤	t	0.4643
煤制品	t	0.5286
焦炭	t	0.9714
其它焦化产品	t	1.1 – 1.5
焦炉煤气	10^4Nm^3	5.714 – 6.143
高炉煤气	10^4Nm^3	1.286
转炉煤气	10^4Nm^3	2.714
发生炉煤气	10^4Nm^3	1.786
天然气	10^4Nm^3	13
其中：煤层气	10^4Nm^3	11
液化天然气	t	1.7572
原油	t	1.4286
汽油	t	1.4714
煤油	t	1.4714
柴油	t	1.4571
燃料油	t	1.4286
液化石油气	t	1.7143
炼厂干气	t	1.5714
石脑油	t	1.5
润滑油	t	1.4143
石蜡	t	1.3648
溶剂油	t	1.4672
石油焦	t	1.0918
石油沥青	t	1.3307
其它石油制品	t 标煤	1
热力	GJ	0.0341
电力	$10^4kW \cdot h$	1.229
其它燃料	t 标煤	1